中国式现代化与公共治理创新

湖南省行政管理学会 编

湖南师范大学出版社
·长沙·

图书在版编目（CIP）数据

中国式现代化与公共治理创新／湖南省行政管理学会编. —— 长沙：湖南师范大学出版社，2025.1. ISBN 978-7-5648-5717-2

Ⅰ.D63-53

中国国家版本馆 CIP 数据核字第 20258DU425 号

中国式现代化与公共治理创新
Zhongguoshi Xiandaihua yu Gonggongzhili Chuangxin

湖南省行政管理学会　编

◇出　版　人：吴真文
◇组稿编辑：李　阳
◇责任编辑：廖小刚　张圣仪
◇责任校对：宋鸿博
◇出版发行：湖南师范大学出版社
　　　　　　地址／长沙市岳麓区　邮编／410081
　　　　　　电话／0731-88873071　88873070
　　　　　　网址／https：//press.hunnu.edu.cn
◇经销：新华书店
◇印刷：长沙宏发印刷有限公司
◇开本：787 mm×1092 mm　1/16
◇印张：25.75
◇字数：550 千字
◇版次：2025 年 1 月第 1 版
◇印次：2025 年 1 月第 1 次印刷
◇书号：ISBN 978-7-5648-5717-2
◇定价：98.00 元

凡购本书，如有缺页、倒页、脱页，由本社发行部调换。

编 委 会

主 任 委 员：吴厚庆
副主任委员：彭福清　梁丽芝　李　礼　彭忠益　王　敏
　　　　　　李燕凌　唐琦玉
委　　　员：唐仁春　盛明科　陈晓春　许源源　毛新志
　　　　　　颜佳华　孙多勇　欧朝敏　向延仲　陆自荣
　　　　　　彭建军　郑代良　杨　畅　周良荣　艾医卫
主　　　编：李　礼
副　主　编：孙翊锋　牛　磊　刘　箴　孙学凯　李振英

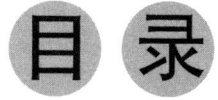

第一部分　中国式现代化与乡村振兴

桂阳县西河乡村振兴示范带建设的调查与思考 ······ 罗爱国/003
湖南省农业现代化发展的金融支持问题研究 ······ 欧阳仡欣/010
湖南乡村振兴与农业产业发展创新
　　——以新邵县为例 ······ 李　静/021
"内外链接"：内外合力如何赋能乡村产业振兴？
　　——基于新内源发展理论的多案例研究 ······ 黄建红　刘世杰/028
乡村治理结构何以赋能乡村振兴
　　——基于资源-结构-效能转化的分析框架 ······ 梁丽芝　邓文达/044
乡村振兴背景下的邵阳非物质文化遗产传承人保护与培养路径探析 ······ 刘小灵/053
释能与激活：县域视野下乡村青年创客参与构建人才集聚高地动态与进路探究
　　 ······ 郭　卓/063
西部民族脱贫地区实施乡村振兴战略进路探构
　　——以湘西州为例 ······ 杨朝新/072
韧性治理：数字时代基层治理的方向与路径 ······ 易钊鹏/083

第二部分　中国式现代化与基层治理

"烫手山芋"何以"破茧成蝶"？
　　——党建引领基层社会治理作用机制的案例研究 ······ 黄　珂/093
基层减负的问题审视与悖论生成
　　——基于近年来基层治理实践的考察 ······ 冯　源/108
推行"贤能治村"工程的实践与思考 ······ 蒋顺良/116
全面推进乡村振兴背景下以"德治+"创新乡村治理研究
　　——以北湖区塔水村为例 ······ 刘文蔚/122
乡村振兴战略背景下湖南农村社会风险治理机制研究 ······ 白　轩/129

实施乡村振兴战略背景下村级治理的创新路径研究
　　——以郴州市北湖区为例 ··· 杨加俐/136
提升农村基层党组织领导力的困境与路径
　　——基于乡村振兴战略的分析视角 ··························· 谭东华　罗　琼/142
基层治理现代化面临的问题与进路探析
　　——以 T 县 D 镇为例 ·· 王雪珍/152
乡村振兴背景下乡村治理体系构建路径探析
　　——以怀化市鹤城区双村为例 ·· 宋维红/162
以创新基层治理助推乡村振兴
　　——溆浦县北斗溪镇的实践探索 ·· 郑　洪/172

第三部分　中国式现代化与公共服务

政府职能导向下的政府建设逻辑 ··· 罗　敏/183
敏捷治理赋能政府监管：湖南营商环境建设优化路径探究 ··············· 张晓雨/192
嵌入与融合：社会组织参与社区康复服务的运行机制
　　——以 C 市 X 会所为例 ·· 李俊茹/200
社会治理现代化视域下湖南省社区心理服务供给优化路径研究 ········· 王　洁/211
以科技支撑助力基层政务服务质量提升的思考
　　——以资兴市为例 ··· 何双启/219
"元治理"视域下湖南农村养老服务体制的现状及优化路径研究 ········ 唐　欢/227
赋能型治理：社会组织孵化培育的运行逻辑
　　——以湖南省 C 社会组织孵化基地为例 ······························· 赵殊艺/235

第四部分　中国式现代化与公共政策

基层政府任务执行策略的选择逻辑：情境、策略与绩效的共演
　　——基于湖南省 A 镇的案例分析 ·· 高光涵/247
高质量发展视阈下我国人口结构老龄化分析 ································· 牛　磊/259
治理吸纳行政：惠农政策执行困境及其解释
　　——基于 C 市农业主产县粮补问题的调查研究 ······················· 李雪珍/267
双向互动、两头发力：城乡人才政策体系的思考 ···················· 梁丽芝　周　慧/279
突发公共卫生事件视域下我国应急管理法律制度的完善 ··················· 孙学凯/289

突发公共事件舆情应对中政府执行力的提升策略研究 ……………… 贺姜蓉/298
共同富裕目标下的税制改革研究 ……………………………………… 谢芬芳/305
新时代公职人员廉政风险防控研究
　　——基于常德市近三年来警示录案例剖析 ………………………… 张　琪/314

第五部分　中国式现代化与数字治理

微党建：数智时代基层党建模式创新的理论意蕴与现实逻辑 …… 赵友华　罗静怡/325
数字技术何以驱动乡村精细化治理转型
　　——基于赣西北 H 村的个案研究 ……………………………… 万栗江/334
政府数字化转型的动力机制与策略选择
　　——基于"环境－制度－行为"的分析框架 ………………… 王张华　石　纯/344
何以实现整体智治：乡村数字治理碎片化困境及其优化路径 ………… 王雅诺/354
公共安全治理模式重构的理论逻辑与实践路径
　　——基于理念、制度与科技的视角 …………………………… 孙翊锋/363
乡村数字治理标准化建设：实践逻辑与经验启示
　　——基于"德清经验"的案例分析 ……………… 熊春林　贺容煜　刘　芬/376
数字政府建设的三重向度 ………………………………………… 张　源/386
中国式现代化进程中政府数字治理的边界、职责与陷阱规避 ………… 冷茂林/396

第一部分

中国式现代化与乡村振兴

桂阳县西河乡村振兴示范带建设的调查与思考

罗爱国[①]

摘要：乡村振兴战略是新时代做好"三农"工作的总抓手，当前郴州市正在致力于将西河打造成全国知名乡村振兴示范带，桂阳县通过充分因地制宜、突出产业兴旺、改善人居环境的有力举措，有效实现了基础产业持续发展和农文旅产业融合发展，但仍存在现有产业发展质量不够高、产业发展特色不明显、乡村建设专业人才短缺等不足，需以破解土地瓶颈，提升产业发展质量、坚持农文旅融合，彰显文化底蕴特色、加强培育引进，强化人才队伍建设等措施加以完善。

关键词：乡村振兴；人才；产业；农文旅融合；西河

乡村振兴，是决战全面建设社会主义现代化国家的重大历史任务，是新时代"三农"工作的总抓手。为全面实施乡村振兴战略，充分挖掘和利用西河沿线的乡村旅游文化资源，加快农村一二三产业深度融合，推动文旅、农旅、城乡融合。郴州市委、市政府决定在西河沿线全面开展乡村振兴示范片区建设，着力将其打造成为全国知名的乡村振兴示范带。桂阳县通过紧抓西河沿线的乡村振兴示范带建设机遇，以正和镇为示范点，以"生态宜居村庄美、兴业富民生活美、文明和谐乡风美"为发展目标，把西河沿线打造成宜居宜业宜游的乡村振兴示范带，为乡村振兴提供了桂阳新样板。为了总结提升桂阳县西河乡村振兴示范带建设的主要成就及经验启示，提出进一步发展的对策建议，本调研组深入西河乡村振兴示范带的桂阳段、北湖段、苏仙段的乡村振兴示范点进行实地调研，广泛开展座谈交流会和查阅相关资料，认真研究比对，总结提炼，提出本调研报告。

[①] 罗爱国，中共桂阳县委党校高级讲师，长期从事干部教育工作，2015 年以来分管党校教学科研工作，承担并结题多个省级课题，出版《党政领导干部国学简明读本》（任副主编），参与编写《守望桂阳》《桂阳民俗》等地方文化作品。

一、桂阳县西河乡村振兴示范带的主要做法与成就

（一）基础产业持续发展

一是立足资源基础，以"一村一品"发展基础产业。为西河沿线的13个村分别量身定做产业发展主题，如太和镇芙蓉瑶族村振兴发展主题定为"观芙蓉竹海，品云端牛羊"，发挥万亩竹林和紧邻仰天湖风景区的优势，在芙蓉瑶族村做活竹海文章，以现有的牛、羊、藏香猪、家庭农场养殖为依托，有计划地发展牛、羊、藏香生猪养殖业，打造天然无污染的高山优质品牌。在正和镇积极探索创新"支部+公司+基地+农户"的"支部农场"建设模式，流转适运组、联组、李家组农田200亩，引进有资质的种子企业合作进行种子种植，预计利润可达到约2400元一亩，收益可达约36万元；在和谐村以"吃喝玩乐就在和谐"为主题，引进种养结合的新型农业企业曙辉家庭农场进行生态甲鱼养殖，现种养面积106亩，养殖生态甲鱼2万只，总投入300余万元，年产值60余万元，纯利润30余万元；在官溪村水产养殖基地以"官溪鱼虾"为主，着力打造南北对虾养殖基地。

二是盘活村级存量资产。以正和镇为例，通过引导各村将闲置资产或低效利用的农田等分类整合，以招商引资、土地入股合作等多种形式，创新发展壮大村级集体经济，大力发展集体资产收益型经济。如朝阳村通过盘活闲置用地建设仓房进行租赁，每年为村集体增加租赁性收入15万余元，解决村民就业200余人；和谐村整合闲置农田200余亩，由村集体自主经营，种植"烟草+水稻"，预计每年可增加收益30余万元；正和村利用区位优势引入市场主体创办正立大型生猪养殖场，并入股50万元壮大村集体经济。

（二）融合发展初见成效

一是开拓旅游市场。如正和镇以朝阳村红色文化与和谐村优美风景为依托，打造夜宿梨山红色旅游胜地，依托红军"夜宿梨山秋毫无犯"的故事，建设爱国主义教育基地、研学基地、党建基地，实现年利润约1000万元，实现税收300万元，直接带动600余人就业，间接带动2000余人就业；打造星空露营游乐园，依托郴嘉老铁路桥、西河优美的环境资源、临近北湖机场的交通区位优势，倾力打造占地100多亩，集星空露营、星光美墅、童趣乐园、观光火车、生态康养、团建拓展、特色美食等于一体，生活和娱乐设施齐全的"星空露营游乐园"。自2022年10月1日开园以来，吸引游客1.2万人次，经营收入20余万元，解决就业26人，真正做到让产业兴起来、村民富起来。

二是发展餐饮经济。以正和镇为示范，引入雅溪游乐、珍珠山民间菜、官溪度假村、东升农庄、西河谷农庄、在水一方等特色餐饮主体，从而拉动当地农业需求，做

到自产自销。如：雅溪游乐项目利用原旺家煤矿废弃煤矿区面向西河沿岸房屋及场地设计建设农庄，在原煤矿矿井前运输机械地铺设草地打造一个露天婚礼现场，在原煤仓上建造一个面积大约 300 平方米的长形泳池，逐步打造西河郊野生态休闲公园、城郊游憩度假慢生活区、古风田园诗画长廊；珍珠山穗丰民间菜馆主要以园林景观、休闲餐饮为主，目前该菜馆已成为桂阳县网红餐厅，已接待食客万余人次，较往年实现收入增长 50 余万元，带动了周边 30 余户农户增收。

（三）人居环境更加宜居

习近平总书记指出，乡村振兴要注重地域特色，体现风土人情，特别要保护好传统村落、民族村寨、传统建筑。只有真正保留村庄风貌、形态、肌理，才能留得住青山绿水，构建成让居民游客记得住的诗画田园。桂阳县通过实施西河沿线农村人居环境整治提升攻坚战，开展农村人居环境整治、规范村民建房、河湖清洁等专项行动，注重微改造、精提升，多就地取材、废旧利用，多用石头、砖瓦、木材、竹片等修筑小路、设置围栏，引导村民将闲置的空地、草地建成小菜园、小花园、小果园、小游园，留住鸟语花香、建设诗画田园，不断为村庄"美颜"；随着西河沿线的旅游公路、游步道、旅游厕所等基础设施不断完善，桂阳西河沿线的乡村在"塑形美颜"中迎来了源源客流。

二、桂阳县西河乡村振兴示范带建设存在的主要问题与原因

（一）主要问题

1. 现有产业发展质量不够高

现代农业产业总体规模不大，西河沿线的农产品种植标准化、集约化、规模化程度不高。目前产业主要依赖传统的烤烟种植，水果和蔬菜等其他种植业及养殖业等产业与周边县市区产业相比还存在一定差距，如汝城县文明沙洲村、苏仙区栖凤渡瓦灶村等。且乡村产业品牌竞争力不强，桂阳县西河沿线的农产品公共品牌社会认可度较低，部分品牌效应仅限于桂阳境内，农产品品牌还处于档次低、区域小、认可度低的局面，总体水平不高，总体竞争力不强，如官溪萝卜尚未打出自主品牌，销路渠道闭塞，无市场竞争优势；全义、西水饺粑品牌群龙无首，呈现小作坊发展趋势，没有统一的行业标准，产品质量参差不齐，产品精深加工不足，市场营销组织化程度低。

2. 产业发展特色不明显

总体上看，目前桂阳县西河乡村振兴示范带的乡村产业呈现出"生态、休闲观光农业和乡村旅游业快速发展"的崭新局面，伴随农业产业化的不断推进，乡村产业不断加快发展，同时也逐渐暴露出诸如"产品同质化竞争严重、乡村产业发展特色不明显"等问题与困境。由于过度的单一旅游资源开发形式，所开发出来的旅游项目大都

千篇一律，导致旅游产品同质化现象严重，表现为旅游策划、旅游资源和旅游商品同质化，大多数村庄主要是依托自然环境资源开展乡村观光、农事休闲和采摘、度假养生、农家乐等旅游项目，旅游项目活动单一乏味，产业呈现出极高的相似性，造成"遍地开花，花又相同"的现象，且各村庄景点之间串联度不高，不利于桂阳县西河沿线的乡村旅游实现可持续发展。

3. 乡村建设专业人才短缺

乡村振兴不仅需要资金和技术的大量投入，人才也是最关键、最活跃的因素和资源。乡村人才匮乏历来是一种常态，伴随城镇化的推进，农村人口大量涌入城市，导致农村可以投入乡村振兴建设工作中的人员就更稀缺，农村人才流失现象日益严重，而人才的缺失很大程度上限制了乡村振兴战略实施的效果。在走访座谈中发现，乡村振兴工作走在前面的正和镇仍存在本地人才留不住，劳动力大量外流的显著问题；特别是现阶段，在乡村振兴战略的过程中，人才短缺不仅表现为乡村振兴主体参与少，还表现为高素质管理人才匮乏以及相关工作人员专业文化素养较低。由于乡村振兴是长期性、系统性的工程，为保证乡村振兴的成果持久，减少反弹现象，必然要求建立一支完善的高素质管理人才队伍，负责科学管理和运营，促使西河乡村振兴示范带建设更加规范化、科学化；而当前农村人才吸引力低，造成管理人才引进困难，进一步影响了乡村振兴的持久向上发展。

（二）原因分析

1. 农户呈"原子化"分散，土地规模化经营不足

我国城镇化率为65%左右，人口大多在外分散居住，部分村庄实际居民外出人口达80%，桂阳县西河沿线各村也存在类似情况，土地规模经营推进受限，导致产业规模不足。一方面土地价值"变现"效果难以当面展示，导致西河的农户对土地规模经营积极性不高。另一方面，土地规模经营除了土地流转租金收益外，农户并无股份，农民的主体地位未能得到有力体现，难以激发农户内生动力。

2. 依靠信息网络挖掘文化不深，特色宣传推介不够

当前经济是个"眼球经济"活跃的时代，一定程度上"流量"为王。桂阳县西河如同一座深山宝矿，没有良好的网络推介，外部市场难以接触到相关的农村"土地招商"和本土文化的信息，宣传推介只是单一的推荐某一种文化，难以将桂阳县西河沿线的资源充分挖掘利用起来。现有的宣传大多出现在传统新闻媒体上，缺乏抖音等网络新媒体的广泛有效宣传推介，市场和民众感知较少，难以引发共鸣，无法引动市场和群众自发形成口碑宣传效应，赚取一定"流量"，从而获得市场、技术、人才对桂阳县西河乡村振兴示范带的关注和入驻。

3. 村集体经济组织缺乏懂经营、会经营的"经理"

每个村都有自己的特色，需要因地制宜、"因人成事"。而村集体经济组织基本靠

村干部兼职，懂经营、会经营、能经营的人太少。多数村干部忙于巡逻值班、处理报表和接待工作，缺乏处理村集体经济经营事务的专业素质和精力，且大部分村集体经济组织未明确收入激励机制，未能充分发挥管理人员的创造性；同时，目前未建立系统的村集体经济职业"经理"培育模式和引进机制，人才建设内外发力都不足。

三、桂阳县西河乡村振兴示范带建设的思考与建议

（一）充分因地制宜，走符合乡村实际之路

乡村振兴应当因地制宜，走出符合乡村实情的发展之路，才能保持久久为功的定力让乡村走上特色的发展"快车道"。如西河沿线的朝阳村就以"红色朝阳"为主题，重点打造夜宿梨山党性教育基地和新时代文明实践基地，使朝阳村成为传承长征精神，锤炼党员干部的重要场所，推动朝阳红色旅游大发展。西河上游的和谐村则以"和"为主题，挖掘深厚的历史人文底蕴、丰富的自然资源，提炼"和、河、荷、禾"特色元素，倾力打造"四园九心三十六点"，因地制宜推进乡村振兴；以河道整治为着力点，把河道疏浚出来的砂石用来建设游步道，把废弃的水渠装扮成彩虹桥，既把河堤建成水利设施又形成旅游景观。正和镇朝阳村依托原有硬件设施和经济基础，进一步提高了一二三产业融合程度。以"一园一带"（"夜宿梨山"农文旅融合产业园、西水河产业带）为发展重点，推动农业与农产品加工及乡村旅游、农事体验、健康休闲有机结合，逐步形成种养、加工、研发、营销、农事体验、休闲观光、健康养老、文史艺术研学于一体的乡村产业发展新格局。

（二）破解土地瓶颈，提升产业发展质量

产业兴旺是乡村振兴的重要基础，发展乡村特色产业是巩固脱贫攻坚成果的重要途径。推动乡村产业振兴，要科学把握差异性，注重地域特色，深入挖掘资源禀赋，推动产业高质量发展。

一是从土地规划的角度，在坚持生态红线的前提下，厘清生态红线区与可开发可利用区的界限，系统梳理中央、省、市、县关于土地规划和生态保护的政策规定，合理划定可开发可使用的土地，破解向山要地的困难，扩大农业产业规模；借助农村集体资产改革，在农村土地登记与村集体资产清理的基础上，进一步明确农村产权关系，盘活农村集体资产，提升村集体的"自我造血"能力，促进集体经济不断发展壮大；加强流转规范管理，引导土地合理有序流转，在所有权、承包权、经营权三权分置，经营权流转的格局下，加强对农村土地流转的规范管理，建立流转明细台账，依法按程序签订合同，引导周边农户合理有序流转土地，维护好流转双方的合法权益，进而长期稳定地保证和提升乡村产业的集约化、标准化。

二是从产业发展的角度出发，积极向上争取项目立项，加大资金投入，加强路、

水、电的"三通"保障，推动实施高标准农田改造，把"田切块，地割方，山连通"，为特色产业规模化生产夯实科技化、机械化的生产基础；以村组为单位，统一使用土地、闲置资产入股，吸引市场主体进驻，增强乡村产业"造血"功能，坚持产品标准化，不断推动产业品牌化市场化，持续提升产业发展质量。

（三）坚持农文旅融合，彰显文化底蕴特色

发展农文旅融合的产业，因地制宜是关键，要突出本地特色，矢志不移地走乡村特色农文旅产业发展之路，让乡村因特色而更加美丽、因特色而更具活力。乡村产业和生态文化旅游相融合是进入新发展阶段乡村呈现出的新业态，桂阳县西河乡村振兴示范带农文旅条件得天独厚，孕育着丰富多彩的农耕文化、红色文化、名人轶事、文史古迹、乡愁故事，充分挖掘本地文化，通过西河风光带将分散的文化景点进行串联，融合于美丽的乡村风景中，通过网络新媒体宣传推介，必将有效有力的广泛彰显文化底蕴特色。可借鉴苏仙区栖凤渡镇瓦灶村的"一碗鱼粉吃出一条产业链"经验，如充分挖掘产业文化底蕴，举办首届西河乡村旅游文化节之鱼粉文化节的类似节日活动；参照做鱼粉就在村里种辣椒、黄豆、葱姜蒜、专用稻，开设米粉厂、调料厂的模式，打造西河乡村振兴示范带的"桂阳一桌菜"，将"全义饺粑""桂阳五爪辣""坛子肉"等产品与文化相融，坚持按照"因地制宜、统一布局"的原则进行科学可行、切实有效的规划设计，形成有异于其他市场主体的特色品牌，进而推动面向周边城市消费群体的假日休闲旅游观光农业、生态农业、康养农业、民宿、研学等乡村新业态大发展，让绿水青山真正变为村民的金山银山。

（四）加强培育引进，强化人才队伍建设

人才兴则乡村兴，人才强则乡村强，人才是乡村振兴的第一资源。农村基层干部是实施乡村振兴战略的最终贯彻者和执行者，在带动农民致富上有着不可替代的作用，西河沿线各村作为乡村振兴示范带不可或缺的部分，更需要加强人才队伍培养，全面提高建设人员素质。

一是加强农村干部队伍培养。逐步探索"职业村支书"的基层治理模式，注重在外出返乡人才中培养一批村级后备人才，把其中政治素质优、文化水平高、带富能力强、群众反映好的优秀人才培养成党员，纳入村级后备干部队伍、选进村"两委"班子，以解决现有村干部队伍老化、素质不高、本领不强等问题。同时以"党校+农校"的模式，以信念讲堂、专家学堂、实践课堂等形式，不断培训培养一支懂农业、爱农村、爱农民的乡村干部队伍。

二是努力培育新型"有文化、懂技术、善经营、会管理、能致富"的职业化农民。培育新型职业农民，要找准定位，同时积极探索和创新培训模式，以"集中培训+在线学习+生产实践操作+跟踪服务"的模式，将"走出去"培训和就地培训相结合，为西

河沿线乡村实施乡村振兴战略提供有力的人才支撑,大力培育新型经营主体,使广大农民成为发展现代农业的主力军和乡村振兴的参与者、实践者,更好地推进乡村振兴战略实施。

三是积极引进外来优秀人才。要搭建多样化平台,扩大内外互动交流,促进城乡地区人员之间的良性循环,充分利用多种宣传手段和传播媒介,让外部优秀人才多方式参与到乡村振兴发展中来,同时也让他们通过信息网络新媒体把乡村文化推介出去,把新理念新方法带回来。可通过抓好吸引农业科技人才下乡、吸引打工青年返乡、吸引优秀大学生来乡等方式积极引进外部优秀人才,造就新时代的"三农"工作队伍,推动桂阳县西河乡村振兴示范带高质量发展。

湖南省农业现代化发展的金融支持问题研究

欧阳仡欣[①]

摘要： 金融支持在农业现代化的实现中发挥着关键的作用。湖南省作为我国的一个农业大省，其农业现代化发展程度对其经济发展具有十分重要的意义。文章选择农业信贷、财政支农与农业固定资产投资三条路径，运用熵权TOPSIS分析法及VAR模型对湖南省金融支持与农业现代化发展的关系展开研究。结果表明金融支持的三条路径对湖南省农业现代化发展均有积极的正向影响，其中农业信贷影响程度最大，其次是农业固定资产投资和财政支农，并且湖南省农业现代化的金融支持水平虽有明显的提升，但总体的发展水平还较低。所以针对湖南省农业现代化的金融支持发展现状和问题，提出湖南省要持续推动建立和健全以农业信贷为主导，财政支农为保障，农业固定资产投资为动力的金融体系。

关键词： 金融支持；农业现代化；农业信贷

习近平总书记指出："农业强国是社会主义现代化强国的根基。"金融作为现代经济的核心，能够为农业现代化的建设提供有力保障。金融支持作为湖南农业现代化发展过程中必不可少的重要力量，一方面直接关系到农业产出，另一方面与农业生产要素之间存在密切关联，应引起高度关注。本文聚焦湖南省农业现代化发展的金融支持问题研究，结合湖南省农业现代化发展的金融需求特点，提出完善湖南省农业现代化金融支持的思路。

一、湖南省农业现代化发展现状分析

湖南省自古以来都享有鱼米之乡的美誉。"十三五"期间，湖南粮食面积稳定在7000万亩、产量稳定在300亿公斤左右，以最强执行力稳固粮食"基本盘"、坚决扛起粮食生产大省的责任担当。并在政府支持下打造了油料、蔬菜、水果、茶叶、中药材

[①]欧阳仡欣，湖南信息学院讲师。

等优势特色千亿产业，因地制宜，打造绿色精细高效发展模式，辐射带动产业提质增效，不断推动农业现代化发展。

（一）农业投入水平不断提升

首先，自2006年以来，湖南省农业机械总动力和单位耕地面积总动力总体呈持续增长的趋势，与我国农业机械总动力增长总趋势大体一致，并且机械总动力水平占全国的10%左右。说明湖南省已经成为农业机械的使用大省，其机械化水平有了很大的提升。其次，从土地灌溉条件来看，湖南省有效灌溉率较高，近十年来，在湖南省基础设施不断完善的前提下，耕地有效灌溉率达到70%以上，领先于全国平均水平，并在近几年保持上涨趋势。这表明近几年湖南省农业科技和基础设施的投入，使得其农业机械总动力水平与有效灌溉率不断提高，从而凸显湖南省农业现代化的不断发展。

（二）农业产出水平持续增长

首先，农业产值水平增长。农业产值水平直接体现了农业的产出状况，近几年湖南省农业产值持续增长，并且其农业产值比率一直处于较高水平。2020年湖南省农业产值为3532.87亿元，增长3.6%，约为2005年的3倍。从农业产值比率来看，近十年湖南省农业产值比率一直保持在50%左右，这体现了湖南省作为农业大省的基础定位未曾改变。其次，粮食单产水平增长。近十年来湖南省粮食单产量一直维持在较高水平。2021年，全省粮食亩产430.7公斤，比上年增加8.0公斤，增长1.9%，超过全国平均水平。由此表明湖南省在粮食种植技术上不断完善、农业生产各方面加大投入，使得湖南省粮食产出水平不断突破新高，进而推动农业现代化的进程。

（三）农业现代化可持续发展水平

近几年湖南省农业受灾面积及农业受灾率都有明显下降的趋势。2020年湖南省农业受灾率为15.24%，农业受灾面积为62.8万公顷，只有十年前的30%。从政府层面来说，湖南省加大了对农业的投入，加强了农业基础设施的建设，特别是农田水利建设，从而增强了农业抵御自然风险的能力；从农户层面来说，是农民风险意识的提高和应对风险策略的完善。

（四）农业转型升级

湖南省传统农业以小农经济为主，虽然种植面广，但是分布不集中，多以个体户为主，达不到规模化生产；再是湖南省的传统农业链条产生了供需信息断层的问题，农户无法洞悉前端需求，很难高效卖出自己的产品，同时厂家又没有足够的选择来满足自己的生产需求。所以为了从根本上改变湖南省传统农业的弊端，国家和省政府推动农业转型升级，改变农业发展方式，推出将农业产出与销售相结合，一二三产业相融合的发展方式，以打通供需两端的信息渠道、生产渠道和销售渠道，真正做到产业链、供应链、价值链相结合。在生产方面，湖南省加大农业的科技投入，不断完善基础设施，运用基因工程培育新型品种，同时加强农业生产合作经营，推动农业规模化，优质化，绿色化发展。在销售方面，湖南省加大农业数字信息化投入，与跨境电商结合建立多个农业生产销售平台，使得供需双方能够进行信息共享，使农产品得到更好的销售。

二、湖南省农业现代化的金融支持现状分析

（一）农业信贷增加

金融的力量加速了湖南从传统农业大省向现代农业强省的跨越。农业贷款作为湖南省金融支持农业现代化的第一条路径，为其发展提供了最基础也是最重要的资金支持，农业信贷额的变化情况一定程度上反映了其农业现代化的金融支持现状。2020年湖南省农业贷款额较2006年相比增长达4倍以上，且以年均10%的速度持续增长。总量上，湖南省农业贷款额达到总贷款额的10%左右，突出了农业发展在湖南省的重要地位，大量的支农金额产品也体现了湖南省对推动农业现代化发展的重视。

（二）涉农财政支出放缓

财政支农是湖南省金融支持农业现代化发展的第二条路径，财政支农的占比情况直接反映了湖南省财政支持农业发展的力度。从增长速度来看，近十年来湖南省农业项目支出增长缓慢，甚至在2009、2016、2017等年度出现了明显的下降，近五年湖南省财政支农比率也有下降趋势，这表明湖南省财政支农力度存在明显不足。

（三）农业固定资产投资增加

农业固定资产投资作为湖南省金融支持农业现代化发展的第三条路径，从农业产出的角度体现湖南省农业现代化的发展状况。近十年来，湖南省农业固定资产投资总量总体保持了增长趋势，平均增速达40%。从总量上来看，湖南省农业固定资产投资额占总投资额的比率较低，2006－2016年其农业固定投资额不到总投资额的1%，到2020年湖南省农业固定资产投资额占比达4.02%。总体来看，湖南省农业固定资产投资额有了较明显的增长，但是其投资额的占比总体上还处于较低的水平。

三、湖南省农业现代化的金融支持的实证分析

根据金融支持在湖南省农业现代化中的表现，本文选择农业信贷、财政支农、农业固定资产投资三个变量来衡量金融支持（表1）。

表 1　变量选择及说明

变量	变量符号	说明
湖南省农业现代化水平	Y	反映湖南农业现代化水平
农业固定资产投资	X_1	反映农业现代化的投资规模
财政支农	X_2	反映财政资金对农业现代化的促进作用
农业信贷	X_3	反映金融资金支持农业现代化发展力度

根据农业现代化的影响因素，本文选择了农业投入水平、农业产出水平与农业现代化可持续发展水平三个方面的六个指标来构建湖南省农业现代化发展评价体系（表2）。

表 2　湖南省农业现代化发展评价体系表

	评价项目	评价指标	指标说明
湖南省农业现代化发展水平	农业投入水平	单位面积耕地总动力（kW/hm^2）	反映耕地面积承载机械总动力水平
		有效灌溉率	反映土地灌溉条件
	农业产出水平	农业产值比率	农业产值占比
		粮食单产水平（t/hm^2）	粮食产出水平
	农业现代化可持续发展水平	农业单位面积受灾率	农业受灾情况
		森林覆盖率	农业森林覆盖情况

（一）湖南省农业现代化发展综合水平测度

首先，通过基于熵权法的TOPSIS模型对湖南省农业现代化发展三级指标进行赋权，权重的大小说明各指标在湖南省农业现代化发展评价体系的比重和影响程度大小，也说明各指标的区分度大小。根据表3，单位面积耕地总动力、农业产值比率及森林覆盖率权重较高，均在20%左右，说明这三个指标的区分度较高，且对指标体系的评价影响程度较高，而有效灌溉率、粮食单产水平、农业单位面积受灾率相对权重较低，区分度较低，相应影响程度较低。

表 3　指标赋权

一级指标	二级指标	三级指标	信息熵值 e	信息效用值 d	权重系数
湖南农业发展综合指标	农业投入水平	单位面积耕地总动力	0.8247	0.1753	0.2384
		有效灌溉率	0.9286	0.0714	0.0972
	农业产出水平	农业产值比率	0.8111	0.1889	0.2568
		粮食单产水平	0.917	0.083	0.1128
	农业可持续发展水平	农业单位面积受灾率	0.9131	0.0869	0.1182
		森林覆盖率	0.8701	0.1299	0.1766

结合表3指标的权重系数，利用TOPSIS计算求得湖南省2010－2020年农业现代化发展水平的贴近度得分（综合得分）如下。

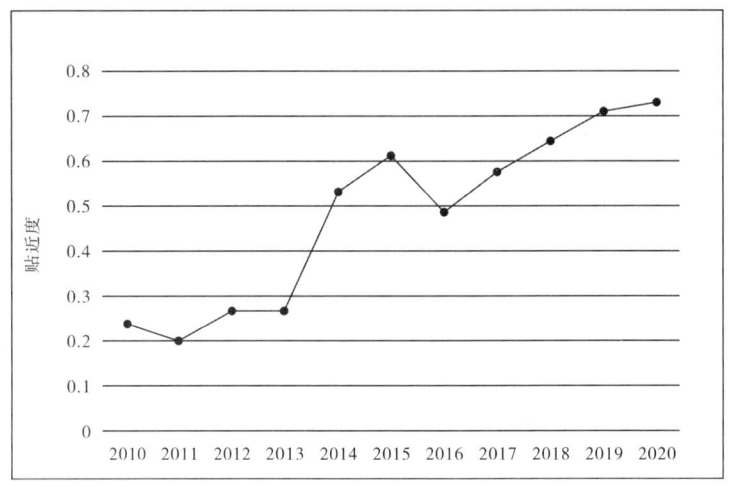

图1 2010－2020年湖南省农业现代化发展水平综合得分

结果显示近十年湖南省农业现代化发展程度总体呈上升趋势，在经过2010－2013年的小幅度波动后，2013－2015年其农业现代化指数大幅上涨，但在2015－2016年又迅速下降（造成2013－2016年综合指数的大幅度波动可能与其相应的年份的农业产值，农业受灾率等影响因素有关）。2016年后湖南省农业现代化发展呈稳定增长的趋势，但2019年后其增速有所下降。

（二）湖南农业现代化发展水平的影响因素分析

为了进一步研究农业固定资产投资、财政支农、农业信贷与湖南省农业现代化发展具体关系，利用湖南省农业现代化发展综合指数与农业固定资产投资、财政支农与农业信贷相关数据构建计量VAR模型进行分析。以内生变量湖南省农业现代化发展水平（Y）、农业固定资产投资（X_1）、财政支农（X_2）、农业信贷（X_3）为模型方程的被解释变量，而解释变量分别为四个变量的阶滞后值，由此构造了VAR（p）模型。

1. 平稳性检验

构建模型前，为了避免由于数据不平稳的现象而导致的伪回归，需要对数据进行平稳性检验，这里采用ADF检验。

表4 ADF检验

变量名称	1%临界值	5%临界值	10%临界值	ADF统计量	P值	结论
Y	−5.52186	−4.107833	−3.515047	−2.502476	0.3216	不平稳
d（Y）	−4.420595	−3.259808	−2.771129	−3.377377	0.0424	平稳
X_1	−2.81674	−1.982344	−1.601144	4.704062	0.9998	不平稳
d（X_1）	−5.52186	−4.107833	−3.515047	−3.643254	0.0866	平稳

续表

变量名称	1%临界值	5%临界值	10%临界值	ADF统计量	P值	结论
X_2	−2.81674	−1.982344	−1.601144	2.515851	0.9921	不平稳
d(X_2)	−4.582648	−3.320969	−2.801384	−3.228865	0.0565	平稳
X_3	−2.84725	−1.988198	−1.60014	−1.614673	0.0975	平稳
d(X_3)	−2.937216	−2.006292	−1.598068	−2.31631	0.0292	平稳

由表4可知，原样本数据中只有变量农业信贷（x_3）在10%的显著性水平下是平稳序列；因此，需要对一阶差分后的数据进行平稳性检验，由上表可知，在一阶差分后湖南省农业现代化发展水平（y）以及农业固定资产投资（x_1）、财政支农（x_2）、农业信贷（x_3）在10%的显著性水平下均通过ADF检验，即数据平稳，可进一步对模型进行构建。

2. 滞后阶数确定

为构建VAR模型，首先要明确模型的最优滞后阶数，由表5可以判断模型的最优滞后阶数为一阶，建立VAR（1）。

表5 滞后阶数确定

Lag	LogL	LR	FPE	AIC	SC	HQ
0	137.4495	NA	3.02E−17	−26.6899	−26.56887	−26.82267
1	219.7172	82.26773*	7.84e−23*	−39.94344*	−39.33827*	−40.60731*
2	225.8364	41.3892	7.93E−23	−39.73625	−39.02376	−40.41324
3	232.6629	23.4682	8.07E−23	−39.34714	−38.52336	−40.03673
4	246.3428	18.6783	8.52E−23	−39.12631	−37.92358	−39.99862

3. 协整检验

由四个指标之间存在一阶差分平稳的现象，本文采用Johansen协整检验来分析和检验数据的长期关系。

表6 迹检验

原假设	特征值	迹统计量	10%临界值	概率
None*	0.957314	370.5566	95.75366	0.000
At most 1*	0.813082	206.5546	69.81889	0.000
At most 2*	0.649649	119.3461	47.85613	0.000
At most 3*	0.419799	64.80737	29.79707	0.0041

表 7　最大特征值

原假设	特征值	最大特征值	10%临界值	概率
None*	0.957314	164.002	40.07757	0.0001
At most 1*	0.813082	87.20849	33.87687	0.000
At most 2*	0.649649	54.5387	27.58434	0.000
At most 3*	0.419799	28.3078	21.13162	0.0041

从迹检验和最大特征值的结果可知：在1%的显著性水平下拒绝了没有协整关系的零假设。因此，湖南省农业现代化发展水平（Y）与农业固定资产投资（X_1）、财政支农（X_2）、农业信贷（X_3）存在着长期稳定的均衡关系，这保证了我们在回归过程中不存在着虚假回归的问题。

4. 格兰杰检验

格兰杰因果检验可以判断湖南省农业现代化发展与金融支持是否存在因果关系，现进行格兰杰因果检验结果见表8。

表 8　格兰因果检验

Null Hypothesis	Obs	F-Statistic	Prob.
X_1 does not Granger Cause Y	10	6.65555	0.0448
Y does not Granger Cause X_1		0.0373	0.8523
X_2 does not Granger Cause Y	10	10.5548	0.0141
Y does not Granger Cause X_2		0.55681	0.4799
X_3 does not Granger Cause Y	10	5.78489	0.0471
Y does not Granger Cause X_3		0.51146	0.4977

从表8格兰因果检验结果可以看出，在10%显著性水平下，农业固定资产投资（X_1）、财政支农（X_2）、农业信贷（X_3）是湖南省农业现代化发展水平（Y）的格兰杰原因，可以说明湖南省农业现代化发展水平的波动与农业固定资产投资（X_1）、财政支农（X_2）、农业信贷（X_3）有关。

5. 稳健性检验及脉冲响应分析

在完成VAR模型的构建后，下一步检验模型的稳健性，检验结果见图2，该模型单位根均在圆内，说明VAR模型通过稳健性检验，即说明模型平稳。

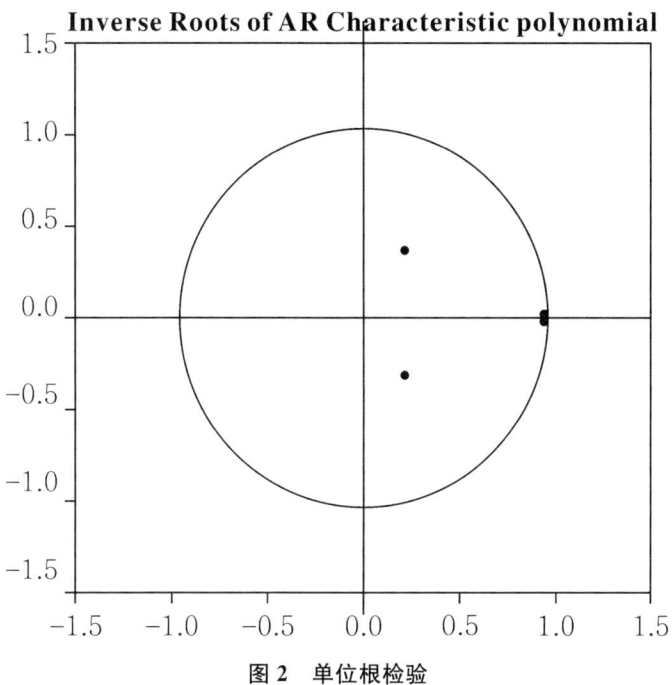

图 2 单位根检验

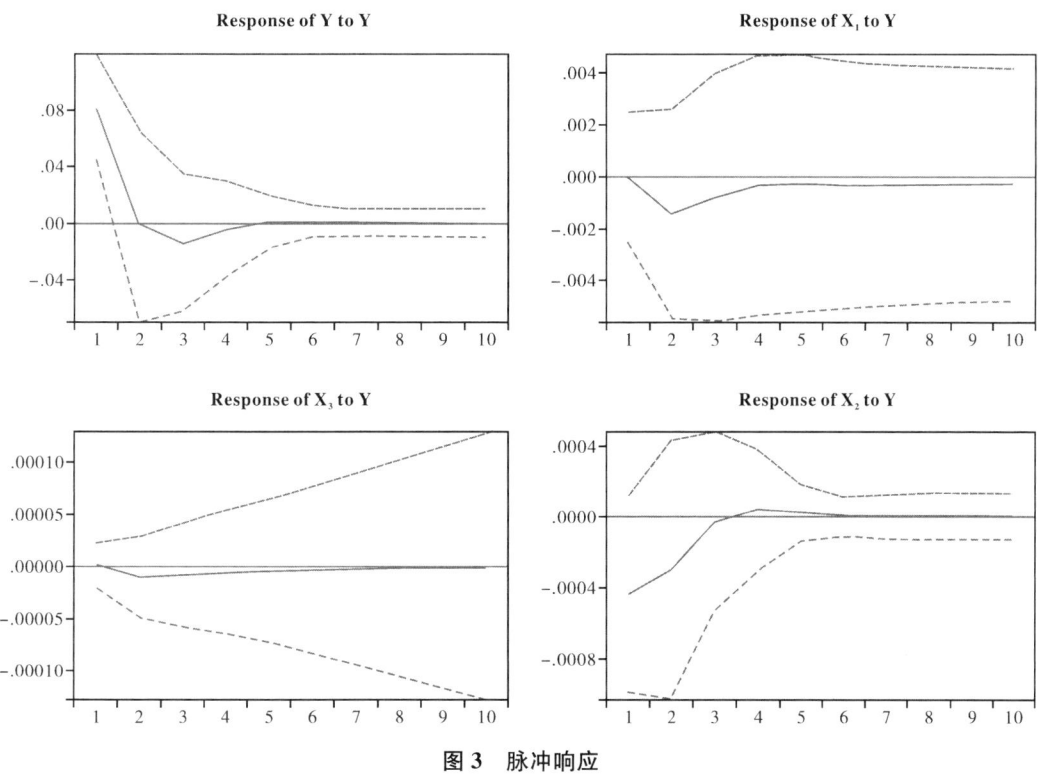

图 3 脉冲响应

根据结果可知，依据脉冲响应函数图分析农业固定资产投资（X_1）、农业信贷（X_3）对湖南省农业现代化发展水平的冲击较小，整体呈现波动趋势；财政支农（X_2）

对于湖南省农业现代化发展水平的冲击较大，且财政支农（X_2）的正向冲击具有很强的滞后效应。

6. 方差分解

根据结果可知，被解释变量湖南省农业现代化发展水平（Y）本身的贡献度为75.47%，相对较大；整体来讲解释变量农业固定资产投资（X_1）、财政支农（X_2）、农业信贷（X_3）的贡献度分别为6.48%、4.19%、13.84%。说明农业信贷对湖南省农业现代化发展的影响程度最大，而农业固定资产投资及财政支农对其农业现代化发展的影响程度相对较小，其中农业固定资产投资的影响程度要稍大于财政支农。

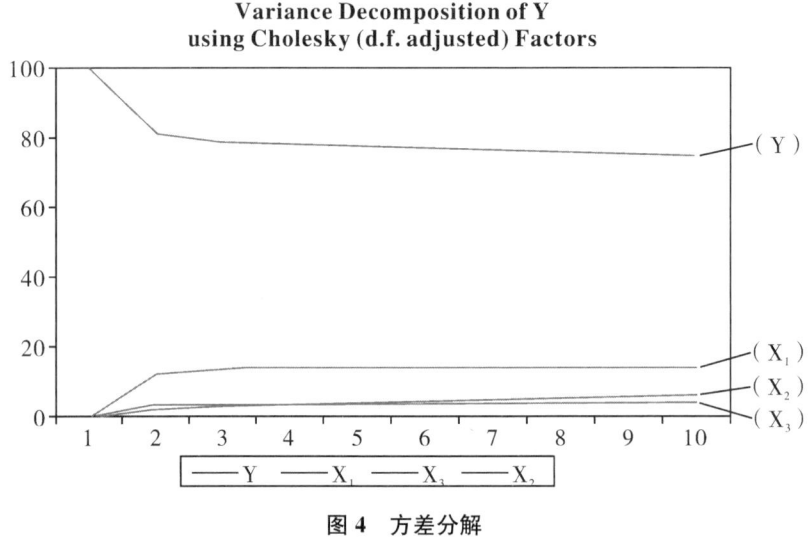

图4　方差分解

四、结论及对策建议

由熵权 TOPSIS 分析法得到湖南省农业现代化近十年来的综合得分，结果表明湖南省农业现代化水平大致呈上升趋势。通过实证分析结果，结合湖南省农业现代化及金融支持现状，总结以下两点结论。

第一，根据模型结果表明三大金融路径对湖南省农业现代化发展均有正向影响，但各路径的影响程度有差异。其中农业信贷的正向影响最大，其次是农业固定投资额及财政支农，二者差异不大。说明在目前的发展阶段下，湖南省的农业信贷还是促进农业现代化发展的主要路径，农业固定投资额与财政支农作为辅助路径。在目前的发展形势下，以农业信贷为金融支持湖南省农业现代化发展的主要路径，农业固定投资与财政支农为辅助路径的发展战略是正确的。从长远看，湖南省农业现代化的发展需要庞大的资金需求，而在金融支持农业现代化发展的三条路径中，只有农业信贷才能持续长远的为其提供资金，财政支农作为政府主导支持农业发展，其所提供的资金是有限的。同时从 VAR 的模型回归结果看，财政支农对湖南省农业现代化发展有着明显的滞后作用，说明财政支农在前期可以增加投入，但在中后期主要依赖于农业贷款和农业固定资产的投资。

第二，根据金融支持湖南农业的现状及模型结果表明，在其金融支持力度大幅提高下，虽然使得湖南省农业现代化发展水平有所提升，但是其增速近几年较慢，且有逐步下降的趋势，说明金融支持湖南省农业现代化发展的效率较低，成效不高。

基于以上结论，本文对湖南省农业现代化发展的金融支持问题提出以下建议：

（一）发挥信贷主导作用，优化信贷环境

第一，扩大金融机构覆盖面。鼓励民间信贷组织或个人在各县、乡镇设立多种所有制的金融机构，引导各种资金进入农村，使农村金融机构的数量增加，从而进一步增加农村的资本容量，更好地发挥农村信贷的作用。第二，优化信贷环境，简化信贷流程。一方面，要增强农村文化的宣传教育，加强农户对信贷知识的了解，这样不但有利于更多的农户参与到农业信贷中，也会提高农户信贷还款的意识；另一方面，要完善农村的信用体系和农村的征信系统，以降低农村信贷的道德风险。尽量简化农村信贷程序，以提高农户的贷款效率。第三，加大政策支持，可以进一步完善农户贷款的担保机制，出台各项小额贷款财政补贴政策等，吸引更多农户敢于向金融机构贷款。

（二）发挥财政支农的导向作用，保障支农有效配置

第一，正确引导财政补贴资金使用。在对农户进行奖励补贴的同时，政府能够积极发挥财政补贴的引导作用，给予农户对于农业发展和产业化发展一些指导性建议，使农户更好地发挥资金的用处，以促进产业的发展。第二，加强农村基础设施建设，同时完善农业信息平台。在互联网不断发展的时代，政府要主导农业信息的交流，消除第一二三产业信息断层的现象，不断促进一二三产业的融合。第三，政府做好农业发展的导向作用。一方面，积极促进农业的转型升级，加强科技投入，以优惠政策和补贴引导农户尝试以"新方式"种植"新品种"。另一方面，引导企业投入，鼓励大学生回乡发展。为企业或金融机构提供一定的补助与奖励，鼓励他们加大对农业的投入，以推动农业产业化发展。鼓励大学生利用专业知识，提升农作物品质，解决农作物种植问题，以促进农业高品质化和绿色化发展。

（三）进一步提升农业固定资产投资的效用

虽然湖南省农业固定资产投资不断上升，但对农业现代化发展并没有起到关键性的作用。对于农业资产投入，除了基础生产要素的投入外，还要加强农业机械和科技的投入，进一步提升农业固定资产投资的效用。不能简简单单地将农业发展问题归于"大"和"多"，除了规模化的发展，我们更要结合现代农业发展需要，加大农业的科技、机械化等方面的投入，以促进湖南省农业向品质化、绿色化的道路发展，以更好推动湖南省农业现代化的发展。

参考文献

[1] 卢新海,马小军. 基于"四化同步"的小城镇建设[M]. 武汉:华中师范大学出版社,2018:12-67+85.

[2] 陈强强,李新文. 甘肃省农业现代化水平测度及制约因子研究[J]. 农业现代化研究,2018,39(03):369-377.

[3] 刘晓敏,张天萌. 基于熵权TOPSIS的河北省农业现代化水平评价[J]. 山东农业科学,2021,53(7):142-149.

[4] 吕家进. 农业现代化离不开金融支持[N]. 金融时报,2017-09-26(001).

[5] 袁家春. 高新技术产业发展与金融支持体系研究——评社会科学文献出版社《中国高新技术产业的金融支持体系研究》[J]. 价格理论与实践,2020,41(07):182.

[6] 曹玉昆,翟相如. 金融支持对林业产业发展的影响——基于空间计量模型的实证[J]. 统计与决策,2020,36(13):150-153.

[7] 申蕙. 金融支持现代农业发展研究[D]. 昆明:昆明理工大学,2017.

[8] 杨红丽. 美国农业现代化金融支持对我国的启示[J]. 农业经济,2019,41(01):107-109.

湖南乡村振兴与农业产业发展创新
——以新邵县为例

李 静[①]

摘要： 全面建设社会主义现代化国家，最艰巨最繁重的任务仍然在农村。加快脱贫地区农业产业精准帮扶，推进农业农村发展创新，是激发脱贫地区乡村振兴新动能，逐步实现经济高质量发展的必要措施。新邵县加强党建引领，多措并举抓好抓实基层组织建设，因地制宜统筹资源促乡村振兴，推动农业产业规模化、产业化、品牌化发展。

关键词： 乡村振兴；党建引领；农业产业

党的二十大报告强调，"坚持农业农村优先发展"，对全面推进乡村振兴作出重要部署，明确了新时代新征程上推进农业农村现代化的重大任务，为我们走好新时代乡村振兴路指明了方向、提供了遵循。近年来，湖南省新邵县坚持抓党建促乡村振兴，以产业兴旺为目标，全力巩固拓展产业扶贫成果，大力实施"品牌强农、特色强农、科技强农、人才强农、产业融合强农、开放强农"六大行动，围绕"一特两辅"（中药材产业、蔬菜产业、休闲农业）的产业发展思路，推动农业产业向规模化、产业化和品牌化发展。

一、新邵县加强党建引领，促进农业产业发展创新的成效及亮点

目前，新邵县农业产业发展态势较好，中药材、水果、水产等产业特色明显，但大部分农业企业规模不大，全县未形成完整的农业产业链。全县建立非公涉农党支部31个，均为实体型党组织，未建立相关党委、党总支，涉及农业非公企业共104个，其中单建党支部的涉农企业7个，联合组建党支部的企业97个，党员组织关系在农业产业企业党组织的党员106名，无35岁以下年轻党员。新邵县坚持党建引领，积极发挥党组织在农业产业发展中的政治引领作用，为全县乡村振兴工作把方向、谋大局、聚合力、抓落实，推动农业产业向规模化、产业化和品牌化发展。

[①] 李静，中共新邵县委党校讲师。

1. 多措并举抓党组织组建，落实"两个覆盖"。

结合两新党组织组建攻坚专项行动，打破传统党组织设置模式，以产业集聚为纽带，通过组建联合党组织等形式扩大党组织覆盖率。全县具备党组织组建条件的农民专业合作社、农业加工企业按照应建尽建的原则，全部组建党组织。为了统一规范党组织关系，避免出现无党总支的村（社区）管辖党支部的情况，新邵县将所有的农业产业党组织直接隶属于所在乡镇党委。单设党支部书记由所在企业的党员担任，联合支部的书记由支部成员单位中龙头企业的党员担任，确实没有合适人选的由乡镇党委选派对农业产业熟悉的乡镇党员干部兼任支部书记。如国家级农业产业强镇（乡）新邵县潭府乡通过成立中共新邵县潭府乡非公有制经济组织第一联合支部委员会，对新邵县玉辉农林有限公司、新邵县大团年富硒种养专业合作社、新邵县大团年旅游开发有限公司等企业进行统一管理，以猕猴桃、黄桃、蓝莓等产业为核心，打造集生产加工、研学科普、观光体验为一体的一二三产业融合发展的产业，并充分发挥党员先锋模范作用，以主题党日、志愿服务等活动为载体，进行技术交流，对其他个体种养农户进行技术指导，在推动乡村振兴战略、农村土地流转、辐射带动周围群众增收致富等方面取得了显著成效。

2. 突出重点集聚优势产业，抓好顶层设计。

立足农业产业发展优势，从精从细布局特色产业，以产业发展为主导来巩固拓展产业扶贫成果。抓好重点发展的主导特色产业，制定了《新邵县"一特两辅"主导产业十四五发展规划》和一系列扶持政策。一是加强财政整合资金管理。通过财政资金整合，目前乡村振兴统筹整合衔接资金6616万元，其中拟投入资金3970万元用于产业发展。明确资金使用范围，资金拨付办法。建立事前、事中、事后监管体系，以前期核查、实地考察和随机检查相结合的方式，对资金的使用和管理情况进行监管。按照上级要求，建立项目公告、公示制度，进行事前、事中、事后公开、公示，增强项目资金使用的透明度，确保资金使用安全、有效、精准。二是定期组织召开"政府部门、银行、农业龙头企业"三方参与的银企对接会，支持经营主体贷款规模达2亿元。三是为降低农业产业风险，将中药材、水果、蔬菜、油茶、茶叶等5个农产品品种纳入保险范围。如新邵县中恒农业开发有限公司是潭府乡一家以黄桃为主要农产品加工销售的公司，在政府的政策扶持下，潭府乡成功申报国家级农业产业强镇（乡），而作为申报的成员单位，该公司不仅获得国家下拨资金以及技术方面的支持，并且提高了公司的发展上限。同时作为联合非公有制企业党支部中的一员，该公司依靠两新党组织带来的便利，不断扩大自身的知名度，开阔销售渠道，使得公司的规模有了不小的成长。

3. 创新方式强化党建引领，壮大经营主体。

新邵县累计培育省市级农业龙头企业26家、累计创办农民专业合作社1356家，累计发展家庭农场 2290 家。全县支持鼓励各村依托本地资源，因地制宜发展产业，充分发挥党的政治优势、组织优势，拓宽村级集体经济发展途径，特别注重由龙头企业、农村致富带头人、党员或村主要负责人牵头创办专业合作社，积极发展产业，参与乡村振兴工作。中药材产业以陈家坊镇、潭府乡、巨口铺镇、太芝庙镇、严塘镇、坪上镇、大新镇、龙溪铺镇等 8 个乡镇为中药材主产区，以新邵县农业科技园、湘商产业园、龙溪铺镇为中药材加工建设重点区域，建设中药材加工、物流、科研和综合服务区，通过核心区示范辐射，带动全县和周边县市发展中药材产业。以湖南雨泉农业发展有限公司、邵阳心连心食品有限公司、新邵南陌生物科技有限公司、湖南精亿达生态农业有限公司等加工企业为龙头，带动中药材种植、加工、仓储物流、销售全产业链发展。目前，新邵县中药材种植面积达 10.8 万亩，产值 13 亿元，其中 50 亩以上基地 82 个，面积 32152 亩。以玉竹、百合、药用玫瑰、玄参、杜仲、厚朴等道地中药材品种及黄精、芍药、罗汉果等品种为主。蔬菜产业主要以生鲜蔬菜销售为主，采取"基地＋批发市场"的销售模式运行，将农产品产销与消费扶贫紧密结合，着力拓宽全县农副产品销售渠道，提升农副产品供应水平和质量。全县蔬菜种植面积达 9 万亩，年产量 326 万吨，产值达 10.15 亿元，其中 50 亩以上基地 38 个。2014 年以来，各类经营主体主要采取委托帮扶、直接帮扶、股份合作等 3 种利益联结模式带动脱贫人口 100312 人，通过购销农产品、劳务用工、技术支持等方式带动脱贫人口 10005 人。如潭府乡通过"党支部＋农户"的方式，流转承包了鸭婆岭在内的 6 个行政村 1.2 万亩林地用于楠竹加工，在成立了新邵县森鑫林业专业合作社的基础上，又成立了新邵县四杰竹业发展有限公司，引进先进的竹筷生产工艺和领先的竹筷烘干、防虫、防霉技术，目前已为当地安置 220 余人就业，其中 54 户贫困户实现了家门口就业。在四杰竹业发展有限公司等龙头企业的示范带动下，联合党支部的其他成员单位纷纷扩大规模，积极对接产业上下游企业，推动产业快速健康发展。

4. 注重服务发挥党员作用，强化引才育才。

一是发挥党员的先锋模范作用。在生产工作一线普遍设立党员示范岗和党员责任区，在党员的示范带动下，不断激发企业的创新活力。如湖南省辉耀农业科技开发有限公司党支部利用"一月一课一片一实践"，引导党员积极开展"爱岗敬业有党员、攻坚克难有党员、帮扶济困有党员"等活动，教育党员职工增强政治意识、把准政治方向。公司在党支部带动下，荣获全国休闲农业与乡村旅游五星级企业、湖南省 AAA 级信用企业、湖南省五星级休闲农业庄园、湖南省农业龙头企业、湖南省林业龙头企业、邵阳市家业产业化龙头企业、新邵县优秀农业企业等荣誉。二是强化组织，夯实培训基础。在农口系统各局、职业学校等单位抽调了 30 余名农业等各个行业的技术员和老师充实师资库，组建农业技术专家团体 1 个，聘请了省农科院 11 名各个领域的农业专家作为技术指导和特邀教师。通过新型农民职业培训等渠道培训农民共计 1220 人。

2023 年共开展技术服务 226 次，推广新技术、新品种 12 项，累计培育"两品一标"品种数量达 29 个。开展产销对结活动 5 次，帮助经营主体销售农产品金额达 1.2 亿元。

二、党建引领乡村振兴，推进农业产业发展创新存在的主要问题

近年来，新邵县党建引领乡村振兴，促进农业产业发展虽然取得了一定成绩，但新邵县农业产业发展现状与发达地区相比仍存在较大差距，党建工作中也存在发展瓶颈。主要表现在：

1. 发展目标性不强，产品附加值低，产业难以成链。近年来，由于乡村振兴对种养殖业的发展力度较大，新邵县农业产业遍地开花，但是规模都不大，面对的市场风险都较高，新邵县目前没有形成完整的农业产业链，现有的农业企业主要是以合作社和家庭作坊的形式存在，主要涉及猕猴桃、葡萄、莲藕等果蔬种植以及鸡、鸭、鹌鹑等经济动物养殖，没有从原料加工到生产销售等一整套环节。在家的农村人口大多是年龄偏大，劳动观念、劳动能力、增收本领不强的人，很难积极主动发展产业项目。很多农户存在"从众、跟风"心理，产品产能过剩，加上产品加工能力弱且农产品流通体系不够健全，市场信息不对称，导致供求失衡现象时有发生，特别是那些不宜长时间保存的鲜活产品，价格波动大，农民增产不增收的现象时有发生。此外，农业产业受土地政策制约较大。2020 年 7 月以来，国家用地管控逐步紧缩，耕地"非粮化""非农化"管控力度进一步加大，导致农业产业发展逐步出现"无地可用"的局面，以正在实施的冷库建设项目为例，部分经营主体连建设一个冷库的设施建设用地都很难办理，更谈不上集中连片发展产业基地。如新邵县中恒农业开发有限公司，黄桃是其重要农产品，但是企业规模较小，没有建设冷库项目，水果销售并未形成产业链，产品后段的深加工技术较为薄弱，也未发展农业旅游、观赏采摘等第三产业，农产品附加值低。

2. 产业规模小，发展空间有限，抗风险能力弱。新邵县目前还没有国家级农业龙头企业，省级龙头企业仅 6 家，本地农业企业发展缓慢，带富能力弱，效果不明显。且大部分企业防风险能力弱，一旦遇到灾害天气或市场变化，就可能导致资金链出现问题，影响正常生产经营，制约农业产业发展。以新邵县悦来丰稻谷种植专业合作社为例，近两年的干旱天气给水稻种植带来了不少的麻烦，到了最缺水的时节，不得不采取人工抽水的方式进行灌溉，成本大幅增加，2022 年的持续干旱甚至造成水稻大面积减产，给企业造成了巨大的损失，一些规模较小的合作社纷纷失去了信心。再比如云新高科公司 2022 年年初因受冰雪灾害影响，公司的香菇生产基地 100 多个育种大棚全部被积雪压垮，菌棒全部失效，企业一时间损失上千万元，导致资金链出现问题，甚至面临破产。

3. 服务机制不健全，管理难度大，党员作用发挥不充分。农业产业党组织普遍反

映企业党员数量少且异动大,管理起来难度较大,组织生活开展也存在难度。加上党建指导员业务不熟练、相关经费、场地欠缺等问题,党组织的帮扶带富能力较差。如湖南中腾玉竹制品有限公司是一家以玉竹为主要农产品出售的公司,由于该非公企业的部分党员经常外出,不能及时参加党内活动,企业用于开展党组织活动的经费也不能有效保障,该党组织的发展受到了不小的限制。

4. 思想认识不高,经费来源单一,产业发展成效不显著。部分农业企业出资人对党建工作持观望态度,还没有引起足够的重视,主动性不够,认为党建工作会妨碍企业的生产经营管理;加上建立党组织需要投入较多的人力、财力、物力,如果全部由龙头企业承担,将导致不可持续,且党建对企业发展的作用发挥较慢,企业主不愿意开展党建工作。

三、加强党建引领乡村振兴,促进农业产业发展创新的对策建议

1. 强化龙头带动,构建农业产业链条。围绕新邵县"一特两辅"(中药材产业、蔬菜产业、休闲农业)生态特色产业体系建设,以中药材、特色果蔬、桂丁茶、富硒黄酒、食用菌等为重点,选取3个乡镇试点推进"党建+产业链"建设。充分发挥现有26家省、市级农业产业化龙头企业的示范带动作用,培育以龙头企业为核心、专业合作社为纽带、家庭农场和种养大户为基础的现代农业产业化经营联合体,建立联席会议、责任清单、考核评价的发展机制,构建产、供、销、服务等一体化联动发展体系,形成"以大带小、以强扶弱、全链合作、多方共赢"发展格局。将龙头企业示范带动作用发挥情况作为项目资金安排和政策扶持的重要考核范畴。抓好农产品仓储保鲜冷链建设。综合考虑新邵县产业现状、市场需求等因素,积极引导组织新型农业经营主体开展仓储保鲜冷链设施建设。

2. 聚集产业资源,筑牢链上组织堡垒。以产业链为基础,打破行政区划界限,按照产业相近的原则,以中药材、果蔬、香菇、茶叶等4个特色产业为试点,引领带动"党建+农业产业链"建设。围绕产业链成立党组织,建立"横向联动,纵向延伸"的"1+X+N"组织架构设置。"1"即成立产业链党委,"X"即已成立党组织的产业链成员,包括产业链牵头单位党组织、企业(合作社)党组织、产业覆盖的乡镇、村党组织;"N"即未成立党组织的产业企业、合作社、产业协会等组织,形成全覆盖、广吸纳、动态开放的运行体系,推动实现县、乡、村"三级联动",县委、县政府、行业部门、市场主体、镇村党组织"四位一体"聚合,将"链"上农业产业的种苗培育、智慧种植、仓储物流、食品加工、数商兴农等各个环节、各个主体链接成紧密关联、有效衔接的有机整体,打造阵地矩阵。

3. 聚合组织生活,引导党员发挥作用。推动党建工作与"链"上企业生产经营、产业建设、企业文化塑造等深度融合。依托"一月一课一片一实践"主题党日、党的

二十大精神宣讲活动等载体，构建起"党委决策、支部统筹、小组推进、党员落实"的跟踪服务体系。结合产业链实际，积极推进基层党组织标准化规范化建设，通过组织生活同过、组织活动联办、党建品牌共创，常态化开展党建联建共建活动，推动"三会一课""主题党日"等开到基地、田间地头，实现组织建在产业上，党员聚在产业上，活动办在产业上。实施"双培双带双联"工程，加强致富经营能手和党员"双向培养"。坚持把产业党组织作为培养骨干的重要平台，统筹部分党员发展指标向产业一线倾斜，将开展产业技术培训与入党积极分子培训结合起来，把致富能手培养成党员，把党员培养成致富骨干，把党员致富骨干培养成企业领导人员。大力培养带头致富、带领致富人才，引导党员发挥示范带动作用，真正把党员先进性体现在兴产业、助发展上。

4. 聚焦惠企服务，激活产业内生动力。

建立产业链党委服务中心，定期组织开展政企、政银企沟通对接活动，为"链"上企业做好业务跟踪和指导服务，及时汇集惠企政策，精准推送优惠政策，进一步提高"链"上企业政策知晓率、通达率。全面梳理"链"上企业新项目的立项备案、用地及规划许可、工程建设许可、施工许可、项目验收等阶段的政务服务、公共服务事项，形成"服务清单"，倒排时间节点，推进服务端口进阵地，审批事项"帮代办"。建立链上产业基本问题台账，纾企解困。每月开展一次"链上企业"大走访活动，聚焦企业发展中遇到的融资类、要素类、前置条件类等制约瓶颈，收集企业在市场推广、招工、资金、人才引进等方面问题，梳理汇总形成"企业需求清单"。产业链党委服务中心牵头召集一方或多方涉企部门党组织集体研究，制定"一事一策、一企一策"，逐个帮助企业解难题、提质效。同时，通过产业链党委服务中心，打通企业、物流、供求的信息壁垒，实现合同流、资金流、物流等的高效流转，促进高效沟通，为上下游"链"上企业降本增效。

5. 打造农特品牌，充分发挥品牌效益。

健全完善脱贫地区巩固拓展产业扶贫成果项目库，申报 11 家企业实施巩固拓展产业扶贫成果重点项目（其中 5 家龙头企业，6 家合作社），申报 3 家企业实施省级产业融合发展项目，引导和推动我县现有农业品牌真正产生良好的市场效益。加快推进"新邵玉竹"地理标志产品申报成功，做大做强兴盛茶业的"宝庆桂丁茶"、云新高科的"云鑫金针菇"、玉辉农林的"金艳猕猴桃"等 6 家企业"邵阳红"区域公共品牌，力争创建更多的省级优秀企业品牌和"邵阳红"区域公共品牌，加大绿色、有机食品认证工作力度。

6. 加大引才育才，加强产业人才支撑。

以湘商回归和返乡创业助推农业产业发展。加强专业对口指导，引导产业健康发展。加强党建引导，选派一批专业能力强、政治素质高的党建指导员到各农业企业开展工作，做通企业出资人的思想工作，帮助农业企业发展党员、指导他们规范化开展组织活动；加强技术指导，引导企业理性发展产业，提高企业抗风险能力；加强信息服务，为企业的产品销售等方面提供服务；加强组织银企对接，为企业融资拓宽渠道。

"内外链接"：内外合力如何赋能乡村产业振兴？
——基于新内源发展理论的多案例研究①

黄建红② 刘世杰③

摘要：产业振兴是乡村振兴的关键，数字经济与乡村产业的深度融合，为乡村产业发展提供新动能。本文以新内源发展理论为指引，着眼主体、资源、空间三维度，提出了乡村新内源发展理论分析框架。并对浙江省顺鑫村和湖南省翁草村、小河乡进行多案例比较研究，将其产业发展路径分别归纳为"党政领导+实体资源+电商助力"、"企社负责+自然资源+影视赋能"和"村民参与+人文资源+品牌IP"。本文构建出"内外链接"赋能乡村产业振兴机制：一是"内外主体链接"，政府和企业的外部推力以及村组织、村民和新乡贤的内部拉力共同作用，促进内外部主体的协同互动；二是"内外资源链接"，资源下乡的直接助力以及资源内生的潜在引力共同作用，实现内外部资源的整合互利；三是"内外空间链接"，现实空间的内部重塑和数字空间的外部接入共同作用，实现乡村内外空间的交流互融。"内外链接"形成乡村内外合力，整合内外要素赋能乡村产业振兴。

关键词："内外链接"；产业振兴；新内源发展理论；多案例研究

一、问题的提出

2021年发布的《中共中央 国务院关于全面推进乡村振兴加快农业农村现代化的意见》中提出：民族要复兴，乡村必振兴。党的十九大报告提出乡村振兴战略，并明确做出"产业兴旺、生态宜居、乡风文明、治理有效、生活富裕"的二十字总要求，其中产业兴旺居于首位，产业兴则百业兴，做好乡村振兴这篇大文章，首要任务是推动

---

① 本文系社会科学基金一般项目"农业供给侧结构性改革与基层政府职能转变的互动关系研究"（项目编号：国家17BZZ050）；湖南省社会科学成果评审委员会课题"革命老区乡村振兴'红三角'内源式发展模式研究"（项目编号：XSP2023GLZ024）。
② 黄建红，湖南农业大学公共管理与法学学院副教授、硕士生导师，主要研究方向：乡村基层治理。
③ 刘世杰，湖南农业大学公共管理与法学学院硕士研究生，主要研究方向：乡村基层治理。

乡村产业振兴，产业兴旺是当前全面推进乡村振兴工作的关键基础。随着新一轮科技革命的到来，数字信息技术的发展深刻改变了乡村产业发展的基础，不断促进乡村产业结构的调整，进而助推乡村产业振兴战略实施，同时也给新时代的乡村发展带来了挑战。乡村发展过程中乡村产业存在着"特产不特""融合度低""活力不足"等困境，乡村产业同质化竞争严重，产业特色不明显，产业链条短且融合程度不高，产业资源要素配备不合理，发展主体协同互动性不够，乡村内生动力不足的问题。传统的乡村产业发展经历了过度依赖外部制度、主体、资源等多维条件的"外部输入式发展"时期，以及过于理想化内部系统、完全不依靠外部系统的"内部单一式发展"时期，实践证明单一路径依赖无法实现乡村产业现代化发展，需要统合乡村内外部力量，以新内源发展理论为指引，探索数字时代乡村产业振兴之路。

二、新内源发展理论与分析框架

（一）新内源发展理论

内源发展的概念始于20世纪70年代，拒绝经济至上的单向度发展而提倡立足本地资源的可持续发展。基于内外力量视角的发展理论经历了从传统外源发展理论到内源发展理论，最后到新内源发展理论的过程。传统外源发展模式是一种典型的自上而下式的发展，过多依赖外部因素而忽视了乡村发展的地方性和自主性，实则是一种破坏性的发展模式。基于对地方自主发展权限的阻碍，逐渐提出内源发展理论。早期的内源发展理论反对外来型开发，主张不依赖区域外部的力量，而依靠地区内部居民的内生性力量来实现发展。这种单一独立视角致使内源发展理论陷入了"桃花源"式的理想主义困境，新内源发展理论应运而生。Ray根据社会经济发展实际，在对传统外源发展理论和内源发展理论进行反思与批判的基础上产生新理论视角，首次提出新内源发展理论，他认为地方发展纯粹依靠内部资源是不可行的，内部资源和外部资源相互交织融合才是理性策略。新内源发展强调乡村发展应基于本地资源和本地参与，本地与周边形成动态的互动关系，本地与外地资源形成复杂的网络结构，本地与多元化社会组织共同合作，最终通过有效利用外部资源实现本地的可持续发展。

外源式发展路径强调自上而下的嵌入，一般通过"驻村帮扶""项目制""村社包干""统筹包干""资源下乡"等路径进行外来资源的注入。内源发展路径则强调自下而上的自主，通过动员村民参与、弘扬本土地情文化、挖掘显性自然资源、培养地方文化认同等路径实现乡村内部资源自生。而新内源发展路径强调内外部系统的合作互动，其发展路径一般可包括主体互动、资源互动两个方面：一方面，对外引入上级政府组织、社会企业单位等社会关系资源，对内组织村民群众、乡村精英、村委组织、乡村青年等，形成主体性的动态互动；另一方面，村社依托外部下乡技术、资金、人才等资源进行"外部激活",对内挖掘乡村内在自然地理、人文社会资源,进行本土资源的"内部培育",实现乡村内外部资源的整合互动。而在数字网络媒介兴起的新时代,新内源式的发展还包含借助数字媒介平台实现的空间互动,乡村内外部通过数字工具的利用,实现内部空间和外部空间的连接。

(二)分析框架

通过以上理论梳理发现,新内源发展理论强调乡村内外部系统的融合互动,主要涉及乡村产业发展的内外部主体和资源维度,随着数字时代的到来,乡村产业中数字媒介的运用对乡村内外空间的衔接至关重要。因此,本文认为要实现乡村产业振兴,则必须聚焦乡村内外系统的主体、资源、空间维度,进行新内源发展实践。详细来说,主体维度包括乡村内部主体的激活和外部组织的帮扶;资源维度包括乡村内部资源的自生和外部资源的下乡;空间维度包括乡村内部现实空间的重构和外部数字空间的塑造。因此,本文构建出一个乡村产业新内源发展的分析框架(见图1),该框架通过乡村内外部系统的共同作用,形成了三个内外互动维度,即主体互动、资源互动和空间互动,分析中国乡村从产业衰落到产业振兴的过程中,如何通过内外系统互动实现乡村产业的新内源发展实践。

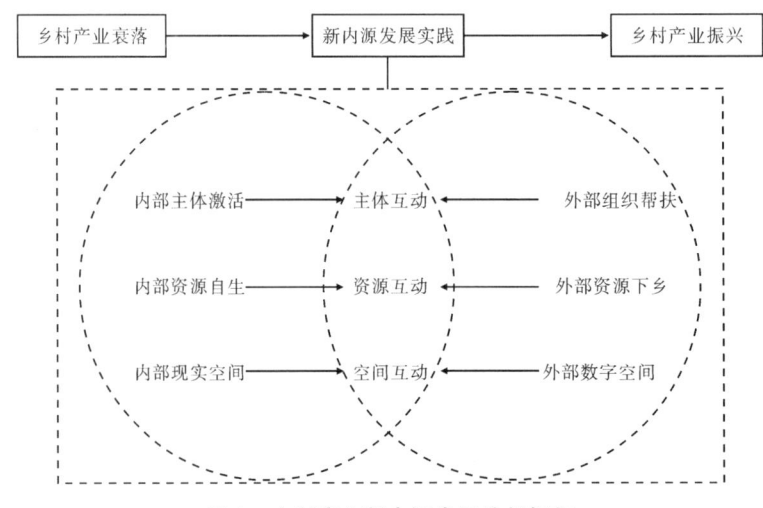

图1 乡村产业新内源发展分析框架

三、案例研究设计

(一)研究方法

本文采用探索性多案例研究方法,对多个案例进行探索性分析,在案例中探索乡村内外部系统如何共同促进乡村产业发展,以及乡村产业振兴的实践路径。采用探索性多案例研究方法的原因在于:第一,本文的核心问题是探索乡村产业如何利用内外部力量促进产业的可持续发展,属于"如何"的范畴,而案例研究正适用于探究过程、机理性的问题,有助于提炼现象背后的理论和规律。第二,多案例研究在构建更加具有普适性的理论方面更具优势,并且多案例研究可以使用"复制逻辑",通过多角度、多维度地进行案例间的比较,可以识别出案例之间潜在的关系并提高案例研究的外部效应,使研究更具普适性和精炼性。第三,探索性案例研究适用于探索新生事物或现象,侧重于寻找新理论提出新假设,从本文来看,虽然聚焦主体、资源维度进行乡村振兴研究的文献较多,但在新内源发展研究中,以数字媒介为平台着眼空间维度的研究较少,与乡村振兴有关的空间治理理论仍然处于发展阶段。

(二)案例选取

本文选取顺鑫村、翁草村、小河乡三个乡村作为案例研究对象,筛选标准主要包括:第一,案例的典型性。选取的案例必须是脱贫攻坚和乡村振兴成果突出的脱贫村,浙江省温州市平阳县顺鑫村在电商产业方面有突出作为,被评选为省级电商示范村、省级电商专业村;湖南省湘西自治州古丈县翁草村因其极具特色的苗寨风情,借助传统媒体宣传发展乡村旅游,多次被评为省特色精品乡村示范村;湖南省长沙市浏阳市小河乡因其生态文明建设和乡村振兴成果,先后荣获长沙市精准扶贫先进乡镇、"中国绿色名镇"等称号。三个案例在乡村建设的过程中具体的发展模式不同,但具有一定的代表性和典型性。第二,案例的多样性。多案例研究中的案例选择不仅要按照复制逻辑进行,案例之间的差异同样重要,三个乡村分别属于东部发达地区下辖村、中部民族地区传统村落、中部县级市下辖乡,其资源禀赋、文化传统各不相同,发展模式也各有特色。第三,案例资料的可得性和案例的完整性。三个乡村在乡村振兴和乡村治理方面有显著成就,公开信息较多,且笔者所在城市距离案例所在地较近,笔者在对周边乡村振兴示范村进行调研的过程中可访谈到村庄各主体,为研究积累丰富的原始素材。本文将顺鑫村、翁草村、小河乡依次命名为 A 村、B 村和 C 村,案例村具体概况详情见表 1。

表 1 案例村概况

具体概况	A 村	B 村	C 村
所处位置	浙江省温州市平江县麻步镇顺鑫村	湘西自治州古丈县默戎镇翁草村	湖南省长沙市浏阳市小河乡
资源禀赋	工业企业较多,具有"平阳五个鲜"麻步旗舰店供应链优势	风景秀丽,与世隔绝的世外桃源	群山环绕森林覆盖率高,溪流纵横水质优良,土地肥沃产业丰富的鱼米之乡

续表

具体概况	A村	B村	C村
本土文化	千年古县历史悠久，20世纪"振兴实业"潮流兴起，兴办实业文化流传	"第四批全国传统村落"，保留原始的苗族习俗、文化、建筑	湘赣边革命老区，有40余处革命遗迹，丰富的客家民族文化
发展特征	社区、村党委书记领导带头，借助电商直播，带动农产品销售，通过电商专业知识培训培育"新农人"，促进第一产业发展	凭借政府"白叶一号"项目援助得到初步发展，借助影视赋能增加曝光，乡村精英和合作社持续推进茶旅产业	充分利用区域自然人文资源，发展"绿色＋红色＋文化"旅游线，培育"农民画师"激发内生主体活力；通过新媒体赋能打造专属IP

（三）案例收集

本文所用相关一手资料来自对3位某区领导、3位村支书及若干村干部、随机合作社社区工作人员、新乡贤、村级企业工作人员、脱贫户和村民的座谈记录和访谈记录，一共访谈了59个对象，见表2。采用的访谈形式主要是现场走访、半参与式观察、初步访谈、半结构式访谈、非正式沟通等。为了保证案例分析的真实性和高质量，笔者收集了大量二手资料来补充，主要包括政策文件、新闻报道、会议记录等，共14万字。首先，确立案例草案，根据一、二手数据建立数据链，形成三角验证来避免回溯偏差，并匹配研究框架和结论增强案例研究的信度和内部效度。其次，通过理论指导单案例研究，再根据案例研究的复制逻辑推广至多案例之间的对比研究，保证了研究的外部效度。在访谈过程中重点调研当地在乡村场域内外部主体、资源、空间助力下的乡村发展独特模式，并试图总结出当代乡村利用内外要素合力进行乡村振兴的共同路径。

表2 访谈对象

	受访者身份	访谈时长	受访者数量
关键人物	A村党委书记王大传、B村乡村精英石泽辉、C村农民画师詹秋明	358分钟	3
A村	村委负责人、村干部、电商企业负责人、村民等	52分钟	12
B村	村委负责人、村合作社成员、茶园基地和旅游民宿工作者、新乡贤等	64分钟	20
C村	村委负责人、农民画师、红色历史陈列馆负责人、脱贫户等	83分钟	24
合计	—	557分钟	59

四、内外合力下乡村产业振兴的多案例比较

根据所构乡村产业新内源发展框架，可知乡村产业主要围绕主体、资源、空间三

维度展开内外式互动合作,本研究根据以上维度对案例村进行针对性分析,着眼乡村产业发展的多元主体构成、现实资源条件以及数字空间媒介,分析各案例村的产业发展路径,最终通过案例间比较,寻求当代乡村产业发展的共同发展逻辑。

(一)顺鑫村:党政领导+实体资源+电商助力

顺鑫村党组织换届后的第一件事,便是落实民生实事项目,重新利用起荒废数年的农田,带领党委班子成员共同进行荒地整改工作,深入基层与村民沟通解决荒废土地产权问题。在村党委的领导下,土地征收工作的顺利完成为油菜种植项目奠定了坚实基础。根据当地村民所述:"在党委的组织领导下,土地的征收工作进行得很快,政府也很照顾我们老百姓的利益,带领我们进行油菜种植增加了收入。"顺鑫村的"金色花海"带动了当地乡村旅游产业的发展,是乡村振兴的第一步棋。在此之后,顺鑫村村委在争取政策支持的前提下以乡村振兴为主题,以渔塘社区党委、社区村社党建联盟为主体,社区领导、村社书记主讲,对乡村振兴计划和发展情况进行介绍宣讲,增进村民对乡村振兴情况的了解,动员村民参与产业振兴实践。由村党组织牵头,深度整合政府、企业、村集体、农户、社会资源等多方力量,构建起"党组织领着跑、企业携着干、群众跟着富"的产业振兴格局,并始终坚持党建统领,落实"组织工作助跑共富行动"要求,实行"1名乡镇领导、1名商务局领导、5名电商指导员"工坊联系制度。

顺鑫村受"振兴实业"思想影响,企业实体资源较多。一方面,顺鑫村所处的麻布镇是传统的"卫星镇",花边、塑编传统产业历史悠久,花边、围巾、纱线等针织企业众多,产品远销世界各地。花边产业"大户带动小户"的模式已带动村民就业,提高了村民经济水平。另一方面,顺鑫村具有"平阳五个鲜"麻布旗舰店的供应链优势,引进产品供应链资源,发展曙光植保菜籽油、麻布黄牛肉、食膳哥蜜汁鸡翅等特色农特产品等品牌产业,延伸农产品产业链条。此外"共富工坊"的建设,打造了"支部+电商+专业合作社+基地+农户"的"五位一体"共富模式,"平阳五个鲜"超市为村民共富创造了条件。

顺鑫村将电子商务充分融入乡村产业发展当中,为其产业数字化转型升级提供平台。首先,引进惠农网、温州欣选供应链、欧越美农电商等平台,重新整合产业资源。对内回收农产品,对外拓展农产品销售的渠道空间,解决滞销农产品销量问题,提高产品销量和知名度。其次,打造专属直播间,发展"村播经济"。直播带货的产品销售模式成功地压缩了中间环节、减少了销售过程中各种浪费,重塑了交易方式、为农户和消费者提供便利,促进了线上和线下的融合、实现了农产品的转型升级。"主播+农户"计划的开展,动员农户积极就业,共享电商福利。最后,积极孵化电商人才,多维培育"新农人"。县政府实施"双棒双培"计划,对村"两委"干部和党员进行电商业务培训,提高组织成员的电商专业水平。对电商理论、实操技能进行线下培训、专家辅导,针对不同人群开展精准化电商培训,鼓励当地村民紧跟时代,将其培育成新时代的"新农人"。在基层政府长期的努力下,带动村内直播产业的发展,顺鑫村成了省级电商示范村、省级电商专业村。

(二)翁草村:企社负责+自然资源+影视赋能

过去的翁草村深度贫困,缺钱缺人缺产业。在 2018 年"白叶一号"项目落地后,村域外的光大集团进行资金投入和支持,先后投入 300 多万元,为茶叶基地建立工厂,购置生产设备。茶叶成为促进翁草村产业振兴的"金叶子","白叶一号"项目帮助翁草村流转土地 750 亩,人均年增收 5000 元以上。翁草村的茶产业在外部企业的帮扶下得到了初步发展,"茶旅融合"的产业发展路线得以确定。在发展中期,翁草村成立发展建设委员会,吸引年轻人归巢,负责规划村庄发展蓝图。翁草村综治安全专干石泽辉告诉我们:"我们这群'乡村青年'都带着技术和知识回到家乡参与家乡建设,在数字流量增多后,村子里的民宿产业兴起,为了保证民宿接待质量我们主张成立了合作社,合作社对村内民宿实行统一管理,收入按照床位来算于 3 个工作日之内发给村民,统一结账分成,村民们的收入纷纷增加,激活了大家奔向向往的生活的积极性。"合作社的建立为村民提供了就业岗位,农家乐、民宿数量增多、质量提高,村集体经济净收入显著增加。精英企业和集体经济合作社共同作用,在吸引外来资金技术的基础上,焕发乡村的组织主体活力,承担起促进乡村产业振兴的主体责任。

翁草村位于湘西自治州古丈县默戎镇东北部,平均海拔 600 米以上,属亚热带气候,四季分明。其风景秀丽、山脉环绕、与世隔绝,森林覆盖率高达 90%,被誉为"中国生态魅力县""湖南省森林覆盖率最高县"。这些得天独厚的自然条件是"白叶一号"选择翁草村的物质基础。高海拔、沟谷上、森林畔、含磷的砾土层、阳崖阴岭等白茶茶苗的生存条件,翁草村一应俱全,因此白茶茶苗落地翁草村是天时地利的结果。同时,翁草村是保留原始苗族文化的"第四批全国传统村落",村子内保存着传统的木工建筑艺术,极具特色的苗族木屋错落于山间,别有一番风味。保留良好的苗族传统文化、生活习惯、习俗风俗等人文资源,是翁草村后续发展旅游业及周边服务业的文化根基。品苗酒、唱苗歌、感受苗族巫傩文化等吸引着无数向往民族旅游的人前往,翁草村也随即成功开发农家乐和民宿产业。

2019 年 3 月湖南卫视在翁草村进行了《向往的生活第三季》的取景拍摄,借助影视综艺增加曝光,赋能乡村产业吸引流量,打开了新世界的大门,翁草村的民宿、农家乐等旅游业随即得到快速发展,综艺拍摄场景"蘑菇屋"也成为游客相继打卡的网红场地。在数字流量的红利下,从此翁草村不仅是游客们的"网红打卡地",更有村民们的"向往生活"。同年 9 月,中央电视台农业频道《我的美丽乡村》栏目第四集以翁草村作为主要拍摄素材,介绍翁草村自2018年以来的"美富强"发展之路,再次通过影视媒介的形式进行赋能,以风情表演的形式将苗寨翁草村的苗歌、苗绣、苗鼓、苗拳、苗族扎染、苗族锻银等传统文化呈现给人民大众,直观宣传了翁草村,使其名声大振,吸引了无数游客慕名前往,翁草村的茶旅产业得以高速发展。

(三)小河乡:村民参与＋人文资源＋品牌IP

小河乡因其偏远的地理区位成为远离城市的世外桃源。小河乡因"世外桃源"的独特定位,决定建设农村画室和绘画工作室,发展乡村绘画产业,培育农民画师。小河乡利用旧有闲置粮仓改造成画室,形成独特的乡村艺术产业。请外地绘画老师进村教授村民绘画技艺,将"摸锄头"的农民培养成"摸画笔"的画师这一举措,顺利为村民提供工作岗位,帮助42户建档立卡贫困户脱贫。村民广泛参与乡村绘画产业建设,利用小河乡闲置的人力、物力资源,激发了其内生活力。此举不仅为小河乡绘画产业发展提供人力保障,也为小河乡的基层治理和乡村振兴提供主体支持。

小河乡村主任说道:"乡村产业发展要因地制宜,充分利用村庄内部自然、人文资源,发展'绿色＋红色＋文化'旅游路线,践行'绿水青山就是金山银山'的发展理念。"小河乡群山环绕森林覆盖率高,溪流纵横水质优良,土地肥沃,是鱼米之乡,因此农副产品众多,农产业丰富。小河乡地处湘赣边革命老区,一度是红军的"后勤基地",有40余处革命遗迹。凭借悠久的红色革命文化,小河乡开始发展红色旅游产业,修缮红色旧址,筹建起小河革命历史陈列室,将分散的革命旧址集中起来。历史陈列馆成立不到一年便接待游客15万余人次,文旅融合的产业发展路径卓有成效。小河乡不仅有激励人心的红色文化,还传承着丰富的客家民族文化和木活字印刷术,除此之外还有自生的绘画艺术,民族文化吸引向往民族旅游的游客前往,印刷技术增加小河乡文旅体验项目,绘画艺术创新乡村文旅模式。

小河乡向湖南卫视发出"乡村振兴"项目邀约后,2021年《云上的小店》节目在小河乡录制开播,解锁了综艺与乡村产业振兴之间创新联动方式,将农副产品与文娱产业相结合,致力打造"一村一品"的品牌IP。在综艺节目中,小店店长汪涵与村民深入交流,找到小河乡发展困境的原因。节目通过请专业指导老师、进入高校系统学习、设置画坊文化中心、打造乡村打卡新地标等多种方式助力画室突破瓶颈,以直播带货打开当地产品新销路,通过新媒体打造专属综艺IP,形成了"一村一品"的乡村特色,打造了全新的综艺IP。节目增强了小河乡农民画师身份自信,促进了小河乡文化自信,生动诠释了"世外原乡,画里小河"的旅游口号,展开了小河乡的新画卷。

(四)三种发展路径的多维度比较

通过上述对顺鑫村、翁草村和小河乡三个案例村的比较,可以发现乡村产业发展路径的异同点,见表3。

表3 案例村产业发展路径比较

比较维度	A村	B村	C村
主体维度	党委和政府进行思想、制度领导,引入外部电商企业帮扶	建立合作社以规范集体经济,引入外部企业和项目	村民广泛参与画室产业建设,乡贤精英回归提供资金、专业技术指导
资源维度	内部实体企业发挥供应链资源优势,外部电商企业和培训机构提供资源帮助	发挥内部自然地理优势,引入项目资源驻村获得资金、技术、设备资源	利用内部自然、红色人文及闲置资源建立画室,引入外来专家资源形成专业化道路
空间维度	利用互联网进行直播发展电商、培育新农人,突破国内外市场限制	央视节目和地方台综艺录制进行影视赋能,突破乡村地域限制	通过新媒体打造专属品牌IP,突破乡村空间限制
发展逻辑	乡村内部充分发挥当地自然地理、文化民俗、优良传统等资源优势,引入外部资金、技术、专家精英等资源,实现内外资源的互动重组;村域内的村委、村民、合作社、乡贤,和村域外的政府、党委、企业等主体在资源互配的前提下共同参与乡村产业振兴,实现内外主体间的动态合作;以数字平台为中介,协调连接乡村内外系统,创造流量效应,为乡村产业增加曝光,最终实现数字时代的产业振兴。		

三个案例村的产业发展路径主要存在以下三个不同点。第一,因乡村自身条件和发展阶段不同,引领产业振兴的主体各异。顺鑫村电商产业主要受到党委、政府和外来电商企业的引领;翁草村地理位置偏僻,前期依赖外来企业项目下乡,后期凭借内部村集体经济组织激活内部主体力量;小河乡则依靠村民和乡贤精英激活村庄产业。第二,资源禀赋的差异决定了乡村产业发展路径的主要方向差异。顺鑫村的原生实体企业资源丰富,产业基础良好,其发展路径为借力数字平台发展电商产业;翁草村自然资源丰富,适合茶产业的发展;小河乡的红色资源为红色旅游产业奠基。第三,资源文化差异使案例村在数字时代的发展媒介各异。顺鑫村因实体产业众多,故打造电商平台促进乡村内部产业和村域外市场的衔接;翁草村因其风景人文,通过影视节目的宣传扩大乡村的知名度;小河乡因其多元化产业和创意性画室,打造专属品牌IP。

三个案例村的产业发展路径同时存在以下三个共同点。第一,产业发展都遵循因地制宜原则,充分发挥乡村本土自然、人文、民俗资源,同时积极吸纳外部项目、专家、技术等下乡资源。第二,产业发展都注重多元主体共同参与,内部村委、村民、村组织等和外部政府、企业、社会组织等主体协调合作,共促产业振兴。第三,产业发展都借助数字媒介打破乡村空间的局限性,以数字媒介传播乡村特色产业,创新乡村产业发展数字化模式。

五、"内外链接"赋能乡村产业振兴

根据以上案例的对比描述以及新内源发展理论,可知乡村产业振兴是在外部系统的帮扶和内部系统的自生下进行的,是"外引"和"内生"共同作用的结果,外引促内生,内生助外引,最终实现内外互动融合。由此归纳出顺鑫村、翁草村、小河乡的产业发展路径共同表现为:借助数字媒介平台连接乡村内外部空间,在乡村内外主体、内外资源的合力作用下实现乡村产业振兴。

因此,本文提出"内外链接"赋能乡村产业振兴机制来分析乡村产业振兴模式(见图2),该分析框架由三组螺旋齿轮系统组成。其一,乡村内部村民、村委和新乡贤与乡村外部党委、政府、企业共同作用,以内部拉力和外部推力的形式形成主体协同互动,进而实现内外主体链接。其二,乡村内部自然、人文和实体资源的内生发展与乡村外部下乡资源共同作用,以潜在引力和直接助力的方式进行资源的整合互利,进而实现内外资源链接。其三,乡村内部现实空间与乡村外部数字空间共同作用,以内部重塑和外部接入的形式进行空间的交流互融,进而实现内外空间链接。三部分联结共生,整合乡村系统的内外部要素,构成产业振兴内外一体系统,形成产业振兴内外合力,为乡村产业振兴提供动力。

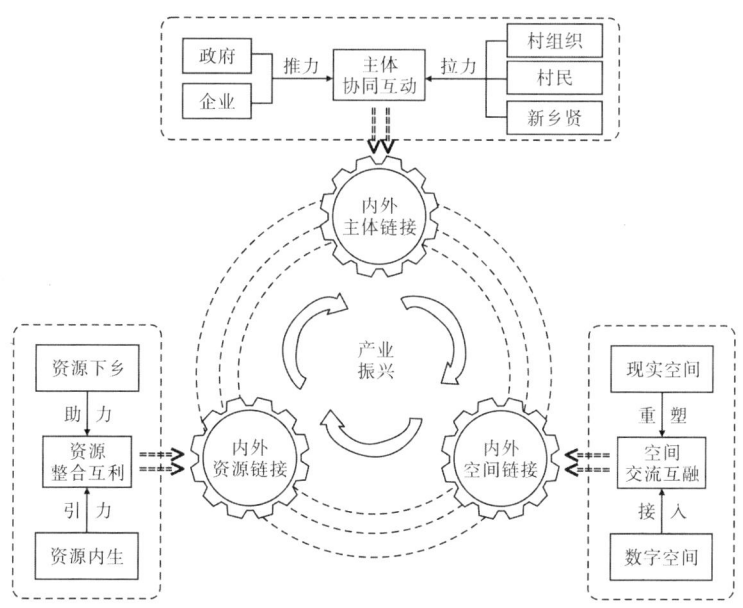

图 2 数字流量赋能乡村"内外链接"产业振兴机制

(一)内外主体链接:主体协同互动

乡村发展产业的过程中,党委、政府、村级组织、企业等社会组织、新乡贤和村民互相配合、动态互动,各方力量协同链接促进乡村产业发展。现代化的乡村振兴不应囿于政府或者是某一个单独的企业，而是应该按照传统的集体主义原则构建乡村集体主义，将乡村内部系统和外部系统中的多元主体纳入统一的利益集体，共同为乡村产业振兴助力。

1. 政府＋企业的外部推力

乡村实现产业持续性发展的关键在于充足的资金支持和人才供给，这就需要依靠乡村外部政府的财政支持或是社会企业的资本介入。政府作为乡村治理的主体，通过财政支持、制度规范、构建平台、思想宣导等方式直接或间接地为乡村产业发展提供支持。上级政府从整体视角出发，制定乡村产业发展长远规划，以发布文件的形式提供政策支持；发挥财政补助资金的作用，推动乡村产业初步发展，协调乡村各主体利益关系；通过构建电商平台融合产业发展优势，以连接乡村内外部各主体，形成产业集约化优势；依靠政策宣讲和思想宣传活动进行精神引导，一方面吸引外来企业进村，另一方面激活乡村内各组织和个人的主体性，政府从"掌舵者"变为"引导者"。

当前乡村产业发展面临资金和人才紧缺、技术落后、基础设施不健全等困境，"项目进村"成为一种新型的乡村产业发展动力机制，为现代农业和乡村产业振兴提供外来支持。企业通过"项目制"被引入乡村，因其具有的"社会公益性质"与乡村内部组织和农民对接。外部企业广泛参与到乡村内部产业项目开发当中，为乡村发展提供资金、技术、设备、人才等支持，企业从"谋利者"变为乡村产业的"共建者"。外来企业的加入给乡村产业发展带来新活力，新型产业带来乡村产业转型、促进村集体经济创新、增加就业机会激发村民积极性，促使乡村场域内外主体衔接。

2. 村组织＋村民＋新乡贤的内部拉力

政府财政支持的乡村产业延续项目化的资源配置逻辑，难免造成项目效果的"短、平、快"，项目执行的异化现象，项目运行的"外包"取向使得产业利益外溢，归根结底是乡村内生动力缺乏，乡村内部缺乏"造血"功能，因此需从乡村内部培育对接外部系统的专业化组织和团队，需激活乡村内部村组织、村民和乡村精英的主体性功能。

在"乡政村治"体制之下，户籍在村的村民共同居住和生活在同一村庄，形成了均质性的村民群体，他们是村集体经济的共同所有者。村民产业自治已成为乡村产业发展的主要振兴路径，村民及其自治组织是乡村产业发展的主体，在产业振兴中发挥基础性的作用。乡村在对接外部主体的经济帮扶时成立相应的产业自治组织，采用产业细分、产业集聚、"产社一体"等策略，因地制宜进行产业优化，发展集体经济，提升产业经济效益，以更好承接外部主体的产业帮扶；村民通过专业化培训增强自身参与产业振兴的能力，村民普遍参与乡村产业建设，夯实乡村产业发展的底层逻辑；村治精英、致富能人作为榜样引领普通村民的主动参与，利用新乡贤的"虹吸"效应吸引更多优秀人才返乡，促进乡村内外发展有效衔接。

（二）内外资源链接：资源整合互利

1. 资源下乡的直接助力

所有发展都离不开外来资源的支持，尤其是在乡村"空心化""内卷化"的背景下，乡村发展所需要的基础条件较薄弱，在外部资源下乡的介入、刺激和推动下，激发乡村挖掘自身内在性的潜能，为资源内生提供外部条件。自农业税取消后，包括发放普惠性惠农资金、"项目制"、精准扶贫等方式在内的自上而下的资源输入，成为资源下乡的主要形式。国家资金下乡包括到户到人的财政资金和不到户的农村公共建设类资金，乡村通过承接国家转移支付得到外部资金补助，以公共服务供给激发乡村活力；"项目制"打通资源下乡的通道，将乡村以外的资金、技术、制度政策资源引进村，外部下乡资源转化为符合本地需求的公共品供给输入给乡村；通过招商引资吸引下乡资本、富人能人进入村庄，资本全体进入村"两委"，以行政包干的形式向乡村输入资源、任务和自主权的结合体，从而进行乡村的有效开发和经营。资源下乡进一步激发村民自治，通过资源输入将政府财政转移支付体制优势与基层民主动员结合，在资源对接的过程中促进村民自治组织对内部资源的充分挖掘，以外部资源输入撬动村庄内部资源再生。

2. 资源内生的潜在引力

乡村内部资源主要包括地方本土的自然资源、人类技能和社会能力，可以划分为显性资源和隐性资源两种基本形式。乡村内部显性资源主要包括自然资源、经济资源和实体性人文资源。土地、河流、矿产资源等自然资源是乡村各产业发展天然性基础，乡村本土的自然资源禀赋决定产业结构和产业发展模式，是吸引外来资源注入的内在条件；资金、生产工具、乡村基础设施等乡村经济资源越丰富，发展潜力越大，乡村本土物质基础越雄厚，对国家项目和外来企业的吸引力也越大；工艺民俗、历史古迹、风景名胜等实体性人文资源凸显乡村特色，有利于乡村特色文化产业的发展，以独有的历史文化资源作为内在引力，激发乡村内生活力的同时拉动外部资源投入，实现资源高效整合利用。乡村内部隐性资源主要包括人力资本、文化资本和社会资本三种形式。农民群体的自主能动性、乡村青年的创新冒险精神、乡村精英的自带资源等，在外来资金、技术、资源流入的刺激下不断激发内生人才活力，形成乡村内部人才集团；价值观、地方文化、传统习俗等文化资本促进村民共同价值观的形成，文化资本动员村民参与乡村产业发展，以特有文化元素吸引特色农业品牌和特色旅游模式的入驻；社会资本在促进乡村"公—私""内—外"等的个人、群体、组织团结方面具有重要作用，以地方团体的形式促进内部村民与外部政府之间的良性互动，从而推动地方内生发展。

在资源全球化的现代社会，乡村产业发展必然离不开内外部资源的整合利用、精准对接和深度融合。国家资金、"项目制"、外部社会组织等外部资源下乡为乡村进步和产业发展提供外部支持和外在动力，乡村内部系统在吸收乡村外部各资源帮扶的同时，内部人才、文化、乡村组织受到资源下乡红利的影响焕发内生性动力，内部资源的优化配置与外部资源实现双向链接，为乡村产业发展提供可持续性资源支持，推动乡村产业的可持续性发展。

（三）内外空间链接：空间交流互融

1. 现实空间的内部重塑

村庄是乡村经济社会和历史文化的物质载体，是具有物质空间特征的建筑聚落，同时也是直观的可以感知的空间和场所。乡村的现实空间既包括建筑、道路、树木等物质形式，也包括乡村内的经济和社会组织，同时还包含文化、精神等非物质形式。在城乡融合和乡村发展过程中，乡村现实空间的过疏化明显，人口、资源的向外流动给乡村现实空间带来了公共建筑、居民景观、人居环境等方面的物理风险，发展主体缺失的实践风险，以及文化精神弱化的理念风险。而人口、土地、资源、文化是主导乡村农业生产、乡村建设的本质因素，乡村现实空间的重新构造对于调整优化乡村生态环境、协调乡村社会资源关系、传承宣扬乡村传统文化、促进乡村产业发展具有重大潜力。首先，通过集约化利用土地、合理聚集自然资源、有效盘活内部存量资源等方式，促进乡村的物理空间重塑，利于实现乡村人居环境的和谐发展。其次，挖掘乡村特色文化资源和基因，保护乡村文化精神，重塑理念空间以保护乡土价值和情感记忆，重塑村民文化认同感和归属感。再次，突出农民主体地位的同时强调多元主体共同参与乡村发展，以激励和培训机制强化社会空间的重新建构。最后，通过乡村内部各个空间的重新塑造，形成一二三产业融合发展的产业体系，通过完善基础设施奠定产业发展根基，通过土地流转获得资本和收益，通过强化文化认同凝聚产业发展共识力量，通过多主体动员激活产业发展组织动力。现实空间的内部重塑使得乡村内的自然资源、人文价值、组织主体等要素得到重新配置整合，为数字空间的接入打好了基础。

2. 数字空间的外部接入

数字时代通过数字流量平台连接现实物理空间和虚拟数字空间，打破地域限制，摆脱空间依赖，实现空间整合，促进乡村产业振兴。数字空间即以互联网、传感网络系统等为基础设施，与经济、社会、文化、生态、治理等领域不断耦合、协同演进，进而持续满足人与人之间的互动、交流和参与需求的虚实共生网络空间。数字空间的互动性、融合性和共生性有利于促进信息的互动交流、产业的融合联通、新业态的边界扩展。首先，乡村电子商务行业的兴起打破了乡村产业发展的传统模式。企业和商家进行跨地域宣传，消费者通过移动终端进行跨地域消费，生产要素通过网络平台突破地理空间限制，实现跨区域、跨空间流动，生产者与消费者之间的空间关联得以增加。其次，影视媒体的利用更新了乡村文化传播的传统模式。影视媒体的空间互动表现为以视频形式相连接的社交生态，乡村本土文化符码与视觉因素互动，将乡村图景、乡村文化通过影视媒介进行大范围的网络化传播，冲破物理空间局限。最后，数字流量接入为村民群体提供自我表达的渠道。以乡村文化、故事、风景等为基底的视频在唤醒村民文化共识和激情的同时，使乡村外部的视频受众在虚拟的数字空间中与乡村世界共情，实现现实与虚拟空间的交流互动。

在电子技术盛行的数字时代，乡村产业的发展离不开数字流量的综合利用，乡村产业振兴是在内部现实空间重塑和外部空间接入的过程中实现的。乡村内部现实空间是产业发展的内在基础，乡村内部物理空间、社会空间、文化空间的重新塑造，为乡村产业振兴提供物质经济、村级组织、村民主体、文化共识等内生力量。发展完善的内部空间吸引外部数字空间的接入互动，数字空间利用数字流量平台，实现乡村内外部空间的虚实互动、产销互动、文化互动以及主体互动，乡村内外空间的链接互动不仅促进乡村产业冲破地理限制发展，而且有利于乡村文化传播和乡村基层治理实践。

六、结论与启示

本文对顺鑫村、翁草村和小河乡三个典型村庄进行案例比较，以新内源发展理论为理论基础，通过比较各案例村的产业发展模式，构建了"内外链接"赋能乡村产业振兴机制。本文研究结论如下：第一，政府和企业的外部推力为乡村产业带来政策项目支持和设备技术指导；村组织、村民和新乡贤的内部拉力可产生虹吸效应，为乡村产业吸引资源。第二，资源下乡的直接助力充分撬动乡村内部资源再生，激发资源内生的潜在引力。第三，现实空间的内部重塑为乡村产业发展提供整合配置优化的场所，虚拟空间的外部接入打破空间限制，拓宽乡村产业的研发、生产、销售空间。

基于以上结论，本文得到以下启示：第一，乡村只有形成内外合力，达到内外主体的协同互动、内外资源的整合互利以及内外空间的交流互融，才能实现乡村产业振兴。第二，实现乡村内外主体链接的关键在于形成主体间的价值认同和利益联结，主体间在沟通的基础上形成价值基础，并进行跨组织边界的价值延伸。第三，达到乡村内外资源链接的重点是统筹配置资源，形成资源整合效应。多重资源共同运作以推动农旅产业融合发展，构建多元化资金投入体系以促进金融产业与乡村各产业融合，利用符号资源打造特色产业。第四，实现乡村内外空间链接的核心在于通过数字流量进行赋能，打破内外空间边界，形成全产业链以扩展生产空间，发展电子商务以拓展销售空间，利用网络平台以延伸文化空间。

参考文献

[1] 陈卫平. 内发性发展理论述评[J]. 山东师大学报（社会科学版），1993，(06)：29-34.

[2] 陈联俊. 网络空间中主流价值认同的分化与重塑[J]. 中国特色社会主义研究，2017，138(06)：72-78.

[3] RAY C. Neo-endogenous rural development in the EU [J]. Handbook of rural studies，2006 (1)：278-291.

[4] 张行发，徐虹，张妍. 从脱贫攻坚到乡村振兴：新内生发展理论视角——以贵州省 Y 县为案例[J]. 当代经济管理，2021，43（10）：31-39.

[5] RAY C. The EU LEADER programme：rural development laboratory [J]. Sociologia ruralis，2000，40（2）.

[6] TERLUIN I J. Differences in economic development in rural regions of advanced countries：an overview and critical analysis of theories [J]. Journal of rural studies，2003 (19).

[7] BOSWORTH G，ANNIBAL I，CARROLL T，et al. Empowering local action through Neo-endogenous development：the case of LEADER in England [J]. Sociologia ruralis，2016，56 (3).

[8] 张文明，章志敏. 资源·参与·认同：乡村振兴的内生发展逻辑与路径选择[J]. 社会科学，2018，459（11）：75-85.

[9] 艾森哈特. 基于案例研究的理论构建[J]. 管理学会评论，1989，14（4）：532-550.

[10] 毛基业. 运用结构化的数据分析方法做严谨的质性研究—中国企业管理案例与质性研究论坛（2019）综述 [J]. 管理世界. 2020（3）：2021-2027.

[11] EISENHARDT K M，GRAEBNER M E & SONENSHEIN S. Grand challenges and inductive methods：rigor without rigor mortis [J]. Academy of management journal，2016，59（4）：1113-1123.

[12] 孙耀吾，熊思煜. 互补关系强度与企业创新获利策略匹配影响合作创新绩效——基于医药行业的探索性多案例研究 [J]. 管理评论，2021，33（03）：327-338.

[13] 杨宝强，钟曼丽. 从外包到内生驱动：乡村产业振兴的长效路径研究[J]. 理论月刊，2023，495（03）：99-107.

[14] 李艺，李霖. 乡村产业振兴中政府"元治理"的作用机制研究——基于豫东 A 县的个案分析[J]. 地方治理研究，2022，95（03）：54-65+80.

[15] 林聚任，曲丽，刁立侠. "项目进村"与村庄转型发展——以烟草企业"非烟生态村"项目为例[J]. 探索，2016，189（03）：130-134.

[16] 陈硕. "公益经营者"的形塑与角色困境——一项关于转型期中国农村基层政府角色的研究[J]. 社会学研究，2018，33（2）：88-114+244.

[17] 郭亮. 资本下乡与山林流转——来自湖北 S 镇的经验[J]. 社会，2011（3）.

[18] 彭晓旭，张慧慧. 产社一体：内生型乡村产业振兴路径及其效应——基于马村鞋垫产业的考察[J]. 农村经济，2022，475（05）：107-115.

[19] 罗序斌. 脱贫地区产业振兴村民自治的有效推进路径研究——基于 A 村的个案考察[J]. 经济

问题，2023，521（01）：105-113.

[20] 魏丹，张目杰，梅林. 新乡贤参与乡村产业振兴的理论逻辑及耦合机制［J］. 南昌大学学报（人文社会科学版），2021（3）：72-79.

[21] 桂华. 国家资源下乡与基层全过程民主治理——兼论乡村"治理有效"的实现路径［J］. 政治学研究，2022，166（05）：27-38+152.

[22] 陈万莎. 资源下乡与村民动员路径创新——基于乡村自主性视角［J］. 南京农业大学学报（社会科学版），2022，22（05）：102-111.

[23] 望超凡. 村社包干：资源下乡背景下村级公共品供给的有效路径——基于对广西星村的经验考察［J］. 农村经济，2021，468（10）：99-109.

[24] 卢青青. 经营村庄：项目资源下乡的实践与困境［J］. 西北农林科技大学学报（社会科学版），2021，21（06）：10-19.

[25] MÜHLIGHAUS S, WÄLTY S. Endogenous development in Swiss mountain communities［J］. Mountain research and development，2001，21（3）：236-243.

[26] RAY C. Culture economies：aperspective on local rural development in Europe［M］. England：Centre for Rural Economy, Dept. of Agricultural Economics and Food Marketing, University of Newcastle upon Tyne, 2001.

[27] SHARP J S, AGNITSCH K, RYAN V, et al. Social infrastructure and community economic development strategies：the case of self-development and industrial recruitment in rural Iowa［J］. Journal of rural studies，2002，18（4）：405-417.

[28] 包亚明. 现代性与空间的生产［M］. 上海：上海世纪出版集团，2002.

[29] 刘先春，孙志程. 赋能与重塑：数字空间助力乡村振兴的创新机制［J］. 西北农林科技大学学报（社会科学版），2023，23（03）：1-10.

[30] 舒欣，郜雪婧. "知觉"介入：数字空间中的乡村文化传播——基于行动者网络的视角［J］. 中国出版，2023，550（05）：37-41.

乡村治理结构何以赋能乡村振兴
——基于资源-结构-效能转化的分析框架

梁丽芝[①] 邓文达[②]

摘要： 全面推进乡村振兴的实践视域下考察，治理重心不断下移和资源密集下沉的现实，不仅对重心和资源合理有效的下沉规模与方式手段提出了要求，还对乡村是否有足够的力量和合适的结构可以承接提出了要求。通过对于乡村治理实践进行观察分析，本研究发现当前乡村治理中存在着内部资源整合不足、外部资源承接不当，治理效能有限提升的现实困境。对这些困境进行内在逻辑分析可知，权责失衡引起主体错位，主体错位产生结构张力，进而结构张力致使资源低效利用和效能提升受限。有鉴于此，本研究提出首先通过权责重塑理顺治理主体间的相互关系，其次通过多维赋能提升主体的治理能力，最后创新性调适治理结构来整合对接内外资源形成治理合力，进而有效赋能乡村治理和乡村振兴。

关键词： 治理结构；治理效能；乡村振兴

一、问题提出与文献回顾

2020年12月，习近平总书记在中央农村工作会议上强调："全面建设社会主义现代化国家，实现中华民族伟大复兴，最艰巨最繁重的任务依然在农村，最广泛最深厚的基础依然在农村。"乡村振兴是实现中国式现代化以及应对百年未有之大变局的压舱石，国家治理体系和治理能力的现代化需要一个稳固和谐且充满活力的基层社会，但是由于乡村自身力量的有限无法独自实现在生产、生活、文化、生态和治理等多重功能的重塑和发展，因此国家的力量不可或缺且需要充分发挥其作用。随着乡村振兴的全面推进，治理重心和资源也不断下沉到乡村社会，每年投入用于乡村振兴的资金超过两万亿。但是，乡村振兴密集资源的不断投入不仅没有使乡村运转效率提高、运转

---

①梁丽芝，湘潭大学公共管理学院院长、教授，研究方向为公共部门人力资源管理和基层治理。
②邓文达，湘潭大学公共管理学院硕士研究生，研究方向为基层治理。

效益提升,反而陷入一种改革不见效果、投入不见效益的情况。究其原因,是在资源下沉过程中,不但要考虑资源输入的方法和过程,更要考虑到目标对象是否有足够的能力承接和利用,如果资源所下沉的乡村缺乏合理合宜的治理结构,则会导致资源难以充分对接和无法有效利用的困境。历史和实践证明,乡村治理现代化需在两个方面同步推进:一是服务于国家治理能力的提升;二是促进乡村治理能力提升。然而,在乡村治理实践中,自上而下的政府治理是优势,如何适应不断变化的社会需求并积极回应的乡村治理是短板。由于农民的去组织化,村社共同体逐渐解体,乡村社会丧失凝聚力和内生发展动力,使得乡村普遍呈现去主体性特征,乡村治理能力薄弱。乡村治理作为国家治理体系的末梢和服务群众的最前沿,是治理现代化目标任务与乡村社会利益诉求的治理接点,乡村治理结构的合理性和有效性直接关乎乡村社会的治理效果。因此,不仅需要考虑国家公共资源下沉有效配置的要求与乡村治理主体功能发挥之间的关系,还要考虑乡村治理主体内部之间因属性、功能、地位等方面的异质性而形成的结构关系。

乡村振兴战略背景下资源下乡与治理重心下移深刻改变了乡村治理结构的运作逻辑和运作过程。当前,创新乡村治理结构的实践进路大体沿三个方面展开:其一,推动治理主体的科层化、理性化建设。治理主体在治理实践中衍生出区域化党建、网格化管理、内部分包、积分制管理等重要样态,技术治理成为上级政府督促镇村两级乡村组织尽责履职的重要手段,乡村治理主体理性化程度不断提升。其二,通过创造性转化传统治理资源开展非正式治理。当前乡村治理实践中,群众路线、新乡贤、村规民约等治理资源被重新挖掘,并与现代国家治理规制衔接统一,促进多元治理主体良性互动,助推乡村治理共同体建构。其三,基于外部制度嵌入赋能乡村治理。为缓解市场化和城镇化发展进程中乡村人口外流带来的村庄"空心化"和老龄化问题,党和国家深化拓展各类制度安排,典型表现如大学生村官、第一书记等外部人力资源入驻村庄。"嵌入型村干部"在资源引介、村级组织培育以及政策执行等方面呈现积极的治理效应。然而,外部力量的介入也产生了驻村干部主导乡村工作、消解乡村自治,乡村社会自主性空间被挤压的新现象,村庄的内源式、可持续发展面临挑战。

在治理重心下移和资源下沉的背景下,面对日益复杂的治理情境和逐渐失衡的结构性约束,乡村治理需要通过一定的制度安排创新调适治理结构来实现最大程度的资源整合与动员,完成上级下达的各项目标任务,回应乡村社会的治理需求,从而保持乡村治理的稳定性、合法性和有效性。本文将从农村的具体治理实践出发,试图回答乡村治理结构在治理重心下移和资源下沉的治理情境下如何通过创新性调适来有效适应和应对乡村治理的问题。

二、现实样态：治理资源密集下沉与治理效能提升困境

本文基于"资源—结构—效能"的分析框架，认为治理资源必须通过治理结构来发挥作用，进而转化为实际的治理效能。通过分析资源下沉和利用的现状，重点考察各乡村治理主体在资源利用过程中发挥的具体作用，以及主体间的结构关系，进而分析资源利用低效和治理效能提升有限与治理结构之间的内在逻辑。通过对湖南省和河北省多地农村进行实地调研所得的现实情况，以及整理相关的政策文本和学术文献，可以发现当前乡村基层治理中普遍存在着资源利用低效和治理效能提升有限的困境，其主要表现在以下几个方面：

（一）内部资源整合不足

资源密集下沉的现实意义不仅在于丰富充实了乡村的外部资源，同时也激活发展了乡村内部资源。现今乡村社会内部可供利用的资源主要包括集体经济资源、政治权威资源和社会文化资源三大类。和过去传统时期乡村资源孱弱的情况不同，新时代乡村社会的内部资源已经逐渐积累形成了可观的规模，同时其可供利用的程度不断提高，但是却面临着闲置无序，无法有效整合利用的现实困境。

国家政策规定每个村庄都需拥有一定规模的集体经济，其不仅是乡村发展的主要动力源之一，还是通过利益聚合将村民组织起来的重要手段。随着改革开放的推进，市场化经济的发展和农村经济体制的变革不仅在经济上将村民分割成一家一户的单位，还削弱了村民之间联系的动机和媒介，造成村庄个体的日益分散和原子化。村庄内部可供开发的经济资源主要包括土地、渔林、矿产和文旅等等，但是村庄集体经济开发利用程度低，村民参与程度不足等现象十分普遍。政治权威资源不仅包括乡镇政府、村"两委"和驻村干部等正式治理力量，还包括村庄内部的德高望重的宗族长辈或拥有一定经济实力的先富村民等非正式治理力量。前者是村庄治理活动的主要承担者，随着国家力量的不断下沉，自身作用不断彰显。后者则是前者的有效补充，随着经济实力的增长其影响力也在日益扩大。但是这两种力量内部以及二者之间还存在一定程度的隔阂阻碍，尚未达到理想化的共同协作治理。社会文化资源则主要指传统的村规民约、宗族伦理和文化传统等，是维系村庄运行和发展的重要精神纽带和行动规约，面对复杂分散不规则的村庄治理现实，其是正式治理的重要且有效补充手段。这三类资源是乡村社会主要的内部资源，但是其中出现了一定程度的割裂闲置和整合不足的现象。

当前，农村地区面临空有内部资源而无法有效整合利用的困境，只寄希望于国家和上级的政策支持和援助，缺乏内源性发展动力和可持续发展能力。集体经济的衰弱导致了治理权威的不足和村庄的去公共性，同时也导致了人口的大量外流，二者又共

同导致了社会文化网络约束力和凝聚力的下降,而这又反过来加深了前者的治理困境,村庄发展和治理陷入了停滞不前的陷阱。

(二) 外部资源承接不当

乡村社会的外部资源主要包括国家的项目资金输入、选派的驻村干部以及逐渐进入的市场主体。自税费改革之后,国家和农村的关系由资源汲取转为了资源输入,同时乡村振兴战略的实施和共同富裕的推进,国家力量和资源不断渗入和转移到乡村社会,市场主体也遵从其自身的逐利性逐渐进入日益发展且具有巨大开发消费潜力的乡村社会。

国家资源输入的形式除了统一的财政补贴和转移支付外,主要的方式则是通过项目建设来促进乡村发展。伴随着项目下乡,规则和监督也随之而来,同时项目的申请、分配和落地实施过程也由于各级政府的意志附加产生了一定的偏差。选派驻村干部是脱贫攻坚期的重要经验,在乡村振兴期间,国家继续通过选派驻村干部助力乡村发展,外来的驻村干部往往依托后靠单位拥有一定的能力和资源,在村民眼中具有一定的威信,是村庄治理的重要补充力量,但是也面临着遭受排挤和嵌入困难等水土不服的现象。随着改革开放的不断推进和乡村振兴战略的落地实施,乡村市场逐渐被重视和加大开发力度,不同的市场主体开始进入乡村,寻求开发合作特色产业的同时,也会寻求村庄的合作支持和利益交换,在一定程度上参与影响村庄治理。这三类乡村社会主要的外部资源,是促进乡村发展的重要推手,但是现实却面临着资源分配不合理、利用程度低和有效对接不足等情况,掣肘其预期效能的发挥。

(三) 治理效能提升有限

治理效能是指治理活动所产生的对于公共事务的处理效果和公共福利的增进程度,其关注于治理受众的实际反应和现实感受以及治理主体的能力提升,主要包括但不限于经济收入、政治稳定、科技创新、社会民生、生态效益、人民健康、公共安全等众多方面。随着外部资源的不断输入和内部资源的日益壮大,村庄发展和治理逐渐摆脱资源匮乏的困境,但是乡村治理的效能却提升有限,即乡村治理受众村民的现实感知不强,其中村集体经济并没有获得显著提高,产业规模有限发展动力不足,村集体经济盈余始终保持较低水平;农村居民收入增长缓慢,村庄就业机会有限,人口持续外流;村民参与治理的积极性和程度无明显变化,参与能力和机会未获得明显提升;人居环境和生态环境获得一定程度的改善但实际效用有限。

综上所述,随着乡村内外部资源的不断增多,乡村本身的发展却面临未得到明显或与之相匹配的进步的问题,乡村治理效能提升有限,即乡村社会处于没有发展的增长之中,乡村治理陷入内卷化困境。乡村治理效能提升有限的原因在于资源的低效利用,激发内生活力的内部资源和密集下沉的外部资源未得到充分的整合使用,这一方面是国家和乡村社会资源的重大浪费，另一方面也是乡村振兴目标早日实现的现实阻碍。那么为何乡村社会难以有效地整合对接内外部资源，就需要关注资源必须通过其转化为治理效能的乡村治理结构，探究该结构的运行逻辑和现实问题。现今的乡村治理主体主要包括乡镇党政、村"两委"、市场组织和社会组织，在具体治理过程中由一定规则和资源形成的互动协作、相互协调关系，就是乡村治理结构，其合理性和有效性影响着资源的利用效率和乡村治理效能的现实发挥。

三、问题溯源：治理结构张力导致资源利用低效

通过对于资源利用低效和效能提升有限的现状进行内在逻辑分析，可以发现是乡村治理结构存在的现实张力，治理结构的不合理使治理作用发挥受限，导致其在资源整合对接过程中出现了不及不适的情况。其主要的生成逻辑在于治理主体的权责失衡，导致了治理主体的位置偏移错位，最后使治理结构出现不相适应难以协调的现实张力，影响资源的有效整合对接和治理效能的实际提升。

（一）权责失衡产生主体错位

主体错位是指治理主体在治理结构中偏离原有位置甚至退出治理结构，导致自身治理作用的部分发挥、异化发挥或无从发挥。在乡村社会治理中，主要存在的治理主体包括乡镇党政机关、村"两委"、市场组织和社会组织四种角色。治理主体权责失衡主要表现在权力和责任、资源和任务之间的不对等不匹配。乡镇党政机关作为最低一级的政府组织，承担自上而下层层加码的任务和责任，但是与之相对应的权力和资源却没有及时匹配，在具体治理过程中产生了能力不足的困境，因而转向扶持只占总数小部分的重点村和标杆村，并与农村精英结为政治经济同盟以便承接推行上级任务和指导基本事务治理。而对于村"两委"而言，其自身资源的缺乏和双重身份困境，使其在日常运行过程中被乡镇党政机关自身的法定权力和掌握的一定资源分配使用权所行政吸纳，逐渐成为其派出附属机构，而丧失了组织村民进行自治的原本作用。市场组织因其自身的盈利性，拥有一定资源，但是权力的不足和渠道的缺乏使其难以有效参与乡村社会治理，其通过产业振兴促进乡村振兴的责任也难以承担。社会组织也同样担负着提供公共服务，促进公共利益的责任，但是其自身的资源有限基本无法自行提供以及先天权力的不足，使其依附于其他主体而发挥自身作用。

治理主体间的权责失衡，是由于制度设计和现实情况存在不相匹配的滞后性，乡镇政府在面临日益复杂的治理环境和不断更新的治理要求时，承担不断累积加码的责任和任务却没有相匹配的资源和权力；村"两委"在国家力量大幅下沉到乡村后，自身的社会性被极大压缩转型成为国家力量的派出机构；市场组织和社会组织不断发展壮大，与农村居民生活关系日益密切，在乡村社会的实际治理中的作用发挥不断凸显，

但是相应的权责安排则缺乏明确规定，其参与乡村治理的能力和机会受限。治理主体在实际治理过程之中的权责失衡，使各主体为实现自身组织目标而采取一定的策略行为进而产生主体错位现象。

（二）主体错位引发结构张力

结构张力指治理结构的不协调和不匹配进而产生的结构紧张和冲突，其主要表现在纵向和横向两个方面。乡村的纵向治理结构张力主要表现为乡村社会难以有效的承接自上而下的国家资源下沉和治理重心下移，主要是国家和乡村社会之间的结构张力，国家自上而下的力量和意志可以通过强有力的政策执行推行到乡村社会，但是乡村社会本身的孱弱无法有效地承接国家的力量和资源投入，也无法有效地表达自身的意愿，形成了纵向的结构张力。乡村的横向治理结构张力主要表现在乡村治理中各主体未形成有效合力，彼此之间关系割裂，内生资源也因此无法有效整合，主要表现为乡镇党政、村"两委"、市场组织和社会组织由于权责失衡和主体错位，未能充分发挥自身应有的作用。

主体错位的生成逻辑在于各治理主体所追求的目标不同，但是受制于权责失衡的现实约束，为了实现目标采取一定的策略变通导致逐渐偏离原本的位置。乡镇政府追求乡村整体治理稳定和有所发展，自治组织追求村集体和村民利益的发展维护，市场组织追求最大程度的盈利，社会组织追求提供公共服务增进公共利益，各主体的目标既不相同但又有所重叠，使其既存在合作协同又存在冲突抵抗。但是各主体所拥有的权力和资源又是极不平均，其行动依据自身拥有的权力和资源来进行目标追求，导致乡村治理结构产生了主体错位的现象，主要表现为乡镇党政组织与村"两委"合谋占据乡村治理的主导地位和主要地位，市场组织和社会组织处于边缘地位。治理主体的错位导致后者无法有效地组织和动员其所管理的成员，也导致了乡村治理的力量流失和结构不协调，进而形成了乡村治理结构的现实张力。

（三）结构张力导致资源低效利用

一个合理的治理结构中的各治理主体应各居其位、各尽其职、相互协调、有序互动形成治理合力，才可以有效地利用、整合和对接内外部资源，不断提升治理效能，实现乡村治理有效。其中乡镇党政机关应该作为结构核心统领指挥全局，村"两委"作为村庄实际治理者处理村庄日常事务以及维护反映民众利益诉求，市场经济组织作为市场主体助力村集体经济发展和农民增产增收，社会服务组织作为补充辅助为村民提供各种需要的专业服务。然而现实情况却有所不同，乡镇政府由于治理资源的缺乏和社会的民主化进程而出现了权威弱化和能力不足的现象，村"两委"则逐渐被吸纳成为乡镇政府的派出机构，市场组织因力量弱小发育不足而空壳虚化，社会组织则因为经费不足和规模有限而依附其他组织发展。乡村治理结构由于其中的治理主体的权责不对等和错位缺位,进而呈现出无法有效整合内部资源和承接外部资源的结构张力,即由于乡村治理结构纵向和横向的张力导致治理能力的不断弱化与损耗,使其对内无法有效地组织动员民众进行乡村建设和民主治理,对外无法有效应对承接不断下沉的职责任务和项目资源。乡村治理由于无法有效地整合利用内部资源和承接适应外部资源的输入,进而呈现出资源不断输入但治理效能提升有限的困境。

四、优化进路:调适乡村治理结构以赋能乡村振兴

通过对乡村治理结构进行创新性调适来实现最大程度的资源整合与民众动员,有效完成上级下达的各项政策任务,及时回应乡村社会的多元化诉求,从而保持基层治理的和谐稳定、合法有效,更好地服务于乡村振兴事业的全面推进。

(一)重塑权责以理顺主体相互关系

优化调适乡村治理结构,首先需通过重塑治理主体权责来理顺各主体的相互关系,进而可以各居其位各尽其能,形成协调有序的乡村治理共同体。乡镇政府和党组织应该发挥其领导核心的作用,统筹乡村治理事务和对接上级政府,其权力来源于法律法规的明确规定和上级的授予,但资源下乡的同时也受到规则和监督下乡的制约,其职责任务在乡村振兴的时代背景下只增不减,因此需要针对权责不匹配的状况适当增加其治理资源和权力,同时明晰和加强其责任。村"两委"由于资源和权力的缺乏导致被乡镇党政机关吸纳,其担负的维护和发展群众自治和人民民主的责任无法有效实现,因此村"两委"应提升自身的独立性,适当增加权力和资源的同时保证其责任的正确落实。市场经济组织拥有丰富的资源但是在治理过程中的话语权有限,通过发展壮大集体经济组织来组织民众和推动产业振兴,同时确保经济效益和社会效益的双重发挥。社会服务组织则应充分发挥补充提供公共服务和公共产品,促进公共利益的作用,积极参与乡村治理,确保全过程的人民民主的有效实现。

(二)多维赋能以提升主体治理能力

在理顺各治理主体间的相互关系之后,要通过多维赋能来提升主体自身的治理能力,使其不但在治理结构处于合适合宜的位置,还可以充分发挥自身作用。首先是制度赋能,当前乡村治理问题频发的原因在于制度的适应性调整不足,面临新出现的现实情况相应的制度缺乏弹性或没进行及时有效的调整,因此通过制度创新来规范各主体在治理中所处的位置和所应发挥的作用,并通过制度规范来保障监督其落地实行。其次是主体赋能,通过能力素质培养强化乡村治理主体自主性和能动性。乡村治理主体充分发挥作用的根本还需从自身素质提升出发,通过提高选拔标准和加强培养学习提升治理主体的能力,进而可以在治理过程中更好地发挥作用。最后是资源赋能,资源包括物质资源、文化资源和权力资源。乡村组织在参与治理过程中往往需要凭借各

种资源来发挥作用，通过物质资源来调节利益分配，文化资源进行感情维系和非正式治理，权力资源来确保意志的实现和行动的达成。通过制度、主体和资源多维赋能来使各个乡村治理主体可以处在合适的位置进而发挥应有的作用。

（三）调适结构以发挥乡村治理合力

最后，通过权责重塑和多维赋能之后，还需各治理主体各居其位各展其能，形成有序协调互补稳定的治理合力。首先是构建乡村治理共同体，通过一定的规则约束、制度安排和经济利益关联，使各治理主体积极参与到乡村治理过程中来，凝聚多方合力，注重上下协同与多元参与、治理结构扁平化和网络化，同时通过规则约束和沟通协调机制保障结构的稳定性和适应性。之后则要以乡村治理需求为出发点推动整体治理资源的流动与配置，通过乡村治理结构调适，乡村治理需求可以得到有效的凝聚和表达，进而与内外部的治理资源进行有效的整合和对接。最后要通过制度创新对于治理结构的调适赋予一定的弹性空间进行创新性探索，同时确保在保持本地特色适应现实情况的前提下对正确的经验进行借鉴和推广。

五、讨论与展望

基层治理是国家治理的基石，其治理效能不仅关系乡村社会稳定与发展，也关乎国家治理能力的提升和治理体系的完善。作为基层治理在农村地区的具体实践，乡村治理既面临着治理现代化的转型重任，又要为乡村振兴提供政治支撑，这意味着对创新和完善乡村基层治理体制机制提出了新要求。我国现如今正处于新的历史方位，面对治理情境动态演进、治理任务日趋繁杂、群众多元化利益诉求不断彰显和社会流动性与日俱增的现实情境，不仅需要不断增强基层治理的能力，夯实基层治理基础，更要加快乡村基层治理体制机制创新，激发乡村振兴的内在活力。

随着社会生产力的不断发展，城市化的扩张和人口老龄化的加剧，势必会有一部分农村萎缩消失，一部分农村合并重组成新的行政村，一部分农村被城市吸收同化以及一部分农村发展成新的形态，但未来一定时间内依旧会有规模巨大的人口在农村生产生活，乡村治理仍然是一个需要重视且复杂多样的现实任务，如何应对我国动态分散且差异化明显的乡村治理问题，不能简单依靠政策项目的普遍推行和先进经验的迁移复制，还应该在保证适应村庄具体实际的基础上，鼓励基层治理的创新探索，坚持实事求是和因地制宜。

参考文献

[1] 唐斌尧，谭志福，胡振光. 结构张力与权能重塑：乡村组织振兴的路径选择［J］. 中国行政管理，2021（05）：73—78.

[2] 桂华. 迈向强国家时代的农村乡村治理——乡村治理现代化的现状、问题与未来［J］. 人文杂

志，2021（04）：122-128.

[3] 景跃进. 中国农村乡村治理的逻辑转换——国家与乡村社会关系的再思考［J］. 治理研究，2018，34（01）：48-57.

[4] 吴重庆，张慧鹏. 以农民组织化重建乡村主体性：新时代乡村振兴的基础［J］. 中国农业大学学报（社会科学版），2018，35（03）：74-81.

[5] 杨妍，王江伟. 乡村党建引领城市社区治理：现实困境实践创新与可行路径［J］. 理论视野，2019（04）：78-85.

[6] 张兴宇，季中扬. 礼俗互动：农村网格化管理与新乡贤"德治"协同逻辑［J］. 南京农业大学学报（社会科学版），2020，20（01）：79-89.

[7] 符平，卢飞. 制度优势与治理效能：脱贫攻坚的组织动员［J］. 社会学研究，2021，36（03）：1-22+225.

[8] 高其才. 基于集中居住的乡村基层社会治理——以湖北京山马岭积分制管理为对象［J］. 法治现代化研究，2019，3（04）：27-35.

[9] 杜姣. 重塑治理责任：理解乡村技术治理的一个新视角——基于12345政府服务热线乡村实践的考察与反思［J］. 探索，2021（01）：150-163.

[10] 张树旺，李伟，王郅强. 论中国情境下乡村社会多元协同治理的实现路径——基于广东佛山市三水区白坭案例的研究［J］. 公共管理学报，2016，13（02）：119-127+158-159.

[11] 胡鹏辉，高继波. 新乡贤：内涵、作用与偏误规避［J］. 南京农业大学学报（社会科学版），2017，17（01）：20-29+144-145.

[12] 蒲实，孙文营. 实施乡村振兴战略背景下乡村人才建设政策研究［J］. 中国行政管理，2018（11）：90-93. DOI：10.19735/j.issn.1006-0863.2018.11.13.

[13] 陈国申，孙丰香，宋明爽. 嵌入型村干部与村民自治的冲突及调谐——对下乡干部的考察［J］. 经济社会体制比较，2017（05）：75-83.

[14] 谢小芹. "接点治理"：贫困研究中的一个新视野——基于广西圆村"第一书记"扶贫制度的乡村实践［J］. 公共管理学报，2016，13（03）：12-22+153.

[15] 张国磊. 科层权威、资源吸纳与乡村社会治理——基于"联镇包村"第一书记的行动逻辑考察［J］. 中国行政管理，2019，413（11）：131-137.

乡村振兴背景下的邵阳非物质文化遗产传承人保护与培养路径探析

刘小灵[①]

摘要： 全面推进乡村振兴，是党的十九大作出的一项重大战略部署。文化振兴是乡村振兴的重要内容，也是重要支撑，担负着培根铸魂的重要使命。非物质文化遗产凝聚了传统文化的精华，是一个地区独特的历史、文化和人文精神的见证。非物质文化遗产传承人作为非物质文化遗产的传承者和守护者，承担着保护、传承和传播"非遗"的重要责任，是非物质文化遗产传承中的中坚力量，同时也是乡村振兴中宝贵的文化资源和动力源泉，是乡村振兴的重要推动力量。邵阳非物质文化遗产资源十分丰富，但随着经济社会的不断发展，传统生活方式的不断消亡，邵阳非物质文化遗产正面临着巨大挑战，不少项目濒临消亡，传承人也面临越来越多的问题和困境。在对这些问题和困境进行分析的基础上，健全传承人认定机制，创新传承人培养机制，完善传承人保护机制，是确保非物质文化遗产传承和乡村振兴成功的重要举措。

关键词： 乡村振兴；非物质文化遗产；传承人；保护；培养

全面推进乡村振兴，是党的十九大作出的一项重大战略部署。文化振兴是乡村振兴的重要内容，也是重要支撑，担负着培根铸魂的重要使命。非物质文化遗产（以下简称"非遗"）凝聚着传统文化的精华，是一个地区独特的历史、文化和人文精神的见证。在乡村振兴背景下，这些非遗资源不仅能为乡村振兴提供文化资源和精神支撑，同时也是乡村社区凝聚力的重要组成部分。非物质文化遗产传承人作为非物质文化遗产的传承者和守护者，承担着保护、传承和传播非遗的重要责任，是非遗传承的中坚力量，同时也是乡村振兴中宝贵的文化资源和动力源泉，是乡村振兴的重要推动力量。

邵阳古称宝庆，早在春秋战国时期就已建城，有着2500多年的历史，文化底蕴非常深厚，是楚湘文化和巫傩文化的主要发祥地之一。同时，邵阳山川秀美，民族众多，除汉族外，还聚居着苗、瑶、侗、回等39个少数民族，少数民族人口达39.38万人。

[①] 刘小灵，新邵县委党校高级讲师，研究方向为公共治理。

悠久的历史，源远流长的文化，浓郁的民族特色，孕育了绚丽多彩的非物质文化遗产。这些遗产是邵阳儿女们宝贵的精神财富，也是见证邵阳历史的活化石。笔者通过调查走访，对这些非遗项目的传承人的基本情况和传承中面临的困境进行分析研究，以期在乡村振兴背景下，为邵阳非遗的保护与传承提供有价值的参考。

一、邵阳非物质文化遗产传承人概况

（一）传承人在项目中的分布情况

截至 2022 年 12 月，邵阳一共有 157 个非遗项目分别入选国家级、省级和市级非遗名录，有 192 名传承人分别列入了国家级、省级和市级非遗项目代表性传承人名录，具体分布如下：

1. 国家级非遗项目中传承人分布情况

全市共有 16 个项目入选国家级非遗名录，有国家级传承人 12 人，涉及 11 个项目。其中宝庆竹刻、城步吊龙、祁剧三个项目国家级、省级、市级传承人齐备，龙山药王医药文化、岩鹰拳、武冈丝弦、苗族"四·八"姑娘节国家级传承人空缺，邵阳布袋戏省级传承人空缺，蓝印花布、鸣哇山歌、棕包脑空缺市级传承人。

2. 省级非遗项目中传承人分布情况

全市共有 36 个项目入选省级非遗名录，有省级传承人 25 人（另有 2 人去世），涉及 23 个项目，另有 13 个项目无省级传承人，其中花瑶"讨僚饭"、花瑶婚俗属民俗项目，无传承人，苗族杨家将传说、武冈卤菜制作技艺传承人申报存在争议。

3. 市级非遗项目中传承人分布情况

全市共有 105 个项目入选市级非遗名录，共有市级传承人 155 人（已去世 16 人），除 4 个民俗项目外，尚有 27 个项目无传承人。

调查表明，全市非遗项目代表性传承人存在分布不均的情况。在统计的 16 个国家级项目中，有 5 个无国家级代表性传承人，有 1 个（苗族"四·八"姑娘节）从国家级到省级、市级均无代表性传承人。在 36 个省级非遗项目中，有 13 个无省级代表性传承人。105 个市级项目中，有 27 个传承人缺位。

（二）传承人的性别、年龄等情况

笔者对第二批列入市级非遗代表性传承人名录的 41 位传承人进行了统计，其中男性 32 人，占总人数的 78%，女性 9 人，占 22%，男性远多于女性，这说明非遗传承方式还深受传统影响，不少项目传男不传女。在地域特征上，全市各地都有传承人分布，但少数民族聚居地相对集中，这说明邵阳的非遗项目民族特色鲜明。从年龄分布来看，41 位代表性传承人中，70 岁以上 11 人，占 27%，60~69 岁 10 人，占 24%，50~59 岁 18 人，占 44%，50 岁以下仅 2 人，占 5%，其中 60 岁以上占 51%，平均年龄为 69

岁。12位国家级代表性传承人的平均年龄为62岁，其中城步吊龙的传承人丁志凡86岁、布袋戏的传承人刘永安77岁、呜哇山歌的传承人戴碧生74岁。总的来说，全市非遗传承人的总体年龄偏高，这为邵阳非遗的传承拉响了警钟。

调查发现，邵阳非遗传承人文化水平以小学、初中为主，高中及以上学历的很少。文化水平的偏低，一方面导致传承人综合素质不高，难以适应现代化生产方式；另一方面，也导致他们对自己所传承的技艺的价值缺乏深层次认识，缺乏传承的责任感和使命感，大多数传承人都是抱着养家糊口的心态被动开展传承活动。

（三）传承人开展传承活动情况

大多数项目传承人都是利用农闲时间开展传承活动，主要采用家传、带徒、集中培训等方式。一部分实用性较强、经济效益明显的项目，传承对象人数较多，效果好，但大多数项目由于创收能力弱、前景低迷等原因，传承对象少，活动开展不多，即使有传承活动，也缺乏具体的项目传承计划和具体任务，项目前景堪忧。

二、邵阳非物质文化遗产传承人面临的困境

随着现代化进程的不断加快，产生于传统农耕文明时代的非物质文化遗产正面临着巨大挑战，邵阳也不例外。目前，包括木偶戏、粽包脑、石马江石工号子、宝庆瓷刻在内的21个项目已处于濒危状态。对此，社会各界应高度关注。

（一）申报认定制度不健全，对传承人保护力度不够

2008年，文化部颁布了《国家级非物质文化遗产项目代表性传承人认定与管理暂行办法》，对国家级非遗项目代表性传承人的认定原则、程序、标准等进行了规范。按照办法规定，成为传承人的方式是申请与推荐相结合，以自行申请为主。但邵阳不少传承人生活在偏远山区，信息闭塞，文化水平低，不了解相关政策，这种信息上的不对等，造成自行申请在事实上很难实现。基层在申报代表性传承人时，也存在一些问题，如一些地方在推荐代表性传承人时讲究论资排辈，导致一些技能突出的"小字辈"无法排上号。不仅如此，由于传承人的认定与利益挂钩，在申报中难免会因利益驱使而带来造假问题，有些入选的传承人并不能代表行业的最高水准，加之个别地方政府的乱作为，专家与群众意见的缺位，甚至存在谁出钱多谁就获评的乱象。

（二）人才流失，传承断层

在传统农耕社会，非遗传承以家族式传承为主，父传子，师傅带徒弟。在当今时代氛围下，这种传承方式已难以为继。一是年轻人不再固守土地，纷纷外出务工，导致传承主体严重流失，传承的对象主要是留守妇女和儿童。妇女农活、家务繁重，无法保证学习时间。儿童面临着异地升学，学习难以持续。二是随着外来文化的入侵，传统文化遭遇前所未有的挑战。年轻人受西方文化的影响，淡化了对本民族文化价值

的认同，对乡土文化缺乏自豪感和自信心，不愿拜师学艺。三是绝大多数非遗项目的习得都非一朝一夕之功，必须耐得住清贫与寂寞，坐得住冷板凳，年轻人大多心气浮躁，很难抵制外来的诱惑，常常学了些皮毛，便坚持不下去，往往半途而废。基于以上原因，传承人青黄不接、后继乏人的现象很普遍。不少民间艺人年事已高，如不及时传承，手头的"绝活"将随着他们的去世而失传甚至灭绝。如花瑶的呜哇山歌是花瑶民族特有的民间音乐艺术，有上千年的历史，被誉为古老的音乐化石，但现在仅有戴碧生等高龄老人掌握，没有合适的传承对象。新邵的石马江劳动号子，集民间音乐、舞蹈和劳动技艺为一体，被誉为"草根之歌""石马江之魂"，随着一批有深厚造诣的老艺人的先后辞世，同样面临后继无人的问题，目前，其省级代表性传承人王理亮已经85岁，传承形势不容乐观。

（三）传承人生存环境艰难，缺乏外部环境支撑

在现代社会的快速发展和全球化的影响下，传统文化正面临着被忽视和替代的风险，大多数非遗项目失去了常态化的展示平台，生存环境日益艰难，活动空间日益狭窄。邵阳不少非遗项目的传承人生活在偏远山乡，所掌握的技艺虽然具有重要的文化价值，但经济价值大多不高，传承人单纯靠手艺很难养家糊口，不得不把大部分精力用于谋生上，在传承方面力不从心。一些传承人经济拮据，生活窘迫，不得不外出务工，离开文化原生地和传承活动地，手头的技艺渐渐失去活力，进一步加剧了项目的濒危性。据统计，目前邵阳依赖传统技艺为生的非遗传承人已不到40%；市非遗展览馆中展出的25项传统工艺美术品种中，处于濒危状态的就超过了一半。如隆回的手工抄纸技艺，其原生态的手工作坊可以说是古法抄纸的活化石，在全国都罕见。岩口镇的茶仁村曾经是手工抄纸的核心基地，30多年前，全村200多户几乎都靠抄纸为生。随着"土纸"市场的萎缩，村民纷纷外出打工，目前全村只有几位留守老人还在生产，且几乎都处于亏本经营状态。

（四）地方政府重视不够，保护氛围不浓

近年来，邵阳市、县两级相继成立了非遗保护中心，在非遗的收集与整理、传承人的申报和认定等方面做了大量工作，取得了显著成绩，但也存在一些不足。一是政策支持不够。市政府虽然在十多年前就出台了《关于加强我市非物质文化遗产保护工作的意见》，但由于当时非遗保护工作刚起步，文件过于笼统，对非物质文化遗产的保护和利用缺乏刚性规定，在资金投入、人才培养、产业扶植等方面没有具体的政策支持，不利于工作开展。一些县区由于政策不到位，相关部门认识不足，对非遗保护工作持应付态度，工作力度小，效果差。以传承人补助来说，目前国家对国家级代表性传承人的补助标准为每年2万元，省级以下由地方自定。湖南对省级传承人的补助标准为每年6000元，邵阳从2022年开始，对市级传承人每年补助3000元，县级目前只有隆回和邵东发放了补贴。从财政预算情况来看，2022年度邵阳非遗保护经费预算仅

为95万元（年终追加了30万元），这与邵阳作为非遗大市的地位很不相称。二是重申报轻保护。一些地方政府热衷于非遗的申报、包装和开发，对传承人的保护关注不多，力度不够。不少地区对传承人的保护工作仅仅停留在发放津贴层面，保护效果很有限。如邵阳布袋戏虽然顶着国家级非遗项目的荣誉，现实中却面临着无固定演出场地、演出时无人问津、传承人寥寥无几的困境。

三、构建多元保护与培养机制，夯实、壮大非遗传承人队伍

非遗传承人既是鲜活的文化宝库，又是薪火相传的接力者，在非遗传承过程中发挥着承先启后、继往开来的作用。乡村振兴战略的实施，为非遗传承人的保护创造了新机遇、赋予了新使命。在乡村振兴背景下，探究传承人的保护与培养的路径，夯实与壮大传承人队伍，具有十分重要的意义。

（一）健全传承人认定机制

传承人的认定是传承人保护的首要环节。只有充分认识到传承人的价值，建立合理的认定机制，确定合适的传承人，才能实现对非遗项目的有效保护，确保其顺利传承。

1. 完善传承人申报制度。

当前，我国对非遗传承人的认定主要由政府组织进行，具体由个人提出申请、职能部门推荐、政府审批，这种制度存在明显弊端，不利于调动各方的积极性。笔者认为，政府一方面要强化职能部门的责任与义务，使其变被动推荐为主动推荐，要出台激励措施，鼓励单位和个人积极推荐传承人，营造全社会共同寻找、发掘民间非遗传承人的氛围。另一方面，可以借鉴日、韩等国家的经验，对非遗传承人的认定除了由政府组织申报外，还可以采用直接"登记"的方式，由政府制定申报的具体标准、实施细则、办法等，符合条件的传承人可自行申报，有关部门依规进行考核、管理。以上两种方式互为补充，不仅能建立更加科学、合理的传承人认定机制，而且能更有效地调动广大传承人的积极性，提高非遗保护工作成效。

2. 适当扩大传承人认定范围。

目前，我国对传承人的认定主要针对代表性传承人。作为稀缺资源，一个非遗项目中能被认定为代表性传承人的屈指可数，绝大部分熟练掌握该项技艺的艺人只能是一般性传承人。目前我国的政策几乎将所有的利好都集中于代表性传承人，一般性传承人很难享受到政府提供的扶助与支持。如隆回滩头的手工抄纸，李志军作为国家级代表性传承人，享受政府在资金、场地等各方面政策的扶助，但同样熟练掌握这门技能的其他传承人，享受不到任何政策补贴，其作坊只能苟延残喘、自生自灭。这类传承人的权益得不到有效保障，价值得不到充分体现，严重影响其传承的积极性。对此，笔者认为可适当放宽标准，扩大认定范围，增加代表性传承人认定的数量。当前我国

并未从制度上明确传承人认定的数量,政府应结合非遗资源的稀缺性和项目的实际情况,尽可能将更多的传承人纳入保护体系之内。

3. 实行传承人团体认定制度。

邵阳非遗大多是集体智慧的结晶,离不开为数众多的传承人的贡献,也正是因为这一点,才能保持强盛的生命力,世世代代薪火相传。但目前邵阳认定的四级非遗传承人名录中,"群体性"普遍缺失,一些民俗项目,如苗族"四·八"姑娘节、花瑶"讨僚皈"等集体项目,都没有相应的代表性传承人团体,个体成了唯一被认定的对象,这种做法很不利于非遗保护。对此,笔者认为可以借鉴日本与韩国的做法。日本除了"个别认定"外,还实行"团体认定"和"综合认定"两种方式,韩国也将民间文学艺术认定为团体持有。因此,在对传承人进行认定时,对一些个人色彩不是很强的群众性项目,可以进行"团体认定",将优秀的技艺持有者共同认定为传承人。同样,对一些需要传承人之间互相配合才能实现传承的项目,如祁剧、花鼓戏、木偶戏等传统戏剧,同样可以实行"团体认定"的方法,这也符合非遗的保护与传承规律。

(二)创新传承人培养机制

在当今时代,家族式传承已难以为继,传承人必须顺应时代潮流,转变观念,从过去单一的家族式传承走向社会化传承。政府要积极为传承人搭建平台,拓宽培养途径,创新培养方式,将珍贵的技艺传承下去。

1. 鼓励带徒传艺。

政府要出台鼓励民间艺人带徒传艺的激励措施,例如,免费为传承人提供授徒传艺的场所,为传承人开展传承活动搭建平台,帮他们挑选、确定传承对象;对参与学习的年轻人,给予奖励和补助。这方面隆回的做法值得借鉴,隆回在全市率先发放传承人补贴,对传承人带徒学艺实行奖补政策。2006年,有300多年历史的滩头年画入选国家级非遗名录,当时的传承人钟海仙、高腊梅都已年过古稀,面临后继无人的困境。在此情况下,县里特意联系协调他们在县城工作的儿子钟石棉、钟建桐,让他们带薪回家学艺。钟海仙、高腊梅去世后,钟建桐顺利传承了父母的绝活。邵阳县也出台了专门的奖励制度,对在非遗传承中成绩突出的传承人给予3000元至10000元的奖励。蓝印花布的传承人蒋良寿、蒋正西等人,在政策的鼓舞下,目前也广收徒弟,将祖传的蓝印花布印染技术传授给年轻人。

2. 拓宽培养途径。

从调查情况来看,绝大多数非遗项目都存在后继乏人的现象。当务之急,地方政府一是要结合本地非遗的种类、特点等,制定出有针对性的传承人培养方案,尤其对一些濒危项目,要优先重点考虑。二是要提供培养平台,为非遗传承培养充裕的后备人才。例如,组织编写乡土文化教材,让年轻一代从小接受乡土文化的熏陶;组织学生参观非遗代表性项目或传统工艺场所,让他们感受传统文化的魅力,激发对项目的兴趣；成立非遗兴趣小组，邀请相关项目的传承人、艺人到校授课、进行实践指导。此外，还可以与当地中、高等职业院校进行联合办学，将非遗项目引入课堂，培养理论与实践能力兼备的高素质人才。例如，邵阳县将蓝印花布引入县工业职业技术学校，在该校开设蓝印花布特色专业。隆回县为了抢救花瑶挑花，采取了一系列措施，短短的几年时间里，就创办了4所高标准的挑花传承人传习所，建立了8处挑花展演展览场所，并在当地学校组建了10余个挑花兴趣班，由技艺高超的传承人定期授课。通过以上举措，花瑶挑花传承人的队伍不断壮大，整体素质也得到提高。

3. 加强培训交流。

非遗传承人不仅需要熟练掌握传统技艺，还需具备一定的文化水平、艺术修养和创新能力等。邵阳非遗项目的传承人大多文化水平不高，制约了他们的传承能力。因此，必须通过教育培训、学习交流等方式，提高他们的整体素质。一是建立交流平台，如非遗学院、非遗传承交流网站等。平台可以提供在线培训课程、专家讲座、演出表演等，使传承人之间实现资源共享，进行信息交流。二是组织相关培训交流活动，如举办非遗传承人培训班、研讨会等。活动可以采取专题讲座、技艺展示等形式，既能提高传承人的实际技能，又能促进他们之间相互学习、探讨交流。三是建立导师制度。选拔经验丰富、技艺精湛的老一代传承人担任导师，对有潜力的初学者进行一对一或小组辅导，帮他们更好地学习和传承技艺。导师制度还可以促进传承人之间的交流和合作，形成师徒传承的良性循环。

(三) 完善传承人保护机制

非遗传承人保护是一项复杂的系统工程。目前，政府对非遗项目传承人实行宏观保护政策，保护方式标准化、单一化。如在传承人的补贴方面，同一级别的项目给予同样的补贴，而不考虑项目传承人的年龄、职业、收入水平、传承态度等实际状况。事实上，一些项目产业化程度高，传承人收入可观，每月数百元至上千元的传承补贴，对他们影响不大，如新邵县的孙氏正骨术，依托邵阳正骨医院，既传承了技艺，同时也创造了良好的经济效益。相比之下，不少民间工艺项目面临被时代淘汰的危险，传承人从中获得的收入十分有限，不少人为生计发愁。鉴于不同项目的特殊性和个性化成分，笔者认为，对传承人的保护不能一概而论，而应根据项目的具体情况，实行分类扶持政策，多雪中送炭，少锦上添花；该"输血"就"输血"，该"造血"就"造血"。

1. 实行扶持性保护。

扶持性保护是指为传承人的生计与发展提供保障的一种保护方式。对部分生活难以保障的传承人，政府应建立长期的扶持关系，提供良好的生计保护。具体来说，一方面要根据国家、省、市传承补贴经费标准，落实对传承人的补助，为他们解除后顾之忧。另一方面，要根据传承人的实际状况，实行灵活的补贴方式。对那些濒危型项目的传承人，除了拨发传承人补贴外，还应该在政府财政预算中单独列支，用于支持传承人开展传承活动；对那些生活确有困难的传承人，可以通过个人申请的方式，由财政提供生活补贴，保障其基本生活需求，使他们心无旁骛地开展传承活动；对更多未被纳入保护范围内的一般性传承人，也应根据实际情况，给予政策方面的支持，例如，提供税收、信贷方面的优惠政策，为他们传承、表演免费提供场所，这不仅能增强项目的市场竞争力，还能避免传承人遴选过程中因利益驱动而带来的造假问题，有利于整个传承队伍的健康、和谐发展。

2. 实行引导性保护。

非遗是 2005 年以来才在我国逐渐兴起的一个新概念，不少群众对此缺乏了解，包括一些传承人对所传承的项目价值都认识不足，对如何走出困境更是无所适从。对此，一是要加强意识培养。要支持报刊、网络、电视等公共媒体普及非遗保护知识，营造整体传承氛围，根据实际情况，建立非遗展览场馆，并定期组织、举办一些有特色的非遗宣传活动，给传承人提供展示技艺的平台，使民众在耳濡目染中增强对非遗和项目传承人的认同感，同时也增强传承人的自豪感与自信心。二是要健全保护政策。要建立传承人的知识产权库，对他们的知识产权进行保护，并鼓励他们申请专利、商标等，避免知识产权被侵犯和盗用，通过法律、政策文件和行政规定等方式，对非遗传承人的行为、义务和权益加以规范，使他们更好地履行传承职责。三是要提供资金支持。包括资助传承人参加培训，参与、组织展览或演出，出版和录制相关材料等。四是要做好抢救性记录。邵阳有不少非遗项目的传承人都已年逾古稀，如布袋戏的传承人刘永安、洞口墨晶石雕的传承人唐文泰、新邵石马江号子的传承人王永亮等，都已年老体弱，当务之急，要做好抢救性记录，利用视频、录音、照片等数字多媒体手段，对他们所传承的项目做好记录，为后人留下宝贵资料。这种方式同样适用于那些濒危但目前尚未列入名录的遗产和遗产的传承人。

3. 实行开发性保护。

开发性保护是指将非遗传承人作为经济增长的积极因素加以运用的一种保护方式，需要政府、社会和传承人共同努力，将传统技艺与现代创新相结合，实现保护与发展的有机结合。

一是要保护传承人所在地的自然生态环境。邵阳非遗中一个重要的部分是原生态的民俗文化，其中既包含着丰富的内容和形式，又与特定的环境相依存。为了使这些遗产继续存活下去，可以探索建立生态文化村，对当地的非遗和非遗传承人进行活态整体保护，使之成为"活"的文化。如隆回县虎形山瑶族乡的崇木凼、槐花山等古寨，自然资源和非遗资源都十分丰富，在当前乡村振兴的背景下，当地政府以对花瑶挑花和其传承人进行活态保护为切入点，将这些村寨打造成集展示、传承、观光为一体的生态文化保护村，把非遗活化为场景和文旅产品，并通过传承人展现其魅力，形成了独特的文化标识。随着游客的纷至沓来，沉寂了多年的各种传统技艺、音乐、民俗文化等又焕发出新的生机。

二是要挖掘项目的内在潜力和市场价值。要在保护项目原真性的前提下，挖掘出非遗的内在价值和潜力，提炼出关键因素，将其融入现代生活中去，转化为新时代人们美好生活的重要元素。如对传统美术、音乐和手工技艺等进行提炼，开发出具有审美和实用功能的文创产品，引导非遗传承人与设计师、艺术家进行跨界合作，创造出新的艺术形式，满足市场需求。例如，滩头木版年画省级非遗传承人尹冬香，通过与湘南学院的刘胜文教授合作，创作了《玉兔吉祥》等以生肖角色搭配"五子登科"元素构成的系列年画，为年画制作注入了新的活力。

三是要走产业融合之路。不同于物质文化遗产的是，非遗的载体是人，也只有那种有创收能力、能走上市场的非遗项目，才有可能吸引更多的人参与。在乡村振兴背景下，与市场相结合，走产业融合道路，是延续非遗生命的重要途径，也是培养传承人最有效的方式。事实上，凡是生命力旺盛的非遗项目，都是借助产业的力量，在不断地生产、加工、表演和运用中流传下来的，滩头年画如此，孙氏正骨术同样如此。一个产业如果创造的经济效益可观，自然就能吸引越来越多的人加入，储备更多的后备人才。邵阳一些非遗项目早就走上了产业化道路，如邵阳县的蓝印花布，洞口的墨晶石雕、木雕工艺。其中，绥宁苗族的"四·八"姑娘节已形成节会品牌，每年都吸引好几万人前往体验。花瑶挑花近年来积极探索产业融合之路，催生了多种业态，比如，与企业合作，实行产品定制，开发出具有挑花元素的围巾、围裙等多种文创产品；与旅游相结合，创造了"云上花瑶"的新品牌，成为当地文旅融合的重要桥梁。多种业态带来的年经济收入突破了2000万元。

应该注意的是，在非遗产业化的过程中必须确保项目原汁原味。一些传承人在利益的驱动下，破坏了项目的原真性，导致遗产变味、走样甚至消亡。对此，政府一方面要加强教育与引导，帮助传承人树立自觉保护的意识，另一方面，要建立监测、评估、规范等管理机制，确保项目产业化过程中能健康、可持续发展。

四、结语

邵阳非遗传承人的保护与培养在当今时代面临挑战和机遇，随着社会的发展和变化，我们需要不断调整和改进相关政策，以适应新的情况和需求。在乡村振兴背景下，我们也期待传承人能更好地承担使命，为非遗的保护与传承做出更大的贡献，为乡村振兴提供更大助力。

参考文献

[1] 陈静梅；文永辉. 论少数民族非物质文化遗产传承人的分类保护：基于贵州的田野调查 [J]. 广

西民族研究,2012.

[2] 刘晓峰. 谁是"人间国宝"?——日本"重要无形文化财"传承人认定制度研究[J]. 艺术评论,2007(6).

[3] 夏华丽. 论非物质文化传承人的保护[M]. 长春:东北师范大学出版社. 2018:01.

[4] 郝文军. 非物质文化遗产传承人特点及其传承效果研究[J]. 商业文化,2018(7).

[5] 冯骥才,刘守华,罗杨,等. 中国民间文艺学年鉴[M]. 武汉:华中师范大学出版社,2013:12.

释能与激活：县域视野下乡村青年创客参与构建人才集聚高地动态与进路探究

郭 卓[①]

摘要：县域是我国城乡联动的关节点，县域经济是国民经济和省域经济的坚实支撑和重要组成。新时代背景下，如何以乡村人才振兴为抓手来统筹推动县域经济的高质量发展，以点带面形成县域人才集聚效应实现湖南省"三高四新"。本文以县域经济高质量发展新征程上的乡村青年创客为研究主体，通过分析C县乡村青年创客参与县域经济的功能价值和形成人才集聚效应的逻辑机理，深层次审视、洞察和剖析乡村青年创客参与县域经济发展过程中的痛点问题，分析其在带农富农、激活乡村要素、推进乡村振兴事业等方面发挥独特影响的作用机理，以期提出相关对策建议，推动乡村青年创客在推动县域经济、实现社会主义现代化的壮阔实践中彰显更大担当、展现更大作为。

关键词：乡村青年创客；县域经济；人才集聚

一、研究缘起与问题提出

乡村人才是牵动乡村最底层的市场、资金、信息、技术、观念向乡村汇聚的最重要因素，是推动实现中国农业农村现代化建设中最为活跃的关键要素。党的二十大报告明确提出，"实现高质量发展要强化现代化建设人才支撑"。县域作为我国城市和农村结合的有机体，不仅是推进国家治理体系和治理能力现代化的重要组成部分，更是推动高质量发展的重要空间载体。习近平总书记深刻指出，"县域经济是国民经济发展的一个重要组成部分"。县域经济涵盖国民经济的三大产业，是发展经济、保障民生、维护稳定的重要基础。如何以乡村人才工作为抓手，助推县域经济实现高质量发展，是推进城乡融合发展的重要切入点，是加快国民经济高质量发展和全面推进社会主义国家现代化的重中之重。

[①] 郭卓，湘潭大学公共管理学院研究生，研究方向为乡村治理。

县域经济同样也是省域经济的坚实支撑和重要组成，立足我省实际，推动县域经济实现质的有效提升和量的合理增长已经成为湖南省的发展之需、现实之要。如何以人才集聚振兴促进县域经济的繁荣，一直是湖南经济社会高质量发展面临的重大课题。在锚定"三高四新"美好蓝图，加快推动县域经济高质量发展的新征程上，三湘大地的青年创客正在历经一种新的乡村变革，逐步在引领县域经济高质量发展的舞台上崭露头角。文化、技能和思维优势使得乡村青年成为返乡创业的中坚力量和乡村振兴战略的实践主体，乡村青年创客参与和融入县域经济的发展，打破了常规城镇化进程中要素单向流动的格局，既是推动乡村振兴战略与城乡融合的重要智力支持，也是推动基层社会实现良治善政、实现县域经济高质量发展的不竭动力。乡村青年创客能动性的充分发挥，有利于以点带面形成县域人才集聚效应，推动人才资源优势输出为实践效能，高效推动县域经济强县和富民治理目标的交互统一，助力我省"三高四新"美好蓝图的实现。

有鉴于此，本文针对县域经济发展进程中乡村青年创客参与构建人才集聚高地的逻辑机理展开深入系统研究，深层次审视、洞察和剖析乡村青年创客参与县域经济发展过程中的痛点问题，分析其在带农富农、激活乡村要素、推进乡村振兴事业等方面发挥独特影响的作用机理，以期提出相关政策建议和学术观点。

二、功能价值与现实基础

（一）县域视野下乡村青年创客的功能价值

乡村青年创客是我国城市化进程中出现的新兴群体，是承接资源组合要素、参与县域经济治理的最佳行为主体。返乡创业是乡村青年创客顺应产业转移趋势、基于回归家庭与维持生计相结合的微观主体动因作出的选择，但这种选择能很好地与乡村振兴战略总体要求相契合，在政策的引导下，乡村青年创客通过知识赋能、技术创业等手段实现自身价值的同时，还间接带动村民共同致富，逐渐发展成为落实乡村振兴战略、促进县域经济发展的信赖主体和乡村共富的带头人。

1. 提供工作岗位，助力农民增收

乡村青年创客选择返乡创业能助力身边的农民一同增收。乡村青年创客大多曾是外出务工者，他们在打工过程中积累了技术、订单和市场资源，基于乡村现有劳动力优势和自身的经验优势选择了返乡创业。他们将返乡创业所得收入用以维系自身及家庭支出，剩余部分用于生产再投资。从产业转移的视角来看，这些返乡青年实则是产业转移的触角，扮演着新产业入驻乡土的代理人角色。乡村青年创客可以选择从事发展种植养殖业，也可以开办农家乐和别墅庄园，成为农村电商的技术员和开发乡村旅游的管理者。越来越多的乡村青年创客在专注于发展自身产业效益的同时，也为身边的农民创造了很多工作岗位，原来那些需要外出务工的农民可以实现在家门口就业，那些因为各种原因无法外出就业的农民也同样可以获得额外的经济收益。青年人才通过返乡创业先富带动后富，为周边群众提供了更多的工作机会，提高了乡村的经济收入，改善了乡村的生活水平，为乡村振兴和推动县域经济高质量发展作出了卓越贡献。

2. 推广先进技术，促进农业增产

乡村青年创客往往具有较高的学历和素质，较新的观念和思维，丰富的技能和出色的学习能力，可以学习宣传和推广新技术、新品种和新模式。乡村青年创客接受过良好的教育，有过在市场打拼的经历，具有开阔的视野、活跃的思维，了解市场需求，善于培育高效优质农产品，使用先进的农业生产技术、管理技术和农产品销售技术延长产业链、价值链。他们善学习、肯钻研，在实现自我成长的同时，也让更多人看到乡村发展的机遇，带动更多人投身乡村振兴这片热土。乡村青年创客返乡创业，拓展了乡村产业，让资金、技术、人才等要素加速向农村汇聚，他们运用自身独特的能力和旺盛的精力赋能乡村产业振兴，为第一产业注入新鲜强劲的动能。

3. 改善基础设施，建设美丽乡村

乡村青年创客具有较高的社会责任感，乐意为乡村建设贡献自身力量。乡村青年创客在拥有一定的资本积累后，会对自己产业附近的基础设施进行更新升级，包括修整道路、改善管道、优化电网、增强网络覆盖强度等等，这些举措便利了其自身生产经营的同时，也使其所位于的乡村居民享受到了正外部效应。此外，创业成功的乡村青年创客往往会对所在的乡村具有一定的归属感和社会责任感，在为乡村建设基本公共设施和提供公共服务时拥有较大的意愿和一定的能力，在捐款募资兴修水利、建设文化广场等基础设施时通常会积极参与。通过乡村青年创客的出钱出力，乡村建设日新月异，乡村人居环境不断改善，县域经济发展欣欣向荣。

4. 促进乡风文明，形成人才集聚

乡村青年创客是农村基层党组织中党员比例最高的群体，能够快速适应变化发展的经济社会，也比其他人群更具有法治观念与法治思维，这类群体能够根据城乡居民的互动需求批判性地传承本乡本土的优秀民俗文化，从而加强农村公共文化建设，达到移风易俗的效果，推动乡风文明的形成。此外，乡村青年创客返乡创业有利于以点带面形成人才集聚效应，一部分乡村青年创客携带资本、技术回归乡村创业，他们的回流能带动更多能人返乡，有利于整合资源和发挥智力优势解决许多长期积弊的社会性问题，实现幼有所教、老有所养和家庭和睦，可极大地提高农民生活在乡村的幸福感和满意度，从而真正实现生活富裕、人才振兴。

（二）县域视野下乡村青年创客参与治理的现实基础

立足于宏观的外部环境，乡村青年创客群体首先受益于政策与制度的支持。国家在农村全面推进青年人才政策与乡村振兴战略等释放潜在的政策性红利对其产生了激励。国家通过出台各项政策吸引乡村青年创客返乡创业，为其提供各种便利，一大批扶农、富农、助农的政策和重大专项在广大农村地区落地实施，极大地促进资源要素向农村的转移，乡村青年创客在乡村振兴事业中发展成长拥有更多的机会和更加丰富的资源。社会经济发展环境的转型与乡村环境的变迁也对乡村青年创客的返乡创业产生重要影响。多年来的乡村建设效应积累，伴随着近年来精准扶贫开发和乡村振兴战略对农村经济与社会环境的优化调整，乡村的基础设施和公共服务体系逐渐完善，为乡村青年返乡创业营造了良好的氛围和条件。

立足微观个体层面，驱使乡村青年创客返乡创业的主体动因首先是归家与生计的需求结合。在广大农村地区，受制于土地资源短缺等因素，为了实现生存和生活的需要，农村青年不得不选择进城务工赚取经济收入，但这一部分外出群体作为城市廉价劳动力，遭受职业和生活的极度边缘化，承受着巨大的经济和生存压力。对乡村青年创客来说，选择在农村创业一方面能够结束与家人长期分离的痛苦状态；另一方面也能在"不离乡"的前提下获取足够收入，实现个体及家庭的发展。

其次，乡村青年创客群体具备高学历优势和更强的适应能力。本次访谈对象中，大多数乡村青年创客拥有大学本科及以上学历，拥有较高的学历水平和较强的技术能力，愿意接受新思想，且对新事物、新知识、新概念保持强烈好奇心和学习力，并能转化为创新意识和实践力量，有效支持正在开展的创业活动，为县域经济发展提供新思路和新动力。

再次，打工所形塑的主体性构建和劳动观念转型为乡村青年创客提供了有利条件。作为乡村中的青年群体，他们对生活意义的感知、对精神世界的体验同样是建立在经济基础之上。进城务工能使乡村青年创客摆脱意义缺失的生命体验。他们享受生活的主体意识和对自由的需求超越了强制性的劳动旨趣，试图摆脱生活与劳动之间的紧张关系，让生活重回主体位置。乡村青年创客在劳动观念与代际权力上获得了更多主体性意识，出于家庭责任的抉择和个人职业规划的考量，以及乡土文化的依赖，乡村青年创客更愿意选择返乡创业，在发挥主观能动性的基础上满足自我实现的需要。

三、实践场域和案例呈现

2023年2—4月，调研团队以C县的乡镇青年创客为典型代表，开展田野调查研究。调研发现，C县在坚持党管人才的基础上，着力推进人才政策体系化、精细化、科学化。坚持制度创新，持续推进人才制度的精准创新、系统创新、协同创新，不断增强人才体制机制的灵活性和人才政策的开放度，大力实施县域人才计划和人才引进政策等规划，加大青年人才引进力度，支持乡村青年创客返乡创业，为乡村青年创客创新创业提供场地、金融、培训、咨询等配套服务。

此外，C县独创了"引才""育才""励才"等极具地域特色的青年人才工作体系。在"引才"方面，C县将基层事业单位人才引进放到了全县引才计划第一顺位，明确3年内招聘引进乡村振兴领域专业技术人员100名。县、乡两级事业单位通过设置特设岗位引进急需紧缺高层次人才，可不受岗位总量、最高等级和结构比例等方面的限制；在"育才"方面，C县立足当地，全面加大了对本地人才的培养力度，培育了一大批乡村青年创客群体。建设高素质农民培训实训基地，加大对新型经营主体负责人培训力度；每年集中培训农村实用人才100名以上、乡村振兴致富带头人200名以上；3年内培育高素质农民10000人；加强农村电商人才培育，每个行政村培育2名以上电商人才，采用直播带货等形式推介本土特色农产品。开展实用技术、职业技能和创业能力培训，建立健全传统技能型人才传承培育工作机制，重点培养一批从事湘莲、青山桥皮鞋、花石豆腐、茶恩竹制品、中路铺药糖、青山唢呐、石鼓油纸（布）伞等具有地域特色产品制作技能的能工巧匠，助推传统产业壮大和融合发展，加强乡村青年创客的队伍建设。在"励才"方面，C县出台了一系列激励政策。支持企业家、专家学者、规划师、建筑工程师、律师、技能人才、乡村旅游人才等下乡投资兴业、开展服务，引导专业人才向基层一线流动。

四、困境表征与问题表现

调研分析发现，乡村青年创客功能和效用的发挥通常会囿于自身主体认知局限和受制于外部的客观环境影响。这些困境主要表现在以下方面：

（一）乡村青年创客的总量不足，致富带头合力尚不明显

首先，乡村青年创客是推动现代化农村建设的生力军，也是发展县域经济的重要构成群体。然而，为了谋求更好的发展前景，很少有乡村青年创客愿意回乡发展，农村地区的人口老龄化趋势日益明显，留守在农村的基本上是文化素质不高、老龄化严重的弱势群体。这导致当地农村的人才储备不足，难以培养出足够数量的乡村青年创客，总量不足的弊端日益凸显。

其次，乡村青年创客致富带头合力尚不明显。乡村青年创客迫切需要发挥领导和示范作用，激发当地群众的创业热情，带动当地的经济发展。尽管乡村青年创客大多有着强烈的带民致富使命感，怀着对农业和乡村的深厚情感，然而，在遭遇困难和挫折后，一些带头人会心灰意冷，不再热心公益事业，而是集中精力抓个人发展。同时，由于乡村青年创客缺乏正规的教育和培训，缺乏整合、动员群体力量的感召力量，因而无法充分满足带领当地农民发家致富的需求。此外，大多数农村青年创客所带领的团队都较缺乏专业的生产经营、技术或销售人才，生产经营都是摸着石头过河，处在不断探索的过程中，难以搭建本土人才梯队。由于缺乏人脉和资金支持，他们的创业

和发展在单打独斗的道路上经常面临着很大的压力。

（二）乡村青年创客思维需活跃，管理的素质水平要求高

乡村青年创客需要具备"头雁"思维和高素质管理的能力，以推动农村经济和县域社会的发展。传统农业是自给自足的，有一定的保守性和封闭性，首先，乡村青年创客必须具备对政策和市场变化的敏感性，具备新颖的想法以及判断问题的能力，能够为团队制定科学的发展战略和规划。其次，对乡村青年创客管理素质和水平的要求也非常高。管理是一项复杂的工作，需要掌握多方面的知识和技能。以 C 县的乡村青年创客首创性推出的"统分结合"的生产模式为例，宜统则统、宜分则分的"统分结合"经营模式通过统一品牌、统一品种、统一服务、统一耕种、统一管理、统一销售，人员管理上实行定产量、定成本、定报酬、定奖罚的方式有效解决了"谁来种粮""怎么种粮""怎么提高种粮效益"的问题，达到促进小农户与现代农业有机衔接，增产量、增效益、增加抗风险能力的理想效果。在农村经济和县域社会发展中，这类管理水平和综合素质高的乡村青年可以更好地处理人际关系、协调资源、提高效率和管理成本，从而使得县域经济稳中向好。

（三）农业生产经济效益水平低，规模集聚的效应不显著

农产品市场不同于现代化的工业品市场，有其特殊性。从事农产品生产种植的乡村青年创客大多也会选择在创办的合作社和小微企业平台销售家乡的农产品，但除了部分是政府支持的互联网销售外，还缺乏其他销售平台和渠道。在销售方面，他们缺乏专业的营销团队拓宽销路，对农业市场风险进行预判和防范的能力不够。许多受访的乡村青年创客表示，自己的销售渠道少，销售人才非常难得，自己没有时间去拓宽销售渠道，从生产到销售只有一两个员工在进行管理，雇人的成本高且难以雇到合适的人，弱化了他们应对市场风险的能力。在农业领域中，规模效应受到土地资源、技术水平等多方面因素的制约，难以充分发挥作用。从事规模化种植的乡村青年创客担忧未来发展，制约了其规模经营的积极性，使其往往倾向于选择缩小经营规模，这也在客观上抑制了乡村青年创客创业积极性和主动性的发挥。

（四）政府宣传推介的效果有限，培训资源整合力度不强

激励乡村青年创客返乡创业的政策并不完善。尽管政府长期致力于通过经验交流会、致富分享会、宣讲会等形式向农民分享了致富带头人的典型事迹和经验，取得了一些成效，然而，从宣讲内容来看，乡村青年创客多侧重对奋斗历程的分享，忽视了对成功经验的提炼；多侧重对成功事迹的推介，忽视了对乡村青年创客素质道德品行和党性修养的宣讲，在传递社会正能量方面重心发生了偏移。同时，政府的宣传推介往往只是表面性的宣传，缺乏深入挖掘和全面的宣传。宣传推介往往只是形式主义，缺乏实质性的支持。例如，缺乏对于具体人才引进政策的讲解，极大程度上限制了乡

村青年创客返乡创业的自觉性和自主性，乡村青年创客自身能动性有限使其难以从困境中突围。

五、突破进路与提升路径

"三高四新"美好蓝图的实现，基础在县域，活力在县域，难点也在县域。乡村青年创客作为县域人才的一类典型代表，他们所遭遇的经营困境，既关联到城镇化进程，更会牵扯到国家战略的发展。基于此，本文在立足于课题组的实地调查及深度分析之上，针对性地提出乡村青年创客在推动县域经济和构建人才高地的对策建议，推动促进各项乡村青年人才政策协同高效、形成合力，厚植乡村振兴人才优势。

（一）情感认同：涵养乡村青年创客参与县域经济发展的使命感

政治赋权和社会赋权帮助青年创客获得一定的政治地位和社会支持。青年与社会是一种双向互动的逻辑关系，在这个关系中，"社会化"是核心特质。县域经济的高质量发展是推进社会主义现代化的重要举措之一，是青年创客参与乡村振兴和实现人生价值的双向奔赴。当前，一些乡村青年创客积极响应党和政府号召，回乡就业创业参与乡村建设，具有崇高使命感和责任感。这种使命感一旦内化于青年创客内心就会迸发出极大的动力，促使其把个人职业的选择和国家的重大战略紧密联系起来。一方面，应当进一步通过大力宣传乡村青年创客参与乡村振兴和县域经济发展的成功案例，表彰有突出贡献的青年，激发乡村青年创客返乡创业的使命感。另一方面，要让其将这种情感认同转化为实际行动，借助乡土情感等柔性嵌入到县域治理，增强乡村青年创客自主回乡投身家乡建设的意愿，鼓励乡村青年人才回乡创业、回报家乡，为具备参与乡村建设意愿的青年人才搭建立体化通道。通过情感感召的方式去构建人才集聚高地，从而将乡村青年创客参与乡村建设和县域经济发展的使命感深化为带农发展的经济与社会效益。

（二）项目培养：重视乡村青年创客带头致富主体功能的发挥

坚持农民的主体地位，是以人民为中心的发展观在乡村振兴战略中的体现，是乡村人才战略实施的根本。锚定县域经济发展和乡村人才振兴，不仅要使其在思想和价值观上相统一，厚植乡村青年创客的家国情怀，还要通过项目培养的方式增强乡村青年创客的实干本领，把爱国情怀转化为投身乡村振兴伟大实践的强大动力。要突出乡村青年创客队伍这个生力军，把培植国家战略人才力量的政策重心放在青年科技人才身上，特别关注青年科技人才。进一步完善优秀乡村青年创客全链条培养机制，通过项目带动、院士带培等多种方式，让他们在科技攻关项目上挑大梁、当主角，各类人才计划要向青年科技人才倾斜，各方面要积极帮助解决乡村青年创客工作和生活中面临的实际困难。要推动项目形成机制改革，针对县域特色产业和急需项目进行重点定向支持，组织乡村青年创客实施产学研协同创新和重大科技成果转化项目，将创新成果转化成看得见的"生产力"。培育储备一大批讲科技、兴产业的新型职业农民和经营能手，借助本土各类创新平台基地组建人才团队，引导优势特色产业开发，积极开展科技攻关、技术推广和业务培训。将高素质的乡村青年创客的发展情况纳入区域整体人才考评体系，不断增强乡村青年创客的职业认同感和荣誉感，重塑青年农民的乡风面貌，让乡村创业成为一种体面职业。

（三）组织保障：借助地方优势资源搭建乡村青年创客交流平台

政府要积极引导青年将创业行动与地方性自然资源禀赋相结合，调动乡村各类资源，实现自主高质量的突破式发展。根据地方自然资源禀赋、经济社会发展条件等因地制宜，处理好保底与突破的关系。通过制度和政策允许一部分农村地区率先发展起来，真正发挥人才振兴带动经济致富、先富带后富的社会主义制度优势。破除阻碍要素流动的体制机制，允许劳动力、资本、技术等要素在城乡之间更加自由的流动。倡导内源性的乡村振兴与乡村发展。让致力于乡村发展、让利于民的优质社会资本进入乡村，重点关注乡村青年创客在生产经营、技术服务、产业发展等方面的创业基础和就业环境，搭建具有本土化竞争优势的乡村青年创客交流平台，为其价值实现提供组织支撑。

（四）政策倾斜：政策导向积极调动引导乡村青年创客有序发展

"共享性"众创空间可以提升全社会的创新意识。政府要针对性制定乡村青年人才支持政策，以乡村人才战略、人才工程、人才计划等政策为牵引，分行业领域实施专项人才支持计划，吸引专业技术人员到县域和乡村挂职兼职或离岗创新创业。认定、选育一批乡村青年创客骨干人才，在项目申报、资金扶持、荣誉表彰等方面给予乡村青年创客政策资源的倾斜，有效衔接高校、科研院所、企业等组织实现人才政策有效联动。健全以创新、价值、能力、贡献为导向的科技人才评价体系，把有业绩、有能力、有贡献的乡村青年人才下沉到关键核心岗位，遵循人才成长规律和科研规律，持续破除"官本位"、行政化思维，以市场化、社会化手段优化人才资源配置。赋予在乡村创业的科研技术人员更大技术路线决定权、经费支配权、资源调度权，为县域科技人才提供更加优质高效的服务，帮助乡村青年创客打破职业发展瓶颈，助推打造农业品牌、形成样板，发挥辐射带动效应，充分释放乡村青年人才集聚红利，促进科技创新和成果转化，赋能县域经济高质量发展。

参考文献

[1] 董怡琳. "被围困"：返乡青年的创业困境及其原因 [J]. 当代青年研究，2022（03）：13—19.

[2] 王子艳，曹昂. 乡村旅游发展与返乡青年数字素养 [J]. 中国广播电视学刊，2022（08）：18—22.

［3］刘名菊. 精准扶贫视野下返乡农民工创业援助与农村脱贫路径研究［J］. 农业经济，2018（3）：73-75.

［4］王慧珍. 青年返乡创业的路径选择和归因分析［J］. 当代青年研究，2021（03）：25-31.

［5］毛一敬. 乡村振兴背景下青年返乡创业的基础、类型与功能［J］. 农林经济管理学报，2021，20（01）：122-130.

［6］刘腾龙. 内外有别：新土地精英规模化农业经营的社会基础——基于乡村创业青年的视角［J］. 中国青年研究，2021（07）：46-54+45.

［7］宋秋英. 农村创业青年引导机制的构建与完善策略［J］. 农业经济，2021（12）：82-83.

［8］罗敏. 从"离乡"到"返乡"：青年参与乡村振兴的行动逻辑——基于H省Z市1231名青年的问卷调查分析［J］. 中国青年研究，2019（09）：11-17.

［9］夏柱智. 嵌入乡村社会的农民工返乡创业——对H镇38例返乡创业者的深描［J］. 中国青年研究，2017（6）：5-11.

［10］王耀，何泽军，安琪. 县域城镇化高质量发展的制约与突破［J］. 中州学刊，2018（08）：31-36.

［11］何土凤. 赋权理论视域下国际青年社会创业的价值与启示——基于《2020年世界青年报告》的文本考察［J］. 中国青年研究，2021（09）：112-119.

［12］张玉磊，马栋. 乡村振兴战略下大学生返乡创业的经验凝练与能力提升——基于盱眙县旧铺镇"青年创客"的案例分析［J］. 淮海工学院学报（人文社会科学版），2019，17（07）：119-123.

［13］梁栋，吴存玉. 乡村振兴与青年农民返乡创业的现实基础、内在逻辑及其省思［J］. 现代经济探讨，2019（05）：125-132.

［14］莫凡. "创新发展"视野下大学创客教育的社会治理模式研究——基于江苏省的调查数据［J］. 西南民族大学学报（人文社科版），2017，38（04）：203-208.

［15］刘忠艳. 中国青年创客创业政策评价与趋势研判［J］. 科技进步与对策，2016，33（12）：103-108.

西部民族脱贫地区实施乡村振兴战略进路探构
——以湘西州为例

杨朝新①

摘要： 民族要复兴，乡村必振兴。实施乡村振兴战略是实现中国式现代化的必由之路，是实现中华民族伟大复兴的题中应有之义。西部民族脱贫地区由于受历史、自然、经济、人文等多重因素影响和制约，贫困程度深，处在后发地位，刚脱贫摘帽。实施乡村振兴战略是西部民族脱贫地区经济社会发展进步的重大的历史选择和现实要求，要正视存在的问题和困难，因地制宜，因势利导，找到切实可行的路径和方法，协同发力，在产业、人才、文化、生态、组织五个方面实现全面振兴，加快建设农业强国，实现高质量发展，全面实现乡村振兴。

关键词： 乡村振兴；进路探构；西部民族脱贫地区

习近平总书记在党的二十大报告指出："全面建设社会主义现代化国家，最艰巨最繁重的任务仍然在农村。坚持农业农村优先发展，坚持城乡融合发展，畅通城乡要素流动。加快建设农业强国，扎实推动乡村产业、人才、文化、生态、组织振兴。"在孜孜以求实现人的充分发展和自由幸福的千年宿愿中，只有中国共产党人始终把为中国人民谋幸福、为中华民族谋复兴作为自己的初心使命，并把建设中国式社会主义现代化国家的历史重任坚实地扛在肩上，前赴后继、殚精竭虑、勇毅前行。特别是党的十八大以来，党中央从提出乡村振兴的五大目标要求，到实现乡村振兴的五大振兴保障，实现乡村振兴的路线图更加清晰明朗和便于实施，千百年来实现乡村兴旺发达、人民生活幸福的美好愿景具备了全面实现的制度机制和政策保障。作为具有民族性和刚脱贫性两重属性的湘西州，经过 8 年艰苦奋斗，8 个县市全部脱贫摘帽，1110 个贫困村全部出列，65.6 万贫困人口全部脱贫。湘西州与全国其他贫困地区同步打赢脱贫攻坚战，高质量完成"两不愁三保障"目标任务，为乡村振兴打下坚实基础，对推动乡村

---

① 杨朝新，中共古丈县委党校副校长、高级讲师，研究方向为基层治理。

振兴迈上高质量发展，建设农业强国，全面建设社会主义现代化国家，具有重要的现实意义和深远的历史意义。

一、西部民族脱贫地区实施乡村振兴战略的历史选择和现实意义

西部民族地区，受历史、自然、经济、人文等诸多条件影响和制约，千百年来，曾一度处于极度蛮荒、贫穷、落后之境，边远、高寒、洞深、路险、流急、物贫，山脉切割极深，地瘠物歉，地境窘迫，民不聊生。新中国成立后，在中国共产党的坚强领导下，西部民族贫困地区迎来了新生，人民成了土地的主人，极大地提高了劳动生产率，解决了困扰千年的温饱问题。湘西州正是通过积极抢抓国家西部大开发、武陵山片区区域发展与扶贫攻坚发展的机遇，优势产业、基础设施、新型城镇、生态环境、民生事业建设取得长足进步。特别是进入新时代以来，湘西州与其他西部民族贫困地区一道，坚决打赢脱贫攻坚战，决胜全面建成小康社会，同全国其他地区一道共同步入全面小康，并开启进入现代化的新征程。这是人民的选择，历史的选择，也是走向民族复兴的必由之路。其时已至，其业正兴，其势已成，湘西州因地制宜，因时制利，蹄疾步稳，以助推高质量发展全面乡村振兴，开启中国式现代化迈向新征程。

（一）一眼千年

越是贫困，越是坚劲，这是人类生存的自然法则。沧海桑田，绵绵不绝，生生不息，历史浪涛滚滚向前。湘西州历史悠久，战国时属楚黔中郡，历经武陵郡、蜀、吴、荆州武陵郡、黔中道、辰州、澧州、宣慰司、辰州路、澧州路、永顺宣慰司、辰沅道、第八、九行政督察区，到沅陵专区和永顺专区。新中国成立后，实行民族区域自治政策，于1957年9月20日，成立湘西土家族苗族自治州。湘西州作为典型的西部民族贫困地区，是一个以土家族和苗族为主的少数民族地区，少数民族人口占80.5%，辖8县市，至2021年人口总数达291.06万人，至2022年，地区生产总值达817.5亿元。2013年11月3日，习近平总书记亲临湘西州视察，首次提出了精准扶贫重要论述，经过8年努力，湘西州摆脱千年绝对贫困，探索出了以"十八洞村"为样板的可复制可推广精准扶贫好路子，创造了精准脱贫的"湘西样本"，从此大踏步迈上了乡村振兴之路。回望历史，湘西苗族、土家族地区历史上的经济状况与现代湘西地区的经济发展存在着不可分割的历史关系，这种关系可以追溯到隋唐以前的苗、土民族地区在羁縻制度下的自然经济、隋唐以来至明清时期的开发经济以及改土归流后的发展型经济。但一直以来，湘西州与发达地区相比较，存在经济基础薄弱、经济总量较小、发展优势不明显等问题，虽然已经脱贫摘帽，但经济落后依然是最大的州情，与人民对美好生活的向往相比较，仍然存在差距。特别是进入建设现代化国家新征程，发展现代化农业强国有新要求，湘西州发展大计更是征途漫漫，任重道远。

（二）一境忧伤

从湘西走出去的现代文豪沈从文说，"美丽总是愁人的。"其实，贫穷更是使人愁的。湘西州境域地处湖南省西北部，与湘、鄂、渝、黔四省市接壤，国土面积1.55万平方公里，是习近平总书记"精准扶贫"重要论述的首倡地，是国家西部开发、国家承接产业转移示范区，是武陵山片区区域发展与扶贫攻坚试点地区，是湖南省唯一的少数民族自治州。湘西历史文化厚重，土司王都见证着历史的真实，是湖南省首个世界文化遗产，全州有里耶镇、芙蓉镇、浦市镇、边城镇四个中国历史文化名镇和南方长城等399处历史文化古迹。湘西民俗风情浓郁，湘西州是文化和旅游部授予湖南唯一的武陵山区（湘西）土家族苗族文化生态保护区，全州拥有26个国家级非物质文化遗产保护名录，84个村寨入选"中国传统村落名录"。山水风光神奇。猛洞河国家级风景名胜区内的猛洞河漂流，被誉为"天下第一漂"；小溪国家级自然保护区是中南十三省唯一幸存的免遭第四纪冰川侵袭的原始次生林；更有国家森林公园坐龙峡、国家地质公园红石林、国家湿地公园峒河等227个世界级、国字号旅游品牌。矮寨大桥是世界上跨峡谷跨度最大的钢桁梁悬索桥，创下了四个世界第一。资源禀赋独特，拥有中药材资源2000多种，州域内已勘查发现48个矿种584处矿产地。初步探明页岩气储量4.8万亿立方米，占全省的70%，可采储量超过1.4万亿立方米，价值高达3.5万亿元，开发潜力巨大。这就是美丽的湘西，神秘的湘西，可爱的湘西，拥有着如此丰富的禀赋资源，人民却曾长期贫困，脱贫摘帽刚刚完成，怎不使人愁呢。

（三）一歌激越

到哪座山上唱哪首歌。2001年，时任中央政治局常委、国务院总理朱镕基到湘西考察时指出"发展旅游业是湘西今后最大的门路"，这也正契合了习近平总书记提出的"两山理论"。湘西州最大的优势就是绿水青山，发展生态文旅优势得天独厚。迈进现代化建设新征程，湘西州大力发展全域旅游，全州旅游业实现了从无到有、从有到大、从大到强的历史性跨越，加快推动旅游业发展方式转变、产品转型、服务转化和景区管理体制转轨，率先把旅游业建成千亿产业，全力打造国内外享有盛名的旅游目的地。以生态文化旅游业为龙头，牵系连带着相关多种产业高质量发展，湘西州经济社会发展呈现出勃勃生机。绿色是湘西最大最亮的名片，全州森林覆盖率稳定在70%以上，湘西州空气质量、水源质量全省第一，是发展绿色食品、旅游康养的首选之地。湘西特色产业优势明显，基本形成了以特色现代农业为基础、生态文化旅游业为主导、现代制造业和劳动密集型加工业为支撑、电子信息和新材料等新兴产业为先导的新型产业体系。黄金茶沁人心脾，酒鬼酒香飘万里，新材料远销全球，新产业蓬勃兴起，文创产品走向世界。湘西开放发展起势强劲，基本建成立体综合交通网络体系，张吉怀高铁、湘西机场于2023年通车通航。湘西州是全国30个少数民族自治州中唯一同时拥有世界文化遗产和世界地质公园的自治州、唯一的国家级承接产业转移示范区和国家森林城市,是全国7个国家级文化生态保护区、10个传统村落集中连片保护利用示范市州之一,是革命老区、新时代国家西部大开发地区和全国民族团结进步示范州。省外境内资金增速、项目落地率均居全省前列,较好地发挥了承接产业转移"领头雁"作用,湘西州已成为武陵山片区创新创业高地。

二、西部民族脱贫地区实施乡村振兴战略存在的问题和困境

纵观西部民族脱贫地区的经济发展脉络,可以明显发现,它仍然是以农业经济为主体的自然经济,这也正是西部民族脱贫地区底子薄、基础差、历史欠账多的根本原因。西部民族脱贫地区,工业化程度低,发展滞后,总体属欠发达地区,实施乡村振兴战略成为高质量发展的必由之路。目前,以湘西州来看,还存在以下短板和弱项。

(一)产业底蕴薄弱

一是产业基础薄弱。产业化基础设施建设功能较弱,历史欠账多,农业水利设施存在短板,高标准农田占比还比较低,产业路建设滞后。仍然秉持传统的产业模式,按劳动生产率计算,属亏本生意,只有不计人力成本,才有微薄收益,且仅满足自家生活所需。二是特色产业不特。没能从宏观上统筹布局"一县一品",造成产业趋同,出现同质竞争。例如,湘西椪柑是全国农产品地理标志,但只有泸溪椪柑品质过硬,市场认可度高。三是规模经营疲弱。家庭联产承包责任制以小农户生产为主导模式,造成管理、技术、营销成本高,规模赋能不足,农田抛荒严重,"农田已抛荒,不再务农"的家庭高达44.84%。四是利益联结乏力。经过几年的发展,村集体经济也有了历史性进展,但利益联结机制弱,农户增收困难,龙头企业对农产品收购加工的能力有限,对当地农业产业带动性弱,农户从合作社能够获得的收益主要是土地租赁收益与季节性务工收入,利益联结机制和共享机制落实欠佳。

(二)人才资源缺失

在经济社会日趋发展且多元、人力价值趋利的情况下,农村人才资源严重匮乏。一是农村人才数量有限。农业农村农技人才和基层工作者面对广大农村占比较低,农村大量中青壮年劳动力外出务工,农村的空心化非常严重,留守的多为老人和妇女。二是农村人才质量不高。农村留守人员学历普遍较低,留守的劳动力文化素质不高,没有接受过系统的职业教育,没有市场经济知识,抗市场风险能力弱。三是农村人才流动性大。由于农村人才引进政策和福利跟不上,晋升空间小,依然存在留人难的局面,在农村服务的"三支一扶""西部志愿者"等基层岗位,扎根农村的少,有的只作为解决就业问题的一个跳板。

(三)文化事业滞后

在城镇化快速推进和现代社会快速变迁的滚滚洪流中,传统的乡村社会正在发生巨大的"裂变",乡村文化重构急迫。一是农村文化设施匮乏,群众文化生活贫乏。公共文化服务和设施存在不平衡、不充分、欠维护、使用率不高等问题,"村村响"不响、篮球场破败、健身器材污损、农家书屋蒙尘、乡村大舞台喑哑,文体活动基本没有开展,文娱活动经常是刷抖音或打牌消磨农闲时光。二是农村人口流失严重,村民集体意识弱化。随着城镇化的加速演进,留守的人员相对贫弱,思想相对僵化,平时忙农活和照顾小孩自顾不暇,没有时间与其他村民交流,对村集体事务漠不关心,对参加文化活动的积极性不高,甚至很难组织开会。三是传统美德严重流失。"一切向钱看"的观念冲击着传统的人情社会,个别农民社会责任感、公德意识淡化,与家庭感情淡漠、家庭观念淡化,不养父母、不管子女、不守婚则、不睦邻里的现象时有发生,家庭的稳定性不断被削弱。

(四)生态环境失衡

随着我国城镇化的快速推进,农村面貌焕然一新,但农村生态环境问题却日益凸显。一是农民环保意识欠缺。有的农户生产生活习惯难改,房前屋后乱搭乱建,柴禾乱堆乱放,塑料袋、玻璃瓶等垃圾乱扔乱丢,杂乱无章,无人整理,无人回收。二是环保设施不够健全。环保设施欠账较多,经过人居环境综合整治,村容村貌有了较大变化,但污水无法做到集中处理,河水受到污染。三是农业生产工业化和工业转移加剧环境污染。农业生产过多依赖农药、化肥,降低了土地的地力和循环利用率,畜牧业的规模化养殖,粪便、废水污染了水源,扰乱生态系统,对食品安全也构成潜在危险。地膜应用,不降解,伤害了土地生机。工业园区在农村建立,工业废水废物等工业垃圾得不到有效治理,给农村人居环境带来污染。

(五)组织保障乏力

一个时期以来,单家独户发展农业生产,集体经济薄弱,集体意识弱化,基层党支部带头关键凝聚作用没有得到充分发挥。一是村级党组织战斗力和凝聚力不强。有的村级党组织缺乏凝聚力和战斗力,村支两委在村里威望不高,发挥不出领导核心作用。二是村干部能力素质不高。由于青壮劳动力大都外出,发展党员较慢,使村干部趋于老龄化,素质整体偏低,学习新知识、新技能、新理念的积极性普遍不高。三是农村集体经济发展较为薄弱。部分村集体经济薄弱,严重影响了村级组织建设,在一定程度上制约了农村各项事业的发展。四是各类村组织发展缓慢、功能不全。在农村经济组织方面,比如农村专业合作社,数量少、规模小、运行不规范、质量不高。

三、西部民族脱贫地区实施乡村振兴战略的方法和路径

习近平总书记指出,全面推进乡村振兴是新时代建设农业强国的重要任务,人力

投入、物力配置、财力保障都要转移到乡村振兴上来。实施乡村振兴战略是一个复杂的系统工程,它涉及政治、经济、民族、宗教、历史、文化等方方面面,在西部民族脱贫地区,尤其任重道远。毕竟,实现工业化依然是实现现代化发展的重要基础,是难以逾越的一道坎,第二产业发展能很好地推进一、三产业发展,只有三产融合发展,才能实现高质量发展。建设中国式现代化强国,实现中华民族伟大复兴,乡村振兴必不可少,乡村振兴,农业农村必振兴。

(一)聚力产业振兴,促进产业兴旺

乡村振兴,产业振兴是根本,居首位。产业振兴是乡村振兴的重点,为乡村振兴提供重要的物质保障,是解决"三农"问题的根本前提。发展现代农业产业,必须突出构建三大体系,即产业体系、生产体系、经营体系,并做到一二三产融合发展,不断优化产业振兴路径。

1. 培育主导产业

因地制宜、科学布局是实现产业立足的根本,湘西州各县市要把本地优势产业作为主导产业来打造,形成"一县一品",杜绝同质恶性竞争,特色不明。湘西州的总体环境是"微生物发酵带、土壤中的富硒带、植物群落里的亚麻酸带",为亚热带季风性湿润气候特征,且在垂直方向和水平方向又具有不同的气候区域,各县市地域禀赋各异,产业基础和区位条件不同,特色产业根植也不同。立足湘西州"两茶两果、一烟一药、一黄一黑"(茶叶、油茶、柑橘、猕猴桃、烟叶、中药材、湘西黄牛、湘西黑猪)八大农业特色产业,构建"一村一品""一镇一业""一县一特"特色产业格局。

2. 融合"三产"发展

产业融合是乡村振兴的主要抓手,具有良好的相互促进关系。合理配置和有效利用资源,调整好产业结构,提升产业附加值。一是延伸产业链,把生产、加工、品牌等环节联结起来,推动"三产"相融,延伸农业产业链和价值链,建立紧密的利益联结机制。二是提升产业链,做好种养结合、农旅结合文章,探索"农文旅""农商旅""农工旅""农水旅"等多种模式,充分挖掘农业非传统功能,通过对乡土文化、田园风情、自然景观进行挖掘和打造,加快资源与旅游、文化、教育等产业的深度融合,拓展新功能,培育新业态。三是整合产业链,增加农民收入,通过规划引领和政策引导,构建"农业支撑、乡旅带动、服务延伸"的产业体系。

3. 提质增效产业

一方面,加强管理控制成本,探索实行农业产业化联合体的模式,形成以规模经营为依托、以利益联结为纽带的一体化农业经营组织联盟。引导专业大户、家庭农场、龙头企业、农民专业合作社等经营主体之间实现联合经营,在农产品生产、流通、加工、储运、销售等环节实现信息互通,抱团发展,促进各经营要素有效配置,提升市

场竞争力。另一方面，突出提质增效，探索新技术、新科技、新设备对农业生产的精确化管控，通过智能管控，减少劳动力和土地使用成本，注重科学种植和提高农产业科技含量，促进农业生产高效化。

4. 打造绿色产业

绿色是湘西州最大的禀赋资源，最鲜明的底色，要做践行"两山理论"的模范，走绿色发展之路，发展绿色产业、生态产业，实现生态与经济的良好互动。同时，也具备实现"两化"的有利条件，使产业生态化和生态产业化得到良好实现。如"农旅+""农产+""农研+"等模式，让疲惫的心灵在"诗与远方"得以安歇。产业生态化是乡村振兴的"绿色底蕴"。绿色发展是发展观的深刻革命，是构建高质量现代化经济体系的必然要求。大力发展生态产业，可顺应乡村产业振兴的要求，促进生态产品的生产和可持续利用，通过产业联动、产业集聚等方式，集约化配置各类资源要素，培育绿色惠民新动能。

5. 壮大新型集体经济

壮大新型农村集体经济，是带动农民增收的一条新路子。重点是做好农村集体产权制度改革的"下半篇文章"，既要抓好运行机制的完善，推动构建产权关系明晰、治理架构科学、经营方式稳健、收益分配合理的运行机制，也要探索多样化发展途径，推行资源发包、物业出租、居间服务、资产参股等多种模式，提高集体经济收入和服务带动能力，还要健全农村集体资产监管体系，充分保障集体成员的知情权、参与权、监督权。

（二）聚纳人才振兴，筑牢振兴基石

业无才不立，人无才不兴。人才资源是第一资源，人才振兴是实现乡村振兴的关键所在和重要支撑。人才是促进发展的第一动力，是乡村振兴的关键和基石。乡村振兴的根本动力来自人才资源的丰足，没有人才资源集聚，依然是无源之水，最积极活跃的力量无从彰显。

1. 广泛吸纳各类人才投身乡村振兴

"落后不留人，没人更落后。"要在构建人才管理体制、支持人才创新创业、加大人才服务保障等方面出台优待新政策新举措，搭建起适合人才在乡村发展的工作平台。根据各自实际研究制定具体落实措施，紧紧围绕人才如何引得进、留得住、用得好，广施良策，精准发力，发挥人才集聚效应，加快形成"人才洼地"，使资金、技术、人才快速向农村聚集。

2. 切实发挥科技特派员指导作用

科技是第一生产力，产业振兴离不开科技的智力助力。结合各村实际需求和科技特派员专业，开展科技特派员与所需村"一对一""一帮一""一带一"精准科技服务。

通过建立示范基地，开展科技培训，创新服务模式，促进交流合作。引导大学生、返乡农民工、复退军人下沉到村，直接服务农业经营主体。支持科技特派员推动科技下乡，促进特色产业快速发展。同时，发展壮大科技队伍、大力培育科技领军人才，积极培育农业农村科技创新人才。

3. 充分发挥广大农民主体作用

《公开发布中共中央、国务院关于做好2023年全面推进乡村振兴重点工作的意见》指出，发挥农民主体作用，调动农民参与乡村振兴的积极性、主动性、创造性。广大农民是实施乡村振兴战略的核心主体，同时肩负着共同的责任。帮助广大农民树立富裕富足的志气、决心和信心。引导群众树立"懒惰贫穷可耻、勤劳致富光荣"思想，实现由"要我富"到"我要富"的根本转变。建立和完善有效实现农民在乡村振兴中主体地位的制度保障。要建立健全保障农民和农民自治组织参与村级事务协商、决策和执行的制度，规范民事民议、民事民办、民事民管的多层次基层协商的要求和程序，让广大农民群众参与乡村振兴的重大事项计划讨论和协商推进有据可依，落到实处，增强脱贫地区和脱贫群众内生发展动力。

4. 积极培育新型职业农民。

农村经济发展，关键在人。要通过富裕农民、提高农民、扶持农民，让农业经营有效益，让农业成为有奔头的产业，让农民成为体面的职业，加快培育一批具备复合技能的新型职业农民，有效解决农业生产发展瓶颈，助推农业高质量发展，是实现乡村振兴的题中应有之义和必要举措。提高人才支撑和智力支持，培养一批有文化、懂技术、会经营、有情怀的职业农民，使其在农业生产的各环节和农产品加工链条上，运用较为先进的生产理念，从而能提高农业现代化率。

（三）聚焦文化振兴，塑形乡风文明

文化振兴是乡村振兴灵魂，是重要基石。文化振兴是乡村振兴的重要内容，是当前推进乡村振兴中一项十分重要而紧迫的任务。

1. 以社会主义核心价值观引领铸魂

要依据乡村特点，采用村民喜闻乐见的形式，将社会主义核心价值观多渠道多角度融入村民的日常生产生活、体育娱乐、节庆活动等各种载体之中，加强社会公德、职业道德、家庭美德、个人品德建设之中。大力弘扬以爱国主义为核心的民族精神与以改革创新为核心的时代精神，坚持教育引导、实践养成、制度保障三管齐下；深入开展农村思想政治工作，在农村思想领域进行观念更新，帮助农民理解、掌握党的方针、政策，激发起他们参与振兴乡村的积极性、主动性和创造性。采取符合农村特点的方式宣传和引导；充分宣传农村道德榜样与典型；积极推进农村社会公德、家庭美德和个人品德建设。

2. 以注重乡村文化传承留根固本

一方面，充分挖掘和整合乡村优秀文化资源。深入挖掘乡村民俗文化、节日文化、手工艺文化等优秀文化资源，利用好祠堂、古道、古树、古街等传统文化要素，保护好文物古迹、传统村落、民族村寨、传统建筑、农业遗迹、灌溉工程等建筑遗产，支持农村地区优秀戏曲曲艺、少数民族文化、民间文化等传承发展，保留代表性乡村公共记忆景观。另一方面，善于提升和转化乡村文化资源。以社会主义核心价值观为引领，吸收城市文明及外来文化的优秀成果，在保护传承乡村优秀传统文化的基础上，实现创造性转化、创新性发展，不断赋予其新的时代内涵、丰富其表现形式。

3. 以注重涵养乡风文明成习见风

充分发挥德治自治效用，教育引导农民自觉承担责任、树立良好家风，弘扬孝亲敬老传统。倡导敬老礼仪，以节日看望慰问等方式关怀老人。充分发挥道德正向激励和反向约束作用的实践模式，通过对孝敬父母、诚实守信、勤劳致富等正面事例进行宣传表扬，对铺张浪费、超标准大操大办、不孝敬父母、不务正业、好吃懒做等不文明行为及时进行曝光。通过正向激励和反向约束，实现正确引导，扭转不良倾向。加强无神论的宣传和教育，不断丰富农民群众精神文化生活，抵制封建迷信活动；加强农村科普工作，提高农民科学文化素养；强化群众自我教育管理，树立勤俭节约的文明新风；加强养老保障体系建设，形成敬老爱老的良好风气。

4. 以文明创建形成文明合力

乡风文明建设是一项系统工程，只有把各种资源力量集聚起来，各方共同发挥作用推动各项工作落实，乡风文明才能真正取得成效、迈上新台阶。要发挥群众的主体作用，充分尊重农民意愿，正确地教育群众、发动群众，引导更多群众在思想道德建设和文明创建中当好主角、共建美好家园、共享美好生活。县乡两级党委和政府要指导制定或修订村规民约，充实婚事新办、丧事简办、孝亲敬老等移风易俗内容。要有正面激励，也要有反面惩戒，通过教育、规劝、奖惩等措施引导村民遵守相关规定。发挥农村基层群众组织作用，规范村内红白理事会、老年人协会、村民议事会、道德评议会等群众组织运行，完善组织章程和各项制度，广泛开展议事协商，积极组织开展婚丧嫁娶服务、邻里互助和道德评议等活动。

（四）聚汇生态振兴，打造宜居和美

生态振兴是基础，是乡村振兴的内在要求。生态优美是湘西州最大优势和宝贵财富，必须贯彻好习近平生态文明思想，积极创建"两山"实践创新基地，为建设现代化新湘西提供强大绿色发展动力。

1. 牢树生态文明理念

立足"绿色湘西"建设，把生态文明建设摆在更加突出的战略位置，将其融入经济、政治、文化、社会建设各方面,打造国内外知名生态文化公园,开创人与自然和谐发展现代化建设新格局。

2. 劲走绿色发展之路

粗放的发展模式难免以牺牲环境为代价,导致"带血的GDP",湘西州锰污染曾经猛于虎,给当地留下了深刻的教训。工业要发展,先过环保关。以"三废"治理推动环境污染治理。以美丽湘西建设为抓手,推进千里生态走廊、城乡交通沿线裸露山地绿化等重点工作落地落实,着力创建国家森林城市。

3. 完善生态文明建设机制

生态文明建设是一项系统工程,需要全社会各方面的广泛参与。保护生态环境必须依靠制度和法治。通过完善地方经济社会考核评价体系,建立体现生态文明要求的目标体系、考核办法和奖惩机制,使之成为重要引导和约束。严格执行"三线一单"生态环境分区管控,建立生态系统"天空地一体化"监测网络体系,全面落实"河长制""林长制",落实长江十年禁渔措施,以更高标准打好蓝天、碧水、净土保卫战。

4. 着力创建生态文明新路

环境就是民生,青山就是美丽,蓝天也是幸福。要积极探索绿色生产生活方式,大力发展新能源、可再生能源和绿色环保产业。在乡村倡导新的生活方式,开展环境综合整治,推广节柴灶,开展"厕所革命",推进垃圾分类和资源化利用,倡导绿色种植、生态养殖,加强秸秆综合利用,不滥建房、不乱搭乱建、美化清洁庭院,完善污水沟、垃圾房、垃圾焚烧炉、集中式污水处理设施,营造健康向上、素朴环保、清心悦人的新生活。

(五)聚合组织振兴,推进治理有效

"乡村富不富,关键看支部。"乡村要振兴,组织振兴是根本保障。要健全党组织领导的乡村治理体系,强化农村基层党组织的政治功能和组织功能,提升乡村治理效能。充分发挥基层党组织的战斗堡垒作用,为乡村振兴提供重要支撑和坚强保障。

1. 突出政治引领

提升政治领导力,就要加强政治建设,特别是抓好习近平新时代中国特色社会主义思想学习,以创新理论武装头脑,坚定理想信念,加强党性修养,捍卫"两个确立",做到"两个维护"。以落实基层党组织"三会一课"、主题党日等经常性活动,凝聚战斗力,健全重大事项、重要问题、重要工作党组织讨论决定机制,防止村级党组织弱化虚化边缘化,把农村群众紧紧团结在党组织的周围,形成党群携手同心谋发展的良好局面,切实增强村党支部的组织力,强化党支部在农村的领导地位,真正彰显党组织的政治功能,成为乡村振兴的力量保障。

2. 发挥主体作用

农村党组织是党的政策方针在基层落实落地的基础,是党联系广大农民群众的桥梁和纽带。要坚持党支部"五化"建设标准,提升党支部组织力。要坚持党的领导和发动群众相结合,坚持群众路线,充分调动群众支持参与改革发展的积极性。要旗帜鲜明彰显党组织和党员的中坚力量,通过村支"两委"领办专业合作社,大力发展新型农村集体经济,实现共同富裕,让村里有钱为群众办事,支部的凝聚力号召力越来越强。要发挥带头示范作用,无论是联系服务群众,还是带头发展产业,都应成为群众看齐和学习的榜样,带着群众干,走共同富裕的道路。

3. 强化"三治"治理

农村发展,稳定是前提,善治是关键。要健全党组织领导的自治、法治、德治相结合的乡村治理体系,打造共建、共治、共享的乡村治理新格局,增进农民群众的获得感、幸福感、安全感。推动乡村法治,开展民主法治示范村建设。加强农村法治宣传教育,引导农村群众尊法学法守法,养成依法办事维权的习惯。规范村级财务管理,全面落实"四议两公开"制度和村务监督委员会民主监督。深入开展扫黑除恶专项斗争,实现乡村清朗。弘扬乡村德治,大力弘扬优秀传统道德观念和社会主义核心价值观,强化道德教化,注重新乡贤典型示范引领。注重发挥乡贤文化、宗祠文化等作用,弘扬富有地方特色和时代特征的乡村精神,改造陋习,倡导新风。健全乡村自治,吸引高校毕业生、退休党员干部、外出成功人士等到村任职,解决农村基层组织弱化虚化边缘化问题。完善村民(代表)会议制度,推进民主选举、民主协商、民主决策、民主管理、民主监督实践。完善党务、村务、财务"三公开"制度,实现公开经常化、制度化和规范化。

4. 强化组织协同

基层党组织的组织力,要在改革发展的实践中不断磨砺、不断提升。通过创新基层治理模式,大力推行"互助五兴"(学习互助兴思想、生产互助兴产业、乡风互助兴文明、邻里互助兴和谐、绿色互助兴家园)基层治理模式。建立以村党支部为领导地位、村民议事会为决策主体、村民委员会为执行主体、村务监督委员会为监督主体的"四位一体"组织协同治理模式,引导党员和群众建立互助小组,在学习、生产、乡风、邻里和绿色五个方面开展互帮互助,将治理与服务相融合,以互助小组为最小单位,大力推动党员与群众共商共建、共治共享,积极构建村民自治有力、乡风民风淳朴、邻里和睦友善、发展成果共享的党建引领基层治理体系,为乡村振兴协调发力提供坚强组织保障。

韧性治理：数字时代基层治理的方向与路径

易钊鹏[①]

摘要：韧性治理为规避数字时代基层治理中所衍生的潜在风险提供了新的分析框架，成为创新基层治理和提升治理效能的时代面向。韧性治理推动了基层治理的价值取向由"机械效率"向"社会效率"的转变。然而，在基层治理场景中存在着技术嵌入与制度吸纳的错位、数字理念与治理结构的背离、整体赋能与技术赋权的欠缺、社会资本与数字素养的缺失等主要困境，使得韧性治理理念悬浮于实践之上，降低了治理效能的系统提升。为此，需以构建正式与非正式制度为前提，提升制度韧性；以调试治理主体角色为举措，提升结构韧性；以技术赋能治理为导向，提升技术韧性；以增量社会资本为保障，提升文化韧性等为主要路径来进行纾解，旨在强化韧性治理在基层治理效能提升中的作用。

关键词：韧性治理；数字时代；基层治理

数字时代的基层治理呈现出"党委领导、政府负责、民主协商、社会协同、公众参与、法治保障、科技支撑"的治理格局，更加凸显出其"治理主体多元化""技术与制度互嵌"等特征，尤其是数字技术化工具嵌入基层治理场景中，推动基层治理向社会赋权增能的进程。然而，数字技术嵌入基层治理实践的过程也萦绕着数字形式主义、价值流失、伦理风险等问题，倘若不能改变或摒弃刚性治理的惯性，很难实现数字技术对基层治理实践的赋能。而韧性治理作为一种新兴治理理念，凭借其对基层治理制度、结构、技术和文化等多维立体分析和将外部嵌入与内部培育双向融合等优势，为数字时代基层治理困境的纾解提供了理论参考、工具支撑，使得基层治理效能的价值取向逐渐摒弃"机械效率"，并向追求"社会效率"的转变，更加激发了党建引领的主体力量凝聚，推动基层治理共建共治共享治理格局的形成，促升基层治理效能。在政策层面，《中共中央关于制定国民经济和社会发展第十四个五年规划和二〇三五年远景

[①]易钊鹏，湘潭大学公共管理学院研究生。

目标的建议》提出建设海绵城市、韧性城市，提高城市治理水平。在实践层面，"韧性社区""韧性城市"的建设在北京、上海等地已经崭露头角。数字时代韧性治理消弭了传统刚性治理模式的弊端，变革了基层治理的内在逻辑，同时也需要不断通过因时因地的实践做出理论反馈，进而持续优化韧性治理与基层治理的双向耦合，从而推动基层治理迈向现代化。因此，将韧性治理和数字时代基层治理两个议题进行紧密勾连和探讨，既是对基层治理相关理论的丰富和补充，也是推动基层治理实践发展的关键一环。

一、文献回顾与问题提出

韧性治理应用于基层实践以来，学界迅速掀起一股研究热潮，形成了一系列颇具创新性的理论成果。通过中国知网（CNKI）检索主题词"韧性治理"与"基层治理"发现，关于韧性治理的相关理论研究主要聚焦于以下几个方面：

一是聚焦于将"韧性治理""社区风险治理""应急管理"等相关主题勾连，并对韧性治理在基层风险治理中的内涵解读、适应性、意义和主要内容进行研究。陈涛等认为韧性治理是对应急管理系统框架的概括，当社区面对外部环境所带来的压力和冲击时，治理主体在目标、能力和过程等方面采取一系列措施或办法以应对各类风险事件。盖宏伟等认为韧性治理的目标是重塑和提升全面应对风险的能力，以从根本上改变治理能力不足、治理体系脆弱的情况。颜德如从社区应急管理体制建设出发，认为韧性的社区应急治理体系应包含社区应急设施的冗余性和抗逆力、社区应急治理的自组织力、社区应急治理的智能化和精细化、社区应急治理的属地责任、社区应急治理的自治力和内生动能等方面。二是聚焦韧性理念应用于基层治理实践的基本内涵、具体应用等方面的研究。姜晓萍等对治理韧性本质内涵、形式外延等进行甄别鉴定。将韧性治理置于新时代中国社会治理的特定场域，揭示"调适有度"是社会治理韧性的本质，权力限度、结构密度、价值温度与目标精度是识别社会治理韧性的维度坐标。许小玲就农村贫困地区乡村振兴实践过程，提出构建经济韧性、环境韧性、社会韧性和文化韧性相结合的有机韧性治理结构来推动塑造乡村振兴内生动力，促进脱贫攻坚与乡村振兴有效衔接。三是关注韧性治理与城市治理的研究。周利敏认为"韧性城市"是指城市经历灾害冲击也能快速重组和恢复生活与生产，它具有反思性、随机应变力、稳健性、冗余性、灵活性和包容性等特点。杜力进一步指出在"韧性城市"建设过程中，应该以系统性、动态性和过程论构建韧性城市的整体性框架。既要注重全面推进城市各子系统及系统构件各方面的韧性，也要积极探索各子系统及系统构件之间的关联性，寻求城市韧性能力的多维度共同强化机制。

学者们从城市社区风险治理、乡村韧性治理、城市韧性建设等不同视角探讨了韧性治理应用于基层治理的实践样态。毋庸置疑，这些研究不乏真知灼见，在很大程度上丰富了基层治理研究的理论发展。但也存在些许不足之处，诸如直接将韧性治理与目前基层治理现状相结合，具体表征为将韧性理念直接嫁接于社区应急建设、乡村振兴等过程，存在割裂基层治理的历史渊源、动态演进的趋势。值得注意的是基层治理是一个动态发展的过程，实现基层韧性治理需要明确传统基层治理的模式、特点及不足，才能探寻真正的纾解路径。韧性治理作为一种崭新的治理理念，凭借其多元主体间高效协同、数字技术嵌入与社会资本培育内外联动、正式制度与非正式制度双轨运行等特点，能够全面提升基层治理水平。一方面，它对治理主体间协同合作的注重，推进构建共建共治共享基层治理新格局，实现政府治理同社会调节、居民自治良性互动，建设人人有责、人人尽责、人人享有的社会治理共同体。另一方面，它凭借对技术的综合性应用能增强基层社会治理制度的执行力，从而加强治理资源整合推动放权赋能改革，综合提升公共服务供给能力、供给效率和供给质量，以满足多元化差异化的社会需求。因此，本文以韧性治理为基础，更加系统地去探究韧性治理与基层治理耦合的生成机理、韧性治理实践过程的困境及其纾解路径，契合了防范化解基层风险的内在要求，更耦合了推动基层治理现代化的需要。

二、数字时代基层治理的主要困境

在数字时代，基层治理与数字技术互嵌形成了独具特色的治理样态，它纾解了基层治理困境，提升其治理效能。但在数字技术嵌入基层治理中，由于过度强调"以技术为本"而催生反治理的力量，引发技术索权、技术倚重引致伦理风险、治理价值流失、治理价值向度偏离等问题，造成"技术负能"。同时，基层治理内在的刚性特质仍为主导，数字技术仅作为"术"，而其"道"未能改变。这充分说明了数字时代基层治理所呈现出来的新样态具有一体两面性。在这种治理样态下的基层社会存在着制度吸纳乏力、治理结构单一、技术驱动不足、文化培育不够等多元问题，难以应对不确定性的风险。

（一）制度层面：技术嵌入与制度吸纳的错位

秩序是社会顺利运转的保障，制度规则是对秩序的固化。在数字时代，数字技术作为社会发展过程中出现的一种新兴技术，在社会治理领域常把它看作一种治理工具，它与政策工具、制度工具、规制工具一样，对社会建构具有矫正性，也就是说数字技术适配于国家治理场域之中。而在基层社会中技术嵌入与制度吸收的错位导致数字秩序没有形成，制度建设缺乏韧性。其一，数据流动和共享制度不健全。随着治理重心的下移，人、财、物汇聚基层，往往采取项目制的形式进行基层治理，项目制实际上是一种自上而下的资源控制和配置方式，上级掌握着资源分配的主导权。在这种治理形式下数据作为一种信息资源在应用中呈现出两种样态：一是上级依据项目目的按需求对数据进行分类与挑拣，然后自上而下传递，数据呈现单向流动形式，无法及时反馈治理实践中的新信息；二是数据作为治理资源，上级对其掌控性较高，共享范围局限于项目内部，与其他横向项目数据关联较差，没有形成数字秩序，协同治理水平不高，难以实现整体性治理。其二，制度理念中数字理念嵌入不够。数字技术强调万物互联、网络协同，其内在本质是开放联系的共治理念。目前，基层治理赋予制度法治理念的同时，共治理念不足。数字时代基层制度建设过程中偏重法治理念的注入，但这种构建仍然是以政府为主体而进行的，忽略了基层多元主体的利益诉求，从而在制度理念层面缺乏多元主体的共识，造成制度韧性欠缺。

（二）结构层面：数字理念与治理结构的背离

结构作为基层治理的载体，在实际治理过程中发挥着引导性的作用。数字时代基层治理过程中，结构模式与治理实践存在矛盾。其一，治理权力结构单一。基层治理以党和政府为治理主体，治理权力要么横向划分为不同职能部门，依靠部门专业化进行层层执行，要么纵向传递至村居"两委"，凭借一线干部进行治理。没有明晰其他多元主体的权力参与限度，且信息权力作为治理权力的一种，被严格控制，信息上传渠道不够畅通，其利益诉求和政策建议难以表达，客观上抑制了多元主体的协同参与能力，造成了政府治理的高成本、低效率和落实度差的窘境。其二，物理结构设计缺乏数字理念。一方面，物理结构智慧化程度不高。基层治理需要人、财、物的统一配合才能实现治理目标，其中物理结构即基础设施结构是基层治理顺利进行的基本保障。但是现有基础设施数字技术应用程度不高，例如，水利设施依靠互联网建立数据上报平台，依据历史数据和传统经验设定警戒线，重在采集、整理信息，并没有依靠人工智能建立数据分析系统，同时与气象等关联部门的信息平台不兼容，数据融合性差，无法系统性研判分析水汛。另一方面，基础设施整体性效用欠缺。如公园在建设时，往往只考虑地面工程及其休闲娱乐效用，没有将其纳入整体性考量，建设紧急避险的地下人防工程。尽管在风险加剧后，政府已经加强与第三方组织合作、强化基础设施的智能化水平和整体性效用，譬如新冠疫情爆发期间，基层政府加强与第三方社会志愿组织的合作，发挥其辅助守卡、协助登记等功能，来缓解政府人力不充分和不均衡的困境。同时，在交通系统中应用大数据、人工智能精准回溯人员行程，注重强化体育馆等设施的平战结合机制。但这些举措大多只是在特定时期的特殊举措，对基础设施的设计理念仍未改变，无法从根本上满足抵御风险的需要。

（三）技术层面：整体赋能与技术赋权的欠缺

在现代社会，数字技术已经成为社会发展的重要动力，在基层治理领域也早已应用数字技术来推动治理方式从粗犷式向精准式转变。譬如，浙江省建德市将数字化技术延伸运用到村级工程监管中，通过研发应用村级工程全周期智慧监管系统，有效遏制了工程盲目上马、随意支付等引发的村级债务问题，提升了村级工程监管质效。上海临汾路街道打造"党建网格+数字驾驶舱",在社会动员、服务找人、应急救援等方面让社区治理更智慧。但是,在数字技术应用过程中,也存在着若干问题,主要表现在两个方面:第一是整体性赋能欠缺,数字技术赋能基层治理包括数字管理、数据驱动、数字协同等多个部分。其中,数字管理通过大数据、互联网等将基层治理信息数字化,建立线上数据库;数据驱动通过人工智能和云平台等对已有数据进行分析预测,为基层治理提供最优方案;数字协同则在已有的数据库和最优方案基础上,明晰各部门的职责任务进行系统治理。而在实践过程中,由于基层职能部门以业务为区分,不同部门以本部门业务为中心搭建信息平台,缺乏统一的数据规范与技术标准,没有形成数据共享机制,造成信息壁垒和信息孤岛,无法实现数字协同,难以实现整体智治。第二是技术性赋权不够。数据是数字技术的核心,数字技术赋能基层治理的过程也是对基层治理信息数据化的过程。它改变了信息的传播方式,加快了信息传播的速率和频率,同样也强化了政府对信息获取和传递的权力,导致信息获取的不平等,政府基于自身治理目的进行信息传递具有偏向性,即有选择性的传递信息或与其他参与治理主体所需信息不一致,难以实现技术赋权的效用。

(四)文化层面:社会资本与数字素养的缺失

文化韧性的培育是一个漫长的过程,其中社会资本的繁荣既需要稳定的人口状态,也需要政府的引导,而数字素养的提升则需要教育潜移默化的作用。在数字时代,基层文化培育尚不健全。首先,随着以互联网、大数据、人工智能等为代表的数字技术深入发展,极大推动了生产力的进步和生产关系的变革,从而加速了社会的变迁和人员的流动。随之而来的城市化进程加快和改革的深化,一方面促使农村人口大量涌入城市,农村原有的人口结构及状态受到破坏,而在其基础之上构建的社会资本逐渐缺失;另一方面,城市急剧扩张的过程产生城市社区人员复杂且缺乏共识的困境,导致难以衍生社会资本。其次,数字技术的高速发展与其科普教育推广程度不匹配,基层政府大幅度将数字技术应用于政务处理、基础监管等领域,但缺乏对数字技术的解读诠释,且数字技术应对风险主要依靠其智能传感预警平台,基层民众受数字技术科普教育推广程度限制导致数字素养欠缺,难以高效率融入协同智治过程,一定程度打击了参与热情。最后,由于基层民众"各扫门前雪"等传统思想严重且对数字理念认识不够,从而导致自主意识不强、公共精神欠佳。基层文化培育的不健全难以满足数字时代基层治理文化韧性的需求,同时极大地增加了基层治理中协同合作的难度,基层内生性治理能力无法满足整体治理的要求。

三、迈向韧性治理:数字时代基层治理主要困境的纾解路径

数字技术的深入发展及应用使得信息交互的频率和速率愈发增强,整体上加快了

基层治理的节奏，同时受治理重心下移、风险灾害异化等因素影响，基层治理的不确定性也在持续增加，在这种复杂状况之下，实现基层韧性治理需要推进数字制度建设、促进治理结构优化、强化技术双重驱动、加快社会文化培育。

（一）以构建正式与非正式制度为前提，提升制度韧性

基层治理囊括各式问题、覆盖多维层面，这种复杂特性必须依靠完善的制度作为基础来解决。数字时代韧性理念下的基层制度建设包含如下几方面内容：其一，从内容角度而言要健全制度体系，首先要加强数据流动和共享制度，保证信息通道的畅通，逐步确立数字秩序，使得项目制在实践过程中及时依靠双向数据传输得以高效完成治理目标。其次应该推进正式制度的建设，针对基层具体问题出台法规政策来划分政府、公民等不同主体的权责范围。最后要推动非正式制度的延续更新，通过数字技术跨越时空局限的优势，加强基层民众之间的沟通交流，并在此基础之上形成具有共识的规则条例。其二，从理念角度而言要强化数字技术理念嵌入制度构建过程，完善"法治-共治"理念，既要不断加强法治理念在制度建设中的地位，也要凸显共治理念在制度中的作用。共治理念是强调在发挥政府主导性作用的同时，加强各类主体的协同合作，从而高效解决问题的思维。譬如，在村居"两委"应建立涉及群众共同利益事项的多元主体参与制度，从制度设计层面构建共治思维，增添制度韧性。

（二）以调试治理主体角色为举措，提升结构韧性

治理结构作为基层治理的框架，是基层赖以践行各项制度的载体。在治理主体结构上，由于基层治理的过程是提供公共物品、涉及公共利益的过程，因此政府在其中必须发挥主导作用。同时，由于治理重心下移等因素导致治理空间的拓宽和涉及领域的拓展，仅依靠政府难以高效率实现治理目标，从而需要优化固有权力结构，通过放权、项目制外包等手段引入多元主体共同参与治理，构建协同合作、互补共赢的治理主体结构。第一，基层政府应该对信息权力分野进行考量，明晰其他多元主体信息权力的边界。同时发挥领导者、服务者的角色作用，要针对基层具体问题建立部门协调机制、设立专项资金制度、完善政策追踪系统，从而在权力视域内明晰政府职能的范围。第二，多元主体应发挥参与者的角色作用，基层民众应针对具体问题提出自己的见解，基层志愿组织应该开展政府政策调研、宣讲和实践。在物理结构上，一是要将开放创新的数字理念融入基础设施建设之中。加强整体性和创新性的结构理念，推动增强基础设施的效用，譬如，从人防系统角度出发，在建设休闲公园、地下商场等设施的同时考虑其紧急避险效用，拓宽整体功能。二是要充分发挥技术赋能的作用，提升基础设施智能化水平，如将大数据、人工智能技术应用于基层污水系统，通过大数据了解污染物的类别与主要来源，并将此与基层环境治理相关联，通过人工智能实时评估污染物是否超标，从而推进基础设施整体性的发展与智能化水平的提升。

(三) 以技术赋能治理为导向，提升技术韧性

技术韧性侧重技术在基层治理中"张弛性"，即技术与治理之间的匹配度。通过赋予技术其所谓的价值立场、价值取向，将技术应用的灵活性与精准性统一，才能使技术更具韧性。因此，应从工具性与价值性双维出发提升技术与治理的匹配度，以提升治理韧性。一是要推动整体赋能，统筹发展数字管理、数据驱动、数字协同等多个部分，构建统一的数据规范与技术标准，搭建基层跨部门综合治理平台，制定统一的数据共享机制，从而打破信息孤岛，实现整体智治。例如，在构建智慧社区平台时，将大数据、人工智能、物联网等数字技术耦合其中确保其赋能能力，同时将社区相关的教育、养老、环保等领域所有业务囊括至平台，建立跨领域、即时化的联动机制。二是要加强技术赋权，推动数字技术价值理性的建设。通过制定数据信息的适应规范与传递机制，改善信息权力不均衡的局面，提升基层多元主体获取信息参与行动的能力。例如，通过建立统一数字技术运用规范后，对基层民众、村居"两委"、基层志愿组织等多元主体进行数字技术培训，增强其数字意识，以设立数字技术治理小组的方式来平衡各个治理主体之间的数字权力，既确保自上而下的数字工具理性的实现，又能推动自下而上的数字化参与，实现价值理性，从而实现上下双向贯通的赋能与赋权，提升基层治理的技术韧性。

(四) 以增量社会资本为保障，提升文化韧性

作为韧性治理的重要组成部分，文化韧性重在依据社会资本、多元主体数字素养来提升治理效能和应对风险的能力。它主要发挥文化在基层社会中内在的激活力，进而从内往外推动政策落实、稳定基层秩序、提高治理效率等。第一，要加快培育社会资本，应在把握数字时代基层治理过程中个体原子化倾向加剧、群体多元化趋势增强、社会信息化节奏变快等特点的基础上，推进信任、普遍互惠规范和公民参与网络的建设。一则构建基层治理场域信任机制，以法律法规为强制性依据完善社会信用体系，如包括权力行使全过程负责制、政务处理终身问责制、村居"两委"信息公开制等。二则推动普遍互惠规范理念的建设，比如因地制宜制定规范化的村规民约、社区条例以提升民众参与治理的规范性；再如在村居"两委"建立互助互惠机制，记录积极参与其中的民众并给予表彰。三则健全基层民众参与制度，例如，制定社会公众参与社会治理的规则，明确其责任与义务，通过规则加以约束，防止其盲目追求个人利益。第二，要加强基层多元主体的数字素养。数字素养包含两层维度：一是知识维度，应通过发布技术应用标准、制定技术应用操作手册、加强技术知识培训等手段，提升多元主体对数字技术知识的认识水平。二是理念维度，数字技术超越了时空限制实现了信息的即时化，它倚重宽阔的线上治理空间，强调参与治理。应结合基层治理的实践，加大对数字理念的诠释，营造社会治理的参与氛围，提高基层多元主体的公共意识。

参考文献

[1]《中华人民共和国国民经济和社会发展第十四个五年规划和 2035 年远景目标纲要》[EB/OL]. (2021-03-13). http://www.gov.cn/xinwen/2021-03/13/content_5592681.htm.

[2] 陈涛,罗强强. 韧性治理:城市社区应急管理的因应与调适——基于 W 市 J 社区新冠疫情防控的个案研究[J]. 求实,2021(06):83-95+110.

[3] 盖宏伟,牛朝文. 从"刚性"到"韧性"——社区风险治理的范式嬗变及制度因应[J]. 青海社会科学,2021(06):119-127.

[4] 颜德如. 构建韧性的社区应急治理体制[J]. 行政论坛,2020,27(03):89-96.

[5] 姜晓萍,李敏. 治理韧性:新时代中国社会治理的维度与效度[J]. 行政论坛,2022,29(03):5-12.

[6] 许小玲. 韧性治理视域下农村贫困地区乡村振兴实践路径研究[J]. 理论月刊,2021,No.475(07):59-65.

[7] 周利敏. 韧性城市:风险治理及指标建构——兼论国际案例[J]. 北京行政学院学报,2016(02):13-20.

[8] 杜力. 何谓城市韧性?——对韧性城市基本概念的分析[J]. 天津行政学院学报,2022,24(03):46-56.

[9] 胡卫卫,陈建平,赵晓峰. 技术赋能何以变成技术负能?——"智能官僚主义"的生成及消解[J]. 电子政务,2021(04):58-67.

[10] 田先红. 项目化治理:城市化进程中的县域政府行为研究[J]. 政治学研究,2022(03):136-147+164.

[11] 浙江省建德市延伸运用数字化治理提升村级工程监管质效(乡村治理动态 2021 年第 10 期)[EB/OL]. (2021-07-02). http://www.hzjjs.moa.gov.cn/xczl/202107/t20210702_6370897.htm.

[12] 上海临汾路街道:党建网格+"数字驾驶舱"让社区治理更智慧[EB/OL]. (2020-09-21) http://www.gov.cn/xinwen/2020-09/21/content_5545467.htm.

[13] 曲延春. 数字政府建设中信息孤岛的成因及其治理[J]. 山东师范大学学报(社会科学版),2020,65(02):125-132.

[14] 周济南. 数字技术赋能城市社区合作治理:逻辑、困境及纾解路径[J]. 理论月刊,2021(11):50-60.

[15] 陈松,阴蕾. 新时代中国社会治理共同体构建:理论内涵、现实需求及实践路径[J]. 重庆社会科学,2020,(07):51-62.

第二部分

中国式现代化与基层治理

"烫手山芋"何以"破茧成蝶"?
——党建引领基层社会治理作用机制的案例研究

黄 珂[①]

摘要: 以长沙最大农安小区提质改造案例为对象,基于政治势能理论、协同治理理论,运用扎根理论方法,对党建引领基层社会治理的作用机制进行研究。研究发现:党建引领基层社会治理的作用机制需要构建一核多元的实现机制、多元主体的协商机制、治理行动的保障机制和治理服务的评价机制。四个机制共同耦合,由此构建出多方互动合作、利益责任契合的社会治理共同体,打造共建共治共享的基层社会治理格局。

关键词: 党建引领;基层治理;农安小区;多元协同;作用机制;扎根理论

一、引言

新时代以来,党建引领基层社会治理是推进国家治理体系和治理能力现代化进程中的重大理论与实践命题。它是以基层治理现代化为目标,通过强化党组织自身建设,将党的政治、组织等优势转化为基层社会治理效能的过程,最终实现党执政空间的拓展与基层社会治理绩效的同步提升。以习近平同志为核心的党中央高度重视推动党建引领基层社会治理的相关工作。党的十八大以来,党中央提出了"推动社会治理重心必须向基层下沉"和"推进基层治理新格局"等要求,加快了打造共建共治共享的社会治理格局的步伐。十九届四中全会提出,必须加强和创新社会治理,建设人人有责、人人尽责、人人享有的社会治理共同体,构建基层社会治理新格局。党的二十大报告在此基础上,明确坚定不移全面从严治党,深化党的建设工程,明确了建立"社会治理共同体"以"提升社会治理效能"这一战略方式和目标。一系列关于强化党建引领和基层社会治理的政策文件,坚定了党建引领基层社会治理的政治方向和政策导向。将基层党建和基层社会治理紧密衔接起来,以发挥党组织在基层社会治理中的重要作

[①]黄珂,中共湖南省委党校(湖南行政学院)妇女理论教研部研究生。

用，强化党的基层政权、提升基层社会治理绩效，是当前基层党建和基层社会治理所共同面临的重大现实议题，也是亟待学术界予以系统、深入探讨的理论命题。

近些年来，在党中央的高度重视下，党建引领基层社会治理的实践在全国迅速展开并取得了丰富的治理成果，在实践探索中形成了富有特色且卓有成效的"党建引领"模式，例如：将党建优势转化为发展优势，推动从"管理"到"服务"的武汉市汉阳区的"红色引擎工程"；构建了完善的"三级联动"工作体系的苏州市工业园区的"红色管家"项目等。这些党建引领基层社会治理的创新理念和丰富实践，提升了社会治理现代化水平。然而，我们也要清楚地认识到，随着改革的进一步深入，基层社会治理发展相对滞后的矛盾凸显。如何创新基层社会治理，积极发挥基层党建的作用，以党建引领基层社会治理，是我们当前面临的一项至关重要的课题。

本研究以政治势能理论和协同治理理论为理论基础，选取长沙最大农安小区提质改造案例作为研究对象，对其提质改造成果进行案例分析，重点围绕"党建如何引领基层社会治理"这一核心问题进行探讨。通过剖析党建引领基层社会治理的作用机制，为全国打造农安小区提质改造示范样板和长效治理示范样板，进而为探索"党建与基层社会治理有机融合"的发展道路提供一定的借鉴。

二、文献回顾及理论基础

党建引领基层社会治理是一个复合型命题，即"党建引领"＋"基层社会治理"。根据这一命题属性进行文献梳理，发现既有研究主要从"基层党建""基层社会治理""党建引领基层社会治理"三个方面进行归类梳理。

（一）文献回顾

1. 关于基层党建的研究

由于国家制度和背景的不同，国外基层治理研究中不存在"基层党组织"这一概念，鲜有政党引领基层治理的相关文献。在国外的基层治理当中，更多的是发挥政党在社会治理中的作用。在西方社会中，由于政党大多是选举型政党，其党政的基层组织较少直接干预到具体的社会治理领域，活动内容主要是通过在选区内组织俱乐部，增强该政党在选民中的基础，以此来为本党的候选者争取更多的选票，巩固其执政地位。而国内学者针对基层党建的相关研究主要集中在以下几个方面：一是基层党建的内涵意义（祝灵君，2020；邸晓星，2021）；二是基层党建的引领逻辑（布成良，2020）；三是基层党建提升引领水平的方式路径（张明超，2015；刘蔚，2019）。

2. 关于基层社会治理的研究

由于国内外的"政-社"关系、社区形态等方面的不同，国外的相关研究将视角放在社区治理上，国外关于社区治理的理论研究主要聚焦于：一是社区治理权力主导的研究（乔纳森，1998；盖茨，1999；奥伯里恩，2004）；二是关于社区治理绩效评估的研究（帕特南，2001；Anthony，2014）。另外在国外的社区治理实践中，主要形成"政府主导模式""社区自治模式"以及"政府与自治混合模式"等。总之，国外的相关研究不论在理论还是实践方面都为研究中国基层社会治理提供了一定的参考价值。

与此同时，国内学者针对基层社会治理的相关研究建立主要聚焦于以下方面：一是基层社会治理的主体参与研究（张桂荣，2018；邓泉洋，2019），同时也有学者对于多个参与主体的关系进行研究（徐宏宇，2017）；二是基层社会治理的创新模式研究，立足多种理论范式研究和案例分析研究来阐述基层治理模式的新灵感（舒晓虎 等，2013；吴晓林 等，2020）；三是基层社会治理的变迁回溯研究（范逢春，2019；梁敏玲，2022）；四是基层社会治理的比较研究（吴晓林，2017；边防 等，2018；陆军 等，2019）。

3. 关于党建引领基层社会治理的研究

作为本土化议题，党建引领基层社会治理的丰富实践推动了相关研究的发展。当前学界的研究关注点主要聚焦于三个方面：一是考察党建引领基层社会治理的内在逻辑，学者们认为党建引领基层社会治理是符合我国发展需要（周庆智，2019；吴新叶，2020）和长期以来的制度理念（孙柏瑛，2022）；二是关注党建引领基层社会治理的治理实践，许多学者立足实践考察当前党建引领基层社会治理（滕玉成，2019），并从多个理论视角考察党建引领基层社会治理的运作逻辑，据此构建党建引领的实践路径（高卫星，2021；郭祎，2022）；三是研判党建引领基层社会治理的现实问题，主要表现为权威缺失（鄢爱红，2018）、效率缺失（杨妍，2019）和行动缺失（刘厚金，2020）等问题。

因此，基于以上研究，并结合实际，笔者认为政治势能理论、协同治理理论在本案中适用程度较高，能够较好地诠释党建如何引领基层社会治理。

（二）理论基础

1. 政治势能理论

政治势能是对中国公共政策"高位推动"的学术表达，也是对发端于西方的公共政策理论的一个具有中国风格的学理性回应。相关学者发现公共政策执行领域中不同主体之间存在着势差，并把由这种势差产生的动态能量定义为"政治势能"，即公共政策发文的不同位阶中包含的政治信号，而位阶就是政治势能强弱的重要标志之一，政治势能会影响政策执行的效率和效果，政治势能越强，政策执行的推进越快，效果越好。而"党建引领"作为统合多元力量的最核心要素，为治理共同体的构建储备了政治势能，既具有较强的纵向渗透力，又具有较好的横向聚合力，在新时代社会治理的实践中彰显出最富生命力的实践力量。新时代下的党建引领，被置于国家治理现代化总体战略"红色引擎"的位置，其作用主要通过"中国共产党的领导—聚焦政治势能—中国特色社会主义制度—治理效能"的方式得以激发。党政同责、党政一体的机制设置又确保了党和政府的同心同德，共同为社会治理把脉定向。

2. 协同治理理论

1971年，德国著名物理学家哈肯在其发表的《协同学：一门协作的科学》一书中首次提出协同学及协同的概念。他认为，协同是某一系统的众多子系统间交互合作形成的联合作用。协同治理是指处于同一治理网络中的多元主体间通过协调合作，形成彼此啮合、相互依存、共同行动、共担风险的局面，产生有序的治理结构，以促进公共利益的实现。协同治理既包含合作治理之义，又不仅限于简单合作，是在治理理论的基础上强调合作治理的协同性，其内涵包括：（1）多维性，是指协同治理需要多元主体在治理过程中积极参与、有效沟通、信息共享、合作协商，从而形成积极互动、多维协作的治理局面，进一步营造相互制约、相互合作的良性互动氛围；（2）一致性，是指主体间合作的共同利益与共同目标的一致性，以及集体行动的一致性。只有多元治理主体间在共同利益和共同目标的基础上，积极配合、一致行动，才能有效整合治理资源，充分发挥多方优势，实现"良好的治理"；（3）动态性，是指主体根据治理过程中主体间合作的不确定性和随机性所作出的动态性回应。协同治理是一个长期的治理过程，治理语境下，组织边界与权责关系模糊，合作治理过程中的不确定性和随机性增强，各治理主体唯有积极、灵活、适时地调整行为，方能保证治理目标的实现；（4）有序性，是指合作主体行为的有序性，以及主体间关系的有序性。有序性是防止治理体系碎片化、无序化、重复建设和资源内耗的必要保证；（5）有效性，是指实现井然有序的宏观治理结构，以及整体治理功能的放大，即保持和实现良好的社会秩序。

三、研究设计

（一）研究方法

施特劳斯和格拉泽在1967年出版的《扎根理论的发现：质性研究策略》中首次提出了扎根理论的研究方法。近年来，扎根理论在质性研究中的优势逐渐被学界所认可，能够在没有相关理论预期的情况下，从最原始的材料、数据中提取和发掘理论，一定程度上克服了传统质性研究和量化研究之间深度不足、效度不高、质性研究中程度匮乏等方面的问题，相比较于其他研究模式中材料收集方式，扎根理论对于资料的收集与数据处理方面较为宽松，能够从观察记录、调研记录、访谈材料等多种文本材料中提炼，通过对原始数据材料的阅读、概括和精炼，对材料进行了统一编码，并将编码进行了开放式编码、主轴编码和选择性范畴编码的分类。既有的研究对于扎根理论的适用性也进行了探讨和分析，认为扎根理论在因果识别、过程解读、复杂逻辑关系链条与新生事物因素的探索方面具有较好的适用性，而这一特点与本文在研究党建引领基层社会治理的作用机制角度具有高度的匹配性。本文使用Nvivo12软件对案例文本资料进行整理、编码和分析，在对农安小区提质改造项目要素进行识别的基础上，分析各要素所属范畴及范畴间情境脉络，构建党建引领基层社会治理的实践逻辑和运作机制。

（二）案例选择

本研究采用启示性的案例研究方法，选取湖南省长沙市望城区白沙洲街道东马佳园小区作为案例样本，探讨该小区在提质改造过程中党建引领基层社会治理的经验做法，主要基于以下三点理由：

1. 遵循理论抽样原则

党建引领是当前理论与实践的重要议题，党建引领被定义为"以政党为完成自身的使命而进行领导国家、社会和提高自身生机和活力的理论和实践活动，发挥政党独特的带领、引导作用。"本文选取东马佳园小区提质改造项目为案例样本，从党建引领基层社会治理实践中探讨其作用机制，有利于拓展党建引领的研究对象范围和相关理论内容。

2. 采取典型案例选择策略

典型案例策略聚焦某一案例并解释了一种稳定的、跨案例的一般关系，适用于单案例研究。典型案例能够更好地探索某一现象在一般案例中的因果机制。东马佳园小区提质改造案例中的拆违难度和党建引领表现均具有典型性，可以通过对东马佳园小区提质改造过程的复盘揭示党建引领基层社会治理的作用机制。在拆违难度方面，东马佳园小区具有望城区农安小区中最先建设、最大规模、最低档次等典型特征。长沙市望城区白沙洲街道东马佳园小区是集区域交叉、政策交叉、人口属性驳杂于一体的农安小区，自1992年起，便成为望城区"脏乱差"的代表小区。2011年6月，撤销湖南省望城县设立长沙市望城区，东马重建地就是承接来自四面八方的、最早拆迁的农民安置小区；此外，由于历经多个拆迁政策和拆迁主体，历史遗留问题十分突出，这导致了占地面积600亩、建房2500余缝、安置拆迁人口达5000余人、外来流入人口约2万人、学校（幼儿园）5所、农贸市场1个以及商业门店近200家的东马重建地成了街道乃至全区的"火药桶""烫手山芋"，素有"东马重建地稳、马桥河村则安、白沙洲才好"的说法。在党建引领表现方面，样本案例的拆违成果也具有典型性。根据新华社新媒体中心与《环球时报》的相关报道，东马佳园小区拆迁速度、质量、反馈突出，提质改造综合效果良好，"蝶变"背后的党建引领机制为全国打造了农安小区提质改造示范样板和长效治理示范样板。

3. 兼顾理论目标与案例实践的适配性原则

东马佳园小区在拆违过程中具有快速的响应能力，很大程度上得益于其以党建为核心的领导体系、多元参与的协同体系以及职能分明的权责体系等。本研究团队在访谈过程中了解到,"4·29"自建房倒塌事故的发生给拆违行动打上了一剂加强针,在长沙市望城区自建房安全整治"百日攻坚"专项活动的开展下,白沙洲街道在历时不足一月内,完成463户违建拆除,总计拆除各类棚屋650余处,面积约为25300平方米,清理各类围栏约5200米,清除各类菜地约9200平方米。快速响应取决于强有力的领导体系和高效的治理能力,这与本研究的理论目标存在一致性。

(三)数据来源

数据收集过程中,本研究主要采用一手访谈数据为主、二手数据为辅的数据收集方法,这些数据为研究团队进行案例分析提供了有益的思路,也为案例的理论部分提供了有力支撑。

2022年10—12月间,笔者通过对东马佳园小区的实地调研,掌握了小区提质改造成果并获取了相关研究素材,包括访谈记录、政府政策文件、小区内部管理条例和会议记录等。调研过程采取参与式观察、半结构化访谈、非正式交流等,访谈对象涵盖了街道主任、街道党工委书记、街道办事处副主任、街道武装部长、村第一书记、村党总支书记、村党总支副书记、村民政主任、小区党员干部、小区业委会主任以及小区居民等,每次访谈时间为半小时到两小时不等,访谈详情见表1。

表1 访谈人员信息表

序号	访谈编号	访谈对象	访谈对象身份
1	B01	SO	街道主任
2	B02	ZH	街道党工委书记
3	B03	HHJ	街道办事处副主任
4	B04	LXZ	街道武装部长
5	M01	WD	村第一书记
6	M02	ZDY	村党总支书记
7	M03	LYF	村党总支副书记
8	M04	WS	村民政主任
9	D01	ZX	小区党员干部
10	D02	XJ	小区党员干部
11	D03	LZP	小区党员
12	D04	ZZW	小区业委会主任
13	D05	Z	小区居民
14	D06	L	小区居民
15	D07	Z	小区居民

首先,笔者作为调研人员通过参与观察案例项目的书记工程汇报会以及业主委员会,获取了农安小区提质改造的一手资料以及相关的内部材料。同时,为了丰富资料来源,本研究对案例项目的相关负责人进行深度访谈,主要目的在于提取东马佳园小区提质改造过程中的关键问题与应对方式。然后,笔者对在农安小区提质改造项目中涉及的直接工作人员进行了重点访谈,了解相关部门对案例项目的态度与作为。再后,笔者还与案例项目的相关利益人员代表进行了多次深入的沟通交流,如小区党员干部、小区业委会成员、小区居民等,在与这些相关人员的非正式交流中,大多都涉及对小区提质改造的看法、评价等,这些信息数据的获得都对访谈得到的证据起到了较好的佐证作用,一定程度上提高了本研究的信度。

此外,为确保单案例研究的科学性和有效性,二手资料也是本研究重要研究数据来源。笔者从2022年9月起持续关注省、市各级政府官方网站及新闻媒体报道,搜集相关的政策文本及官方报道,为分析农安小区提质改造实践中的治理机制和运作逻辑提供了很好的材料补充。

综上,案例研究资料的来源遵循了"三角验证"原则,提高了研究的信度和效度。

4. 研究过程

扎根理论是对原始资料进行概念化、范畴化和理论化的过程,本研究过程的具体操作步骤如下:第一,确定研究问题。明确所研究问题的主体定位和相关主体之间的逻辑关系,为材料的收集做好准备。第二,根据所研究的问题,确定材料来源并进行数据收集。第三,对原始数据进行分析和提炼,形成开放式编码、主轴编码和核心编码等三级编码,形成基本概念。第四,对所得出的理论进行理论抽样与理论的饱和度检验,即当资料文本不能归纳或抽象出新的概念或范畴时,则被认为达到理论饱和。最后构建理论,并对形成的理论进行探讨分析,形成研究结论(如图1所示)。

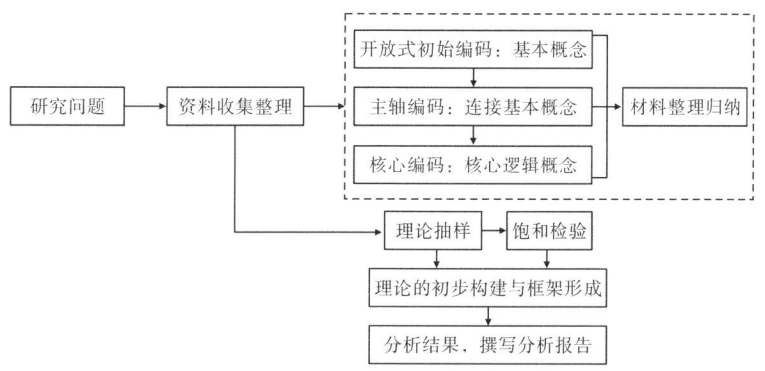

图1 扎根理论分析的一般步骤

五、案例复盘

长沙市望城区白沙洲街道东马佳园小区是集区域交叉、政策交叉、人口属性驳杂于一体的农安小区,自 1992 年起,便成为望城区"脏乱差"的代表小区。

"4·29"自建房倒塌事故给小区居民敲响了警钟,望城区出台了《长沙市望城区居民自建房大排查大整治工作实施方案》,白沙洲街道依据政策文件,打造"白水鉴心·聚沙成洲"党建品牌,坚持党建领航农安小区治理,秉持共建共治共享理念,借鉴重点征拆项目攻坚经验,实施"四同共治"工作法,高效率推进提质改造,高品质改善小区环境,高品位提升群众素养,努力实现以"脏乱差"闻名的城中村向"安居民富人和"的新家园蝶变。

在这期间,街道党工委结合当地居民,为东马佳园小区赋予"圆圆"的拟人化形象,以党员干部为先锋,积极动员党员群众,以求带动其余小区居民,形成阶梯性拆违队伍,为拆违工作高效高质夯实基础。马桥村村委会积极探索,发动退休村委干部、村创业代表等居民群众,成立业主委员会、商户创业促进会、片区联建互助会等组织,参与小区提质改造与社会治理行动,为东马佳园蝶变之旅提供强大动力。

白沙洲街道在历时不足一月内,完成 463 户违建拆除,总计拆除各类棚屋 650 余处,面积约为 25300 平方米,清理各类围栏约 5200 米,清除各类菜地约 9200 平方米。因拆迁速度、质量、反馈突出,被新华社新媒体中心以《老旧小区蝶变 居民生活更幸福》进行登刊报道,同期《环球时报》以《从"安居"到"乐居"——老旧小区展新颜 百姓住得更舒心》收录了东马佳园蝶变之旅的案例,向全国打造成农安小区提质改造示范样板和长效治理示范样板。

六、案例资料的扎根理论译码分析

本文对于全国医养结合服务实践逻辑的扎根理论研究,参照了传统的理论框架和既有研究的做法,在借鉴施特劳斯和格拉泽所提出的经典扎根理论分析框架基础上,从开放式编码、主轴编码、主要范畴的关系结构及理论的饱和度检验等四个角度展开分析。在分析过程中严格依据扎根理论的研究范式,对所有的原始材料进行充分的研读和提取。在经过对初始编码的首次分解后,原始材料被分成多个层级的不同代码,主轴编码则是将分散开的数据进行整合归纳,探寻其内在的逻辑关系。在完成上述两个步骤后,通过选择性编码来回顾研究故事的主线,梳理和发现其核心范畴,在其核心的范畴内建立联系,通过资料与现有的理论互动来进一步把握各个范畴及相互关系,最终发展出一个新的理论。

(一)开放式编码

开放式编码采取开放性思维,对原始资料分解、缩编、凝练,对有价值的信息逐句贴标签,从而对资料内容概念化、范畴化。本研究的开放式编码过程是围绕"党建引领基层社会治理作用机制"为核心,反复阅读收集到的原始资料,在理解分析涉文本内容的基础上，对其进行概念化，并通过剔除重复项、合并同义项，共得到 37 个初始概念，对其进行归类化处理，获得 12 个初始范畴，具体如表 2 所示。

表 2　开放式编码示例

原始语句	初始概念	初始范畴
2021 年，湖南省住房和城乡建设厅等四部门在《关于加强城市住宅小区协同治理的指导意见》（湘建房〔2021〕231 号）中指出要发挥基层党组织战斗堡垒作用和党员先锋模范作用。	国家要求发挥基层党组织独特作用	带头表率先锋示范 以点带面
"我看，这事可能还得有个带头的。群众工作咱们做的不是一天两天了，可是大家都在观望。如果咱们要是能树立起带头示范作用，慢慢地带动周边群众，我觉得这样我们能更好发动群众接受咱们的拆违。"	由党员带头拆违	
由在职领导，带领党员干部，一名党员干部联结 5-6 户村民群众楼栋长，5-6 户楼栋长联结各自楼栋的群众，形成阶梯式拆违小组。	党员联合群众形成拆违小组	
2022 年，中共长沙市望城区委办公室在《长沙市望城区全面加强小区治理实施方案》（望办〔2022〕2 号）中指出，健全多方参与的小区议事协调机制，协调调解矛盾纠纷。	党委要求健全小区议事协调机制	搭建沟通平台 交流互通 积极劝导
"当我们去做工作的时候，村民干部这个身份有时候还不好开展。反而，若是那些在咱们小区里有一些名望的人上门做相关思想工作，他们很有可能就能够积极配合我们，达到拆除违建棚屋的目的。不如趁现在，联合小区的名望人士，我们成立个由小区居民担任的委员会怎么样？"	干部身份不好开展工作，联合部分小区代表，成立委员会以便对居民进行开导劝说	
这次方案也向各党员小组提出要求，要求各小组，要用真情实感，同东马重建地群众多沟通、多交流，对不允许出现强拆、强推等恶性事件，一经发现，立即从严、从重处理。	在拆违过程中，工作人员要与群众多交流沟通	
白沙洲街道针对此次 2 号党员小组事件召开会议，总结经验，提出相应对策。同时，安排相关主要领导多次前往张某家中进行劝导，以求取得相应进展。	对持反对意见的群众，工作人员要多沟通劝导	

注：共 37 个初始概念、12 个初始范畴，此表仅为部分原始语句的开放性编码。

（二）主轴编码

主轴编码是从经验描述到概念分析的过渡阶段，是一种把数据再次恢复为连贯整体的策略，此部分对开放性编码得到的12个范畴进一步提炼、调整、归类、合并，挖掘各范畴间的联系和潜在逻辑关系，从而提取出统领其他范畴的主范畴。本文共形成9个副范畴，4个主范畴，具体如表3所示。

表3　主轴编码结果表

初始范畴	主范畴	副范畴
带头表率、先锋示范、以点带面	一核多元的实现机制	党建引领、多元参与
交流互通、积极劝导、搭建沟通平台	多元主体的协商机制	信息交流、行动沟通、信任构建
资金资助、场地提供、安全防范	治理行动的保障机制	保障措施、扶持体系
治理进程、方式方法选用、目标达成状况	治理服务的评价机制	监督、评价

（三）选择性编码

选择性编码是指选择核心范畴，将其和其他范畴系统地建立联系，验证其相互间关系，把尚未发展完备的范畴补充完整，并以"故事线"的形式将支离破碎的概念重新聚拢在一起的过程。结合以上范畴间的关系和编码分析过程，本文将"党建引领基层社会治理的作用机制"确定为核心范畴，故事线梳理如下：在一核多元的实现机制、多元主体的协商机制、治理行动的保障机制、治理服务的评价机制的共同耦合下，党建引领东马佳园小区提质改造项目取得了重大成效。在此基础上，构建党建引领基层社会治理作用机制的分析框架，如图2所示。

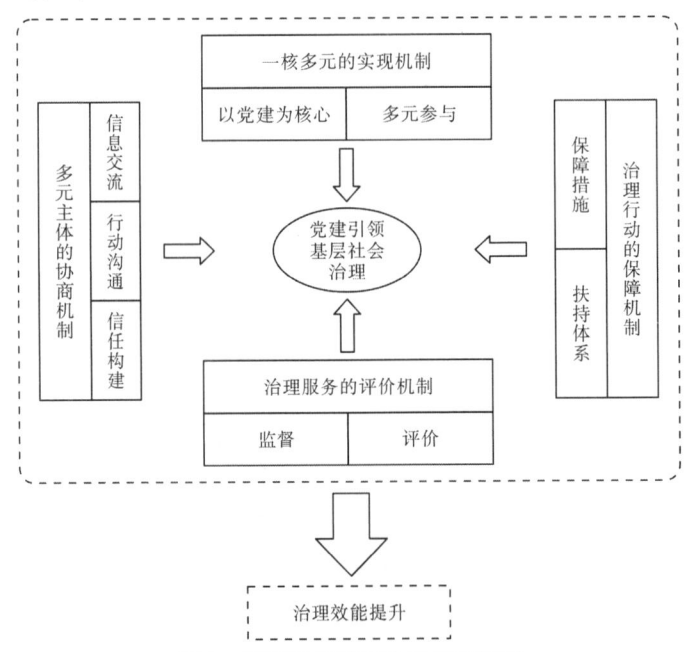

图2　党建引领基层治理作用机制

(四) 饱和度检验

为了检验上述研究中所得出结论的稳健性,在借鉴既有的研究基础上,本文通过其他方式重新获取了相关材料,包括其他地方特色实践案例、互联网新闻资料、现有的文献研究资料等,在这些类别中随机抽取样本,分别按照扎根理论的开放性编码、主轴编码和选择性编码展开稳健性检验。经过研究和对比后发现,这些材料的随机样本中未再涌现新的概念、范畴及关系,由此认为党建引领基层社会治理的作用机制已经达到理论饱和。

七、案例分析与发现

根据主轴编码结果可知,在东马佳园小区提质改造过程中,党建引领基层社会治理主要通过四个机制得以实现:一核多元的实现机制、多元主体的协商机制、治理行动的保障机制、治理服务的评价机制,如图3至图6所示。

(一) 一核多元的实现机制

"一核多元"作用发挥的实现机制主要指探究以党建为核心的领导体系、多元参与的协同体系、职能分明的权责体系共同构建从而发挥"一核多元"的作用。"一核多元"其中的"核",指的是小区党支部,"多元"指的是业主委员会、商户促进会、片区联建互动会、网格管理员等其他主体。东马佳园小区从业委会上吸取经验,健全小区党支部,然后协同"红色业委会",贯彻先富带后富理念,搭建对口帮扶桥梁。

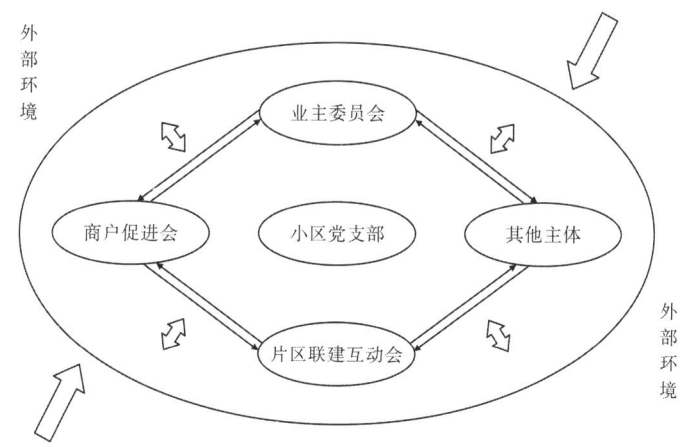

图 3 一核多元的实现机制

党的强大的动员能力和组织能力通过高位推动打破庞大的官僚体系的惰性,对政府形成较强的管理和监控能力,通过"党建引领"形成治理的政治势能,再加上"一把手亲自抓、职能部门负责人具体抓、相关部门合力抓"的较强执行层,从而形成小区党支部主导,业主委员会、商户促进会、片区联建互动会、网格员协同治理的治理机制,最终保证拆违工作的顺利开展。

（二）多元主体的协商机制

社会主义协商民主是中国共产党领导下，人民内部各方面围绕改革发展重大问题和涉及群众切身利益的实际问题，在决策之前和决策实施之中开展广泛协商，努力形成共识的重要民主形式。为了更好解决人民群众的实际困难，及时化解矛盾纠纷，促进社会和谐稳定，作为综合性协商的基层协商不可或缺。在基层开展协商，至关重要的是建立多元主体交流互通的协商机制，这是侧重于"一核多元"体系下各个主体间在信息交流、行动沟通、信任构建等方面的机制构建，从而推进主体联动，破除行动壁垒，形成治理合力。

在东马佳园小区提质改造工作中，党政群共商共治，积极搭建小区协商议事平台，运用"周末议事""民情恳谈会"等议事方式，引导小区党支部、业主委员会、居民等多方有序参与小区提质改造建设协商，如协商确定改造后小区的管理模式、管理规约及业主议事规则等重大事项，推进小区协商议事制度化，促进小区自治管理与多元主体共治有效衔接、协同治理。

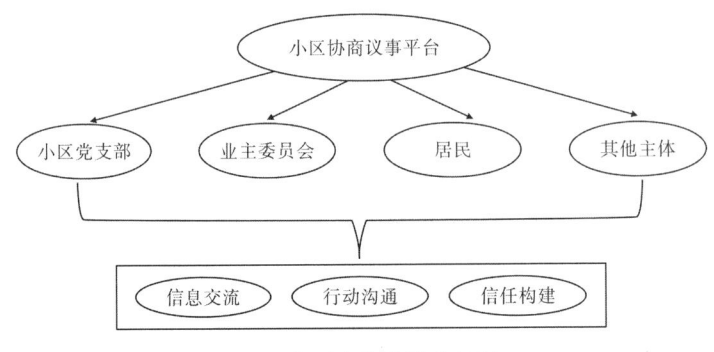

图 4　多元主体的协商机制

（三）治理行动的保障机制

治理行动持续推进的保障机制，注重对于各类保障举措的关注，强调党建引领基层社会治理中的组织保障、人员保障、资金保障、安全保障、法治保障和技术保障等。要求建立健全社区居民参与社会治理的扶持体系和发展激励机制，在资金资助、场地、资源、人才、待遇等方面出台扶持办法。

在提质改造项目中，加大了对以业主委员会为首的居民自治平台的人员、资金、安全等方面的保障扶持力度。例如，拆违工作汲取"4·29"自建房倒塌事故教训，从传统的风险应对为主，转向积极主动的风险监测，紧紧围绕党委领导和政府主导，提前筹划部署，将风险隐患化解在一线、解决在早期、处置在基层。鼓励居民成为风险应对的"先遣队"，建设"人人有责、人人尽责、人人享有"的社会治理共同体，为治理行动提供了安全保障。

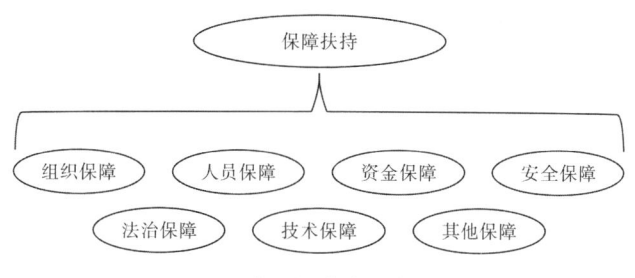

图 5 治理行动的保障机制

（四）治理服务的评价机制

治理服务绩效提升的评价机制，这部分将作为持续推进党建引领、释放主体活力、强化目标导向的综合提升机制，以治理服务绩效作为评价主维度来进一步细化行动任务、明确职能定位。社会治理转型是向高质量与高效率进行转变，在转型的动态进程中，社区治理必然会出现各种问题。因此，需要构建相应的监督与评价机制，监督与评价机制也需要成为一种额外的保障性机制，保障各项治理活动能够在合理、合法的状态下进行。

东马佳园小区提质改造过程中，居民成为社区治理的监督与评价主体，引导居民有序参与小区重大事项的全过程监督以及社区治理问题的评价工作。通过对治理进程、方式方法选用的实际有效性、预期目标达成状况等进行评价，居民对小区社区治理事宜有更加清晰的了解，而通过有效监督、不断发现和解决问题，社区治理相关活动和工作也能够在更良好的状态下进行，这也有利于提升社区治理效能和水平。

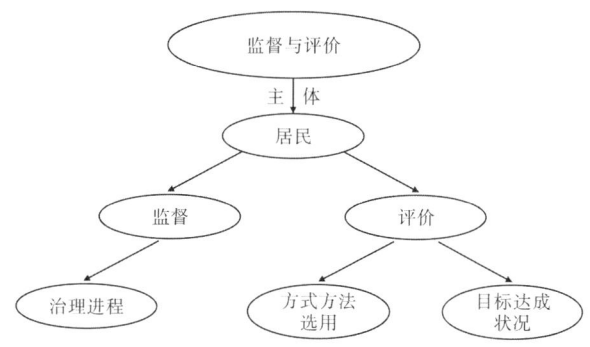

图 6 治理服务的评价机制

八、结论与讨论

党的十九届四中全会通过的《中共中央关于坚持和完善中国特色社会主义制度、推进国家治理体系和治理能力现代化若干重大问题的决定》提出，要推动社会治理和服务重心向基层下移，把更多资源下沉到基层，更好提供精准化、精细化服务。近年来，党中央对社区治理的重视程度大大提高，其根本原因在于中国特色社会主义进入了新时代，人民群众对美好生活的向往日益迫切，解决新时代的社会主要矛盾和推动国家治理现代化内在要求夯实基层社区这个基础。我们必须在思想上十分明确：其一，要提高党建引领社区治理的政治站位，确保党建在社区治理中的"引领"地位和发挥领导作用。其二，要确保党建引领社区治理的实践成效，不断满足人民群众对美好生活的向往和需要，增强群众获得感、幸福感和安全感。习近平总书记反复强调的"精准化、精细化服务"就是对人民群众美好生活需要的及时回应，但付诸实践则需要科学研判、战略规划与专业实施。

本研究以湖南省长沙市望城区白沙洲街道东马佳园小区提质改造项目为案例，采用扎根理论和单案例的定性研究方法，围绕党建如何引领基层社会治理问题，通过对案例资料三级编码，提炼出四种党建引领基层社会治理的作用机制，并对每种机制生成与运行机理展开了探索。研究发现，党建引领基层社会治理通过一核多元的实现机制、多元主体的协商机制、治理行动的保障机制、治理服务的评价机制的共同作用有效地促进了治理效能的提升。一是一核多元的实现机制。本质就是坚持社会治理"一盘棋"，将机关企事业单位和公职人员作为资源力量纳入小区治理，实现人员下沉、资源聚集。依靠一核多元的机制来发挥党建的政治势能作用，坚持以党建为核心的领导体系、多元参与的协同体系、职能分明的权责体系的构建，最终达到居民自治的"善治"局面。二是多元主体的协商机制。侧重于"一核多元"体系下各个主体间在信息交流、行动沟通、信任构建等方面的机制构建，从而推进主体联动，协同增效的治理格局，进而提高治理效能。三是治理行动的保障机制。强调党建引领基层社会治理中的组织保障、人员保障、资金保障、安全保障、法治保障和技术保障等。四是治理服务的评价机制。作为持续推进党建引领、释放主体活力、强化目标导向的综合提升机制，需要构建相应的监督与评价机制。四种机制有机组合共同促进了党建引领基层社会治理的生成和实现。

作为本土化议题，党建引领基层社会治理的实践和理论都在不断地发展之中，具有广阔的应用前景和研究空间。本文对其作用机制进行了探讨，整个过程遵循案例研究、三角测量等方法，尽可能确保相关结论的信度和效度，但仍存在以下局限性：在收集数据的过程中虽注重资料的客观性和思考性，但难免受到二手数据信效度、时效性，以及一手数据数量的局限。未来将继续遵循基于"扎根精神"的中国本土管理理论构建范式，对更多相关主体展开深度情境式访谈，对党建引领基层社会治理的作用机制进行检验。本文主要以应对农安小区提质改造为例探讨党建引领基层社会治理的作用机制，而对其他基层社会治理，如应对重大突发公共事件而言，党建引领同样重要，但本文的研究结论能否推广至这些事件仍需商榷。因此，未来研究可从更多视角、更多事件来全方位探讨党建如何引领基层社会治理，以进一步提升作用机制的普适性意义。

参考文献

[1] 张慧. 新时代党建引领基层社会治理研究[D]. 东北师范大学, 2023. DOI：10.27011/d.cnki.gdbsu.2022.000704.

[2] 王佃利, 孙妍. 基层社会治理共同体与城市街道的"嵌入式"改革——以青岛市街道办改革为例[J]. 公共管理与政策评论, 2020, 9（05）：47-57.

[3] 徐洪兰. 用红色渲染基层社会治理最靓底色[J]. 人民论坛, 2017（S1）：14-15. DOI：10.16619/j.cnki.rmlt.2017.s1.003.

[4] 张晨, 刘育宛. "红色管家"何以管用？——基层治理创新"内卷化"的破解之道[J]. 公共行政评论, 2021, 14（01）：2-22+217-218.

[5] 周敬青, 吴海红. 中外政党基层组织的功能定位[J]. 上海党史与党建, 2009（03）：26-28.

[6] 张宁, 才国伟. 国有资本投资运营公司双向治理路径研究——基于沪深两地治理实践的探索性扎根理论分析[J]. 管理世界, 2021, 37（01）：108-127+8. DOI：10.19744/j.cnki.11-1235/f.2021.0008.

[7] 熊烨. 我国地方政策转移中的政策"再建构"研究——基于江苏省一个地级市河长制转移的扎根理论分析[J]. 公共管理学报, 2019, 16（03）：131-144+174-175. DOI：10.16149/j.cnki.23-1523.20190701.001.

[8] 高鹏, 杨翠迎. 我国医养结合服务模式实践逻辑与协同路径分析：基于"全国医养结合典型案例"的扎根理论研究[J]. 兰州学刊, 2022（08）：135-148.

[9] 潘博. 党建引领城市基层社会治理的运作逻辑与实践路径研究[D]. 吉林大学, 2021. DOI：10.27162/d.cnki.gjlin.2020.007273.

[10] 陈姣娥. 基于扎根理论的网民公共政策态度形成研究[J]. 公共管理学报, 2010, 7（03）：89-94, 127.

[11] 周文辉. 知识服务、价值共创与创新绩效——基于扎根理论的多案例研究[J]. 科学学研究, 2015, 33（04）：567-573+626. DOI：10.16192/j.cnki.1003-2053.2015.04.011.

[12] 贾哲敏. 扎根理论在公共管理研究中的应用：方法与实践[J]. 中国行政管理, 2015（03）：90-95.

[13] 毛基业. 运用结构化的数据分析方法做严谨的质性研究——中国企业管理案例与质性研究论坛（2019）综述[J]. 管理世界, 2020, 36（03）：221-227. DOI：10.19744/j.cnki.11-1235/f.2020.0043.

[14] 田剑, 董颖. 基于扎根理论的新零售企业商业模式创新演化机制研究——以盒马为例[J]. 管理案例研究与评论, 2020, 13（06）：688-699.

[15] 封铁英, 南妍. 医养结合养老模式实践逻辑与路径再选择——基于全国养老服务业典型案例的分析[J]. 公共管理学报, 2020, 17（03）：113-125+173. DOI：10.16149/j.cnki.23-1523.2020.03.002.

[16] 李建涛, 王思琦, 张利宏. 信息化赋能：紧密型县域医共体流程优化机制研究[J]. 管理案例研究与评论, 2022, 15（04）：359-370.

基层减负的问题审视与悖论生成
——基于近年来基层治理实践的考察

冯 源[①]

摘要： 结合行政发包制这一解读中国府际关系的经典中观理论研究发现：委托方目标设定权的上收，形塑了基层治理事务泛政治任务化与治理方式的过程管理指向，各类治理任务与程序要求日趋繁重严苛，直接构成基层工作增量；管理方持续向下加压，在给基层干部带来巨大精神压力的同时，由于权责失衡与监督失范现象长期存在，基层始终处于一种超负荷运转局面，导致形式主义应对方式的蔓延，构成了当前基层负担的重要来源；代理方"主动加码"逻辑与治理规则统一性的同时强化，进一步引发治理压力的持续膨胀，由此加剧基层治理疲态。

关键词： 基层减负；治理转型；基层治理；形式主义

一、问题的提出

以 2019 年"基层减负年"的确立为肇始，轰轰烈烈的减负进程在全国范围内拉开帷幕。各级政府进行了一系列政策创新与治理实践，基层政府负担在一定程度上得到缓解。但从整体上看，基层减负成效远未及预期，离中央要求、基层期盼还有不小差距。2023 年 6 月 15 日，中央层面整治形式主义为基层减负专项工作机制会议进一步强调："要将整治形式主义为基层减负作为学习贯彻习近平新时代中国特色社会主义思想主题教育的重要内容……不断夯实减负工作基础"，反映出基层减负治理仍须深化拓展、常抓不懈。笔者的问题在于：基层负担过重作为全国各地普遍的治理现象，为什么在备受中央关注的新时期，历时四年综合整治却收效甚微，甚至是遭遇了"越减越负"的现实悖论？本意于"减负增能"的部分治理尝试，为何会被异化为"增负减能"的实际过程，从而使基层陷入新的困境？诚然，将这一问题简单归咎于宏大体制，抑

[①] 冯源，中共湘潭市委党校（湘潭行政学院）公共管理教研部副主任、讲师，硕士，主要研究方向：政府绩效与当代地方政府治理。

或部分干部作风问题的解释未免过于粗糙。我们必须回到国家治理转型的宏大背景与基层治理实践的一线场景的交互之中，尝试探寻基层减负悖论的生成机理与演进逻辑。

二、基层负担的现实表征

在绝大多数的现有文献中，基层负担往往一开始就被预设为不合理的基层工作任务，一些基础性、前提性的问题却很少被提及，比如，基层负担从何而来，何以发生？本职工作算不算负担？立足于当前基层政府实质性职责扩张的现实，减负到底"减"什么？

要回答好上述问题，就必然需要对我们的核心概念予以明确。所谓基层负担，是指基层干部在基层治理中所承受的工作负担，它因岗位职责而产生，本无褒贬之分，但在"减负"的语境下，指向某种超负荷的工作任务与压力。因而如何厘清本职工作和过度负担的边界，是我们展开深层次理论探讨的关键。

一般而言，我们可以从以下三个维度来判断基层负担是否过度：一是时间维度，即工作时间是否过长、时间结构是否合理；二是心理维度，即基层工作人员所感受到的精神压力或思想负担是否超出其心理承受范围；三是匹配关系维度，即工作要求与资源支持是否匹配。

基于以上三种观点，结合笔者的基层田野调研观察来看，本文认为，在常态情况下，本职工作和过度负担的边界，可以依据程序和效能两个原则来厘清。第一，程序层面的权责匹配原则，即基层工作任务需要与其所掌握的权力与资源相匹配。不符合这个原则的工作任务，则会增加基层负担。第二，效能层面的形实相符原则，即完备规范的工作形式要符合实质性工作内容，并最终为提升基层治理效能服务。如果工作形式的规范化能增强基层治理的有效性，那么这类工作形式是必要的，且不会给基层带来严重的负担，并可能增加基层干部的成就感。相反，如果只是一味追求形式上的完备，而忽视实际问题的解决，哪怕花费的时间、精力并不多，也会令基层干部倍感倦怠，从而造成过度的基层负担。

基于此，我们可以将当前基层负担的现实表征提炼为如下两点：

一方面，工作压力持续过载。一是事务性工作繁复。当前基层工作可谓是"全年无休"，除了要完成各项任务指标，台账清理、数据填报、材料撰写、活动安排、沟通磨合等事务性工作也更为繁复。除此之外，对于上级交派的临时事项，即使未配备专项经费与人员支持，基层也需要全力以赴完成，如此一来，使本就匮乏的基层资源更为紧张，本该积极履行的公共服务性事务反而常常无暇顾及。二是权小责重。我们在调研中发现，基层承担了大量超出其职责范畴、本应由上级完成或承担主责的工作任务。比如，治安维稳、违建清理、环境整治等工作，根据相关规定，基层仅承担协助责任，现在却往往摇身一变，成了主责任人。更甚者，上级职能部门还将一些专业性很强或需要相应执法权力支撑的工作任务下派给基层，比如危房鉴定、食品安全等，由于不具备专业人才、检查设备与执法权力，基层有心无力，根本负不了责。三是问责压力巨大。作为国家行政权力的末梢，千头万绪的工作任务最终都落在基层。所谓"上面千把刀、下面一颗头"，在严厉的问责压力下，基层干部对哪一项工作都不敢马虎。访谈中，不少基层干部反映，尽管中央明确强调要"严格控制'一票否决'事项"，但实际上，一些工作即使不列在"一票否决"清单上，也是执行同样的标准。"只要有一项没做好，无论其他工作做得多好，一年都白干了。"稍有闪失便前功尽弃，动辄得咎的问责令基层干部身心俱疲。

另一方面，无效劳动有增无减。所谓无效劳动，就是忙于形式主义的劳动。一是痕迹主义严重。痕迹管理作为科层制中证实工作成效的一种工作方法，本意是通过文字、图片等可视化载体，呈现决策部署落实情况，最终实现治理实绩。科学适度的痕迹管理可以促进基层治理提质增效，但现在几乎所有工作都要求有完整规范的佐证材料，"现在什么事都要拍照留档，把照拍了，资料存档了，事情到底做得怎么样，反倒没什么人关心了"。过度留痕的工作要求，上级部门以"迹"为"绩"的考评倾向，给基层徒增不少负担。二是忙于落实"指尖上的形式主义"。随着数字治理改革的推进，一些衍生出的负面问题也在不断冲击着基层对于数智赋能的理论期望。各级党政机关APP、公众号、微信群五花八门，打卡、发朋友圈、截图上报等要求层出不穷，不仅挤占了基层大量工作时间，也无益于公共服务品质的提升。许多干部感叹微信群几乎成了"秀场"，"干得好不如晒得好"。一位社区工作人员说："有时候APP下载任务完不成了，我们就请辖区的居民帮忙，他们不理解，甚至有些反感，我们自己也觉得无奈。"本应是提升工作效率的数字治理工具，反而大幅增加了基层负担，困住了干部手脚。三是忙于应对低效的会议、调研和检查。访谈中，很多基层干部告诉笔者，开会、陪同调研、迎检等工作，这些低效率，甚至完全是重复劳动的任务，极大地挤占了他们直接与群众接触的时间。一位基层干部说："以前我白天就去分管的片区转悠，和老百姓拉家常，了解情况，现在的时间被大会小会，各种形式的督查检查，大幅增加的各级调研给占满了，大家都很累，但和老百姓距离，远了。"

概而言之，这些基层负担的现实表征表明：尽管基层减负已走过四个年头，但成效不彰，甚至是"越减越负"。这也成为目前学界与业界对减负治理的基本共识。那么，如何理解这种基层减负悖论呢？

三、行政发包制下基层减负悖论的生成逻辑

（一）委托方目标设定权上收与基层治理要求过载

为契合治理现代化转型的基本目标，近年来中央政府试图通过集中行政权，普遍

强化对基层的控制。行政权的集中首先表现为目标设定权的集中。目标设定权是委托方为下属设定目标任务的控制权。它不仅包括对目标内容的细致分解，同时对目标执行过程予以明确。映射到基层治理场域，则主要体现为治理事务泛政治任务化与治理方式的过程管理指向。这种政策刚性不仅导致基层治理压力不断膨胀与自主性弱化，还使得基层治理规则过密，催生痕迹主义等弊端，进而导致基层负担增加。

一方面，基层治理事务泛政治任务化。明确负担从何而来，是落实基层减负政策的前提和基础。一般而言，县级党政部门的日常工作即行政业务，其内含程序层面的权责匹配原则，业务规模与资源支持相配套，因而行政业务的增加并不会引致基层负担过载。但另一类由党委政府推动落实的硬性治理事务即政治任务，与行政业务具有相应配套不同，其完成任务所需的资源往往需要基层自行筹措，同时辅之以政治问责等强约束机制，基层干部压力骤增，也因此陷入超负荷运转的状态。随着国家对基层治理现代化的深入推进，行政业务向政治任务转化、政治任务快速增多的趋势，在基层治理中愈加凸显。近年来，诸如基层党建、生态环保、农村人居环境整治、信访维稳等系列治理要求，均转化为基层的政治任务。各项政治任务都要求基层必须无条件接受并顶格对标完成。政治任务泛化后，工作量成倍增加，基层不得不反复动员自身资源，但仍然捉襟见肘，致使干部在"对上负责"逻辑作用下过度动员、过热运转。

另一方面，基层治理方式的过程管理指向。除了政治任务规模的大幅扩张，基层治理方式转变引致的痕迹主义倾向，也无疑成为基层负担的重要来源。治理方式从以目标管理为主向以过程管理为主转变，是新时代基层治理转型的重要指向。然而，本意于更好规制权力行使与纠正执行偏差的过程管理，却不期然地带来了痕迹主义的盛行。因为在过程管理中，必须有文字证明材料作为业绩支撑，故而基层需要投入更多精力做好相关的文字记录与档案留存。科学适量的记录材料能促进治理工作的可视化与规范化，但过于烦琐复杂的痕迹材料与文牍负担则令基层干部苦不堪言。例如，一个乡镇综治办一天可以调解好的纠纷案件，如果按照上级有关规定制作文字档案，则可能需要花费数倍的时间。大量不合理的工作形式明显有悖于效能层面的形实相符原则，极大地加重了基层不必要的工作负担，进而日益超出基层干部的负载能力。

（二）管理方压力传导下的基层权责失衡与监督失范

在发包方"目标设定权上收与治理要求过载"的背景下，作为管理方的中层政府向下持续加压、催逼推进，以确保目标任务圆满完成。然而在此进程中，基层权责失衡与监督失范现象不容回避。这不仅导致基层疲惫与精力耗散，还使得工作逐渐脱实向虚，形式主义泛滥，在造成严重资源浪费的同时，也不断削弱着基层干部的效能感，致使治理工作长时间维持低效运转。

第一，权责失衡。各行政层级的权责对等是提高行政效率、顺利完成治理目标的基本要求。但从实践层面来看,压力型体制下的"职责同构"与"属地管理",使得基层政府在有限权力与无限责任的内在张力下持续过热运转。政府纵向间的"职责同构"是基层负担过重的体制根源,它表现为不同层级的政府在职能、职责和机构设置上的高度一致。在这种制度环境下,各级政府间的权责边界模糊。基层政府由于政治位阶低,在承接条线资源时常常面临事务和责任下移而权力不下移的窘境。作为职责转移的最终承接者,基层政府所掌握的权力、资源的有限性同其承担的众多任务、肩负的无限责任之间往往并不匹配。在治权缺位与资源匮乏的现实困顿下,不断膨胀的治理任务与治理压力日益超出基层治理体系的承载能力。此外,属地管理的滥用更是加剧了基层责任无限兜底的压力。当越来越多的治理任务以"属地管理"之名下达基层,旨在弥补职责同构的体制缺憾,实现守土有责这一治理目标的制度安排,逐渐异化为上级"甩锅""避责"的工具。基层政府陷入"责任属地,相应的权力和资源并未属地"的尴尬境地。基层权责失衡进一步加剧,整个治理体系由此处于更为紧张的压力结构中,基层干部不堪重负。

第二,监督失范。取消农业税以来,国家资源开始大规模输入农村。为确保资源利用的安全性与有效性,国家权力通过监督下乡的形式全方位进入基层,进而构建起完整的巡察体系、督查体系和问责体系,在规范基层行政、净化治理生态等方面发挥了积极作用。但在此过程中,脱离基层实际的无序监督,也给基层工作带来极大困扰。近年来,越来越多党政部门的业务工作通过各种渠道转化为政治任务,基层考核项目类别与数量与日俱增,规范与程序也愈加复杂。为吸引基层注意力,各职能部门以调研、评比、观摩等形式作为改头换面的督查持续下乡,对基层的考核也更为频繁密集。更为重要的是,随着基层工作的政治面向凸显,规则统筹层级的上升,责任连带的层级越多,各级政府叠加的排名、督查、问责等强化激励的手段越多,压力层层扩增。监督失控与加压环境的刚性存在无疑会加剧基层治理负荷,进而造成形式主义应对方式的滋生与蔓延,并进一步加剧资源损耗,产生大量的无效治理。至此,处于"多重挤压"境地的基层政府已无过多余力应对多元化的群众诉求与日趋旺盛的公共服务需求,实质性治理任务让位于各种冗余事务。长此以往,人民群众的获得感不断消解,基层政府便难以与社会公众形成有效联结,这又势必将严重挫伤广大基层干部谋事创业的积极性与成就感,对治理效能提升产生严重的负外部性。

(三)代理方主动加码、治理规范化与有效性冲突

在发包方"目标设定权上收与治理要求过载",管理方"压力传导下的基层权责失衡与监督失范"的情境下,作为代理方的基层政府则不断进行形式或实质上的主动加码,同时探索弥合治理规范性与治理效率的冲突,但也无法避免地导致了自身的资源弥散与超负荷运转。

首先，主动加码。层层传导的压力本就使基层负重累累，出于完成上级任务的逻辑，基层应当不会"主动加码"，甚至可能采取各种方式请求"减码"。然而吊诡的是，诸如，主动提高工作标准、压缩工作时限等基层"主动加码"现象在治理实践中屡见不鲜。那么，基层政府为什么选择主动"制造困难"？一是同级竞争的需要。一方面，踊跃向上级传递绩效信息是基层汲取更多治理资源的重要手段。为了发挥有限资源的"示范效应"，上级政府在分配资源时，可能更青睐于自身基础好、有资源动员能力的基层政府，导致"能者恒能""强马多吃草"的局面屡屡出现。因此，基层的自我加压不仅是在上级面前完成积极的政治表态，也能发送高于同级竞争者的绩效信息，有利于其资源汲取能力的提升。另一方面，从基层主要官员的角度看，从基层政府开始的政治晋升之路就如同一个逐级淘汰的政治锦标赛，使自己的"相对绩效"高过竞争对手是成功晋级的重要途径。为了在同级竞争中胜出，基层政府必须"主动加码"，否则一开始就会在竞争中处于下风。这种加码逻辑无疑是诱发基层许多额外任务的重要缘由。二是官员卸责的需要。随着当前政治经济环境的变化与基层治理风险的集聚，"避责"逐渐成为基层官员行为的主要特征。而"主动加码"作为积极的政治表态，便成为基层官员常见的卸责方法。更进一步说，暗访督查的兴起快速瓦解着县乡共谋的利益基础，为了在上级暗访中不被问责，县级政府在对乡镇督查时往往也会表现出加码的倾向，而乡镇同样通过"主动加码"规避政治风险。

其次，治理规范化与有效性冲突。随着目标设定权的上移与检查验收环节对过程规范性的强调，基层治理目标与规则的刚性化不断提升，地方性知识的应用空间不断压缩。换言之，在具有高度地方性特征的具体治理场域，国家通过削减行政发包制空间推进基层治理规范化的尝试，便可能遭遇治理效率与治理规范性的两难抉择。面对"管用的可能不合规，合规的可能不管用"这一合法性要求与治理效率的矛盾，基层政府有两种常用的应对策略：一是采取形式化手段迎合上级治理规范化要求，而采用"土办法"作为达成绩效的实际手段。如若采取这一策略，基层在效率转化方式存在"违规"的同时，还不得不为达成规范化要求而陷入形式主义的"怪圈"中，过度消耗治理资源与干部精力。二是采取治理合规性较高，但不那么"管用"的策略。这一策略导致的后果是治理绩效提升缓慢，并可能引发上级更高强度的动员、督导、检查，使得层级间关系更加紧绷，基层干部长期处于焦虑状态。而在快出成绩、出快成绩的绩效要求下，作为管理方的上级政府将持续向下加压，由此引发作为代理方的基层政府负担的新一轮增加。

四、结论与探讨

聚焦当前基层减负治理场域，本文提出依据程序与效能两个原则，以厘清常态情况下本职工作和过度负担的边界。在此基础上，本文结合行政发包制这一解读中国府际关系的经典中观理论，致力于勾勒出基层减负悖论的生成全貌：委托方目标设定权的上收，形塑了基层治理事务泛政治任务化与治理方式的过程管理指向，各类治理任务与程序要求日趋繁重严苛，直接构成基层工作增量；管理方持续向下加压，在给基层干部带来巨大精神压力的同时，由于权责失衡与监督失范现象长期存在，基层始终处于一种超负荷运转局面，导致形式主义应对方式的蔓延，构成了当前基层负担的重要来源；代理方"主动加码"逻辑与治理规则统一性的同时强化，进一步引发治理压力的持续膨胀，由此加剧基层治理疲态。

为避免陷入"越减越负"的治理怪圈而积重难返，提出以下几条纠偏进路：其一，强化政治任务话语的使用规制，严禁职能部门借"政治任务"的名义向下发包任务；其二，完善基层权责清单制度，厘清上下级之间的权责边界，促进基层权责对等；其三，健全督查考核管理制度，控规模、减数量、降频次、缩时长，增进督查考核实效；其四，提升县级政策的转化空间与基层简约治理空间。唯有如此，方能有效舒缓基层压力，增强干部在减负改革中的获得感。显然，立足于国家治理转型背景下基层政府实质性职责扩张的现实，减负改革的有效推进，仍需予以进一步关注。

参考文献

[1] 梁建强，韩振，赵阳，等. 2018，基层治理十大靶点 [J]. 半月谈，2018，(24).

[2] 颜昌武，杨郑媛. 加压式减负：基层减负难的一个解释性框架 [J]. 理论与改革，2022，(1)：76–86.

[3] 戴维·丰塔纳. 驾驭压力 [M]. 邵蜀望，译. 上海：生活·读书·新知三联书店，1996. 23–24.

[4] 胡晓东. 基层"减负"与治理：根源性因素探讨 [J]. 治理研究，2022，(2)：32–43.

[5] 付建军. 谁之负担？何以发生？——基层负担现象的理解视角与研究拓展 [J]. 甘肃行政学院学报，2022，(4)：18–30.

[6] 人民日报评论部. 严格控制"一票否决"事项——为基层减负，为实干撑腰 [EB/OL]. (2019–03–28) [2023–08–10]. https://www.gov.cn/zhengce/2019–03/28/content_5377570.htm?isappinstalled=0.

[7] 中国纪检监督报. 把基层从运营公号上解放出来，破除干得好不如晒得好 [EB/OL]. (2019–05–10) [2019–09–30]. https://www.thepaper.cn/newsDetail_forward_3428033.

[8] 周雪光. 中国国家治理的制度逻辑 [M]. 上海：生活·读书·新知三联书店，2017. 95.

[9] 李利文. 软性公共行政任务的硬性操作——基层治理中痕迹主义兴起的一个解释框架 [J]. 中国行政管理，2019，(11)：38–45.

[10] 杨华. 县乡中国 [M]. 北京：中国人民大学出版社，2022. 130.

[11] 朱光磊，张志红. "职责同构"批判 [J]. 北京大学学报（哲学社会科学版），2005，(1)：101–112.

[12] 彭勃,刘旭. 破解基层治理的协同难题:数字化平台的条块统合路径[J]. 理论与改革,2022,(5):42-56.

[13] 周振超,黄洪凯. 条块关系从合作共治到协作互嵌:基层政府负担的生成及破解[J]. 公共管理与政策评论,2022,(1):20-33.

[14] 颜昌武,许丹敏. 属地管理与基层自主性——乡镇政府如何应对有责无权的治理困境[J]. 理论与改革,2021,(2):73-86.

[15] 贺雪峰,郑晓园. 监督下乡与基层治理的难题[J]. 华中师范大学学报(人文社会科学版),2021,(2):10-18.

[16] 仇叶. 行政权集中化配置与基层治理转型困境——以县域"多中心工作"模式为分析基础[J]. 政治学研究,2021,(1):78-89.

[17] 折晓叶,陈婴婴. 项目制的分级运作机制和治理逻辑——对"项目进村"案例的社会学分析[J]. 中国社会科学,2011,(4):126-148.

[18] 周黎安. 转型中的地方政府:官员激励与治理(第二版)[M]. 上海:格致出版社,2017. 211.

[19] 张新文,杜永康. 过密治理与去过密化:基层治理减负的一个解释框架[J]. 求实,2022,(6):47-57.

[20] 盛明科,刘勇. 基层治理疲态的生成逻辑——基于控制权的分析视角[J]. 学术月刊 2023,(4):114-126.

推行"贤能治村"工程的实践与思考

蒋顺良[①]

摘要： 本文以湖南省常宁市推行"贤能治村"工程的实践为研究对象，探讨如何通过选拔、培养和使用德才兼备的贤能人才，提升基层治理效能，助力乡村振兴。文章总结了常宁市的具体做法：通过建立人才库、分类选拔标准（如"四有"原则）、岗前培训及岗位适配等举措，构建年轻化、知识化的贤能村干部队伍。该工程显著强化了村级班子建设，推动了当地经济发展，促进了农村稳定。同时，文章指出当前存在的人才总量不足、选任机制不完善及教育管理薄弱等问题，并提出"五个一批"拓宽选任渠道、"四项机制"强化管理、"三个关怀"激发积极性等对策建议，为优化基层治理提供实践参考。

关键词： 贤能治村；基层治理；乡村振兴；常宁市

随着农村经济社会的发展，一大批德才兼备的人才脱颖而出。如何利用贤能人才资源，提升基层党建工作水平，是各级党委面前的一项重大课题。近年来，常宁市大力实施"贤能治村"工程，较好地发挥了贤能人才的带动和辐射作用，为建设"四个常宁"（小康常宁、生态常宁、和谐常宁、魅力常宁）提供了坚强的基层组织保证。

一、基本做法

常宁市将"贤能治村"作为"三村工程"（贤能治村、产业兴村、联建强村）的重点来抓，围绕贤能的选拔、培养和使用，精心打造贤能村干部队伍。

（一）广开贤路，让贤能"进得来"

坚持将贤能资源作为民情收集的重要内容，以村为单位建立贤能人才资源调查表，以乡镇（办事处）为单位建立贤能人才信息库，库存贤能人才总量6363名，其中知识型贤能人才1015名、经济型贤能人才1842名、公益型贤能人才754名、管理型贤能人

[①] 蒋顺良，中共常宁市委党校副校长、机关支部副书记，中级职称。

才1422名、复合型贤能人才1330名。从这些贤能人才中按"四有"的标准选拔贤能村干部,即要求"有经济头脑、有发展思路、有带动能力、有奉献精神"。按这一标准,建立贤能人才后备村干部队伍,累计人才达1863名,并通过外地回请、贤能兼职、机关下派、逐步调整等方式,选任贤能村干部284名,其中大中专毕业生64名,返乡创业人员86名,乡镇站所下派干部36名。经济型贤能人才朱某在外从事水产养殖多年,返乡后担任烟洲镇双塘村支部书记,带领村民养殖黄牛和甲鱼,目前已发展养殖大户12户,其中年纯收入过10万元的就有5户。西岭镇青竹村支部书记周某某,原是镇企业管理站会计,选聘到村兼任支部书记后,发挥懂政策、会管理的优势,组织村民发展油茶产业,近两年垦复油茶老林300余亩,新造油茶林460亩,仅此一项,每年能为村民增加收入12万余元。

(二)注重培养、让贤能"干得好"

贤能人才村干部尽管在某一方面具有一技之长,但对党的方针政策掌握不深,处理各种矛盾纠纷的经验相对缺乏。为确保其上任后"干得好",常宁市按照"缺什么、补什么"的原则,组织开展岗前培训,提高贤能村干部依法办事、科学施政、民主管理的能力。2021以来,市乡两级以创新社会管理和学习二十大精神为主题,轮训村干部4500余人次,选派了40名优秀贤能村干部到发达地区参观考察,邀请市农业农村局、林业和草原局、水利局的领导和专家到乡镇(办事处)举办讲座30场,强化了贤能村干部的法治观念、组织纪律和工作水平、创业能力。庙前镇双冲村骆某某种植水稻200余亩,投资100万余元创办搅拌场,为周边村组解决剩余劳动力就业30余人。2021年被选拔为"科技村主任"。为提高其工作能力,镇党委对其重点培养,指定一名党委委员与其结对,手把手传授农村工作方法。该同志任职一年多来,工作水平提升较快,不但抓经济发展是一把好手,而且在村务管理、矛盾调处等方面的能力也显著提高。

(三)搭建平台、让贤能"尽其才"

为使贤能村干部能够发挥稳定一方、发展一方、带富一方的作用,按照"扬其长、避其短"的原则,根据村里实际需要,为贤能村干部设置不同的工作岗位,提出不同的工作目标。对于经济型贤能人才,明确其主要工作任务是发展村级集体经济,要求乡镇(办事处)在贷款、土地、税收、基础设施建设等方面提供优惠政策,支持贤能村干部把村级集体经济做大做强。对于公益型贤能人才,明确其主要工作任务是兴办村级公益事业,要求乡镇(办事处)优先把水、电、路、渠等公益事业项目投到其任职村,发挥贤能村干部的榜样带头作用,帮助改善农村生产生活条件。对于知识型和管理型贤能村干部,明确其主要工作任务是传授先进生产技术和管理经验,主要采取"传帮带"等方式来发挥其特长。近年来,通过采取以上措施,284名贤能村干部基本上人尽其才，各得其所。西岭镇上安村尹某某大学毕业后，在广西恭城瑶族自治县创办禽业养殖合作社，2019年回乡担任村支部委员，2020年筹资200余万元创办常宁市平安瑶乡养殖专业合作社，镇政府联系银信、畜牧、农业等部门对其扶持。目前，该合作社年出栏肉鸭50万只，带动一大批村民从事肉鸭养殖。

二、主要成效

"贤能治村"工程实施以来，有力地加强了村干部队伍建设，推进了农村各项工作开展，在基层广大党员群众中获得了良好反响。

（一）强化了班子建设

随着越来越多的贤能人才担任村干部，全市村干部的年龄、学历、专业等方面结构明显改善，整体素质明显提高。2021年以来，全市选拔的284名贤能人才村干部中，大专以上学历的163名，40岁以下的186名。这些年轻化、知识化的贤能人才任职后，有效激发了村级班子的活力。蓬塘乡黄岐村原支部书记年龄偏大，观念较陈旧，村里各项工作业绩平平。乡党委将在外经商的雷某某选任为支部书记。该同志34岁，思维开阔，敢想敢干。任职一年后，全村各项工作迈入先进行列，2021年村支部被常宁市委评为先进基层党组织。西岭镇五门村原党支部书记连续13年担任村党支部书记，任职时间长，工作热情逐渐消退。2023年初，镇党委动员在外做药材生意的阳某某回村担任支部委员。阳某某根据自己多年从事药材生意的经验，创办宏发药材种植合作社，带领群众种植各种名贵药材300亩，在帮助群众创收的同时，赢得了群众称赞。阳某某返乡任职，不但带动了产业发展，而且在村班子中产生了"鲶鱼效应"。面对年轻有为的后起之秀，原班子成员感到了压力，不甘于"躺在过去的功劳簿上"混日子，整个村"两委"班子又焕发了生机活力。

（二）带动了经济发展

农村经济的发展，技术是支撑，经营是关键，资金是保障，产业化、规模化、集约化是趋向。绝大多数贤能人才会一技之长、懂经营之道、有资金优势，是一方产业的"领头雁"，群众致富的带头人。村干部岗位特有的优势，为他们自主创业和带动创业提供了更宽阔的平台，为农村经济发展注入了新的活力。在贤能村干部的带动下，常宁市油茶、烤烟两大支柱产业不断壮大，规模种植养殖、农家休闲旅游、优势资源开发等产业也迅速发展。塔山乡西江村黄某某退伍后在常宁市城区开了一家餐饮店，年收入可达50万余元。他返乡担任村支部书记后，大力发展旅游业，引进衡阳广电集团开发"西江漂流"项目，成立了天堂瑶寨生态农业专业合作社，带领群众养鱼、种绿色蔬菜、办工艺品加工厂、开宾馆、开饭店，村民人均年收入达8500多元。兰江乡元茶村李某某系"80后"，毕业于零陵师范学校计算机专业，从事过IT行业，也当过茶庄老板，2008年返乡从事规模种植业，每年种粮3000多亩、油菜1000多亩。2021年被选拔为村委委员，在他的示范带动下，兰江乡新增规模种养大户10余家，耕地抛荒现象得到有效遏制。

（三）促进了农村稳定

当前，农村既处于经济高速发展期，也处于矛盾纠纷的凸显期。影响农村稳定的主要因素集中在土地山林权属纠纷、村级财务管理、家庭婚姻矛盾、民转刑案件等方面。村干部处于农村维稳工作的第一线，既是信息员，又是调解员。他们的素质和能力，直接关系到一方的平安稳定。贤能村干部文化素质好、社会交往宽、眼界见识高、点子和办法多、在群众中号召力强，这些特点为贤能村干部调处矛盾纠纷创造了有利条件。盐湖镇瓦文村属矛盾多发村，上访户多，抓工作难。镇党委安排镇劳动管理站站长周某兼任村支部第一书记，他上任伊始即挨家挨户走访，重点征求上访户对村"两委"工作的意见，根据群众意见制定整改方案，落实整改措施，一大批历史遗留问题得到解决，全村顺利实现由乱到治。兰江乡太子塘村地处城郊，近几年富起来后，由于精神文化生活缺乏，部分农民染上了打牌赌博的恶习。为此，选聘到该村任职的选聘生胡某发起组建了一支农民军鼓队、一家农民书法协会，让农民在劳作之余有了健康的休闲娱乐，繁荣了农村文化，倡导了文明新风，全村近几年没有发生一起刑事或民事案件。

三、存在的问题

我市在探索"贤能治村"中，积累了一些经验，取得了一定成效，同时工作中也存在一些普遍性问题，需要切实加以解决。

（一）贤能村干部总量少

当前农村大量青壮年人外出经商务工，留存人才少，村干部选拔来源狭窄。同时，因为村干部经济待遇较低，政治前途渺茫，部分贤能人才不愿意担任村干部，导致贤能村干部总量偏少。全市367个行政村、1835名村"两委"干部中，大专以上文化程度的知识型贤能人才仅258名，只占村"两委"干部总量的14%左右，平均0.7个行政村才有1名大学生村干部。经济型贤能人才村干部总量同样不足，535名村支部书记和村主任中，创办领办经济实体的仅90余人。贤能村干部总量少，导致农村基层干部队伍年龄结构、性别结构、学历结构难以得到切实改善，基层社会管理能力难以得到大幅度提高。

（二）选任机制不健全

随着基层民主法治建设进程的加快、群众民主意识和法治素养的提高，农村基层干部选任环境发生了深刻变化。选任制度越来越完备，选任程序越来越规范。农村基层组织相关政策法律规定，村委委员必须经过村民选举产生，支部委员原则上也应经过党员选举产生。村"两委"换届选举五年一度，在非换届年，村干部的调整受到选举法规的制约。同时，农村情况复杂，选举中各种意外因素较多，如何在法律框架内顺利实现党组织意图和群众意愿，其中需要做的工作很多很细，稍有不慎，就可能导致选举失败。这些问题的存在，导致一大批有能力、有觉悟、愿意为农村发展服务的贤能人才不能及时脱颖而出，形成了"当一天和尚撞一天钟"的干部下不了，想干事、能干事、干得成事的贤能人才上不来的怪现象。

（三）教育管理不到位

"贤能治村"工程尚处于探索阶段，各乡镇虽然积累了一些经验，但还没有上升为可操作的规章制度，对贤能人才村干部的教育管理针对性不强，效果不是很好。如个别贤能人才动机不纯，当村干部不是为了带领群众发家致富，而是为了窃取权力、掌控资源、谋取个人利益，或者为了利用村干部的名头，提高影响力，便于接触领导，便于个人办事。有的经济型贤能人才担任村干部后，不能处理好村务与个人事业的关系，只是挂个名，在岗不理政，不但没有带动一方发展，反而因为当村干部分散了精力，个人事业也不进反退。有的乡村两级不能正确对待贤能村干部，在教育管理上失之于宽，该批评的不批评，该问责的不问责，导致贤能村干部不能健康成长。

四、对策与建议

"贤能治村"工程是一项系统工程，不可能一蹴而就，需要长期坚持，稳步推进。下阶段，要重点抓好以下三个方面。

（一）实行"五个一批"，拓宽选任渠道

一是贤能兼职一批。引导在外务工经商的本村籍贤能人才到村里兼任村"两委"委员，通过带出本村劳动力和引进外面的技术、资金等，帮助和支持村级集体经济发展。二是公开选聘一批。通过公开选聘，从乡镇站所、企事业单位选派优秀年轻干部到农村任党组织第一书记或书记。三是邻村调剂一批。对于本村暂时没有合适人选的，按照地域相近、强村带动、以强联弱的原则，调剂合适人选担任村主要干部。四是外地回请一批。从在外务工经商的本村籍贤能人才中，选拔靠得住、有威信、有本事的"能人"回村任职。五是逐步调整一批。对村支部书记年龄偏大，但能力较强、反映较好的，劝其让位于优秀的年轻干部，明确为村党组织第一书记，保留基本待遇；对现任村主干年龄偏大，能力偏弱，难以胜任岗位的，逐步调整出现任班子。尤其要抓住下一次村"两委"换届选举的有利时机，选拔一大批贤能人才担任村干部。

（二）建立"四项机制"，强化教育管理

一是建立岗前培训机制。对进入村"两委"班子的贤能村干部，在上岗之前要强

化政策、法律、基层社会管理等方面的培训,帮助他们提高履职能力。二是建立公开承诺机制。贤能村干部上任后,要向乡镇(办事处)党(工)委、村党支部分别作出公开承诺,接受党组织检验和群众监督。承诺内容要上墙,在全村党员、群众会议上进行公示。三是建立评议考核机制。按照"区别对待、分类实施"的原则,每年对贤能村干部履行岗位职责情况进行一次考核,考核结果与贤能村干部职务任免、工作报酬、奖励惩处相挂钩。考核时要召开评议大会,对其践约和履职情况进行民主评议。对群众意见大、满意率低于50%的,乡镇(办事处)党(工)委要及时进行约谈;满意率低于30%的,要及时进行调整。四是建立正常退出机制。畅通村干部队伍出口,对责任心差、能力不强、为政不廉或工作中出现重大失误的村干部,要通过劝其辞职、组织处理、纪律处分等途径,及时从村干部队伍中清理出去。

(三)注重"三个关怀",激发工作热情

一要在政治上关心。各级党组织要关心贤能村干部在政治上的成长进步,对工作实绩突出、群众公认度高的贤能村干部,优先推荐为各级劳动模范、党代表、人大代表、政协委员候选人。对能力特别突出的,要及时选任为村支部书记或村主任。对符合党员发展条件、主动向党组织靠拢的非党贤能村干部,要帮助他们早日入党。二要在创业上帮扶。大多数贤能村干部在任职前就创办了经济实体,他们任职后,经济实体不能丢。各级党委政府要支持贤能村干部继续把实体做大做强,鼓励贤能村干部在自主创业的同时,帮助群众创业致富。三要在工作上支持。上级党组织要支持贤能村干部大胆开展工作,保护他们的工作积极性。有关部门要向贤能村干部所在村优先安排资金和项目,为他们施展本领、实现抱负提供空间。要注重培树贤能村干部典型,实行典型引路,激发贤能村干部干事创业的热情。

全面推进乡村振兴背景下以"德治+"创新乡村治理研究
——以北湖区塔水村为例

刘文蔚①

摘要：乡村治理是国家治理体系的重要组成部分，着力提升农村基层治理能力和水平，事关乡村社会和谐稳定，事关乡村振兴战略大局。如何让乡村治理更加有效、效应更好发挥，这就需要结合村情实际，找准问题症结，有针对性地探索适合乡村特点的治理路径。本文以北湖区塔水村为例，通过塔水村以"德治+"创新乡村治理的主要做法实践为例，探索以"德治+"创新乡村治理的经验启示，为创新乡村治理提供有实践价值的参考。

关键词：全面推进乡村振兴；德治+；创新乡村治理；塔水村

一、引言

党的二十大报告提出"全面推进乡村振兴""建设宜居宜业和美乡村"，强调要完善社会治理体系；湖南省第十二次党代会报告中提出"健全党组织领导的自治、法治、德治相结合的城乡基层治理体系"。乡村治理是国家治理体系的重要组成部分，着力提升农村基层治理能力和水平，事关乡村社会和谐稳定，事关乡村振兴战略大局。在全面推进乡村振兴的背景下，如何让乡村治理更加有效、效应更好发挥，这就需要结合村情实际，找准问题症结，有针对性地探索适合乡村特点的治理路径。因此，必须创新乡村治理体系，走好结合村情实际的乡村善治之路尤为重要。

北湖区塔水村位于郴州市中心城区西南方，距离郴州城区15公里，郴州大道横跨而过，辖14个村民小组，768户，总人口2976人，塔水村有着深厚的历史文化底蕴和多元化的民族风俗，在历史的大潮中不断被冲刷沉淀。塔水村一直秉承着"不忘初心

---

① 刘文蔚，中共郴州市北湖区委党校教务科科长、中级职称。

跟党走，崇德向善促和谐"的宗旨，在"德治"思想的引领下进行村级治理，先后被评为省级美丽乡村、省级为民办实事村、省级生态村、市级文明村、市级卫生村、区先进党支部，被定为省"两型创建"示范村、市党建工作示范村、"两型"社会建设的重点示范村、统筹城乡发展示范村、全面小康建设示范点等，荣获多项国家级、省级荣誉，尤其在近几年又被列入全国乡村治理示范村名单、全国村级议事协商创新实验试点单位，可以说，塔水村走出了一条具有塔水特色的"德治+"创新乡村治理之路。

二、塔水村以"德治+"创新乡村治理的主要做法

（一）德治+产业：以创扬德，靠大联强兴产业

在村级组织中，道德对村级产业的发展起着重要的促进作用，村级产业想要做大做强、成为村集体的支柱经济，离不开道德的约束与监督。塔水村在实际工作中，真情回应村民关切，通过成立经济合作社，发展村集体经济，切实提高村民收入，在"德治+产业"思想的引领下，切实做到做好村级产业为了村民、依靠村民、由村民共享，不断汇聚起乡村振兴的强大合力。

塔水村紧紧围绕乡村振兴的战略，以特色产业为主打、以优势农业为纽带，大力发展集体经济。塔水村把党的组织优势转化成为产业发展优势，把产业发展优势融入优势农业中，有力推动了农民增收致富。目前，塔水村聚集了省级黄金梨、草莓、水稻、烤烟等多个特色种植产业，其中草莓种植380亩，年产值700余万元；烤烟种植1100亩，年产值500余万元；引进北湖机场、南岭生态城、生态养老、枝青酒店等重点项目4个。塔水村依托靠近北湖机场，发展临空经济的优势，提出产业发展与乡村发展相融合，以产促村、以村兴产的发展理念，走产业优先、发展集体经济的新路径。塔水村立足村级发展实际，在产业发展方面紧扣"临空经济"发展方向，大力发展草莓种植、烟稻联种、"民宿+文旅"等高端现代产业，同时通过村集体牵头创办服务主体，成立物业管理公司、劳务服务公司、航空物流仓储公司等，进一步带动发展"临空经济"方向的上下游产业。以目前塔水在建的高端民宿枝青酒店为例，项目采取"股份+租金+工资"模式，在开业后，村集体企业每年有5%的分红，而村民又在村集体企业中占有40%的股份，所以村民每年可以收租金、分红利，不仅解决了村民的就业增收问题，还探索出了发展符合"临空经济"方向的高端田园产业。

另一方面，为了做大做强产业，塔水村创新集体经济发展新模式。立足塔水村的实际情况下，发展了"村集体+公司+农户"新模式，目前，塔水村引进外资3000余万元，组建土地流转合作社、省级黄金梨合作社、烟草合作社、草莓合作社、花卉苗木合作社，打造草莓、食品加工、民宿三大集体产业，以"农户出房、合作社经营、租金分红"模式，联合成立鹿岭民宿合作社，已有成员38户，客房148间，村民户均

收入每月 6000 余元，同时，通过村内党员们的率先引领，带头签订土地流转合同，带动村民流转土地 3200 亩，最大化盘活了土地资源，为建设村级产业提供稳定支持，村集体收入实现由 2019 年的 15 万元到 2023 年超过 40 万元的突破。

（二）德治＋人才：以贤带德，广纳贤才促振兴

乡村振兴关键在于人才振兴，强化乡村振兴人才支撑，要在引导乡贤"回巢"上做足文章，鼓励乡贤回到曾经梦想开始的地方，反哺家乡，为乡村振兴出谋划策、贡献力量，助力乡村振兴发展。在"德治＋人才"思想的引领下，塔水村充分发挥本村党员、乡贤、大学生的带动作用，通过选好人才、用活人才、引导人才等方式，广揽人才为塔水村所用，不断注入的新鲜血液为塔水的建设提供强大助力。

一是选好人才助力村庄建设。华塘塔水村按照"一户一宅""多规合一"的原则对村庄进行高规格规划编制，专业规划人员和建房专管员来自云南深耕民宿度假市场十几年的项目团队，其主管是塔水村人。塔水村充分发挥乡贤人熟、事熟、村情熟以及具有较大影响力等优势，选好人才助力村庄建设，尤其是在项目规划设计、度假产品打造、策划运营上打造塔水的民宿项目，其中郴州枝青乡村度假民宿项目建成后，已经成为郴州市乃至湖南省综合型精品度假民宿的标杆，有效弥补了郴州市高端度假产品的市场空白，为塔水村的集体经济发展提供强大助力。

二是用活人才撬动村集体经济发展。以"干部学用技术"为抓手，把本村的党员示范岗、先锋模范岗设到田间地头，充分发挥党员的帮带作用，不断拓宽党员"培"的方式，提高党员"带"的能力，完善党员服务体系。充分发挥塔水村党组织书记、农村的土专家、种植养殖能手的"领头雁"作用，在服务农民增收、促进农民致富的过程中，更好地实现村集体自身的增收，助推塔水村的草莓种植、烟稻联种和民宿等特色产业规模化、规范化发展，从而发展集体经济，提高村民收入。

在用活村级人才方面，塔水村还走出了一条"塔水经验"的创新之路。由塔水村党总支牵头，选派一批有物管专业经验的党员、村民组建华晨物业管理有限公司，承担本村卫生管理、园林绿化及维护、公共设施维修等物业管理事务，以"收费＋福利"价格标准（村民 2 元/人/月），聘用本村 11 位贫困村民担任保洁员，确保塔水村环境卫生文明整洁。随后华晨物业拓展到周边企业、厂矿、隔壁村，按面积大小收取物业管理费，到 2023 年，物业公司为集体创收 60 万元左右。

三是引导本村人才回乡服务建设。根据北湖区委、区政府制定《关于实施新乡贤助力乡村振兴工作的意见》，坚持"本土离土外来三管齐下选荐贤才，多措并举助推乡村善治"的思路，激发新乡贤引智引才引资引业引德，助力乡村振兴。如今，塔水村"乡贤馆"（人才工作站）已基本建成，为塔水村的发展出谋划策，群策群力。塔水村不遗余力引导本村人才回村服务，比如塔水村党总支部书记曹海欧在外创业 20 年，毅然回村挑起重担,曹海欧说:"村里的事多且难、苦且累,但再苦再累,我们都要回来为乡亲服好务,不能辜负他们的信任";塔水村聘请特级厨师担任塔水村第一支部的书记,回乡开办仙人湖山庄,带领村民发家致富;同时塔水村以村支换届为契机,引导在非公有制企业从事管理工作的大学生选任支部书记,为塔水村的建设补充了新鲜血液。

(三)德治十文化:以文化德,德化教育淳民风

围绕践行社会主义核心价值观,建立由道德模范、身边好人为代表的队伍,在"德治+文化"的思想引领下,积极发掘村善文化,引导广大党员和村民积极投身文明乡风建设,崇善向善,有力推动了社会主义核心价值观在全村落地生根,以村善文化助力塔水村的村务治理。

一是"四会"联动齐督促。塔水村党总支组织建立了"村民理事会""道德评议会""好人协会""治安协会","四会"组织成员负责收集村民的意见再反馈到村"两委",由村党总支牵头召集村民代表召开决议会,按照轻重缓急的原则,结合塔水村实际制定本村规划,构建起了"协商联动网",做到了"小事互通、大事同商、难事共解"。同时,定期通报党务、村务、财务情况,让塔水村党组织在监督中工作,习惯在监督下做事。

二是乡贤代表做模范。塔水村95岁的老党员曹扬成不顾年事已高,坚持坐班为村民宣讲党的理论政策,积极为全村经济发展和公益事业建言献策,塔水村成立"曹扬成讲习所",带动了党员、村民积极发挥模范先锋作用。在老党员曹扬成的影响和带动下,塔水村自觉的常态化组织开展文明创建活动,2023年评选出道德模范户87户,优秀村民小组长5名,优秀党小组、村民小组6个,以身边的乡贤代表影响带动群众崇善向善,营造文明和谐氛围。

三是正面形象深影响。曹宏球是塔水村二组的村民,为了感念袁隆平院士让大家吃饱饭,耗尽毕生积蓄自费为袁隆平塑像。村里得知了曹宏球为袁隆平院士建了雕像的义举之后,村委会主动提供了17亩地,村里群众自发筹工筹劳,在村口建起了一座"稻仙园",以示对袁隆平院士的感恩之情。每逢清明的时候,塔水村村民都会来到"稻仙园"悼念袁隆平院士,不少市民群众也会从四面八方涌向"稻仙园",在雕像前鞠躬献花,寄托哀思。也正是这样的正面形象、正面举措,深深地影响着塔水村的村民崇善向善,逐渐形成的村善文化,促进了塔水村的村务治理。

(四)德治十生态:以绿育德,生态理念立规划

建设美丽乡村的最大前提就是要加强乡村生态保护和环境治理,绿化美化乡村环境,塔水村在"德治+生态"思想的引领下,将绿色发展思想融入村民的道德教育、融入村级规划设计中。

一方面，塔水村充分发扬绿色理念，在保护本村生态的前提下进行村容村貌治理。塔水村党总支把村、组中党性觉悟高、办事能力强、群众基础好的党员安排到农村规范建房项目上，在流转土地、纠纷调处等项目实施中发挥党员先锋模范作用，每名党员联系1~5名农民，负责做好入户宣传解释、问题收集、矛盾调处等工作，引导村民参与、科学编制村庄规划，成立建房理事会，推行"五统一建房"新机制，拆除老旧杂房、猪牛栏、旱厕等6万余平方米，新建12个污水处理池，从2018年至2023年，共计完成改造110户，新建住房520余栋，全村面貌焕然一新，呈现了一幅前拥竹林、后靠大山，房舍错落有致、街道绿树成荫，远看乡情农韵、近看世外桃源的美丽乡村画卷。

另一方面，塔水村立足本身的生态优势，结合郴州市建设空港新城的契机，以绿色理念对村庄进行整体规划。塔水村地理条件优越，与郴州市区、桂阳县城均相隔不远，处于空港新区的核心位置。塔水村充分发挥区位、资源优势，利用《郴州空港新城概念规划》得到郴州市政府批复的契机，主动融入空港新城，抢搭高空经济"头班车"。空港新城分近期、中期、远期进行建设，其中近期建设在2021年已经完成，已经建设4C级旅游支线机场，预留4D级干线机场及通用机场发展用地，整个空港新城将于2040年完成建设。塔水村的长期规划以空港新城规划为主；中期规划配合空港新城的建设适当地调整产业布局及建设；近期规划以建设机场配套为主，以物业管理作为载体，提供优质的服务，引进城市和新区的配套产业，充分利用新的《中华人民共和国土地管理法》，采取与引进产业联营、参股或提供物业管理服务等多种方式，发挥区位优势形成郴州市最大的区域配套产业集群。塔水村树立乡村与城市融合的理念，高起点规划设计，积极推动多规合一村庄规划编制，优化村庄规划布局，按照"五统一"的要求，以规划城市建设的绿色理念打造特色村组，以城市治理的理念治理农村，为更好地融入郴州市空港新城的建设、发展集体经济打下良好的基础。

（五）德治＋组织：以行润德，为民服务聚人心

塔水村党总支下设3个支部，共有8个党小组，83名党员，其中高中以上学历超过50%。在"德治+组织"思想的浸润下，塔水村把党建引领作为推动乡村振兴的"第一抓手"和"红色引擎"，充分发挥基层党组织的战斗堡垒作用，党员干部的先锋模范作用，以身作则，用行动来彰显德治成效，在各个方面都是行动在前，凝心聚力，为村民办实事，得到大家的一致称赞。

一是积极选配党员。塔水村党总支把政治坚定，思想活跃，能带领群众致富的党员先锋、经济能人选拔到村级基层组织中来，为发展村集体经济提供了强有力的组织保障。实行书记主要抓、班子成员包干抓、各村民小组协助抓的"三抓"工作法，采取"书记＋干部＋公益性岗位"的分组模式，年初交任务，年底看成效，在全村各司其

职,极大地带动村里每位党员及村民的积极性。

二是积极建立支部。塔水村党总支以特色农业为主攻方向,以土地流转为突破口,极大地改善了村民居住条件、最大化盘活了土地。在引进农民专业合作社、农业产业化龙头企业、家庭农场等新型农业经营主体的同时,采取单独建、联合建等形式积极建立支部,目前,塔水村党总支成立了2个党支部和1个非公党支部,下有8个党小组,覆盖了塔水村1家物业公司、1家食品厂和3个专业合作社,并按照党务公开的要求及时公开党务信息,实现了党旗飘在田园中,党员聚在产业上。

三是积极打造阵地。塔水村党总支为深入开展党史学习教育,按照"我为群众办实事"要求,打造了集服务群众、党员活动、教育培训、文化娱乐"四位一体"的塔水村党群服务中心,为企业、群众提供咨询、办事、服务、培训等"一站式"多功能服务,成为塔水村党组织和党员履行职能、发挥作用的重要阵地。

三、塔水村以"德治+"创新乡村治理的经验启示

(一)党建引领是根本

塔水村在开展以德育促村治活动过程中,无论是公益组织的培育、灵魂人物的选任,还是文化资源的挖掘、开展具体活动的资金投入,都离不开村党组织的重视、支持和推动。塔水村尤其突出了书记带、组织领、党员帮,充分发挥党组织的领导核心作用,因地制宜发展特色优势产业,培育壮大村级集体经济,完善紧密利益联结机制,开创富民强村新局面。通过塔水村的"德治+"实践,我们可以看到:要搞好乡村德治,党建引领是根本。为此,需要从转变观念、提升素质、创新方法、完善机制等方面搞好乡村党组织建设,坚持党建引领,不断健全党领导的乡村治理体制,发挥好党组织总揽全局、协调各方、服务发展的"领头雁"作用。

(二)精准德育是重点

通过塔水村以德育促村治开展的活动,比如召开表彰大会、修订家风家训、建设文化广场与长廊、举办清廉议事堂会、举办曹扬成流动党课课堂、开展包饺粑和艾叶粑粑比赛等形式,弘扬本土传统文化、革命文化和社会主义先进文化。这些活动形式并非都高大上,有些甚至有点原始和简单,极具乡野气息,但富有成效,原因就在于适宜村情。通过塔水村的"德治+"实践,我们可以看到:要搞好乡村德治,精准德育是重点。搞好乡村德治,在形式上也要从实际出发,制定适宜村情的德育活动,符合社情民意,利用好本村的身边事、眼前人,充分挖掘本村的道德正面形象资源,搭建好德文化平台,选择好德文化传播手段。

(三)乡贤作用是关键

乡贤作为促进乡村振兴的重要人才资源,要主动发挥自己在资金、项目、经验、

思路等方面的优势，围绕乡村治理、产业发展、文化振兴等，主动贡献自己的力量，着力把乡贤优势转化为乡村振兴动能。塔水村挖掘乡贤资源、盘活乡贤力量，增强乡贤的责任感、使命感，充分发挥乡贤能人荟萃的人脉资源优势，众多从塔水村走出去的成功人士不约而同地选择反哺家乡，为家乡招商引资、捐资助学、修桥补路，既得益于几百年来传承下来"聚人心、传美德、构和谐、福子孙"的家风家训，也来自组织振兴所培育出的内生性发展力量。通过塔水村的"德治+"实践，我们可以看到：要搞好乡村德治，乡贤作用是关键。塔水村在推行乡村德治加强乡村治理中，善用当地能人，重视乡贤资源，打好家乡牌、感情牌、待遇牌，真诚邀请他们回村任职做奉献，搭建平台，提供支持，用好用足他们爱家乡、能力强、乐奉献的优势，激发村庄活力，助推乡村治理。塔水村真正做到了以深厚的乡情为情感纽带，做到一人牵一人，一群带一群，让更多的乡贤为家乡贡献绵薄之力，汇聚起促进乡村振兴的强大力量。

（四）以德营商是保障

塔水村依托生态保护和人居环境卫生整治所创造的优美自然环境，背靠"北湖机场"发展临空经济优势和"以德治民、以德治村"所创造的良好社会氛围和营商环境，吸引了大量的投资、创业者，塔水村先后成立了各种合作社7家，引进了企业5家，投资近10亿元，年接待来游客逾30万人次，建成集休闲度假、观光农业、研学教育、亲子游乐、生态种养于一体的乡村旅游产业链条，壮大集体经济，引领农民致富，可以说，在塔水村真正实现了"仓廪实而知礼节，衣食足而知荣辱"。通过塔水村的"德治+"实践，我们可以看到：要搞好乡村德治，以德营商是保障。通过牢固树立以德营商、以诚待人、以信立业的良好形象，增强投资者对塔水村产业投资发展的信心。塔水村将持续深入发掘乡村的德治教育、生态涵养、休闲观光、文化体验、健康养老等多重价值，在以德营商的氛围下，让塔水村成为可以承载新生活方式和新创业方式的优质空间和新地标。

参考文献

[1] 杨华强. 健全乡村治理体系视阈下乡村德治建设路径探析 [J]. 法制与社会，2021（8）：23-25.

[2] 张艳，董一冰. 新时代提升乡村德治效能的路径探究 [J]. 农村经济与科技，2021（5）：15-17.

[3] 杜海涛. 培育善美之基夯实德治之路 [N]. 韶关日报，2022-11-24.

乡村振兴战略背景下湖南农村社会风险治理机制研究

白 轩[①]

摘要： 当前湖南农村地区存在经济技术风险、政治法律风险、文化教育风险和生活风险等社会风险。这些风险不仅表现出较高的不确定性，而且成因复杂，已成为乡村振兴的重要障碍。乡村振兴战略背景下，需从湖南农村社会风险协同治理网络、湖南农村社会风险治理领导体制和责任追究制度、湖南农村社会风险治理的制度供给等方面构建系统的湖南农村社会风险协同治理机制。

关键词： 乡村振兴；农村社会风险；治理机制

改革开放以来，党和国家一直高度重视"三农"问题。2004—2023年党中央、国务院连续20年颁发的中央一号文件，都对"三农"工作作出了重要部署。党的十九大报告中指出，农业、农村、农民问题是关系国计民生的根本性问题，必须始终把解决好"三农"问题作为全党工作的重中之重。乡村振兴战略基本方针和总要求是"产业兴旺、生态宜居、乡风文明、治理有效、生活富裕"。党的二十大报告再次强调全面推进乡村振兴，加快构建新发展格局，着力推动高质量发展。但不容忽视的是，当前的乡村，无论是农村产业和生态环境，还是乡村文化教育、社会治安和农民家庭生活等方面，均存在不确定性、复杂性、多样性等风险，这些风险已成为湖南乡村振兴战略实施中的严重障碍。全面建设社会主义现代化国家，最艰巨最繁重的任务仍然在农村。世界百年未有之大变局加速演进，我国发展进入战略机遇和风险挑战并存、不确定难预料因素增多的时期，守好"三农"基本盘至关重要、不容有失。因此，需要构建系统的治理机制对现有和潜在农村社会治理风险进行治理和管控，方能保障湖南乡村振兴战略顺利实施。

一、问题的提出

贝克（Ulrich Beck）"风险社会"理论问世后，风险作为一种系统处理由现代化本

[①] 白轩，中共湖南省委党校妇女理论教研部2021级硕士研究生。

身诱发和引入的危险和不安全的方式,由于其泛在性和不确定性,已逐渐进入人们的视野并不断得到重视。在风险社会中,大部分风险是由人类社会的活动造成的,具有强烈的社会建构性,理论界习惯称之为"社会风险"。相对而言,可视其为与"自然风险"相对的概念。如何管控这些由人类活动制造出来的、广泛存在且具有很高不确定性的风险,成为人类维护正常社会秩序而必须面对的课题。为实施有效的管控,风险管理学者根据其来源和性质通常将其分为经济风险、技术风险、政治风险、法律风险等类型。由于当前湖南农村社会具有时间和地域上的特殊性,其风险的来源和表现形式均具有不同于一般风险的特定性,可根据实际情况对其进行分类,分类依据主要考虑风险的同源性、同质性和相关性。因当前湖南农村社会经济风险与技术风险关联密切、相辅相成,且很大程度上同质同源,可将经济风险和技术风险合并为经济技术风险。同理,将政治风险和法律风险合并为政治法律风险。另外,根据当前湖南农村文化有所衰落、教育欠发达以及农村居民家庭生活存在一些难题等现状,对农村文化教育风险和农村生活风险也纳入研究范畴。

二、湖南农村社会风险及其成因分析

风险与人类活动相伴相生,随着经济和科技的发展,人类社会面临越来越泛在、复杂、多元和不确定的风险威胁。可以说,现代社会的风险基本上都是人类活动的衍生物,人类自身就是制造风险的根源。尤其是工业化、市场化和全球化的高速推进,城市扩张、技术创新、基因工程以及高度危险作业的高频化,在为人类生产生活带来极大进步和便捷的同时,也导致风险蔓延到社会的每个角落。当现代性和工业化的负面后果不再局限于某些群体而侵袭到每一个个体时,当关键问题由阶层地位的分配转变为由风险位置的分配之时,我们就已经或正在进入一个新的风险社会的时代。由于引发农村社会风险的因素来源复杂多元且具有高度不确定性,加之农业天然的弱质性以及长期以来城乡发展不协调、农村经济相对落后、农民文化素质偏低、收入不高的状况,农村居民个人、家庭抑或农村社会,在这些风险面前均显得比较脆弱。这种脆弱性的魔咒就是,脆弱的风险主体,如农民个人、家庭和农村社会等常常会面临更大更多的风险,却难以有机会获取有效的风险管理工具和对策。而且,由于这些挑战农民个人、家庭和农村社会的风险大多属于系统性风险,难以管控和预防,从而容易导致农民个人、家庭贫困程度加深。当前湖南农村社会风险主要包括农村政治法律风险、农村经济技术风险、农村文化教育风险和农村生活风险四大类。各种社会风险在农村均有不同的表现形式,具有各自独特的成因。

(一)湖南农村政治法律风险及其成因分析

农村政治法律风险包括政治风险和法律风险。农村政治风险主要表现为村民上访、群体性事件、舆情爆发等形式，其产生的主要原因在于基层政府少数工作人员行为不当或不作为，有些村干部存在违法乱纪和选举不规范行为等。比如，近年来少数基层政府和村级"两委"在执行政策过程中"一刀切"，组织人员抢老人棺材、强制平坟或禁止清明扫墓。类似这些不合法、不合理的简单粗暴行为就是导致村民上访、群体性事件、舆情爆发的重要原因。另外，少数村级"两委"干部选举中存在的送礼乃至贿选等失范行为也带来了一定的基层政治风险。法律风险主要有两大类。首先是民间纠纷带来的风险，土地纠纷、邻里其他纠纷、少数村干部侵害农民权益、部分乡镇企业拖欠农民工工资等情况比较突出。这种风险主要是因为历史遗留问题和少数村级"两委"干部、基层政府工作人员处理纠纷时消极作为或处置不当引起，加之农民法律意识不强、农村纠纷解决机制不健全，容易导致纠纷排解难，甚至演化为严重的刑事案件。其次是农村违法犯罪行为时有发生，其中电信诈骗、售卖假冒伪劣产品行为较为突出，盗窃、抢劫、交通、邪教、赌博、吸毒、猥亵及未成年人违法犯罪也并未绝迹，从而导致行政法律风险甚至刑事法律风险的产生。农村违法犯罪行为产生的主要根源在于，少数农村居民相对而言法律意识淡漠，好逸恶劳而收入低，容易导致诈骗、盗窃、抢劫和赌博等违法犯罪行为的发生；有些农民文化素质偏低、精神生活贫乏，容易发生吸毒、猥亵等违法犯罪行为；另外，信息不对称、少数农民贪占小便宜、自我防范意识不强情况的存在容易导致农村电信诈骗、售卖假冒伪劣产品现象的发生。

（二）湖南农村经济技术风险及其成因分析

农村经济技术风险主要有产业安全风险、粮食安全风险、环境污染风险、农民工失业风险。首先，产业安全风险包括农村劳动力转移和老化风险、安全生产风险、农业资本短缺风险。由于产业结构发展不均衡、不协调，农业生产力相对工业而言低下，发展缓慢，加之农业生产主要以农民家庭联产承包经营的方式组织起来，规模较小且结构松散，导致农业生产成本较高，农业生产收益率偏低，部分农民收入水平很低，一些农村青壮年劳动力纷纷外出打工赚钱来维持家庭生活支出，从而导致农业劳动力年龄老化、知识水平偏低，难以实现农业生产的现代化转型，在经济和科技水平快速发展的全球化背景下，直接影响农业产业发展水平。安全生产风险主要来自农业生产机器设备更新较快、劳动保护设施设备缺少和安全生产意识淡漠。一方面，农业生产设备近年来更新换代较快，而农民基本仅经过简单培训，甚至没有培训就开始操作，导致生产安全风险较大；另一方面，农村的工业企业由于生产安全监管不严，企业安全生产制度不健全，劳动保护设施设备佩戴不规范，安全生产意识淡漠，安全事故发生率相对较高。此外，由于部分农民知识水平较低，缺乏经营管理能力和发展的战略眼光，他们从事农业生产仅仅是为了满足家庭生活需要，加之，农业生产收益率偏低，一般情况下从事农业生产很难完成自身的资本积累，现有的政府农业补贴仍然满足不了农业生产资本的需要，农业生产资本短缺至今仍是一个困扰农业产业发展的问题。其次，粮食安全风险主要有农产品种苗风险、农地非农化风险和农地抛荒风险。随着自然环境的变化以及种苗自身衰退，原有的很多优质主粮种苗已经被淘汰。现有的主粮作物种苗中，较为优质的是在传统种苗基础上改良的种苗，如杂交水稻种子。而一部分主粮种苗依赖进口，部分种子质量水平存疑，种植过程中使用有毒农药的现象较多，导致粮食生产面临质量安全风险。湖南作为地处长江中下游平原的鱼米之乡，未能例外。如前所述，由于农业生产收益率低，农村青壮年劳动力纷纷外出打工，导致农村劳动力短缺，于是农民改变农地用途从事收益率高的产业，甚至直接抛荒，这无疑会对粮食的安全造成负面影响。再次，环境污染风险主要包括农药农残污染风险、农企排污风险、环境卫生风险、养殖业疫情衍生风险。农药的大量使用，不仅严重污染了土壤、水和空气等生态环境要素，同时，还导致粮食等农产品带有大量的农药残余，这严重影响了粮食质量。随着工商资本下乡进入农村兴办农业产业化龙头企业，这些企业向农村地区排放废气、废水和固体废物，导致农村原有的生态环境遭到污染和破坏。而农村地区一般地处偏远，由于执法资源受限，环保监管难以随时到位，污染物排放较城市尤甚。环境卫生风险在农村也比较突出。最后，农民工失业风险也不容忽视。在当前农业生产仍然没有改变其弱势产业地位的背景下，生产效益相对较差、农民收入偏低的现状难以改变，外出务工或就近务工成了农民家庭收入的主要来源。一旦失业，意味着农民工家庭收入将入不敷出、难以为继。农村富余劳动力难以转移，不仅给农民工家庭生活造成了极大影响，同时，对农村地区的经济发展和人均可支配收入水平带来消极影响，给农村地区带来一系列衍生风险。

（三）湖南农村文化教育风险及其成因分析

农村文化教育风险无疑囊括了文化风险和教育风险。农村文化风险主要表现为农村文化衰落风险、农村文化传承风险和农村文化异化风险。农村文化衰落风险指农村一些传统文化、风俗良序逐步衰落，甚至反其道而行之。比如，"孝道"是流传了几千年的传统文化，身受父母养育之恩，理当在父母年老之后，结草衔环，报答父母养育之恩。然而，少部分农村家庭中父母子女关系却不尽如人意，遗弃老人、拒绝赡养老人甚至啃老现象在农村并不罕见。农村文化传承风险也日趋严重，由于现代和后现代文化的侵蚀，很多优秀的传统文化遗产难以传承下去，一些优秀的传统乡村民间艺术、娱乐活动和仪式活动逐渐从人们的记忆中消失殆尽。农村文化异化风险主要源于少数地方基层政府工作人员和村干部在执行政策过程中，"一刀切"式地蛮干，扯着"移风易俗"的大旗，将一些传统善良风俗一棒子打死。农村教育风险主要源自城乡教育不均衡、不协调的二元结构以及农村经济发展落后。首先，城乡教育不均衡、不协调导致农村孩子不能享受到与城市孩子一样的教育资源，部分农村中小学因为师资短缺、教育经费贫乏、教育设施落后，一些课程无法开设，或即使开设，也难有质量保证。其次，农村教育风险的另一面就是我国义务教育虽早已普及，仍然存在极少数孩子失学或者辍学的情形。除此之外，农村的继续教育资源也较为缺乏。面对日新月异的农业科技发展，农民急需接受农业种养技术、农村种养业疫病的防治技术、农业机械的操作技术、农业企业管理技术的培训等，但部分存在需求的农民只能望洋兴叹。

（四）湖南农村生活风险及其成因分析

农村生活风险主要有返贫风险、疾病与健康风险、养老风险、婚姻风险，其中返贫风险最为复杂，甚至同疾病与健康风险存在较大的正相关性。为使内容不重复，这里的返贫风险不包括因病返贫的情形。导致返贫风险产生的因素多种多样，自然灾害是其中之一。无论洪涝、干旱还是地质灾害，均可能导致一些农民财产损失、农作物歉收。动植物疫病则导致种养业受损甚至血本无归。导致返贫风险产生的其他重要因素为农民家庭收入来源较为单一，农民工失业或创业失败导致增收渠道变窄，帮扶措施、资源缩减或者难以同步等。疾病与健康风险主要来源于农民生活水平低下，农村环境污染日趋严重，医疗卫生条件相对于城市较差，当前农村人口医疗保障措施不尽如人意。农村养老风险近年来也比较突出，一方面农村人口老龄化趋势明显，另一方面部分农村青壮年劳动力外出打工，一些留守老人无人照顾，加之农村养老机构偏少、养老设施较为落后，部分老年人家庭生活风险客观存在。此外，部分农村青壮年劳动力外出打工，留守妇女增加，加之农村娱乐设施较少，文娱生活比较贫乏，一些留守妇女精神生活难以满足。长期的夫妻分居，导致感情日渐淡漠，留守妇女抛家弃子、离家出走的现象偶有发生，这直接导致了原本传统保守、离婚率极低的农村地区，离婚率逐步升高。离婚导致少数家庭分崩离析，无疑加重了少数留守老人和留守儿童无人照顾的风险。

三、湖南农村社会风险治理对策

（一）构建湖南农村社会风险协同治理网络

通过对湖南农村社会风险现状和表现形态的分析发现，湖南农村社会风险来源广泛、成因复杂、后果较为严重，已非某个单一主体能够从容应对。农村社会风险的治理是一项复杂的系统工程，应当由众多主体通过相互协作，采取合理措施来应对社会化风险。治理过程中，需实现政府、合作组织、家庭、市场等主体在风险管理中的优势互补，引入"福利五边形"治理网络，方能实现对社会风险的有效治理。农民家庭拥有全部私人信息，各种外部性问题如社会凝聚、环境质量、减少贫困与经济发展的联系等，均与家庭风险相关，每种社会风险均直接或间接与农民家庭相关，在这个多主体组成的社会风险治理网络中，农民家庭又处于举足轻重的地位。因而，湖南农村社会风险治理多边网络是以县乡两级政府为主导,以家庭为核心,村级"两委"和农村社会公益组织、志愿者等多主体协同参与治理的网络系统。

(二) 完善湖南农村社会风险治理领导体制和责任追究制度

农村社会风险治理多边网络实际上是由县域政府主导,因此,完善湖南社会风险治理领导体制是落实社会风险协同治理的关键。县乡治理是社会治理的基石,当前我国政府机关设置到乡镇一级,但权力集中在县级政府,正所谓"上面千条线,下面一根针"。乡镇一级作为基层行政机构,负责本乡镇区域内社会、经济等各方面的工作,尤其是农村各种社会风险的管控与应对,责任重大,但行政权力却多集中在县级政府部门,造成县乡之间权责不相匹配。因此,完善农村社会风险治理领导体制,明确县乡之间的权力和责任划分,落实农村社会风险治理的责任追究制度,才能做到农村社会风险治理有人负责、权责相应,方可实现农村社会风险的有效治理。另外,追究少数引发农村社会风险的基层政府工作人员和村级"两委"干部的责任,亦是落实农村社会风险治理的责任追究制度的题中应有之义。应逐步减少基层政府工作人员和村级"两委"干部落实政策过程中简单粗暴、"一刀切"式的不合法、不合理行为,以逐步减少引发风险发生的因素。

(三) 保障湖南农村社会风险治理的制度供给

社会风险治理制度是湖南农村社会风险治理的保障。对于国家法律法规有相关规定的风险治理领域,如环境污染风险治理、农地非农化风险治理,各县要因地制宜、因时而化,制定相应的实施细则或实施办法,作为执行的依据。对于国家法律法规尚无相关规定的领域,比如,农村社会风险治理结构与流程、农村劳动力外流和返贫风险、农村文化传承风险等,要制定相应的风险管控与应对制度,作为农村社会风险治理的制度依据。首先,要制定湖南农村社会风险治理的基本制度,包括风险治理过程中的风险辨识、风险估计、风险评价、风险预警、风险决策和风险应对等风险治理流程,以及风险治理中的责任追究制度。从领导到办事人员,从政府机关到村级组织,均应将农村社会风险治理的责任明确到人,压实相关人员责任,增强其责任感。要优化社会风险治理方式,充分利用现代科技成果,优化农村社会风险信息管理和预警制度,保证风险信息得到充分、及时、全面获取并合理应对。其次,要制定、创新、完善和落实相关各个领域的社会风险治理制度。要构建劳动力外流风险防控机制,比如,通过制度创新吸引工商资本下乡举办农业产业化龙头企业,以解决农村富余劳动力就业。要创新农业资本要素补偿制度,促进农村数字普惠金融的高质量发展,以解决农户生产资金需求问题。要因地制宜,制定种苗监管制度,淘汰劣种,引进优种。要完善农药农残监测制度,推进农药农残监测的常态化。要充分利用现有农业技术推广机构资源,通过改革和创新,落实农业技术培训制度和农村继续教育制度。要根据县域农村实际情况制定、创新、完善农村文化遗产保护与传承制度、返贫风险管控制度、留守老幼看护制度等。再次，要构建湖南农村社会风险协同补偿机制。一方面，建立社会风险补偿基金。风险补偿基金按行政村设立，资金来源由村集体经济组织经营收入满足日常支出后的剩余资金、社会捐赠资金和县乡政府财政专项资金组成。由基金管理组织根据村民遭受风险损失程度，按比例或者全额补偿。另一方面，要引导保险公司面向乡村开设新的商业险种，以协同应对乡村系统性风险。

四、结语

农村作为中国社会的重要组成部分，在风险社会"平均化分布"状态下，随着现代市场经济的持续影响，各种风险因素进一步增加，由此引发的社会矛盾也在不断加剧，农村基层的风险社会正在形成。

农村社会风险问题错综复杂，其治理过程涉及面广、影响深远。应该对农村社会风险治理相关的基本问题进行全面深入的研究和思考，明晰农村社会风险治理的基本逻辑，以便理清农村社会风险治理实践的思路，提高农村社会风险治理的效能，最终实现国家和社会的长治久安。

举全党全社会之力全面推进乡村振兴，加快农业农村现代化，建设宜居宜业和美新湖南乡村。

参考文献

[1] 苏婵. 助推湖南乡村振兴的几点思考 [J]. 湖南社会科学，2021（04）：70-76.

[2] 王增文. 风险社会、保障性资源配置和神灵诉求行为——中国农村社会风险预警体系研究 [J]. 青海社会科学，2018（01）：95-103.

[3] 李富民. 警惕农村社会风险 [J]. 中国党政干部论坛，2017（05）：36-37.

[4] 丁德光. 农村社会风险的表现形式研究 [J]. 安徽农业科学，2011，39（33）：20771-20773.

[5] 杨雅厦. 转型期农村社会风险及其风险管理体系初探 [J]. 福建论坛（人文社会科学版），2013（05）：175-179.

[6] 夏支平. 农村社会风险治理的逻辑 [J]. 发展研究，2016（07）：93-97.

[7] 张雄，赵丹维. 韧性治理在农村社会风险治理中的适用性问题探析 [J]. 领导科学，2022（11）：101-105.

[8] 张洁. 乡村振兴背景下湖南新型职业农民培养对策研究 [J]. 山西农经，2022（19）：169-171.

实施乡村振兴战略背景下村级治理的创新路径研究
——以郴州市北湖区为例

杨加俐[①]

摘要： 在全面推进乡村振兴的国家战略背景下，乡村治理是助力乡村振兴的重要手段。只有实现乡村治理有效，才能全面推进乡村振兴。当前，与实现国家治理现代化和乡村振兴治理有效的目标相比，乡村治理仍具有一定的差距。本文总结了郴州市北湖区村级治理做法和成效，基于北湖区村级治理的现状进行分析，从村级人才队伍、村级管理制度、村级治理方法三个角度，提出多措并举，建强队伍；强化制度，激发动力；创新方法，提升成效的创新路径，以此提高村级治理的成效，从而为全面推进乡村振兴注入力量。

关键词： 乡村振兴；村级治理；创新路径

一、北湖区村级治理的主要做法和成效

（一）筑牢"主堡垒"，村级党组织治理效能增强

北湖区委、区政府制定出台《北湖区关于开展党建"六大行动"促乡村振兴实施方案》《关于加强党建引领乡村治理的十条措施》等制度措施，从工作部署、工作督查、工作考核和工作奖惩等方面进行了具体化的规定，对于村级党组织主体责任进行明确划分，使得村级党组织每个主体的职能精准化和精细化，大大增强了村级党组织乡村治理效能。例如，陂副村以"和合好板子"创建活动为载体，健全村级党组织，细化主体责任清单，以确保党组织的治理效能得以有效发挥。

（二）坚定"主阵地"，村民参与治理积极性提升

村民参与自治，是以人民为中心发展理念的重要体现。让村民参与到村级治理的过程中来，能够有效保障乡村治理的推进。北湖区大力推进实行"四重四讲四比"抓

[①] 杨加俐，中共郴州市北湖区委党校教师，主要研究方向：社会治理、行政管理。

村民自治。例如，西河沿线的塔水村便将村民参与治理作为抓手展开工作，举办议事协商会，邀请村组干部和村民代表共同参与村级事务决策，村民参与村级治理的积极性大幅度提升。目前，塔水村被评定为全国村级议事协商创新实验试点。除此之外，北湖区通过建立规范化制度推进村民代表联系服务群众。依据本区实际，制定"片长、组长、邻长"的三长制，遵循就近、就便、就熟服务的原则，从不同群体中选择村民代表参与村级自治，一定程度上保障各个群体参与乡村治理的机会平等，提升村民参与治理的热情。

（三）强化"主力军"，村级治理队伍综合素质增强

强化村级治理队伍综合素质提升，为村级治理效能提供有力保障。今年以来，北湖区委、区政府始终重视能力提升，在全区91个村进行全覆盖式培训，其召开面对村干部、驻村书记、村党组织书记的部署培训会议182次，并且将村民代表也纳入乡村基层干部培训，切实提高了参与治理主体的能力水平。另一方面，注重村干部综合素质，严把"选人关"。北湖区在以人才助推乡村振兴的过程中，以德才兼备、经验丰富为选人基准，择优选取机关干部到村担任第一书记和驻村工作队队长，同时依据本区实际，切实开展村干部系统培训班，夯实村干部管理水平，使得村级治理队伍整体素质有了明显提升。

二、乡村振兴战略背景下北湖区村级治理的现状

近年来，北湖区委、区政府高度重视乡村治理工作，采取了一系列举措，在乡村治理方面取得了一定成效。但是在本人深入北湖区乡村调研后，发现在乡村治理实践过程中，现阶段所取得的成果，与乡村振兴治理有效的目标存在差距，仍面临一定的挑战和困难。

（一）村级组织内生动力较为缺乏

村级组织在乡村治理的过程中，既扮演着推动农村经济发展的重要角色，也发挥着组织村民和动员村民的有效职能。笔者在实地走访北湖区乡村中，发现村级组织数量较以往有所增加，形态也逐渐多元化，但是其在乡村治理过程中发挥作用不明显，内生动力较为缺乏。笔者对其存在的问题，进行了深入调查与分析，主要存在两方面的原因。一方面，党组织队伍结构老龄化、综合素质不高。在所调研30多个村级党组织中，50岁以上的党组成员所占比例达47%，35岁以下的党组成员所占比例仅为13.8%；大学本科及以上学历占比为28.9%，高中学历及以下占71.1%，由此可以看出，当前村级党组织队伍综合素质有待提高，吸纳年轻党员不足，使得村级党组织内生动力缺乏。

另一方面，村级党组织工作创新意识有待加强。笔者与村民代表和村干部的交流

中,大部分人都意识到工作作风是否优良与工作效能大小存在一定的联系。但是在实践工作中,部分村民表示,"有些村干部在处理村里问题时,还是固定思维做事,按墙上流程办事,就像做表面工作一样……"。可见,当前村级党组织工作运行机制虽有建立,但是并没有根据本村特色和实际开展针对性的治理,工作创新意识较为缺乏,制约了村级治理效能提升。

(二) 村级治理体制机制有待健全

村级治理是复杂且繁多的一项综合性事务,包括了农村人居环境治理、农村基层组织建设、农村产业发展等内容,是乡村振兴的重要组成部分。当前在村级治理过程中,多元化主体参与其中,倘若相关机制体制不健全,很容易出现治理问题,导致治理成效不显著。笔者在农村基层调研后,发现在村级治理中缺乏科学合理的事务管理机制。所调查的村级组织管理人员中,52%的人表示在村级治理中,主要凭借自我意愿或者客观经验选择治理方式和方法,可见,村级处理相关事务的过程中是存在治理方式方法不合理的现象。对其原因展开探究,与村民、村干部和村级组织领导进行访谈,大部分人表示并没有建立一个规范的村级管理机制,目前部分机制与当前管理现状存在不适用性。

除此之外,村级治理评价考核机制有待完善。虽然北湖区出台了相关政策制度,并在其中明确了村级治理工作考核办法,但是对于人居环境治理、农村产业发展、精神文明建设等内容并未出台明细化的细则。同时,村与村之间的发展定位存在差异,在评价考核方面也应存在一定的个性制定,但目前在大部分乡村治理中缺乏因地制宜的评价考核机制,以至于在村级治理中容易出现治理内容疏忽的情况。综上,村级治理在规范工作机制和评价考核机制方面还有待健全。

(三) 村民参与自治积极性有待提高

村民是村级自治的重要主体,村级治理要想取得成效,关键在于村民是否参与到乡村治理中来。当前,村民是大部分村级自治组织的重要组成部分,如在村级事务管理决策中,村级自治组级会通过邀请村民代表的方式使其参与到事务决策流程中来,给予村民表决权。但是,笔者在实际走访中,发现村民参与治理积极性有待提高,主要表现在两个方面:一是村民对于村级治理认识不足。在所调查的村民中,52%的村民认为村级治理与他们自身关系不大,24%的村民认为村级治理与他们自身具有较大关系。由此可见,大部分村民对于村级治理认识不够,并不愿意过多地参与到村级治理中来,参与积极性不高。二是表现在村民参与治理主体性弱化。在大多村级治理中,主要由村干部牵头组织,村民代表作为辅助作用参与其中,在这样的情况下村民很难作为治理主体来发挥其本身的主动性和创造性。在与部分村民交流访谈中,部分村民表示,"感觉自己参与到村里管理中也没有什么权利,只是一个形式而已……",可以看出，部分村民作为治理主体，并未被赋予实质性的权利，这样使得村民难以在治理过程中获得成就感，从而弱化治理主体村民应肩负的责任感。

三、乡村振兴战略背景下提升村级治理成效的创新路径

（一）多措并举，建强队伍

1. 搭建平台引人

针对村级党组织队伍年龄老化、综合素质不强的问题，则需要通过人才这个"蓄水池"来解决。以乡情乡愁为纽带，建立本土人才交流平台，邀请本土致富能手、本地大学生、企业家和其他优秀人才参与交流，开展评选"模范乡贤"等活动，激发他们对于家乡的责任，从中选拔优秀人才纳入本村治理队伍中，为乡村治理注入内生动力。除此之外，可以针对年轻党员的个性与特点，建立资源共享平台，其中包括本村特色产业、自然环境和文化特色等优势，以此吸引更多年轻人到村里来建功立业，从而优化村级治理队伍。

2. 强化培训育人

村级管理涉及的事务内容非常广泛，对于村级党组织也提出了更高的要求，将培育这个环节抓实，能够提高治理人员的水平和技能。一方面，强化党员干部培训。给予村级党组织成员在职学习的机会，激励引导他们深造学习，提升自身的学历水平。在注重在职培训的同时，对于党员干部技能培训也不容忽视。依据国家相关政策文件和工作要求，及时开展村级党员干部素质培训项目，针对应具备的调解纠纷、沟通协调和组织动员等能力进行专业化培训，有效提高治理技能水平。另一方面，强化村民培训。开展"村民大讲堂"等活动，积极联络相关部门领导和专家对于本村村民进行培训，让村民意识到乡村治理的重要性，提升村民参与治理的热情和责任。

3. 优化环境留人

当前城乡之间基础设施条件和公共服务水平，仍存在较大的差距，乡村治理人才的流失与之存在一定的关系。一是，完善基础设施建设。在坚持城市标准的同时，兼顾乡村特色，以此完善基础设施。在道路交通、电子商务、数字网络等基础设施上逐步完善，实现城乡一体化建设。二是，提升公共服务水平。加快推进农村基础教育的发展，进一步优化师资力量、教学设备等条件；在医疗水平、娱乐设施、公用住房等公共服务上持续推进，促进城乡之间的融合发展。三是，注重精神生活的建设。当前，大部分年轻人表示农村生活相较城市较为单调，可见对于村民精神生活的建设不容忽视。以科技馆、文化馆等场所为依托，文化下乡为形式，开展相关活动，使得农村文化生活丰富多彩，在一定程度上保障人才留得住、留得久。

(二) 强化制度，激发动力

1. 强化村民自治制度

村民参与自治的意愿与热情，能够影响治理成效的体现。村民作为乡村治理的重要主体，给予村民一定的表决权和决定权，有利于真实表达民意。在进行村级议事协商的过程中，可以创新多样化形式，以民事民议、民事民办的协商格局开展协商议事，让村民参与到村级事务从决策到实施的全过程，充分保障村民参与村级治理的自治权。另外，还应促进制度成果转化。经济是村民参与自治的重要基础，在推进共同富裕的过程中，要加快推进治理成果转化为经济成果的步伐，例如，定期组织村民参与治理工作汇报会，让村民切实感受到村级治理是一项与他们息息相关的工作，关系着他们自身利益，增强村民对于村级治理的认同感。

2. 健全村级治理监督机制

有效监督村级治理全过程，能够保障村级治理更为科学化和规范化。一是，细化工作职责。对于村干部的权力和职责，应进行更为清晰化的划分。根据村级治理事务的内容，确定第一责任人，避免出现工作内容冲突或重叠的现象。二是，开展村民满意度调查。以本村治理内容为基础，每月、每季度进行村民满意度调查，及时了解村民对于村干部的评价，对于满意度低的村干部进行谈话，以确保村级治理稳序进行。三是，严格把控干部任用。在村级党组织、村民议事会等村级组织换届过程中，由上级党组织或者部门对候选人进行政治审查，邀请村民代表参加，形成双效监督，以此保证换届选举过程的公正和透明。

3. 完善村级激励奖惩制度

完善激励奖惩制度，以此激发村干部的使命感，增强村干部的荣誉感，能进一步影响村级治理成效的体现。一方面，注重村干部激励保障。从各村中，选拔政治素质好、综合能力强的村干部，担任区市级人大代表、党代表等。定期举行村干部轮期培训和外出考察，给予一定的外出学习机会。同时，设定村级村干部奖惩制度，对于工作突出的村干部发放奖金和颁发荣誉证书，实行精神和物质的双向激励。另一方面，注重村民自治激励。以正向激励为抓手，开展"优秀村民""星级家庭"等评选活动，在精神上激发村民内在荣誉感，激励村民参与自治。建立村民参与自治的奖励制度，设立村民发展基金，对于积极参与自治的村民，给予他们一定的农作补贴，激发其内在动力。

(三) 创新方法，提升成效

1. 建立公众服务的快捷平台

村级治理的过程，实则上就是为民办事、为民服务的过程，应切实保障村民的权益。在处理村里事务时，往往会出现处理不及时的问题，从而制约了治理活动的进展。

为避免这种情况的出现，可以在村庄建立党群服务中心或者便民服务中心，该中心呈现综合性的特点，囊括了调解纠纷、技能培训、网络销售等内容，并根据村民的真实需要，分门别类地配套相对应的服务管理人员，以此提高农村公共服务水平，有效提升治理成效。

2. 依托村风文明开展治理

村风文明是乡村文明建设的重要体现，也是村民精神层面的更高追求。在村级治理中，结合本村村风民规、本村特色文化等优势，建设乡村文化长廊、文明实践站，提升村民治理意识。根据本村实际，因地制宜制定治理方案，如召开村民讨论会，对村规民约进行讨论，最终由村民修订或者制定符合时代、接地气的新村规民约，对"小事大办、大操大办"等不良风气进行整治，促进村风文明新风尚。以村民文明为依托，村民生活为基础，开展新农村文明建设，是治理乡村的重要方式和手段。

3. 打造数字网络化治理格局

网络数字化是信息时代对乡村治理提出的新要求，使数字网络动能在村级治理中发挥内在价值，促进乡村振兴治理有效目标的实现。建立城乡统筹发展治理机制，通过网络将本村与城市进行联合，及时了解新的村级治理动态，学习先进科学的治理方式。除此之外，在微信群等网络平台上，定期定时公开村务事项、党务政务信息等，让村民能够如实了解到本村动态。加强"村村一网通"的建设，寻求通信部门和政府部门的帮助，实现村民社保服务、就业创业、财政帮扶等事务的网上办理，从而形成自上而下的数字网络化治理格局，有效赋能村级治理。

参考文献

[1] 薛雯静，吕天明，闫晶，等. 数字乡村治理存在的主要问题及对策研究——以江苏省为例[J]. 南方农机，2023，54（18）：117-120.

[2] 刘超. "参与式监督"与乡村治理现代化——基于浙江省H县的调查[J]. 治理现代化研究，2023，39（04）：76-83.

[3] 谭湘颖. 乡村振兴视域下的村级组织治理机制：事权明晰和路径协同[J]. 农业经济，2023（06）：61-63.

[4] 时晶. 乡村振兴视域下乡村社会治理影响因素及优化策略探究[J]. 农业开发与装备，2023（03）：12-14.

[5] 毛一敬. 构建乡村治理共同体：村级治理的优化路径[J]. 华中科技大学学报（社会科学版），2021，35（04）：56-63.

提升农村基层党组织领导力的困境与路径
——基于乡村振兴战略的分析视角[1]

谭东华[2]　罗琼[3]

摘要：提升农村基层党组织领导力是全面实施乡村振兴战略的题中之义。乡村振兴战略下农村基层党组织领导力的基本要义可从政治领导力、思想引领力、群众组织力、社会号召力四个方面进行理解分析，其分别是农村基层党组织乡村振兴的政治保障、精神支撑、组织基础、力量源泉。在目前全面推进乡村振兴新发展阶段里，农村基层党组织的领导力建设与实施乡村振兴战略新要求还有一定差距，存在政治功能受限、思想文化认知不足、凝聚群众能力不强、引领带动作用不够等问题。因而，农村基层党组织需从增强政治功能、加强思想文化宣传教育引导、建立服务型党组织、汇聚发展合力等方面整体提升政治领导力、思想引领力、群众组织力、社会号召力，带领广大人民群众凝心聚力投身乡村振兴的伟大事业中，推动乡村振兴取得新进展、农业农村现代化迈出新步伐。

关键词：农村基层党组织；领导力；全面推进乡村振兴

全面推进乡村振兴，是在脱贫攻坚取得胜利后，新发展阶段里"三农"工作重心的历史性转移。党的二十大报告指出，全面建设社会主义现代化国家，最艰巨最繁重的任务在农村。要坚持农业农村优先发展，加快建设农业强国，扎实推动乡村产业、人才、文化、生态、组织振兴。其中，最重要的是抓组织振兴，组织振兴在五大振兴中起统领作用。习近平总书记2020年12月28日在中央农村工作会议上的讲话中指出，"乡村振兴各项政策，最终要靠农村基层党组织来落实"。农村基层党组织作为党在农村全部工作和战斗力的基础，肩负着新时代乡村振兴的重要使命和职责，而其领导力

---

[1]本文系2023年度湖南省社会科学成果评审委员会立项课题"全面推进乡村振兴背景下农村基层党组织领导力建设研究"（XSP2023FXC176）部分成果。
[2]谭东华，中共岳阳市委党校马克思主义理论教研部教授。
[3]罗琼，中共岳阳市委党校法律教研部讲师。

的强弱直接影响着党在乡村振兴战略中战斗力的充分发挥。可以说,没有农村基层党组织强有力的核心引领,乡村振兴战略的各项目标任务就将难以落地。当前,巩固拓展脱贫攻坚成果,接续全面推进乡村振兴,势必需要加强农村基层党组织建设,提升农村基层党组织领导力,这也是实施乡村振兴战略进而推动乡村振兴取得新进展的根本保障。

一、乡村振兴战略下农村基层党组织领导力基本要义的理解

作为学术概念的"领导力",通常被认为是一个组织行为学概念。这一概念最初多用于对企业组织管理绩效的考察。中国共产党在中国是长期执政党,处于国家治理体系的中轴,它不是一般的组织,也不是一般的政治组织,因而其领导力并不限于管理、决策等组织层面,同时在政治领导、思想引领、群众组织、社会动员等方面发挥着其他组织无可替代的作用。在十九届中央政治局第二十一次集体学习时,习近平总书记指出,各级党组织要提高政治领导力、思想引领力、群众组织力、社会号召力,把广大人民群众紧紧团结在党的周围。总书记的这一重要论述界定了新时代中国共产党党组织领导力基本内容的构成。那么,乡村振兴战略下农村基层党组织领导力可以理解为农村基层党组织在全面推进乡村振兴工作中表现出来的能力和效力。其基本要义可从政治领导力、思想引领力、群众组织力、社会号召力等四方面进行理解分析。

(一)政治领导力

农村基层党组织是乡村振兴的政治保障。党的政治领导力是党的领导力的核心内容,主要包括举旗定向、掌舵领航状况,体现为解决根本问题、方向问题、重大问题、原则问题。实施乡村振兴战略,增强农村基层党组织领导力的根本就是要增强政治领导力,它关系到乡村振兴的方向性、原则性、重大性问题,是全面推进乡村振兴的政治保障。从本质上讲,农村基层党组织是政治组织,必须坚持政治属性、突出政治功能,发挥党的政治优势,把党的全面领导落实到基层,毫不动摇地坚持和加强党对农村工作的领导,健全党管农村工作领导体制机制和党内法规,确保党在农村工作中始终总揽全局、协调各方,为乡村振兴提供坚强有力的政治保障。坚持乡村振兴战略的部署安排,与党中央的政治立场、政治原则、政治方向保持高度一致。也只有提升农村基层党组织的政治领导力,坚持农村重大事项、重大问题、重要工作由党组织讨论决定,才能为乡村振兴把舵导航,保障乡村振兴沿着党和国家设计的战略部署接续推进。

(二)思想引领力

农村基层党组织是乡村振兴的精神支撑。党的思想引领力,就是用党的科学理论武装头脑、统一思想,并用以指导实践,推进工作。实施乡村振兴战略,提升农村基

层党组织的思想引领力,就是加强宣传教育,做好农民群众的思想工作,宣传党的路线方针和强农惠农富农政策,引导农民听党话、感党恩、跟党走。全面推进乡村振兴是一项需要久久为功的长期工程,其深度、难度、广度都不亚于脱贫攻坚,从而在全面推进乡村振兴中,农村基层党组织只有不断提升思想引领力,用党的科学理论和先进思想武装农村党员干部头脑,学习宣传贯彻好习近平新时代中国特色社会主义思想,提升农村党员和农民群众的思想文化素养,才能凝聚乡村振兴的思想共识,也才能保证在持久的乡村振兴工程中持有坚定的信念和强大的精神支撑。同时,从当前实施乡村振兴战略的现实状况来看,也出现了一些需要进行认真分析和思考的理论问题,比如,乡村振兴高质量发展、农业农村现代化、乡村振兴中发扬脱贫攻坚精神等等,这些问题都需要以马克思主义理论,尤其要以习近平总书记关于实施乡村振兴战略的重要论述为指导,作出系统解释和回答,搞好宣传教育和思想引导。

(三)群众组织力

农村基层党组织是乡村振兴的组织基础。党的群众组织力,就是要把党员干部和党的基层组织深深根植于广大群众之中,把党的正确主张变成群众的自觉行动,组织引领群众听党话、跟党走。农村基层党组织直接面向群众,居于群众之中,跟群众的联系最为密切,因而最能便捷有效组织群众、宣传群众、凝聚群众、服务群众。实施乡村振兴战略,农村基层党组织的群众组织力,一方面体现为加强农村党组织建设,大力发展党员,强大组织群众、服务群众的党组织力量,同时能充分发挥党组织和党员的先锋性和使命感,以先锋模范作用引领群众自发自觉投身于乡村振兴的宏伟事业中。另一方面体现为深入贯彻党的群众路线,广泛听取群众意见、把握群众需求,优化服务群众内容,改善服务群众方式,使农村基层党组织的战斗堡垒作用和服务功能在推进乡村振兴中得以更充分的发挥。

(四)社会号召力

农村基层党组织是乡村振兴的力量源泉。党的社会号召力指的是党对能够参与、作用于社会发展的基本单元包括自然人、法人(如政府机关、企事业单位、社会团体等)的影响状况。团结一切可以团结的力量是我们党始终坚持的一条重要原则,也是我们党领导人民进行革命、建设、改革成功的一条重要经验。全面推进乡村振兴作为一项长期的系统性工程,既要保证人力、物力、财力的有机结合,同时也需要政府、市场、社会和农民等多元主体齐心协力合作、共商共建共治。为此,必须提升农村基层党组织的社会号召力,让党的工作有效覆盖到乡村振兴体系的不同群体、阶层、社会组织中,最广泛、最有效地把全社会的积极力量和因素动员起来,汇聚一切人才、资金、技术等社会资源,进而达到资源增长与团结各类社会力量的目的,真正实现全党上下、社会各方共同融入振兴乡村,为驰而不息全面推进乡村振兴提供强大的力量支撑。

二、乡村振兴战略下农村基层党组织领导力提升的现实困境

全面推进乡村振兴与全面脱贫工作相比，无疑涉及对象更广、标准定位更高，面临问题更复杂、内容更多元，工作难度更大，这就给农村基层党组织引领乡村振兴的领导力建设提出了更高的要求，更大的挑战。党的十八大以来，随着对基层党组织建设更加重视、加强，农村基层党组织的领导力得到较大提升，在脱贫攻坚、乡村振兴建设中发挥了全面引领作用，推动乡村振兴取得了新进展。但当前仍不同程度地存在一些问题，与新阶段全面实施乡村振兴战略新要求还有一定差距。

（一）政治功能受限制约了农村基层党组织的政治领导力

政治功能是基层党组织的"魂"，政治功能强不强关乎基层党组织能否有效发挥政治核心作用。全面推进乡村振兴，要求农村基层党组织强化政治建设，凸显政治功能，发挥政治领导核心作用。当前，部分农村基层党组织囿于主客观条件，政治功能受限，出现政治领导力不强的问题。一是部分农村基层党组织存在虚化、弱化现象。一些农村基层党组织组织建构不完善、组织制度不健全、组织生活形式化的问题比较突出。党章规定，党的组织生活是加强对党员教育、管理和监督的重要形式，但在湘北 M 镇实地调研访谈中了解到，目前不少农村基层党组织的组织生活不仅次数少，时间短，而且内容空洞、形式单一，尤其是很少结合本村实际发展状况进行学习讨论并解决具体问题，因此，一些党员参加党组织生活的积极性不高，认为组织生活无非就是读读报纸、念念文件，与自己关系不大。如此长期下去，必然会影响农村基层党组织政治引领功能的发挥，导致政治领导力弱化。另外，一些农村基层党组织不重视发展新党员工作，对流动党员缺乏有效的管理方式等也是村党组织虚化、弱化，政治领导力不强的重要因素。二是部分农村党员干部政治素养不过硬。一些村党组织书记缺乏"一把手"应有的担当和作为，把脱贫攻坚成果巩固、乡村振兴的责任完全推给驻村第一书记；一些村党员干部理想信念动摇，党员意识、宗旨意识淡漠，甚至出现以权谋利、为政不廉的"小微腐败"现象等等。这些问题的出现无疑会影响党在群众中的形象和威望，也难以把党的政治领导有效贯彻到全面实施乡村振兴战略中。如在对 M 镇的问卷调查统计结果就表明，有 62.3％的村民认为部分党员党性观念不强、党员意识淡化。而对村干部的政治信任状况，表示直接不信任的村民竟占调查人数的 40.5％。此外，还有 32.6％的村民认为村党组织不能严格地落实乡村振兴战略的重要政策。由此可见，提升农村基层党组织政治领导力的形势已非常迫切，绝不可等闲视之！

（二）思想文化认知不足制约了农村基层党组织的思想引领力

全面推进乡村振兴，要求农村基层党组织在思想上高度重视学习党的指导思想、学习党的基本理论、基本路线、基本方略，把习近平总书记关于乡村振兴的重要论述

和重要指示精神以及乡村特色传统文化资源及时向农民群众进行宣传教育,引领农民群众积极投身到乡村振兴的宏伟工程中去。当前,部分农村基层党组织思想理念滞后,理论学习力不强,出现思想引领作用弱化的问题。一是部分农村基层党组织把进行党的思想政治宣传教育、乡村文化建设看作是"虚工作"而加以忽视,存在着"讲起来重要、做起来次要、忙起来不要"的情况,导致党的基本理论、路线方针政策难以在农村全面贯彻落实,导致一些地方农民群众因精神文化生活极为贫乏,这无疑与农村基层党组织思想引领力不强有着直接关系。二是部分农村基层党组织学习教育弱化,学习理解和接受能力不强,学习不深入、不系统,对党的创新理论成果、各类涉农政策方针解读不透彻,宣传不到位。调研结果显示,有25.6%的村民认为村干部缺乏理解宣传政策的能力。农村基层党组织理解宣传政策能力不强,一个重要因素就是当前农村党员干部队伍严重老龄化,文化素质不高。调研中发现,湘北H镇2020年村级"两委"换届前,村党组织书记平均年龄为52.2岁,其中60岁以上的占比高达1.25%。村干部52人中,大专以上学历的只有8人,占15.3%,初中学历的有21人,占到40%,可见,农村干部队伍老年人多、文化水平低的情况是相当严重的。村干部年龄老化、文化素质低就使得他们在引领农民群众推进乡村振兴中,思想观念守旧,缺乏进取意识和创新精神,跟不上农业农村现代化发展的步伐。据报道,有一村干部竟然以"破坏风水"的名义极力反对驻村帮扶干部的产业发展计划。还有一突出表现就是部分村干部无法适应互联网时代下乡村振兴工作需求,调研中发现他们还不会使用电脑,不善于利用网络媒体做宣传引导工作,对党的路线方针政策的宣传渠道单一,方法老旧,仅简单张贴在宣传栏,这显然难以使乡村振兴战略广泛及时地深入人心。

(三)凝聚群众能力不强制约了农村基层党组织的群众组织力

全面推进乡村振兴,要求农村基层党组织必须有较强的凝聚组织群众的能力,这是衡量农村基层党组织领导力强弱的一个重要因素。当前部分农村基层党组织群众基础不够优良,党群关系有所淡化,群众组织力不强。究其主要原因,一是在过去计划经济体制下,农村产业结构单一,资源控制的单一性决定了乡村建设紧紧围绕农村基层党组织这个核心来运转,党群关系密切,组织动员能力较强。但随着改革开放的深入和社会主义市场经济的不断发展,农村经济结构发生了巨大变化,经济发展呈现多元化态势,农民群众对农村基层党组织的依赖性降低,从而削弱了党组织在农民群众中的号召力、组织力。二是部分农村基层党组织服务意识淡化、服务能力不强。调研显示,当农民群众遇到生活困难或重大变故时,选择向自己亲朋好友求助的高达72.6%,而向村党组织求助的不到8%。同时,有近40%的农民群众认为村党组织缺乏带领群众发展致富的能力。农村基层党组织作为实施乡村振兴战略的核心领导力量,作为组织凝聚农民群众发展致富的"主心骨",如果不能切实帮助农民群众解决实际问题，带领群众致富，那么基层党组织在农民群众中权威和信任度就会下降，甚至出现"说话没人听、活动没人来、办事没人跟"的尴尬局面。三是村级集体经济薄弱。"集体空，没人听。集体有，跟着走!"形象地说明了集体经济对提高农村基层党组织群众组织力的重要性。当前农村普遍较为薄弱的集体经济削弱了农村基层党组织提升群众组织力和形成组织权威的经济基础。如湘北P县有一村是该县有名的乱村，村支两委连办公场所都没有，集体经济更是少之又少，致使村内公共民生事务无法得到保障，因而村干部没有威信，说话没人听，农民群众对其提供的致富项目振兴乡村持质疑和观望态度，不想也不敢参与。

（四）引领带动作用不够制约了农村基层党组织的社会号召力

全面推进乡村振兴，要求最大限度地、最广泛地动员一切力量，形成推进乡村振兴的合力。当前，部分农村基层党组织难以激发和调动各类群体参与乡村振兴的热情，出现社会号召力不足。一是农村基层党组织在"两新"组织中的引领作用发挥不够。新经济组织与新社会组织作为新兴的社会力量，在乡村发展、乡村建设、乡村治理中发挥的作用越来越突出。在全面推进乡村振兴的新发展阶段里，提升农村基层党组织社会动员力的一个重要方面就是提升"两新"组织党组织的有效覆盖率，增强对"两新"组织党的工作的指导。但当前农村基层党组织在"两新"组织中的有效覆盖率明显偏低，具体表现在两个方面：一方面是基层党组织在"两新"组织中没有实现完全覆盖。调研结果表明，湘北H县"两新"组织党组织覆盖率分别在80%左右；另一方面是在"两新"组织中虽然设立了基层党组织，但在经济、政治、文化、社会、生态等方面发挥的引领指导作用有限，存在党的基层组织功能弱化、地位虚化的问题。基层党组织在"两新"组织中偏低的覆盖率和覆盖质量使得党组织对"两新"组织难以实现有力的领导，从而严重制约了基层党组织社会动员力的提升，导致"两新"组织在乡村振兴、履行社会责任等重点工作中没有体现出应有的责任与担当。二是发挥农民主体作用不够。众所皆知，广大农民是乡村振兴的主体，"坚持农民主体地位"是实施乡村振兴战略的基本原则。习近平总书记强调，"乡村振兴不是坐享其成，等不来、也送不来，要靠广大农民奋斗"。但当前一些地方，各级政府都出台了大量的乡村振兴战略规划，在产业建设，农村环境治理，农村基础设施建设等方面都投入了大量的精力，可农民群众的反应却非常的平淡，参与积极性不高，出现"剃头挑子一头热""政府拼命干，农民一边看"等问题，这既有农民"等、靠、要"的依赖思想和安贫守贫"认命"心理的原因，但很大程度上是因为政府工作和群众需求脱节，乡村振兴的政策举措和农民生产生活关联性不强，干部没有干到点子上，更没有干到群众心坎上。群众对此不关心、不看好、不信任。

三、乡村振兴战略下提升农村基层党组织领导力的实现路径

农村基层党组织作为农村各种组织和各项工作的领导核心，提升其领导力是实施乡村振兴战略的题中之义。而如何提升农村基层党组织领导力，巩固拓展脱贫攻坚成果，全面推进乡村振兴是实施乡村振兴战略亟待解决的问题。

（一）增强政治功能，提升农村基层党组织政治领导力

一是优化组织构建体系。增强政治功能，提升农村基层党组织政治领导力，充分发挥农村基层党组织全面实施乡村振兴战略的政治引领作用，必须解决一些农村基层党组织的软弱涣散问题。要按照"有利于加强党的领导、有利于开展党的组织生活、有利于党员教育管理监督、有利于密切联系群众"的原则，调整优化农村基层党组织设置方式，以确保对每一名党员能实施有效管理，尤其是对大量外出务工的流动党员要管理好服务好。要善于运用网络信息技术、数据资源等现代管理方式建立党员的动态管理体系，切实解决农村基层党组织"人找组织难"和"组织找人难"的突出问题。同时，要结合乡村社会生产生活实际开展党组织活动，严格组织生活、严明组织纪律，不断提升党组织生活的实效性，高质量地将乡村振兴战略的决策部署在农村基层全面贯彻落实。二是加强农村基层党组织领导班子建设。实践证明，脱贫攻坚成果能否巩固，乡村振兴战略能否有效推进，农村基层党组织的战斗堡垒作用能否充分发挥，关键是要选优配强农村基层党组织领导班子，尤其要选优配强村党组织书记这一"关键少数"。要注重从致富能手、产业大户、农民大学生、返乡创业农民工、复员退伍军人等党员中把思想政治素质好、有能力、敢担当、作风实、品德高的选拔培养成农村基层党组织带头人，为乡村全面振兴配强育优"掌舵人"。三是提升农村党员干部的政治素养。要强化经常性的政治学习和理想信念教育，提升农村党员干部的政治信仰，着力解决部分党员干部政治意识不强、组织观念淡化、精神不振、党员的先锋模范作用发挥不足等问题。要加强党的作风建设，加大基层腐败惩处力度，建立健全农村权力运行监督制度，持续整治侵害农民利益的不正之风和群众身边的腐败问题。在改进党员干部的作风中提升农村基层党组织政治领导力，领导农民群众为实现乡村全面振兴而奋斗。

（二）加强思想文化宣传教育引导，提升农村基层党组织思想引领力

一是建立健全农村基层党组织思想文化宣传教育制度。农村基层党组织作为党的路线方针政策贯彻落实的最前线阵地，作为乡村振兴战略的解读者和执行者，应加强和改进思想政治工作，把思想文化宣传教育制度化。要把学习贯彻习近平新时代中国特色社会主义思想融入日常、抓在经常，及时学习国家方针政策和发展战略，及时向农民群众传达党的路线方针、优惠政策、振兴愿景。要加强社会主义核心价值观教育，

尤其要加强对党员、群众的无神论宣传教育,做好农村宗教工作,引导党员、群众自觉抵制腐朽落后文化侵蚀,用先进的思想文化占领农村文化阵地,为乡村振兴筑牢思想文化基础。二是加强乡村道德文化建设,培育文明乡风。通过新时代文明实践中心(所、站)、农民夜校等渠道向农民群众宣传教育乡规民约、道德公约、文明公约。深化农村精神文明创建活动、丰富农民群众文化生活,补齐一些地方精准脱贫的"精神短板",让农村的新风新俗为乡村振兴助力扬帆。三是选拔一批文化水平高、理论素质好、表述能力强的党员充实到农村基层组织一线,用大众化的语言开展思想文化宣传教育,使群众听得懂、信得过。引导群众发自内心地拥护党,形成乡村振兴建设的思想自觉和行动自觉。四是创新宣传方式,拓展宣传渠道。在当今网络信息化时代,农村基层党组织要提升网络运用能力,充分利用"互联网+""手机 APP"等新媒体技术传播快、生动化的传播优势来推进宣传教育工作,使党员和农民群众能第一时间了解党的路线方针政策,解决宣传渠道单一、学习资源短缺等问题。

(三)建立服务型党组织,提升农村基层党组织群众组织力

一是密切联系群众,筑牢服务群众意识。实施乡村振兴战略,农村基层党组织要强化初心使命意识,切实走进群众、融入群众,与广大农民群众打成一片,了解农民群众最关心、最迫切的实际问题,有针对性地开展群众工作,引领广大农民群众积极投身乡村振兴当中。二是满足利益需求,增强服务群众能力。毛泽东曾提出:"一切群众的实际生活问题,都是我们应当注意的问题。假如我们对这些问题注意了,解决了,满足了群众的需要,我们就真正成了群众生活的组织者,群众就会真正围绕在我们的周围,热烈地拥护我们。""一切空话都是无用的,必须给人民以看得见的物质福利。"乡村振兴战略是党中央适应社会主要矛盾发生变化,实现亿万农民对美好生活向往的根本战略举措。为此,农村基层党组织要结合新时代广大农民群众需求的变化和乡村振兴战略的具体要求,始终将人民利益置于至高无上的地位,做好普惠性、基础性、兜底性民生建设,全面提升在农业生产、市场经营、文体娱乐、留守人员照料、社会心理服务、乡村环境改善等方面的服务能力和服务质量,满足老百姓多样化的民生需求,切实提升广大农民群众在乡村振兴中的获得感、幸福感和安全感,进而增强广大农民群众对党的理解、信任和支持。三是因地制宜发展壮大村级集体经济,夯实服务群众物质基础。农村基层党组织应结合村级实际,深挖特色资源、突出特色产业、瞄定市场需求、盘活闲置资产等多元化发展模式,壮大村级集体经济增加集体收入,为提高群众组织力,推进乡村振兴奠定物质基础。如上文提到的湘北 P 县的乱村,在脱贫攻坚期间,该村通过各种帮扶政策和驻村干部的努力,成功建立起扶贫车间并对外出租,每年获得十万元左右的租金,该笔租金全部归集体所有。集体有了钱之后,改善了村内一些公共服务设施,群众对村干部很满意,干部说话有了分量,群众组织力

也自然就提高了。

(四) 汇聚发展合力,提升农村基层党组织社会号召力

一是扩大党的组织和党的工作的覆盖面和影响力。在农村社会各类基层组织中,推进党组织的全面覆盖,在社会各类群体中,推进党的工作有效深入,把有形覆盖与有效覆盖统一起来,发挥好党组织在新经济组织、新社会组织等新兴业态以及新的社会群体中的作用。在实践中,要打破片区和行业协会壁垒建立党组织,深入推进"龙头企业+支部""专业合作组织+支部""协会+支部"等模式,在产业链条上建立跨区域的党组织,推动基层党建工作与经济发展的深度融合,以此增强农村基层党组织的社会影响力。二是彰显组织优势,汇聚社会力量。乡村振兴是全党全社会的共同行动,农村基层党组织要彰显组织优势,充分发挥党组织的协调能力,积极争取更多的政策、人才、资金、技术等各类优质资源向农村倾斜;要发挥好共青团、妇女组织、民兵组织、集体经济和合作经济组织、社会组织等各类配套组织参与乡村振兴、服务群众的独特优势;要全力推进"新乡贤"工作,在促进农村产业振兴、辅助基层治理、共建乡风文明、助力生态宜居、开展公益帮扶等方面充分发挥新乡贤的作用,借力聚势推动乡村振兴。三是切实发挥农民在乡村振兴中的主体作用。要加强政策宣传,以乡情乡愁为纽带,唤醒农民群众对乡村振兴的认同感、责任感,使农民群众切实意识到乡村振兴与自己的利益关系,从而积极主动投身乡村振兴;要改善农村生产生活环境和条件,提高农村公共服务与社会保障质量,完善农民参与乡村振兴的相关政策和制度,从而激发农民群众立足乡村、建设乡村、发展乡村、治理乡村的热情;要优化农民参与乡村振兴平台,健全完善村级议事会、村民理事会等村民自治组织体系,通过召集村民集体协商议事、决事、办事,引导农民广泛参与农村项目建设、环境整治、公益事业,调动农民参与村组事务的积极性、主动性。

参考文献

[1] 习近平. 坚持把解决好"三农"问题作为全党工作重中之重举全党全社会之力推动乡村振兴[J]. 求是,2022 (7):3.

[2] 冯秋婷. 全面提升与锻造新时代党的领导力[J] 毛泽东研究,2020 (4):9-10.

[3] 中共中央、国务院关于实施乡村振兴战略的意见[N]. 人民日报,2018-02-05.

[4] 中共中央、国务院关于坚持农业农村优先发展做好"三农"工作的若干意见[N]. 人民日报,2019-2-20.

[5] 祝灵君. 适应新时代新挑战增强党的群众组织力[J]. 党建研究,2018 (6):24.

[6] 吴成林. 乡村振兴与农村基层党组织组织力的提升[J]. 长白学刊,2019 (1):20.

[7] 于波. 发挥农民在乡村振兴重大主体作用[N]. 人民日报,2021-08-05.

[8] 吴海涛. 坚持农民主体地位,激活内生动力[N]. 湖北日报,2018-08-30.

［9］李小新．全面提升基层党组织组织力［N］．光明日报，2017-11-27．

［10］中国共产党农村工作条例［N］．人民日报，2019-09-02．

［11］中国共产党农村基层组织工作条例［N］．人民日报，2019-01-10．

［12］佟磊．农村基层党组织组织力建设：问题、成因及思路创新［J］．中共山西省委党校学报，2018（3）：39、39．

［13］中共中央文献研究室，中央党的群众路线教育实践活动领导小组办公室．习近平关于党的群众路线教育实践活动论述摘编［M］．中央文献出版社，2014：137．

［14］中共中央文献研究室．毛泽东文集（第二卷）［M］．人民出版社，1993：467．

基层治理现代化面临的问题与进路探析
——以T县D镇为例

王雪珍[①]

摘要： 郡县治则天下安，基层治则国家稳，基层治理是国家治理的基石，也是乡村振兴的基础。当前我国乡村处于转型时期，有效的基层治理，是确保实现脱贫攻坚成果同乡村振兴有效衔接的有力保障，也是推进国家治理体系和治理能力现代化的重要基石。但是，基层治理现代化过程中还存一些难点和问题，如村委自治变成乡镇政府的"工具人"、治理主体法治意识还不强、德治还有待加强，这些问题的解决，需要进一步完善党领导下的"三治"相结合的基层治理体系，实现乡村善治、德治、法治。

关键词： 基层治理；善治；法治

基层治理关乎党在农村的执政基础，是一个特殊且重要的领域，党的十八大以来，基层治理现代化已经逐步成为我国社会热点议题。基层治理现代化的核心是"人"，关键是要解决好"人"精神思想、社会管理、公共服务问题，其背后涉及与人相关的组织架构、制度体系、资产管理等一系列问题，是一个庞大的治理体系问题。然而，基层治理现代化是国家治理体系和治理能力现代化的短板，准确把握基层治理现代化的推进路径是具有重要意义的。

一、基层治理基本内涵和现代发展过程

（一）基层治理内涵

基层治理最早是"三农"研究学者徐勇将治理理论与基层自治结合起来研究，提出了"基层治理"的概念。之后许多学者从各自研究角度分析其内涵。从治理目的看，基层治理是解决乡村社会主要矛盾的一个发展过程；从治理方式看，通过"三治合一"基层治理是以基层政府与村民自治组织为治理主体的，它是治理主体通过整合资源从

[①] 王雪珍，中共湖南省委党校（湖南行政学院）教授。

而向乡村社会提供公共服务的过程；从治理内容来看，基层治理不仅是村民自治，还是涵盖了乡村的经济、政治、文化、社会、生态在内的综合治理。

可以发现，基层治理始终围绕着"为了谁""谁来干""怎么干"三个主题，本文认为，基层治理是中国共产党领导农民科学、民主、依法、有效地治理乡村。具体而言是一个以乡镇党委政府、村"两委"、民间社会组织、市场组织及村民在内的多元主体为解决新时代农村社会转型过程难题的治理模式。

（二）基层治理现代化发展过程

研究表明，新中国成立以来中国基层治理现代化发展以改革开放为分界点可以划分为"两个时期"，按照基层治理机制的变迁，可以划分为乡镇自治、人民公社制、乡政村治和乡村共治四个阶段。本文侧重分析改革开放后中国的基层治理现代化：

第一阶段：邓小平理论指导农村农业改革，使得中国农村开始进入基层治理的新时代。以邓小平同志为核心的中央领导集体深入推进农村改革，撤掉原有人民公社，建立乡政府，成立村民委员会，实行"乡政村治"，把权力下放给基层和人民，坚持真实的村民自治，保障工人农民民主选举、民主管理和民主监督权利。1987年全国人民代表大会通过了《村民委员会组织法（试行）》，将基层民主自治的诸多经验与做法上升为法律。

第二阶段："三个代表"引领农村治理思想，促使农村基层民主建设逐步走向完善。1997年党的十五大报告首次提出在农村实施"四个民主"，即"实行民主选举、民主决策、民主管理和民主监督"，为人民当家作主赋予新的实践形式，提出了依法治国的思想，依法治村的观念开始进入基层治理，农村基层民主选举热情得到激发，农村基层治理形成新浪潮。

第三阶段：科学发展观指导新农村建设，显著提升中国共产党的基层治理水平。党的十七大提出把基层群众自治制度上升为中国的基本政治制度，2008年十七届三中全会，高度概括基层民主的内容、环节、形式及作用等方面，提高了村级民主的制度化与规范化水平。2010年新修改的《村民委员会组织法》，为保障基层民主建设提供了更加完善的制度规范。

第四阶段：习近平新时代中国特色社会主义思想之乡村振兴相关思想，拓宽人民当家作主的新路径。党的十八大以来，把坚持和完善中国特色社会主义制度，推进国家治理体系和治理能力现代化作为全面深化改革总目标。习近平总书记多次强调，在基层治理过程中要坚持"党管农村工作"，要发挥党的领导核心作用，各级领导干部要守土有责，主动联系群众，解决农民生产生活问题，把党的各项惠农支农强农政策落实到人头，农村党组织要发挥战斗堡垒作用，通过党员示范作用带领村民共同致富。在基层治理的过程中，基层政府应该发挥主导作用，自觉扮好服务的提供者角色，引导基层治理有序进行,同时,还要发挥社会组织、市场组织及村民个人的力量,共同促进乡村振兴战略的实现,实行自治、法治、德治相结合的共治机制,不断提高基层治理绩效,促进基层治理体系与治理能力现代化的完善。

二、T县D镇基层治理现代化成效

在这个互联网大数据迅速发展的时代,基层治理是一项复杂的工程,既与治理主体的能力水平相关,也与基层治理资源的合理开发紧密相连,还涉及各项支农惠农强农政策的落地生根,基层治理成效直接影响到每个村民及家庭的利益分配与实现。

(一)治理主体更加多元

D镇不断探索创新基层治理方式,为村民提供更多的公共服务、培育壮大多元治理主体。一是由乡镇党委牵头发挥核心治理主体作用,建立由党建引领的共治平台,完善督查落实机制,汇聚社会组织的磅礴力量,加强党对社会组织的全面领导,使党关于创新基层社会治理的各项决策部署在社会组织中得以贯彻落实。二是充分发挥其他党组织治理主体的作用,不断完善村支"两委"干部队伍建设,选出了年轻化、知识化村干部队伍,发挥村支"两委"尤其是村支书在村民自治中的带头作用;充分发挥党员组长的先锋模范作用,使其成为宣传惠民方针政策的重要力量,并通过"五个到户""一对一帮扶"等活动发挥共建家园、共同治理作用;发挥妇联执委在家庭和社会中两个独特作用,在实现政府治理和社会调节及村民自治的良性互动等方面发挥"妇女半边天"作用;发挥网格员的作用,使广大村民能直接通过"网小格"表达民意诉求,真正参与到农村事务的治理中,在夯实基层社会治理基础等方面发挥村民自治作用;发挥志愿者协会、环保协会等社会组织在推动基层社会治理主体由一元向多元的转变,发挥事务共商、协同治理作用等等。多元主体参与基层社会治理,D镇正逐步实现基层治理人人参与、人人尽力、人人共享。

(二)服务水平不断提高

D镇在基层治理过程中进一步提高了公共服务水平,使村民逐渐享受到和城市同等的公共服务。一是实施网格化管理,紧扣城乡基层治理,聚焦基层党的建设、乡村振兴等重点工作,全镇实现了所有村(社区)网格化管理和志愿服务工作全覆盖,搭建网格173个,畅通民意表达渠道,实施"智慧治理",构建起村民志愿服务全参与的共建、共治、共享社会治理新模式。二是推进"放管服"改革,明确办理权限,推进建设服务大厅政务服务规范化、高效化、优质化、便民化,加强业务办理指引,明确办理材料、办理流程、办理时限等,让群众少跑腿、少奔波,对高龄老人、行动不便人员、残病人员可代办业务,实现全镇"马上办、网上办、就近办、一次办",及时有效地回应农民的诉求,切实加强了服务型政府建设,增强了政府公信力,促进了基层治理发展。

（三）民主意识有所增强

D镇通过基层治理现代化的推进以及普法教育的宣传推广和相关法律法规的完善，促使农民的价值观念、思维方式和行为方式发生较大变化。一是深入开展基层民主政治建设，以国家法律法规为依据，深化村务公开民主管理，落实各项民主制度，满足农民参与政治生活的需求。例如，在村干部换届选举时，依法实行民主选举，充分尊重广大村民和党员的选择权，让全体村民参与从投票选举到结果公示的整个选举过程，让村民切实行使自己的选举权、被选举权和监督权；二是大力支持全体村民参与乡村建设，在处理村级公共事务时，鼓励村民建言献策，为村级公共事务的处理贡献力量。同时，通过互联网、"村村响"等手段加强国家方针政策宣传，农民足不出村便可以及时了解国家惠农政策，了解目前自己所在乡镇农村治理现状等，村民的主体意识、政治意识和法律意识得到不断增强。

（四）乡村社会更加稳定

习近平总书记说："确保农村社会和谐稳定，需要夯实基层治理这个根基，要加快推进基层治理体系和治理能力现代化。"D镇通过畅通农民利益诉求表达渠道，维护好农民群众的合法权益，积极化解信访积案，坚持和发展新时代"枫桥经验"，做到小事不出村、大事不出乡、矛盾不上交，全面推行"互联网＋政务"服务，最大程度方便企业、群众办事，切实发挥共青团、妇联等群团组织和志愿者协会等社会组织在疫情防控、乡村振兴、人居环境整治、文明创建、平安建设等工作中的作用。健全完善社会治安防控体系，强化网络舆情监测管理，抓实"一村一辅警"等基础工作，强力推进禁毒工作，巩固扫黑除恶成果等系列基层治理举措，使得乡村社会更加稳定，为美丽乡村建设打下基础。

二、当前T县D镇基层治理现代化面临的问题

在日常工作中，时常听到一些基层干部发出这样的感慨："基层的工作太难做了，个别群众信访不信法，认为只要到上一级政府去上访，自己的事情和诉求就一定能解决"。可以看出，虽然当前基层治理体系逐步形成全方位发展趋势，基层治理主体能力在各个方面也有了很大提高，但与基层治理现代化的目标相比，还有一定差距。

（一）基层治理体系有待进一步完善

1. 自治具有行政化倾向

随着越来越多的行政事务下放，处在"压力型体制"下的乡镇政府要完成上级下达的各项指标与考核，倒逼村（居）委会逐渐转型，甚至同样有着"五加一、白加黑"的工作模式，尤其是痕迹管理被广泛应用以来，"凡事留痕，处处留痕"让村委会工作

更加超负荷运转。

2. 法治还没真正落到实处

目前，我国基层治理基本能做到有法可依，但仍面临法律法规内容不完整、全民法治观念有待加强等问题，如"一肩挑"下的村"两委"干部微权力腐败问题没有作出具体规定，使得村"两委"干部有了灰色活动区域。且大部分村民很少使用法律武器来保护自己权益，出现邻里、土地承包流转、民主选举等纠纷时，对于纠纷矛盾要么忍一时风平浪静，要么让争端长期积累发酵，最终酿成事端。

3. 德治还有待加强

当以血缘、宗族为中心的传统礼治与以自由、平等、法治、民主为中心社会主义核心价值观相碰撞时，会产生一定冲突，制约乡风文明的进程。同时，随着城镇化推进，农村青壮年劳动力、文化素质高的村民多外出创业务工，村里老人儿童多，孩子缺乏父母言传身教，一定程度上制约德治的发展进程。

（二）基层治理主体有待进一步定位

1. 管理机制定位不够精准

部分村支"两委"定位不够精准，有的村级组织"过度自治化"，片面强调自治权力，不接受党组织的正常指导，特别是"后农业税时代"的到来，支部书记和村委主任未实行"一肩挑"之前，部分村委会不能正确定位，在"行政隶属关系"上，不愿接受党支部的领导，更有甚者为了自身利益，抱着消极冷淡的态度使乡村游离于管理之外，对基层治理带来了阻碍。

2. 农村精英和普通村民的缺位

大量农业人口选择进城务工，村干部带着中坚农民和留守的老弱病残参与基层治理，而他们参与乡村事务的积极性较低，更不愿监督村干部行为，村民自治有效性受到严重考验。同时，流失的精英不再依赖乡村资源，也很少参与乡村自治，造成农民主体缺位，影响基层治理建设的步伐。

（三）基层治理资源有待进一步提质

1. 乡村集体经济薄弱

由于乡村基础设施落后，村级建设中的危房改造、道路、水利等基础设施建设以及一些公共服务的提供都需要大量的资金作为后盾，但只有少部分村有村级集体收入，如土地发包、鱼塘、门面租金等，且这些收入不具有稳定性和持续性。同时，由于自然条件的差异和历史形成的原因，各村经济发展不平衡，有些村甚至无集体经济来源，阻碍基层治理进一步发展。

2. "等靠要"思想较重

乡村建设资金大多依靠政府补贴，在农业税废除之后，基层政府由过去向农民

"要钱""要粮"变为向国家"跑钱",资源获取方式由过去的"向下"汲取转为现在的"向上"争取,而政府的财政资金的来源是有限的,使得乡镇政府由于资金压力较大,镇村两级无法完善而周密地提供公共服务,而是在国家与农民中间造成一种"真空"状态。

3. 资源下乡存在"最后一公里"问题

通过普惠制下乡,农村享有国家在农业、教育、医疗等方面的补贴,满足农民衣食住行医的需求,为基层治理提供基础保障。但在资源下乡过程中,由于项目是自上而下落地,部分村民并不关心国家资源如何下乡,如何落地实施,容易导致下乡资源未能真正使村民受益和国家资源在落地过程中缺少村民监督,这也是基层治理出现问题的一大表现。

(四)基层治理机制有待进一步优化

1. 农民利益表达方式不当

当农民感受到他们在村委会换届选举、土地征用等方面的切身利益受损时,他们便会去乡镇政府"讨说法",信访不信法的情况时有发生,这就使上访者形成错误的上访观念,由此导致"缠访闹访—获利—再缠访闹访"的信访怪圈。再加上现代交通和电子通信发达,更为农民赴市、省、京上访创造了条件,越级上访的问题由此产生且呈有增无减的趋势。这些不恰当的利益表达成为基层治理过程中面临的又一难题,降低了基层治理绩效,影响了农村社会和谐稳定。

2. 农村存在不良社会风气

当前仍有部分农村地区封建迷信风行,这不仅阻碍农村经济发展和先进文化建设,还影响乡村社会的和谐稳定。此外,制约着基层治理现代化进程的还有农村地区存在严重的浪费攀比之风,如人情消费攀比,异化了乡风民俗,造成乡村社会动荡,给基层治理带来新的挑战。

3. 基层治理机制不健全

有一些地方的村级民主自治机制不健全,村规明约没有真正抓实落地,部分村民自治流于形式,如村干部的监督机制不完善,村务公开"不阳光"等,出现了形式主义和弄虚作假的现象,同时村干部选拔、人才考评和激励机制不完善,人才流失严重,这已经成为制约新时代中国特色社会主义农村建设的关键因素。

三、T县D镇基层治理问题的原因分析

(一)治理主体人才队伍不足

1. 镇村两级干部队伍有待进一步健全

近年来,乡村干部任用选用年轻干部趋势增长,但目前乡镇政府中流砥柱工作人

员年龄仍集中在45岁左右，缺乏年轻血液。如，D镇虽然新当选村干部平均年龄47.6岁，大专以上文凭占比29%，女性比例33%，其中女性主职2人，但D镇17名村支书平均年龄55.4岁，年龄偏高，大专学历仅2人，普遍文化程度不高。

2. 村级"乡贤能人"队伍缺乏

迫于生活压力，大多数青壮年劳动力外出务工或创业，留守村民多为老人孩子，缺乏致富带头人的引领，导致乡村发展相对较为滞后，参与自治积极性不高，给基层治理也带来难度。

（二）治理主体角色定位不明

部分村民角色定位不明，有些村民只关心与自身利益相关的事，同时还认为乡村经济发展、人居环境整治等是村上的事、政府的事情，与自己无关，没有认识到自身是基层治理参与者，导致村民缺位。此外，也有部分村民，因法律意识淡薄，对政府职能不了解，对政府的工作布置和国家相关政策执行态度完全取决于感情亲疏远近而不是制度刚性约束，部分村民和政府的关系甚至出现"有田有地不靠你，有吃有穿不听你，没有事情不理你，出了问题要找你，解决不好要骂你"的境地。

（三）利益诉求表达渠道不畅

1. 信访渠道不畅

信访部门隶属于地方政府，若上访少或无上访，则表示该部门政绩突出，在这种错误"政绩观"的引导下，导致部分上访农民被半路拦截、被强制遣送或者拿钱息事宁人等现象。

2. 司法救济渠道不畅

当农民利益遭受侵害时，由于法治机制不够健全，认为诉讼必然会花费大量时间、金钱和精力，面对高昂成本，本身不富裕的农民只好放弃司法救济途径。于是，部分农民被迫选择不当的表达方式来维权，如通过电视、网络等渠道来表达自己的需求，成本低，见效快，但其真实性、可靠性低，随着事情的发酵，甚至会给当地发展带来较大负面影响。

（四）法律制度建设步伐不快

1. 法律制度不完备

规定乡镇政府与村委会的相关法律很少，能够找到依据得到认可并比较权威的法典只有一部，即《中华人民共和国村民委员会组织法》，相关法律缺少对个别乡镇政府以及村委会等治理主体工作"越位""缺位"等不法行为的规定，降低了基层治理的有效性。

2. 村民自治有滞后

村民自治制度具体实用的特殊性要求它必须与村民生产生活保持高度的一致，而村民自治制度的相关法律规定并没有在宏观层面适应乡村社会现实的需要而进行修改和完善，落后的制度抑制村民自治实践的顺利进行。

四、基层治理现代化主要推进路径

（一）坚持党建引领，提升组织能力

乡镇政府要深入推进抓党建促乡村振兴、促经济发展、促基层治理、促乡风文明，实施农村基层党建"抓乡促村、整乡推进"示范乡村创建行动，强化农村基层党组织领导核心地位，对农村各类组织分类施策、精准发力，实施有效领导，切实增强农村基层党组织政治功能和组织力。优化农村党组织考评细则，将农村人居环境整治、移风易俗等工作纳入其中，促进乡镇、村党组织领导基层治理能力提升。

（二）培育多元主体，增强治理活力

充分发挥乡镇政府的引导作用，重新界定乡镇政府的职责和权力，结合乡镇的实际情况，形成合法合理的乡镇政府政绩考核指标，减轻乡镇政府和村支"两委"压力，逐步实现自治去行政化。村委会明确主要职责是负责处理本村公共事务，如反映村民诉求、保护生态农业等。乡镇政府可采取召开屋场会等方式，让村民积极参与厕所改建、农业基础设施等"家门口的建设"，激发村民对村务参与共治的兴趣。同时，乡镇政府积极引导社会组织协助政府工作，为特殊群体等提供政府无法提供的服务，如成立农村留守儿童帮扶会等，维护社会公平，化解社会矛盾。

（三）增强干部本领，提升履职能力

加强农村干部的培养、配备、任用，全面贯彻落实村（社区）书记主任"一肩挑"，突出政治标准，拓宽选人渠道，明确选拔标准，大力选拔培养"政治素质强、发展能力强"的"双强型"基层党组织书记，加大党组织书记培训力度，培训内容应涉及党政思想、政策法规和业务知识等。建立农村致富带头人、村级后备干部选用培养机制，加大后备力量选拔储备。深入实施"头雁领航"工程，分期分批组织乡镇、村党组织书记到乡村振兴示范镇、村参观学习，全面提升基层干部素质和能力，为基层治理提供人才保障。

（四）提升村民素质，树立民主意识

发展农村基层民主政治，完善村民自治，必须培育村民的现代公民意识，即主体意识、参与意识和公共意识。要通过加强宣传教育，提高村干部和村民的民主素质；要利用多种形式在村民群众中积极开展社会主义思想主题教育，提高村民对民主的理解能力和接受能力；要开展民主参与的权利意识教育，使村民树立民主参与、当家作主的权利意识和民主意识；要通过开展自由、平等的民主观念教育，使村民强烈认识

到自己利益、权利的主体性和不可侵犯性，树立较强的民主责任感。

（五）完善诉求机制，保障民主权益

政府转变工作理念，坚持以农民需求为中心的供给目标，完善利益诉求表达回应机制，及时有效地回应农民的诉求，增强政府公信力。健全社会矛盾预警机制，重点收集涉及村民切身利益的土地承包、社会保障等信息，争取将矛盾化解于萌芽阶段。完善信访制度，畅通信访渠道，正确对待信访工作和来访人员，建立信访责任追究制度，对不重视农民利益表达、随意处置信访案件、不接上访案件的工作人员进行严肃处理，进一步规范村委会与乡镇政府之间关系，充分发挥村委会自治功能，切实维护农民利益。

（六）完善法律法规，健全民主制度

加大立法工作，对粗糙和缺乏严格界定的法律法规进行重新修订，明确乡镇政府与村委会的关系。强化农村普法力度，抓村"两委"干部"关键少数"，提升组织者和领导者法律素质，创新普法手段，利用新媒体快速传播的优势，增强宣传的趣味性与可理解性。完善乡村法律服务体系建设，加大对农民的法律援助和司法救助力度，培育一批以村干部、新乡贤为重点的乡村法治带头人，推动构建适应现代化发展的新型人际关系的和谐乡村。

（七）创新治理方式，推动与时俱进

充分认识到大数据时代互联网的重要性，有效发挥"互联网+"在基层治理中的作用。同时，也要防范"互联网+"带来新的问题和风险。运用大数据、互联网等先进技术嵌入基层治理创新过程中，逐步搭建各个治理主体之间信息传递的桥梁，打破、消除主体间的"信息孤岛"和"数据壁垒"，鼓励社会组织研发适应基层治理需要的平台，为新技术在基层治理中的应用提供技术支持，为决策、应急处置等提供数据分析，提升治理主体的决策能力和应变能力，推动基层治理的治理方式与时俱进。

参考文献

[1] 秦中春. 乡村振兴背景下基层治理的目标与实现途径［J］. 管理世界，2020. 36（02）：1-13.

[2] 徐勇. 挣脱土地束缚之后的乡村困境及应对农村人口流动与基层治理的一项相关性分析［J］. 华中师范大学学报（人文社会科学版），2000（02）：5-11.

[3] 王孝成. 健全"三治结合"基层治理体系［N］. 学习时报，2018-01-17（003）.

[4] 党国英. 我国基层治理改革回顾与展望［J］. 社会科学战线，2008（12）：1-17.

[5] 张润泽，杨华. 转型期基层治理的社会情绪基础：概念、类型及困境［J］. 湖南师范大学社会科学学报，2006（04）：11-30.

[6] 赵一夫，王丽红. 新中国成立70年来我国基层治理发展的路径与趋向［J］. 农业经济问题，

2019（12）：21-30.

［7］邓小平. 邓小平文选（第1卷）[M]. 北京：人民出版社，1994：252.

［8］邓小平. 邓小平文选（第2卷）[M]. 北京：人民出版社，1994：146.

［9］中央党史和文献研究院. 十五大以来重要文献选编（上）[G]. 北京：中央文献出版社，2000：31.

［10］编写组. 中共中央关于推进农村改革发展若干重大问题的决定[M]. 北京：人民出版社，2008：19-20.

［11］徐勇. 县政、乡派、村治：基层治理的结构性转换[J]. 江苏社会科学，2002（02）：27-30.

［12］王雪珍. "互联网+"农村社会治理创新探赜[J]. 湖南行政学院学报，2021（04）：76-82.

［13］王晓毅. 完善基层治理结构，实现乡村振兴战略[J]. 中国农业大学学报（社会科学版），2018，35（03）：82-88.

［14］刘建平，陈文琼. 最后一公里"困境与农民动员——对资源下乡背景下基层治理困境的分析[J]. 中国行政管理，2016（02）：57-63.

［15］陈晓莉. 新时期基层治理主体及其行为关系研究[M]. 中国社会科学出版社，2012：14.

乡村振兴背景下乡村治理体系构建路径探析
——以怀化市鹤城区双村为例

宋维红[①]

摘要："三治融合"是乡村社会治理体系和治理能力现代化的有效途径，也是实施乡村振兴战略的重要保障。当前，我们探索"三治融合"的乡村治理模式，希望通过完善自治制度、强化法治保障、弘扬德治，做到协同治理增效，实现共建共治共享的乡村善治新格局。

关键词："三治融合"；乡村治理；能力提升；善治

乡村治理是国家治理的基石，也是国家治理体系的重要组成部分。党的二十大报告提出："全面推进乡村振兴，统筹乡村基础设施和公共服务布局，建设宜居宜业和美乡村。"在2023年中央农村工作会议上，习近平总书记提出要完善党组织领导的自治、法治、德治相结合的乡村治理体系，让农村既充满活力又稳定有序，实现乡村由表及里、形神兼备的全面提升。由此可见，完善的乡村治理体系对我国新时代实施乡村振兴发展战略、推动国家治理现代化具有重要意义。

一、实施"三治融合"：构建乡村治理体系的现实需要。

鹤城区，位于湖南省西部，隶属于怀化市，总面积722.8平方千米，辖7个街道、3个乡镇、1个旅游度假区，有64个社区、62个行政村，常住人口71.33万人。在对鹤城区乡村治理现状的调查研究过程中，课题组成员深入鹤城区坨院街道双村进行实地调研。该村位于鹤城区城郊东部，距怀化城区仅2公里，全村辖11个村民小组、535户、1900余人，耕地面积1642亩，林地面积2055亩。

近年来，双村紧扣"生产发展、生活宽裕、乡风文明、村容整洁、管理民主"的新农村建设目标，走"自治、法治、德治"相融合的乡村善治之路和"培养产业富村

[①]宋维红，中共怀化市鹤城区委党校，科研室主任，讲师。

民、环境治理美村庄"的美丽乡村建设之路，取得了显著成效。先后被授予湖南省新农村建设示范村、湖南省美丽乡村建设示范村、湖南省乡村旅游精品村、湖南省"六到农家"建设示范村、全国文明卫生示范村、全国妇联基层组织示范村、国家 AAA 级旅游景区。在调研过程中，我们了解到双村在乡村治理过程取得了一些值得我们学习借鉴的好经验。

（一）加强乡村自治建设，激活基层治理"源动力"

自治是乡村治理的基础和核心，村民是乡村治理的主体，只有激发群众参与治理的积极性，才能提升乡村治理效能。一是坚持桌面上阳光议事。将党务、村务和涉及村民切身利益的所有大小事情，都摆在桌面上，由村支两委成员研究讨论决定。对议定和决定的事项，与会人员要在会议纪要和决议上签字按手印，为自己的言行态度负责，做到人人有权、人人有责、人人担当，避免会上不说、会后乱说。二是坚持公开办事相互制约。坚持办理公事、处理公务过程两人以上参与、相互见证、相互监督相互制约，不允许一个人单独办事。三是坚持征地拆迁费用直接转账给村民。既打消了村民认为村里截留征地拆迁费用的疑虑，也有力地支持了地方建设。在双村辖区实施的重点工程项目没有发生一起阻工和强揽工程事件，村民对重点工程实施大力支持。四是坚持只要项目不经手资金。对上级部门投入双村的新农村建设项目，村支两委坚持只要项目、只监督项目施工质量，资金管理和工程队伍确定均由项目投资部门自行管理、自行确定。20 年来，没有村民因工程施工、工程质量及资金问题上访告状。五是坚持村财务支出集体签字决定。每一笔支出必须由村支两委干部集体签字才能生效，缺一个人即视为无效。六是坚持村支两委干部轮流参加上级会议。会后传达集体学习，为村支两委干部开阔视野提升综合素养提供机会与平台。村支两委干部对上级党委、政府的政策举措掌握领会精准，贯彻落实更为有力，凡是上级党委、政府及有关部门安排部署的工作，在双村都能得到及时贯彻落实。

（二）推进乡村法治建设，凝聚基层治理"正能量"

法治是乡村治理的前提和保障，乡村治理只有在法律的框架下进行，乡村社会才能更加稳定有序地运转。一是拓宽法治宣传渠道，以法治保障乡村善治。法治的根基在群众，为了引导每位群众知法守法用法，双村通过各种平台加大法治宣传力度，深入田间地头，与村民面对面开展《中华人民共和国民法典》《中华人民共和国消防法》等与群众密切相关的法律法规宣传普及行动，发放宣传单、制作宣传栏，在村党支部委员会、村党员大会、村民大会上集体组织学习，让常态化普法与专题学法活动相结合。在日常工作中，村干部做到运用法律制度解决问题，对于村干部和普通群众的违法行为，做到一视同仁依法依规处理。双村被怀化市及鹤城区司法局授予法律服务进农村示范点称号。二是加强社会治安综合治理，全面推进平安乡村建设。双村在平安创建过程中,村支两委干部在网格化管理中挂点负责村民小组,组建便民服务微信群,及时推送政策类信息,加强防火防盗、禁毒知识、防电信诈骗等知识宣传,解决网格内的矛盾纠纷。治保主任和辅警加强巡逻,严格落实村治安综合治理、严厉打击违法犯罪活动,及时接待村民来访来信,做到保民安、化民怨、解纠纷、惠民生。在区"雪亮工程"中,在村重要路段、重要场所安装视频监控,依靠智能感知技术,为村治安防控智能化应用提供数据保障。

(三)抓实乡村德治建设,培育基层治理"新风尚"

德治是乡村治理的伦理根基和灵魂,乡村治理需要加强培养村民的道德风尚,营造和谐稳定的社会环境。一是弘扬传统美德,夯实和美乡村根基。双村历史悠久,建村千年以上,民风淳朴民俗醇厚,历代祖辈不仅辛勤耕耘谋生,还积淀了丰厚的农耕文化和优良的礼仪传承。起于明朝、兴于清代、终于新中国成立前的师爷文化就是其中的典型代表,勤劳、睿智、忠诚、豁达、开朗、乐观,是这种文化的精髓与核心,并一直传承至今,深刻影响着双村人的价值取向和奋斗目标。在走访过程中,我们看到在双村的村组道路上,村支两委通过通俗易懂的标语,宣讲尊老爱幼、相互礼让、和睦相处、诚实守信等中华优良传统,教育村民要保持勤奋进取之心、要心存敬畏、要厚道待人、要公平处事。二是重视环境保护工作,创建宜居宜业乡村。推动"能人+农村环境改善"模式,提升农村人居环境整治。通过植树造林、开展文明卫生庭院评比活动,提升村民的环保认识和意识。实施垃圾整治、村道保洁等环境卫生综合整治,先后投入资金200余万元,建成垃圾屋11个,四格净化池49个,购置清运车1辆、配备垃圾托运车4辆,配发户用垃圾桶800余个,实现在环村主干道每隔100米设置一个分类垃圾箱,在每个村民小组集中点有垃圾集中收集处理点。同时,按照城市环境卫生保洁管理模式,常年聘请环境卫生保洁员4人,对村内进行经常性的环境卫生保洁,村域环境干净整洁、亮丽美观。三是推进村级公益事业建设,为乡村治理添砖加瓦。近年,双村在村党支部的带领下,陆续修建了怀化市首个建筑面积超过1500平方米的现代化村级组织活动场所,鹤城区唯一一所从学前班到六年级的村级完全小学,以及村民文化休闲活动广场、集中供养孤寡老人的光荣院等基础设施。已建成便民服务中心(村级综合服务平台)和综合性文化服务中心等设施,规模面积达500余平方米。开展道德讲堂、文化远教、体育健身等公益性活动。

二、完善"三治融合":乡村振兴中面临的困境和难题

通过走访调研双村我们看到,虽然在乡村建设中双村走到了鹤城区的前列,但是在探求乡村善治的道路上仍存在一些困难和问题,主要表现在四个方面:

(一)自治能力不足制约法治与德治建设

随着脱贫攻坚、乡村振兴战略的实施,双村治理发展取得一定成效,但也存在一

系列问题,制约了乡村自治的活力。一是基层组织不成系统,参与乡村治理面临困境。首先,村党支部提升动力不足。部分村民还没有完全认识到基层党组织的重要性,不重视村党支部的领导。一些村党支部成员在乡村治理过程中,文化水平和管理能力长期处于同一水平,治理方式固化,治理理念滞后,思维保守陈旧,面对工作中出现的一些新问题,经常凭经验处理,不能完全做到与时俱进、有规可循。其次,村委会日趋行政化。平时的工作既要接受村党支部的指导,又要接受街道的指导,经常疲于完成上级布置的各项工作任务,成为行政事务的代理人,领导作用发挥不充分,乡村治理工作在某些方面还流于形式。最后,其他社会组织覆盖不完全。虽然目前双村成立了一些社会组织,但大多是经济组织,民间公益组织、自治组织较少。同时由于缺少正确的管理,许多社会组织处于分散状态,村民参与积极性不高,使得乡村自治发展遭遇瓶颈。二是人才缺失主体缺乏,乡村建设无法高效开展。首先,乡村精英人才流失。近年来,随着对教育的高度重视,村内培养了一大批高学历的专业性人才,但这些精英人才出于自身发展考虑,毕业后多选择去工资待遇高、工作环境好、晋升机会多的发达城市或怀化城区的公职部门工作,真正能够回乡创业回馈乡亲的较少。其次,青壮年劳动力的大量转移。因双村距离怀化城区仅2公里,为寻求更多的发展机会、更高品质的生活、更高质量的教育,村里的青壮年劳动力多到怀化城区务工,逐渐适应了城市生活,对于村内公共事务,并不是特别关心,认同感在逐年下降。最后,村内亟待注入新鲜血液。目前留守在家的村民大多是老人、妇女、儿童,受教育水平不高,只关注自家的生产生活,与外界联系较少,缺少管理能力,肩负不起乡村自治的重任。三是村民角色定位模糊,主体责任意识不强。首先,对上级政府或组织过度依赖。在以往乡村治理的过程中,形成街道办、村支部、村委会占主导地位的局面,村民在村务管理、自我教育、自助服务以及民主选举、民主管理、民主决策、民主监督等方面的作用发挥不充分。其次,参与乡村管理的积极性不高。部分村民只关心自家的生产发展,对于公共事务缺乏热情,使命感不强,责任感淡薄,甚至有敷衍了事的现象。最后,村民主体意识不强。遇到问题时首先想到的是找村干部解决,而不是通过村民大会集体商议决策。一些村民考虑到自身文化水平不高,"人微言轻",不能在村民大会上充分表达自己的诉求,甚至一些村民忙于"养家糊口",经常缺席村民大会,没有时间参与村务治理,村民监督乏力。

(二)法治秩序失衡使自治与德治难以保障

一是法治体系仍不健全,无法满足现实生活所需。首先,乡村治理法律法规不健全。目前,我国涉及乡村治理的法律法规体系还没有完全构建起来,村民遇到矛盾纠纷时还无法完全按照法律法规去解决,村民的合法性保障仍有不足。其次,传统观念习俗仍起主导作用。在处理村内事务和矛盾纠纷时,村民仍多以传统礼教和道德观念作为评判标准，人治思想在一定程度上超越了法治思想。二是法治意识淡薄，公共权力运行失范。首先，法律普及不到位。法律具有极强的专业性，很多村民对法律的认识和理解较为薄弱。普法资金、普法资料和普法时间有限，法律条款多停留在纸上或墙上，没有真正落实到乡村治理中；其次，忽视法律作用。基层干部和村支两委在村级事务管理中很少以法律作为依据，遇到矛盾问题通常采取劝导、说教、人情等方式来解决，甚至会有偏向熟人、裁判不公正的现象。三是村民利益维护失序，无法保证自治权利。首先，村民维权意识薄弱。因长期受固化思想影响，村民在遇到矛盾纠纷和利益冲突时，通常会采取"托关系""私了"等方式来解决，很少采取法律手段；其次，法治交易成本过高。乡村法治的推行需要依靠审判机关、检察机关和执法机关等国家机关，而村民对这些司法机关往往存在惧怕心理，担心无力承担高昂的法律费用，使得法治在乡村治理中难以实现。

（三）德治精神忽视增加了自治与法治成本

一是优秀传统文化逐渐丢失，乡村德治功能减弱。首先，乡村传统文化遗失。随着经济快速发展，大量城市文化涌入双村，村内传统文化和礼俗逐渐遗失，乡村价值体系发生变化。其次，传统道德呈现边缘化趋势。传统村规民约和宗族权威在双村的影响力在逐渐减弱，部分村民受"金钱至上""享乐主义"等错误思想观念影响，只注重追求经济利益，淡化优秀传统道德思想和良好社会风俗习惯的影响，使得优秀传统道德文化对村民的影响力在逐渐弱化。最后，道德评价标准出现多元化。随着多元价值观的产生，村民经常处于主流道德文化和多元道德观念冲突中，导致村民的社会道德评价标准失范。二是村社会公共意识弱化，德治主体力量流失。首先道德教育开展力度不够。双村经常开展农村实用人才、实用技术、务工技能等培训，先后培育出黄运龙、田秀才等土专家、乡土工匠和致富带头人，推动了双村经济产业的快速发展。但在道德建设上却重视不够，道德讲堂开展次数有限，达不到教化村民提高道德素养的作用。其次新乡贤无法引领道德建设。双村当前涌现出国家级劳动模范黄秀佳、省级劳动模范彭丽丽等热心支持公益事业建设的新乡贤，但在道德声望和社会责任方面，还有待提升。最后乡村德治建设主体力量缺失。目前留在村里的多是一些老弱妇孺，他们只关注处理自家事务，面对村内公共事务、公共责任时不愿履责，甚至推卸责任。三是村民精神文化相对匮乏，道德问题不断显现。首先文化设施较少。我们在调研走访过程中看到双村对于农业产业发展、农业休闲观光旅游发展很重视，而乡村文化建设没有形成自己的特色，多停留在通过宣传牌和通俗易懂的标语来宣讲"仁义礼智信"等传统道德观，没有打造出具有双村特色的百姓文化。其次村民文化活动单一。村里通常只在七一建党节或春节举行一些庆祝活动，其余时间文化活动较少。村民在农闲的时候经常靠上网刷手机、在家看电视或聚集打麻将来打发时间，村图书室、阅览室少有人光顾。最后文化生态偏向功利性。随着双村经济的发展，老百姓的生活更加富裕，同时也形成了互相攀比之风。有些村民逢年过节、走亲访友时喜欢炫耀、显摆，红白喜事大操大办。同时一些封建迷信思想仍然存在，不良风气影响乡村道德建设，扰乱了乡村秩序。

三、创新"三治融合"：探求共建共治共享的善治新路

习近平总书记指出，健全自治、法治、德治相结合的乡村治理体系，是实现乡村善治的必由之路。因此，我们在提升双村治理水平的过程中，要以自治增活力、法治强保障、德治扬正气，加快建设基层治理共同体，不断推进人民安居乐业、社会安定有序。

（一）坚持党建统领，形成多元主体共同参与的乡村自治

1. 加强基层党组织建设，健全党领导下的乡村治理体系

一是明确基层党组织的领导。《中国共产党章程》中明确规定"街道、乡、镇党的基层委员会和村、社区党组织，统一领导本地区基层各类组织和各项工作，加强基层社会治理"。基层党组织要带头不断学习，严格遵守党的全面领导制度，从制度上思考问题、制定政策、完善措施、解决问题，推进各项事业的发展。二是理顺村"两委"之间的关系。协调紧密村"两委"之间的关系，合理分配两者的权利，建立起由村党支部和村委会共同决策、村委会负责执行、监督委员会和村民进行监督的乡村治理体系，充分保障村民当家做主的权利。三是加强村委会组织建设。严格按照《村委会选举法》规范村委会选举，保障选举过程公开透明，维护村民的选举权，保证村委会和街道干部不非法干涉选举，杜绝村里家族势力在选举中谋求私利；有效规范对村委会的监督，明确考核标准，定期或不定期地对村委会及成员进行考核，明确村干部的权利，充分调动村干部管理村级事务的积极性；三是健全基层党组织的服务机制。街道乡镇党委建设起党群服务中心、便民服务站等保障设施，满足村民的日常生活需要。建立"四议两公开""三会一课""党员公开承诺""积分考核""党员帮扶"等有效服务机制，引导激励有能力有责任心的党员在工作中更好为群众服务。同时通过各种平台，丰富党建活动的形式和内容，增加乡村党员在服务中的积极性和能动性。

2. 加强正确的民主教育，提高现代农民的民主意识和能力。

一是培养村民民主意识。首先，基层党组织要加大对农民的民主教育，通过村民大会、村务公开栏和村广播等方式加大宣传讲解，使村民及时有效地参与到乡村治理中。引导村民树立正确的民主意识，培养其参政议政能力，让村民在民主协商中表达自己的意愿，争取自己的合法权益，保障自己的根本利益。其次，各级党组织定时定点收集群众建议，不断为广大村民创造出敢于当家做主的民主环境。二是提高村民自

治能力。首先培养自治观念，村干部带头积极学习法律法规，引导培养村民自治观念；宣传部门通过知识讲座、实践教学等向村民宣传村民自治观念等，使村民增强主体意识。其次利用网络等现代技术，增强村民自主学习能力，提升村民对乡村自治的认同感，激发村民参政议政的积极性。最后强化村民的自制力，理清乡镇街道与村委会间的权责关系以及干部和群众的关系，维护好村民大会的地位和权威，发挥村民自治章程和村规民约的规范作用，实现真正的村民自治。三是培育民间自治组织。首先构建乡村各级服务组织体系，加强村民监督委员会、监督小组及乡贤理事会队伍建设，提升妇女群体、老年协会、共青团队伍等乡村合作组织的建设，推动自治运行机制的形成和发展，充分发挥乡村社会组织在满足村民诉求和乡村队伍建设等方面的优势。其次与政府建立良性互动关系。坚持基层党组织对村内民间组织的领导和监督，为其提供技术指导、优惠政策，建立起政府、社会组织、乡村居民三方联动机制，形成乡村治理合力。

3. 大力发展基层协商民主，创建多方参与的协调协商机制。

一是建立协商管理机制。以村党组织为核心，加强党内基层民主建设，要求干部深入基层、了解民情民意，落实责任制度、通报重大事项、建立工作例会，形成党建工作综合协商机制，激励村内各个级别的组织及村民积极参与到乡村治理中，构建起多元主体参与的协商共治型乡村治理。二是理顺相互协调关系。理顺乡镇、街道办事处、有关部门与村的指导与被指导的关系，需要村（社区）协助的行政事务或临时性工作，按照"权随责走、费随事走"，与村（社区）协商解决。村（社区）与村内民间组织、经济合作组织、中介组织共同推进村（社区）的服务和经营，它们互相依赖、互相促进，推动乡村经济社会发展。

（二）强化依法治理，建设权利保障与权力制约的乡村法治

1. 健全乡村法律制度规范体系，推进政府涉农法律法规实施

一是以法律作为乡村治理的护航保障。注重调查研究，根据实际需要不断修改完善乡村法律法规，依据法律法规明确划分村"两委"与基层政府的职责权限。二是制定本村的村规民约。把现代法律、传统道德、公序良俗相融合，结合本村实际，用通俗易懂的语言文字，制定村规民约，并用村规民约引导规范基层组织和村民的日常行为，做好法律法规与村规民约的有效衔接和相互融合，保证民主决策权真正属于人民，推动建立良好的乡村法治秩序。

2. 加强现代法治教育，增强基层广大干部和群众的法治观念

一是加强农民普法宣传教育。将本地的风土人情与自然资源环境相结合，形成具有本地特色的法治文化新风尚，通过形式多样的法治宣传，激发村民学习法律知识、法规常识的动力。培养村民自觉遵守法律的意识，学会运用法律知识来解决矛盾纠纷，

推进农村各项事业依法有序开展。二是培养基层干部的法治意识。村干部是乡村法治体系的践行者，也是人民群众中的执法人。我们可以通过法治讲座、案例分析和特殊培训等方式有效提高村干部的法律素养，不断完善规章制度，加强民主监督，严格财务管理，落实"三务"公开，实现村级管理透明化，提高村级服务水平，抵制各种权力诱惑。

3. 构建农村法律公共体系，优化服务平台与人才保障机制

一是确立政府在农村法律公共服务体系中的主体地位。以政府为主导，组织协调引导多元社会力量广泛参与到农村公共法律体系建设中。依托司法机关，充分发挥律师事务所、司法鉴定中心、法律援助中心、公证处、人民调解委员会等法律机构的作用，共同协同解决乡村矛盾。通过招募普法志愿者、法律援助志愿者或大学生村官，以较低的收费或者免费服务，为村民提供法律咨询和援助，帮助村民构建有效的法律咨询途径，打造服务主体多元、组织形式多样的农村公共法律服务体系。二是优化公共服务平台培养乡村法治人才。在推进城乡一体化的过程中，整合城市法律资源向乡村倾斜，为乡村群众提供专业法律救助。农村采取定向委培的方式与高校合作，为乡村治理法治化培养法律专业人才。同时，还可借助村委会成员、新乡贤等乡村精英人才的威望和话语优势，积极推进乡村法治建设。

4. 健全乡村法治化监督和保障，完善村民代表议事制度

一是加强乡村民主法治监督。坚持在党的领导下，协调各种民主法治监督，对于在自治范围内涉及群众利益的村资产的管理使用、村公共工程招标建设等，村委会要依法做到"四议两公开"，并接受村民及其他主体的监督。利用互联网、公布栏等线上线下监督形式，实现乡村监督体系的全覆盖。二是细化和修改乡村治理法律条文。保留有效法律条例，吸收优秀实践经验和政策，使新修订的法律法规满足当前乡村治理的需要。按照《中华人民共和国村民委员会组织法》规范基层民主选举，保障村民参与权。三是进一步完善村民会议和村民代表议事制度。在村务决策过程中，按照议事规程，由村民会议和村民代表会议集体讨论决定，并做到信息结果公开透明。

（三）厚植德治土壤，健全传统与现代相结合的乡村德治

1. 传承乡村优秀传统文化，培树乡村治理新风正气。

一是加强乡土文化教育，普遍提升民众素养。结合当地特色文化资源，开展乡村文化教育，积极培养青少年的乡土情怀，提升青少年对乡土文化的认同感，使其成为乡土文化继承的中坚力量。重视农民群众的乡土文化教育，因地制宜，培养乡土文化传承人。二是传承乡村传统文化中的核心价值观，采取各种形式的道德评估，培养村民优秀品质，鼓励人们推进道德建设。通过道德讲座、道德模范评选、好人好事宣传等方式，将优秀道德文化融进乡村治理中，丰富村民的精神文化生活，使之内化为村

民的自觉意识。

2. 强化乡村公共文化建设，发挥农村精英协同作用。

一是加强乡村公共文化建设。充分利用乡村大舞台、乡村剧院等平台开展文艺文体活动，通过文化讲座、经典诵读等形式丰富村民的文化生活，建设有文化氛围的美丽乡村，使中国的乡土文化在实践中不断发展。二是培育新乡贤参与到乡村治理中。吸收一些更容易接受新事物，对新政策、新知识掌握能力更强，对新技能上手更快的年轻人加入乡贤队伍中。充分利用网络平台建立乡贤群或者老乡群，加强新乡贤与村民的沟通和联系。让新乡贤向具有更多社会经验和处事权威性的老乡贤学习，互相取长补短，共同参与乡村建设和治理。三是发挥乡村精英的引导和榜样作用。完善乡村人才流动机制，出台一系列优惠政策，鼓励乡村精英回乡参与乡村治理，发动他们传播和弘扬主流价值观、帮助建设公共文化体系、发挥道德模范作用。基层党组织要激发农村精英的服务意识，鼓励其参与到农村基层治理中，打通同村民的连接桥梁，实现农村精英和村民的合作互补，进而形成乡村振兴内生性动力。

3. 创新乡村公共文化活动，丰富村民精神文化生活。

一是打造特色文化生活。进一步加快村图书馆、剧院、主体展览馆、休闲娱乐室、健身馆等文化设施建设，为村民提供丰富多彩的文化活动场所，不断丰富村民的文化生活，使其树立正确的人生观和价值观。二是开展丰富多彩活动。运用传统媒体与新媒体相结合的方式，引导村民继承和发扬优秀传统文化，举办各类民俗文化节、文艺比赛、运动会、科技竞赛等，通过集体参与，整体提高村民的文艺素养和科技水平。利用现代信息技术，引导村民接触优秀的网络文化资源，拓宽村民视野。三是培育良好道德风尚。激发社会文化团体和组织的创新活力，在日常文化活动中培养村民良好的道德素养。制定适合的规章制度和奖励制度，树立身边典型人物，带动村民提升思想道德境界。

（四）以"三治融合"助推构建乡村善治新格局。

1. 打造多元协同乡村共建平台，实现共建平台治理主导的转换

一是完善规范共建平台的配套制度。以自治为基础，以法治为保障，以德治为支撑，构建乡村治理的新型制度体系，在现有行政决策机制上不断优化完善制度建设、协商程序和规划。把政府、市场、社会多元主体纳入乡村共建平台中，明确各主体的职权范围，将农民放在基层自治的首要地位，让各个利益主体都可以参与到乡村治理决策过程中。二是推广市场引领的乡村治理。引导各种农村经济合作组织参与到乡村治理的各个阶段，探索以市场引导为主的乡村治理模式，通过"农民专业组织＋农户＋乡村正式组织""经济能人＋农户＋乡村正式组织""企业＋农户＋乡村正式组织"的治理模式实现乡村振兴。

2. 建立依靠群众化解基层矛盾的乡村共治机制

一是以"三治融合"为基石发挥群众自治力。乡村振兴人民群众是主要力量,依靠群众构建起"大事一起干、好坏大家判、事事有人管"的"共建、共治、共享"的乡村治理新格局。提升村民参政议政的自觉性,打好村民自治的思想基础。二是建设以农民为主体的共治组织。以乡村社会组织为依托,采取恳谈会、论坛等形式,提高农民组织化程度。村民同村委组织之间通过共同协商,对村规民约、村民自治章程进行修改,充分发挥村民参与公共事务治理的主动性和决策权。三是培育有政治意识和法律意识的新型职业农民。加强对留守农民的思想教育,组织专业化人才队伍,对农民进行技能培训,全面提升农民素养,形成政府治理与村民自治齐头并进、社会能够自我调节、村民能够良好互动的乡村治理强大合力。

3. 形成发展成果惠及人民的乡村共享分配制度

一是落实农村土地制度改革。坚持农村土地归集体所有原则,鼓励农民开展形式多样的生产经营活动,通过培育新型农业,鼓励适度经营,构建完善的社会服务体系,实现农村基本经营制度的完善和创新。落实农村土地的所有权、承包权、经营权分置并行,激活农村集体土地经营权,有效提高农业生产现代化水平,提升农民参与市场的积极性,保障农民享有制度红利的权益。二是建设新型农业经营体系。大力扶持现代化农业经营主体,加快农业供销合作社改革,提升农业机械化和自动化水平,培养农业专业技术人才。构建乡村经济财富共同体,使村民享有村级企业的管理权和经营权,将盈利较好的村集体企业转变成现代企业,通过上市交易提升企业价值,使村民获得更多收益。三是深化服务均等供给。从民生建设出发,重视农村医疗、教育、通信、交通的发展,完善乡村公共服务表达需求体制,制定长久有效的法律服务体系,建立公共服务型财政,为乡村群众和城市居民提供等值服务。加强农村交通道路、文体活动、体育健身和休闲娱乐设施建设,构建起乡村建设公共服务共同体。

4. 谱写"三治融合"的乡村善治新篇章

提高"三治融合"的社会化、法治化、智能化、专业化水平。实现乡村治理主体全覆盖。引导社会组织、村民群众参与到乡村治理中,通过政府引导、社会协同、公众参与的方式形成完整的乡村治理体系。积极鼓励青壮年劳动力走出乡村,同时吸引优秀乡村精英人才回乡创业,激活乡村经济发展活力,带动村民共同富裕,积极参与到乡村治理中,为乡村治理作出贡献。

乡村治理体系是国家治理体系和治理能力现代化的内在组成部分,是"中国之治"在广大农村的实践基础。在乡村振兴战略的实施过程中,我们通过自治、德治、法治有机结合,推进构建共建共治共享的善治新路,不断探索出鹤城乡村治理的有效途径,为鹤城区全面落实"五新四城"战略、实现"鹤中一体化"高质量发展作出贡献。

以创新基层治理助推乡村振兴
——溆浦县北斗溪镇的实践探索

郑 洪[①]

摘要：进入新时代，随着基层社会组织方式、社会结构、需求结构、社会矛盾的变化带来基层治理过程中党建引领难、群众参与难、创新方式难。近年来，怀化市委市政府非常重视基层治理创新，要求把基层治理作为乡村振兴的"抓手"和"引擎"，实现基层治理和乡村振兴的深度融合、齐头并进。

关键词：创新 基层治理 乡村振兴 实践探索

党的十八大以来，习近平总书记高度重视基层治理，他多次强调"基层强则国家强，基层安则天下安，必须抓好基层治理现代化这项基础性工作。"有效的治理不仅是实施乡村振兴的内在要求，更是实现国家治理体系和治理能力现代化的必由之路。近年来，怀化市委、市政府把基层治理作为乡村振兴的"抓手"和"引擎"，积极探索与实践，涌现出一大批先进典型，特别是溆浦县北斗溪镇的实践探索被列为湖南省第一批基层治理创新典型案例，得到了中央及湖南省委、省政府的高度肯定。

一、治理之效：北斗溪镇的华美蝶变

北斗溪镇位于雪峰山脉深处，溆浦县南部，是沪昆高铁进入怀化第一站——溆浦南站所在地。辖14个行政村，全镇总面积170.56平方公里，人口1.81万人。自2015年12月撤乡并镇以来，新的党委班子发动全民进行一系列基层治理探索创新，实现了人居环境、乡风文明、基本民生、公共服务的华美蝶变，彻底提升了人民群众的幸福指数。

（一）人居环境脱胎换骨

过去的北斗溪镇由于山高路远，闭塞落后，人居环境极差。当地老百姓普遍存在

[①]郑洪，中共怀化市委党校公共管理教研部部长、副教授，主要研究方向：社会治理。

"出门难、找老婆难、上学难"的"三难"问题。从溆浦县城到北斗溪,百把里的山路,要颠簸3个小时才能到。从镇里到偏远的凤型村,光交通工具都要换三样,小车换面包车,面包车换摩托车。我们去北斗溪调研时,与村民们聊起这些年北斗溪的变化,60岁的张贻流老人说:"最大的变化是水、电、路。以前用水靠挑,现在自来水接进家家户户;以前电压不稳,煮饭老是夹生不熟,现在在家看电视再也不闪了,还修了路灯,晚上出门都亮亮堂堂;以前村里的路坑坑洼洼,现在水泥路通到家门口,鞋子都不沾泥。"

2014年以来,通过人居环境整治,北斗溪镇发生了翻天覆地的变化,飞檐翘角、青瓦白墙的花瑶民居在青山绿水间隐现,簇新的柏油路依山势百转千回通达四方,房前屋后,树木挺拔,花团锦簇。

(二)乡风文明极大改善

过去,村民们被人情负担所困扰,红白喜事名目繁多。一方面没钱,一方面攀比,村里红白喜事排场越搞越大,水涨船高,份子钱也让人不堪重负。但自从各村组建了红白喜事理事会,这一切都画上了句号。婚事新办,丧事简办,其他事一律不办,不仅减轻了村民的经济负担,也扭转了大操大办、酗酒闹事的不良风气,呈现出文明和谐的新风尚。

在北斗溪调研时,我们在天三希望小学发现了一块"爱心捐助碑",碑上刻有99个村民的名字。2019年6月,为学校建塑胶篮球场,该县在"宝山公益群"发起募捐倡议,两天时间就收到村民捐款2.6万元,让人惊讶的是,过去的问题青年梁长元竟捐款2000元。人还是那些人,但精神面貌大不一样了。现在的北斗溪,文明行为蔚然成风。

(三)基本民生有效保障

北斗溪镇带领各村多管齐下,从根本上提升了村民的生活品质。11所希望小学如同11颗种子,在雪峰山深处"破土",崭新的电教室、多功能实验室、音乐室等等,给了孩子们一个走出大山的希望,点亮无数孩子的梦想。支教奶奶周秀芳回忆2015年来支教时的情形:"一栋简易的木房,窗户没有玻璃,16个孩子坐在一间教室,听学校唯一一位60多岁的老师上课。""一块斑驳的黑板、两三支粉笔便是所有教学器材。"

依托交通环境资源优势,乡村产业蓬勃发展,让村民们在家门口就业致富。今年37岁的罗崇武,曾在浙江打工十几年,那时,他和妻子辛苦一年也就挣下三四万元。如今,夫妻两人在研学营地上班,年收入可以达到8万多元。

我们去沙坪村调研时,正好碰到72岁的刘兴木老人在村卫生室输液。他对我们说:"上了年纪身体不好,原来总是要到镇卫生院去打针,现在村里有了卫生室,在家门口就能看病,再也不用来回折腾了。"

（四）公共服务便捷高效

基层治理千头万绪，排忧解难千方百计。北斗溪镇通过提升综合服务水平，让村民感受到公共服务的便捷高效。走进北斗溪镇各村的综合服务中心办事大厅，电脑、空调、饮水机、沙发、Wi-Fi，一应俱全。村民进门办事享受"五个一"：一张笑脸、一个问候、一杯热茶、一把椅子、一个回复，真正实现了"便民无极限，服务零距离"。

在华荣村，我们看到有专门为空巢老人和留守儿童建设的幸福院和关爱服务中心。幸福院里有专门为孤寡老人准备的小套房、餐厅。在调研中，85岁的张大爷说，以前只能一个人待在家里，现在可以到活动室打打牌，聊聊天，感觉日子好过了。在留守儿童关爱服务中心，孩子们可以在图书室里看书、学习，也可以在"亲情视频"室与远方的父母视频聊天。

北斗溪镇通过创新基层治理，找到了乡村振兴的突破口，使其面貌焕然一新，多项荣誉也接踵而至，先后获评"全国美丽宜居村庄""全国改善农村人居环境示范村""湖南省美丽乡镇""湖南省十大特色文旅小镇""湖南省生态乡镇""湖湘风情文化旅游小镇""湖南省安全生产示范乡镇"等等。

二、治理之策：北斗溪镇华美蝶变的成功密码

北斗溪镇基层治理成效的取得，关键在于推动了四个方面的转变：

（一）建强基层组织，驱动治理格局转变

"火车跑得快，全靠车头带。"北斗溪镇通过建强基层党组织、群团组织，形成"村党支部＋村委会＋村务监督委员会＋群团组织＋村集体经济组织"的村级基层治理体系。

1. 建强基层党组织，选优配强"领头羊"

"农村富不富，关键看支部；支部强不强，关键看'头羊'。"过去的北斗溪因为穷，青壮年大多外出务工，老人、妇女和小孩留守家中，导致农村空心化与基层党建薄弱问题交织，干部队伍老化、素质偏低。2016年北斗溪镇在乡村合并时，通过采取内选外引的方式，选优配强村组干部，选拔各类优秀人才、致富能手等"能人"担任村干部。14个村村支两委主要负责人全部实现"一肩挑"，党组织书记大专以上学历达92.86％，"两委"班子中致富能人达73％，村干部平均年龄从50岁下降到43岁，40岁以下村党支部书记有6名，占比达43％。全镇14个村党支部书记要么是致富能手，要么有一技之长。北斗溪镇通过选优配强村级干部，在坚强有力的"领头羊"带领下，乡村面貌大为改观。

2. 健全基层群团组织，奏响多元共治"合奏曲"

基层治理并非基层党组织的"独角戏"，而是社会各方力量参与的"合奏曲"，群

团组织覆盖面广、角色独特、紧贴群众,是党组织联系群众的桥梁和纽带。北斗溪镇采取群众推荐,村民代表大会投票选举,党委、政府考察把关的方式,建立了"6+3"的群团组织。"6"即成立共青团、妇联、民兵连、关心下一代工作委员会、老年协会、计划生育协会。"3"指成立红白喜事理事会、村集体经济组织、幸福基金会。"6+3"群团组织,让所有群众都有机会参与村级事务的服务和管理,推动了群众自治的深入发展。北斗溪镇通过建组织强队伍,成功驱动了基层治理格局由政府"一元化"管理向社会各方共同参与的"多元共治"转变。

(二)凝聚群众力量,驱动治理主体转变

自治是基层治理的基础,群众是自治的主体。北斗溪镇通过重塑集体观念,让村民"以村为家"。

1. "众人的事情众人商量",让群众在参与中做主

唤醒群众主体意识的最好办法是让群众自己做主。为了彻底改变过去"干部干、群众看""做好不讨好"的现象,北斗溪镇在公共事务的管理与服务中,一改过去行政命令式手段,遇事多与群众商量,在讲透"为什么"的基础上,把"怎么干"交给群众做主。如"封山育林"的推行。过去的北斗溪靠山吃山,一直过着"用钱靠砍树"的日子,要封山育林困难重重。村民没有了收入,木材商人断掉了财路,方方面面的反对声很大。面对这些困难和阻力,北斗溪镇党委班子顶住压力,坚持问需于民,问计于民。通过走村入户,开展院落恳谈会,广泛征集意见,共商为什么要封、封多久、怎么封等问题,统一了村民的思想。最终全镇上下形成了封山育林初步共识。现如今,北斗溪境内重峦叠嶂,森林覆盖率达80.1%。因为生态环境好了,旅游度假的人多了,群众增加收入的门路也就多了,都说封山育林封得好!通过众人的事情众人商量,大大提升了群众的主体地位,增强了群众参与乡村治理的积极性与主动性。

2. "众人的事情众人出力",让群众在互助中受益

倡导"以村为家",让群众互帮互助,是增强集体观念的根本方法。随着市场经济的发展及人口的流动,乡村的熟人社会被打破,邻里之间越来越疏远。为了重塑"远亲不如近邻"的乡村熟人社会,北斗溪镇成立"幸福基金",形成"人人为我,我为人人"的共享格局。"幸福基金会"秉着大家出钱大家花,倡导村民按照"下要保底、上不封顶",自愿参与的原则,缴纳一定会费入会(下要保底就是每户按年收入5‰收取会费,约100元/户)。幸福基金的收入除了会费收入之外,还有会员捐资、村级拨款、社会捐助、各类奖励、其他合法收入等。幸福基金主要用于会员服务、困难帮扶、集体活动、公益活动及表彰奖励等。幸福基金由"五老"成员为主组成的幸福基金理事会进行管理,为了强化党支部的领导,各村幸福基金会的会长必须由村支书兼任。幸福基金成立之初,群众的积极性不高,通过院落恳谈会,上门走访动员等层层发动的

方式，鼓励党员干部、"五老"和能人带头入会。在沙坪村试点时，在村民大会上，乡镇干部、村支两委及能人带头募捐，当沙坪村的能人刘兴明捐了10000元后，村民的热情起来了，纷纷入会。现在北斗溪镇，村民入会参与率均达到100%。幸福基金的建立，既丰富了村里的活动，又融洽了村民之间的关系，促成大家互帮互助的好氛围，人人从中受益。通过让群众参与、让群众受益，不仅提升了村民的主体地位，也增强了村民的集体观念。真正形成了"自己的事情自己办，自己家园自己建"的主体意识。

（三）壮大集体经济，驱动治理动能转变

发展壮大村级集体经济是优化乡村治理的重要抓手。北斗溪镇通过培育和发展产业，壮大了村集体经济，驱动了乡村治理主体的动能转变。

1. 切实培育特色文旅产业，以"统"促变

"栽下梧桐树，引得凤凰来"。随着基础设施的改善，乡风民风的转变，北斗溪镇迎来了新的发展机遇，世纪明德公司相中北斗溪镇这块风水宝地，在这投资建设研学基地。北斗溪研学基地是湘西地区规模最大，功能最全的研学基地，基地以易地扶贫搬迁户和拆迁安置户的闲置住房为主体，打造以生态农耕、花瑶民俗、拓展体验，助学支教为一体的乡村研学营地。研学基地采用"公司+农户+合作社"的模式进行管理运营，按照"631"的模式进行利润分成，即民宿主60%，运营企业30%，村合作社10%。2022年累计接待3.9万人次，为村集体经济创收10万元，群众增收65万元。

"一村独秀不是春，万紫千红才是春"。在北斗溪研学基地的统领下，文旅产业在各村遍地开花。沙坪村刘兴木筹资1000万开发女儿洞旅游景区，实现年创收300余万元。宝山村肖守逢打造的花瑶民俗风情风景区，年收入也突破100万元。坪溪村肖慈稳等创办七星瑶寨休闲旅游山庄，为村集体经济累计创收50万元。实现了产业带头人、入股村民和村集体三方受益。

通过文旅特色产业的发展，激发了村民干事创业的劲头，带动了其他产业的发展，打开了北斗溪镇产业兴旺的新画面。

2. 大力倡导生态绿色种养业，以"联"促变

北斗溪镇依托交通生态资源优势，采取"支部+合作社+基地+农户"模式，把更多村民"联"结了起来。组建了农民专业合作社30家，特色产业基地25个，培育山村生态养殖大户56家。坪溪村天佑种养专业合作社，是北斗溪镇粮食生产专业合作社，流转280户土地用于规模化种植，面积660余亩，解决村民就业达50人，主要种植水稻、油菜，年产值超过200万元。宝山村金香高山云雾绿茶专业合作社，投入300余万元建成高标准厂房，扩建富硒茶叶基地2000亩，全村107户433人全部获益，每年最高分红达2万余元。松林村创办的瑶力达红薯粉专业合作社，带动近400人入股，解决了50人就业，年加工红薯50万斤以上，年产值达80万元以上。

北斗溪镇通过探索"党支部＋合作社＋农户"的产业发展模式，形成村域化统筹、一体化推进的村级集体经济发展联盟，实现了村集体经济由"空心化"向"实心化"转变，用发展壮大集体经济的实践之举，带动了乡村治理主体的动能转变之效。

（四）推进制度建设，驱动治理机制转变

为了从制度上保障与提升村民参与乡村治理的主动性与积极性，北斗溪镇积极引导各村推进制度建设，实现了治理规范人人有责、制度建设人人参与，从而驱动治理机制转变。

1. 完善制度，实现治理规范人人有责

北斗溪镇建立完善了三大管理制度和两个保障机制，"三"即修订了《村级组织工作制度汇编》，制定了《村规民约》《幸福基金管理章程》等三大制度体系。"两"即建立"幸福基金"保障体系、党务村务财务监督体系。通过完善制度，充分保障群众的参与权、知情权、监督权，真正做到基层治理民主化。

2. 健全程序，实现制度建设人人参与

北斗溪镇探索了"四上四下"的制定程序。一是党委坚持价值引领制定框架，村级因地制宜对照修订。二是村里代表审议，院落恳谈完善。三是司法参与指导，形成正式草案。四是大会表决生效，入户签字认可。例如，村规民约制定就严格按这四个程序执行，既保证了村规民约的合法合理性，又保证了其可执行性。

通过制度建设，不仅明晰了群众参与乡村治理的责任与权利，还使乡村治理有章可循，为村干部、群团组织依法依规管理，村民有序参与奠定了制度基础。

三、治理之要：北斗溪镇创新基层治理的深刻启示

从北斗溪镇的实践探索中我们可以发现，坚持政治引领、培育主体意识、加强组织嵌入和强化建章立制是创新基层治理的主要着力点。

（一）坚持政治引领，构建共治"公约数"

政治引领指的是各级党组织运用党的思想资源和意识形态资源开展党内教育，并促成多方治理主体达成共识，从而实现合作的过程。政治引领既是我们党百年奋斗的重要经验，也是我们党治国理政的重要特色，更是社会治理的重要方式。要探索基层社会治理创新，必须旗帜鲜明讲政治，牢固树立大抓基层党建的鲜明导向，把政治引领的"乘数效应"充分发挥出来，推动党的政治优势转化为社会治理优势，释放"治理红利"。

1. 坚持思想上"引"，凝聚价值"公约数"

坚持政治引领首先必须强化思想引领。一是讲透政策"把方向"，提高说服力。基层是落实党和国家各项方针政策的"最后一公里"，基层干部必须在学懂、弄通、悟透

的基础上,用村民听得懂的语言去宣传,让村民明白为什么要这么干,避免出现落不了地的"空中政策"和相互打架的"本位政策",把抓落实的"最先一公里"和政策贯彻的"最后一公里"衔接起来。二是深入群众"解难题",提高吸引力。实施党员干部联村包户,要求党员干部走村入户,与村民面对面交流,随时为村民排忧解难,通过解决村民身边实事难事取信于民。三是全面融入"化分割",提高感染力。在基层治理中,不同主体的利益诉求不一,如何化解"条块"之间、不同群体之间的利益分割? 应采取扩大党组织的覆盖面,创新党组织设置方式,改进党组织工作方法,通过党组织的融入,化解利益分割。

2. 坚持行动上"领",共谋发展"公约数"

喊破嗓子,不如做出样子。一是党员干部带头,增强领导力。所谓带头作用,就是党员干部要在工作学习和生活中时时刻刻做表率,做给群众看,带着群众干。二是立标杆树榜样,增强号召力。毛泽东同志说,典型本身就是一种政治力量,与榜样越近,心灵共鸣越响亮,对照楷模越多,行事作风越正派,因此我们要树榜样立标杆,发挥示范带动作用。

(二) 培育主体意识,激发共治"内生力"

乡村发展,村民是主体。村民不仅是乡村发展的受益主体,更是乡村发展的建设主体与治理主体。因此,要在全面创新基层治理中坚持村民主体地位,必须培育村民主体意识。

1. 赋权于民,提升群众能动力

赋权于民是培育村民主体意识的基础。而参与权、利益表达与诉求权、监督考核权是根本。一是参与权。在现代治理理念中,基层政府与村民之间尽管依然存在管理与被管理的关系,但更强调政府与村民形成一种良好的合作协同关系,保证村民在日常政治生活中有广泛持续深入参与的权利。比如,把公共产品与服务的选择与决策权下沉到村民,使村民能够自主决定具体服务事项和服务内容。二是利益表达和诉求权。在碰到重大问题和涉及村民切身利益的问题,应给村民表达诉求的权利,在还权于民的过程中凝聚共识。三是监督考核权。通过党务、村务、财务公开,让村民拥有监督考核权。

2. 明责于民,提升群众自动力

明晰责任是培育村民主体意识的前提条件。在基层共建共治共享的治理格局中,共建共治是前提,让村民以治理主体的身份参与公共事务的处理,主动承担公共责任、关心公共利益。一是规范定责。通过村规民约等健全完善村民的职责,让村民明白什么该做什么不能做。二是评比增责。通过开展评比表彰活动,让村民争先恐后自我提升标准与职责。

3. 扩能于民,提升群众执行力

扩能是培育村民主体意识的根本方法。一是精准扩能。通过党员干部及能人包户到人,实施"一对一"帮扶提升村民的能力。二是整体扩能。鼓励村民加入各种群团组织及行业协会,通过组织带动扩能,促进由"单打独斗"走向"整体联动"。

(三)加强组织嵌入,搭建共治"多平台"

组织弱则乡村衰,组织强则乡村兴。要实现基层治理现代化,必须加强组织嵌入,建立以基层党组织为领导、村民自治组织为基础、集体经济组织和农民合作组织为纽带、其他社会组织为补充的村级组织体系。

1. 加强基层党组织嵌入

基层党组织既保证了国家各项政策的落实,又维护了基层社会安定有序,还引领了其他组织达成协作。一是加强基层党组织自身建设。通过基层党组织的自身建设,提高基层党组织的硬实力和领导力,增强党组织的向心力、凝聚力和感召力,从而提升党组织的吸引力。二是拓展基层党组织的覆盖面。加强基层党组织对社会团体的组织嵌入,实现党在社会团体中的组织覆盖和工作覆盖,确保我们党的执政和领导地位。基层党组织对社会团体的嵌入追求共赢局面,是一种领导而非控制,旨在通过对社会团体的政治领导,实现发展的相互促进,提高基层治理水平。

2. 加强群众自治组织嵌入

自治组织作为基层治理的主体,发挥了组织、协调的重要作用,各群团组织既有分工也有合作,在体制构建上极大地弥补了行政主体力量薄弱的缺陷,对实现党建引领乡村治理起到了极大的支撑作用。

3. 加强合作经济组织嵌入

坚持以党员带头,在基层党组织的领导下以土地入股、资金入股、全员参与、成果共享的组织模式探索建立合作社。

除此之外,还需加强农民合作组织及其他社会组织、市场组织的嵌入,这也是北斗溪镇不足的地方,需进一步探索。

(四)强化建章立制,完善共治"新机制"

小智治事,大智治制。通过健全制度框架体系、规范制度制定程序、完善制度监督机制,构建共治新机制,以制度建设推进基层治理创新。

1. 健全制度框架体系

一是完善党全面领导基层治理制度。把基层党组织建设成为领导基层治理的坚强战斗堡垒,使政治引领基层治理的作用得到强化和巩固。二是健全基层自治制度。对群众自治组织的选举方式、工作内容、工作方法和各项程序进行详细完备的规范,从实体和程序两个方面保证自治工作的开展。三是创新权利保障制度。探索建立权利保障、利益分配、信用奖励制度。例如，在北斗溪镇创新基层治理实践中群团组织发挥了重要作用，但各组织负责人的工作纯属义务行为，群团组织的可持续性如何保证？再比如村规民约的约束作用又如何保障？建议通过创新村集体经济分配制度去保障，例如，让群团组织负责人获取一定补贴，以及把村民的信用指数与村集体经济分配制度挂钩。

2. 规范制度制定程序

在制定自治制度过程中必须符合国家法律的规定。对自治章程及相关制度，应在程序上、内容上进一步规范，让基层自治与国家法治相互融合。一是明确制定的主体。规范由谁制定制度。二是体现基层民主。在制定过程中，应广泛征求村民意见，协调不同村民、团体的利益，最终体现在制度之中，并经由村委会的多数人投票通过。

3. 完善制度监督机制

缺乏监督，制度很难执行到位，同时会导致制度执行者"寻租"。例如，当有人违反了村规民约中的条款不履约怎么办？制度执行者滥用职权怎么办？通过完善监督制度，把具体的监督机构设置体现在制度之中，如设立专门的监督机构——村务监督委员会，从而促进治理权力的有效运行。

北斗溪镇针对基层队伍软弱、群众主体意识缺乏、乡风文明没落及集体经济空心化等现实困境，积极求变、创新探索，以创新基层治理为突破口拉开了乡村振兴的序幕，探寻了一条"1+9+N"的基层治理模式，以党组织（1）为核心，搭建9个群团组织为平台，激活群众（N）主体意识，构建了人人有责、人人尽责、人人享有的乡村社会共同体，切实推动了乡村的"有效治理"，为乡村振兴汇聚了组织力量及奠定了坚实的社会基础。特别是为欠发达地区的乡村振兴提供了新思路。

第三部分
中国式现代化与公共服务

政府职能导向下的政府建设逻辑

罗 敏[①]

摘要：政府职能以其内涵价值、结构属性、运作逻辑为导向，体现了构建责任政府、有限政府、廉洁政府的三重逻辑。作为"公共性"的政府，责任政府建设以政府职能的内涵价值为基本导向，凸显出民主、平等和回应性的内涵价值，意味着政府"有所为"。以法律为基础，政府职能结构属性的变化是有限政府建设的本质反映。有限政府是政府职能、权力和规模适度与政府能力和政策有效的结合，建设有限政府必然要求政府"有所不为"。政府职能的运作逻辑是廉洁政府建设的过程，这种运作逻辑始终也是以政府"公共性"为目标，以公正、清廉和法治为基本原则，表现为政府"不谋私"，即廉洁政府。

关键词：政府职能；责任政府；有限政府；廉洁政府；政府建设

政府作为国家权力的象征，是公共行政的承载体，也是公共利益的维护者。自现代意义的政府诞生以来，政府职能的相关议题随着政府社会治理权限、作用及范围的扩展而得到广泛关注，已然成为政治学、管理学等共同关注的核心课题。党的二十大报告明确指出，"转变政府职能，优化政府职责体系和组织结构，推进机构、职能、权限、程序、责任法定化，提高行政效率和公信力"。无疑，在中国式现代化的语境下，进一步加快转变政府职能对于建设责任政府、有限政府和廉洁政府具有重大意义。转变政府职能的关键在于厘清政府职能。政府职能作为公共行政的重要内容，是关于政府"做什么""怎么做""如何做"的理论与实践，它是一种历史的、理论的和实践的综合性概念。在内容上，政府职能主要包括发展公共经济、维护公共安全、提供公共服务、调控公共资源以及加强自身建设等五大核心职能，它是关于政府"有所为""有所不为""不谋私"的职能表现。从政府职能的内涵价值来看，责任政府建设表现为政府"有所为"；从政府职能的结构属性来看，有限政府建设表现为政府"有所不为"；

[①]罗敏，博士，中共湖南省委党校（湖南行政学院）讲师。

从政府职能的运作逻辑来看，廉洁政府建设表现为政府"不谋私"。本文试图论证政府职能以其内涵价值、结构属性、运作逻辑为导向，体现了建设责任政府、有限政府、廉洁政府的三重逻辑。

一、以政府职能内涵价值为导向的责任政府建设

在传统公共行政语境下，政府充当的是"管理者"的角色，政府职能的内涵价值往往表现为"重权轻责"的权力本位逻辑。而在现代性政府的价值理念下，政府更多是扮演"服务者"的角色，政府职能的内涵价值彰显出公共性、公平性、民主性及回应性的现代性意蕴，这为责任政府建设指明了方向。

（一）公共性：责任政府建设的根本

政府职能内涵价值本身就蕴藏着相应的政府责任，政府以发展公共经济、维护公共安全、提供公共服务、调控公共资源、加强自身建设等作为基本职能，它就必须对这些方面承担相应的责任。责任政府建设始终是以政府职能内涵价值为导向，能够有效避免有责无权、职能缺位、职能错位等权责失衡状况的出现，这也是现代政府建设的必然选择。1887年，行政学鼻祖伍德罗·威尔逊（Woodrow Wilson）在《行政学之研究》中指出："在任何情况下，我们都必须有一支受过充分训练的官员以良好的态度为我们服务。良好的态度就是对于他们所为之服务的政府的政策具有坚定而强烈的忠诚"。显然，在威尔逊看来，政府官员要为赋予他们公权力的公民负责，而这种责任是基于政府官员对良知、忠诚、认同的信仰，并非出于宪法或者法律的强制要求，而是来自政府职能的内涵价值所衍生出的使命感。政府与生俱来的"公共性"职能内涵，其最终目的是实现公共利益最大化，源自于国家公权力赋予政府的神圣职责。换言之，责任政府的本质是为公共利益而负责的政府，责任政府的构建只有是在实现公共利益最大化的前提下才有可能实现，这便是政府职能内涵价值在责任政府建设过程中的集中体现。责任政府建设必须克服政府职能的"异化"，保证其"公共性"内涵价值。政府公共性，即政府产生、存在和发展是为了公共利益、公共目标、公共服务。通常，政府职能的"异化"表现在政府的"内部性"上，即政府追求的并非公共利益最大化，而是部门利益最大化。诚如查尔斯·沃尔夫（Charles Wolf）所言：内部性的存在意味着"私人的"或组织的成本和利润很可能支配了公共决策者的计算，这种内部性决定了公共官僚机构的行为和运行。因此，怎样确保政府职能内涵价值所体现的"公共性"特征，实现和保护公共利益，同破坏政府追求公共利益最大化的"官僚利益集体"作斗争是责任政府建设的一项重要内容。

（二）公平性：责任政府建设的核心

公平性是中国特色社会主义的内在要求，也是衡量一个政府是否负责任的重要标

准。在中国式现代化的实践中,政府始终坚持全心全意为人民服务的宗旨,将人民群众的根本利益作为一切行动的出发点和落脚点。需要指出的是,在为人民服务的过程中,政府不是为部分群体或特权群体服务,而是为全体民众服务,这个过程也就是公平性表达的过程。因此,公平性始终是责任政府建设的核心。世界银行在《1997年世界发展报告:变革世界中的政府》中指出:"全球经济具有深远意义的发展使我们再次思考政府的一些基本问题:它的作用应该是什么?它能做什么和不能做什么?如何最好地做这些事情?"事实上,对于上述这些问题的思考与如何建设责任政府的思想实质是相一致的,目的都是为了建构一个负责任、公平性、高效率的政府。责任政府建设强调政府在发展公共经济、维护公共安全、提供公共服务、调控公共资源、加强自身建设等职能方面应该担负什么样的责任,主要体现在政府行政对民主、平等、公平等内涵价值的追求,以及对公民偏好和需求的回应性等价值层面。从本质上来说,政府公平性体现了政府对权力来源的尊重和对权力运行的责任,体现了政府职能的担当是以公民需求为导向,以保证公平参与、公平竞争为目标,而不是以自身的意志、利益、欲望为导向,当然这离不开政府自身建设、绩效考核、责任追究等机制的约束性。无疑,一个缺乏公平的政府很有可能堕落成为一个专制的政府、不负责任的政府,甚至可以称之为"不人道"的政府。

(三)民主性:责任政府建设的旨归

责任政府必然是民主政府。民主政府是为它们的公众服务而存在的,是政府对社会公共事务实施民主治理的一种策略选择。责任是现代政府运行机制的核心。在某种意义上,责任政府正是现代民主政治不断发展的产物,这个不断发展的过程决定了作为政府职能内涵价值的民主在责任政府建设过程中的重要性。作为民主政治时代的重要制度安排,责任政府建设必须是以满足民众多元化的公共服务需求为己任,集中体现为"对人民负责"和"为人民服务"的政府职能,始终遵循"情为民所系、权为民所用、利为民所谋"的价值旨归。从政府权力的来源来看,民主是政府权力运行的正当性基础,与政府权力的正当性紧密相连,甚至可以说,政府权力的配置本质上就是责任的分配、民主的彰显。这说明,政府权力运行的过程,即民主政治发展的过程,也即责任政府建设的过程。但现实中,责任政府建设面临的一个重要问题是:如何在维护公共安全、调控公共资源、提供公共服务等关乎民生的政府职能上最大限度地彰显出民主的价值。故而,在责任政府建设过程中,政府职能需要发挥出更符合民主价值的特殊功能,把民主协商、民主决策、民主监督等价值理念嵌入到责任政府建设的全过程。

(四)回应性:责任政府建设的关键

回应性作为责任政府的价值要求,意味着政府要"有所为",即政府与公民之间要建立一种平等对话的沟通机制,并且政府要能够客观公正、及时有效地回应民众诉求。正如罗伯特·B·登哈特(Robert B. Denhardt)和珍妮特·V·登哈特(Jeanette V. Denhardt)所言:"政府是有回应力的,否则就不会有政府,政府存在的目的在于满足公众的需求,否则就不会有政府"。从政府为民众提供公共服务的职能来看,政府为民众提供公共服务,既要考虑公共服务供给的数量和质量问题,又要考虑公共服务供给的均衡配置问题,由"政府本位"向"公众本位"回归,构建公众心中回应性政府的良好形象。从结果意义上的政府效率要求,将政府推进与落实责任的速度、政府责任履行在最终意义上的回应与满足人民利益与需求的程度予以综合权衡,更有利于打造一个"少花钱多办事、多办人民需要之事、多办人民满意之事"的负责任的"廉价"政府。简单来说,政府和民众之间的关系类似于企业与消费者之间的关系,企业必须对消费者的需求做出动态的反应,那么政府就必须对民众的需求做出相应的反应,政府也必须是以"市场(民众)"为导向的,从"市场(民众)"的角度出发,当一个政府回应并且满足"市场(民众)"的需求时,政府便是有责任的。政府回应性同时也体现了社会民主与平等、公平与正义的政府职能内涵的价值取向,表现为"政府职能"对"政府责任"的有效选择,孕育着责任政府的建设。责任政府往往表现为政府的权力是有限的、责任也是有限的,即各级政府都应当是"有限责任政府"。可见,责任政府并不是一个无所不能的"全能政府",包揽一切却疲于应对,名义上是对人民负责,管了很多管不了也管不好的事情,这就可能造成政府职能的"越位",事实上是政府"不负责任"的表现,因为它没有把政府应该发挥的职能价值有效体现出来。从这个层面来讲,政府应该是"有所为"且"有所不为"的,很明显,责任政府也是有限政府。

二、以政府职能结构属性为导向的有限政府建设

西方有句谚语认为:属于上帝的,就让上帝去管;属于恺撒的,就归恺撒来管。这句话延伸至政府、市场和社会关系的处理中,可以理解为只要是市场和社会能做好的事情,政府就应该放权给市场和社会去做,政府要充当好"消防员"的角色。即当市场或社会出现"失灵"的时候,政府才发挥其应有的职能,采取相应的措施,纠正相应的"失灵"现象,而不是简单的"谁替代谁",只有各司其职、各负其责才能建立真正的"善治"政府,而这种"善治"政府是以有限政府为前提的。对有限政府的认识,从政府职能结构属性的角度出发,可以将有限政府作三个方面的理解:一是政府的职能是有限的,即政府功能是有限的,可以说政府权力行使范围是有限的,政府管理社会公共事务只能在法律允许的框架下进行相关活动;二是政府的权力是有限的,即政府的权力是取之于民,用之于民,不能超越人民赋予的权力界限;三是政府的规模是有限的,即政府的能力是有限的,表现为政府不是"全能型政府",不可能包揽对所有公共事务的治理,这就意味着政府"有所不为"。

（一）能力有限：政府建设的基本属性

现代政府建设应当以"有限性"为基本属性，以追求社会公共利益最大化为根本逻辑。正如约翰·穆勒（John Stuart Mill）所言，政府一般应实行自由放任原则，除非某种巨大利益要求违背这一原则，否则违背这一原则必然会带来弊害。如果政府过多地干预市场和社会正当行为，长此以往就会压制市场的活力、压抑公民的积极主动性，造成市场和公民对政府的依附性，这并不是构建有限政府的初衷。公共资源的稀缺性和配置效率共同决定了有限政府无法承担无限的政府职能。由于政府能力的有限性，有限政府的建设旨在让政府集中力量担负起政府最为核心的职能，弥补市场失灵、志愿失灵，为社会提供市场和社会无法提供的公共产品，如国防、教育等，把市场和社会不能办或办不好的事情办好，坚持"有所为""有所不为"。在法律框架的制度下，转变政府职能结构，将可由市场和社会直接承担的政府职能"转嫁"给市场和社会，充分发挥市场和社会的能动性，进而促进政府真正地做到"有限、有为、有效"。从政府职能结构属性来看，政府能力是有限的，政府职能和政府能力是一种互动关系。如果说政府职能是政府"有所为""有所不为"，表现为政府对社会民众所担负的职责和义务；那么政府能力则是指政府"能做什么""会做什么"，表现为政府职能产生的实际效能。在有限政府建设的过程中，政府必须聚焦其核心职能，既要进一步加强政府发展公共经济、维护公共安全的职能，还要强化政府提供公共服务、调控公共资源和加强自身建设的职能，避免政府受"有限"思维的固化而导致"缺位"，真正实现构建一个"有效"的有限政府。

（二）权力有限：政府建设的基本特征

政府权力必须受到一定的约束和限制，这是有限政府建设的基本特征，尤其是要通过法律和简政放权的方式规避政府利用权力进行损害公共利益活动的可能。简政放权，既要"减"，又要"放"。政府权力的"减"与"放"可谓是一把"双刃剑"，它既能用以办好事，也可用以办坏事；既能用以发展壮大自己，也能毁灭自己。关键在于是否用之得法、用之得当，是否正义。按照政府公共性的属性，维护社会公平正义是政府不可推卸的责任，但政府并不可能维护整个社会绝对的公平正义，即政府是有限政府。"如果说，政府的权力曾经一度受到限制的话——政府除了保护法律和秩序，保护私人自由、私人财产，监督合同，保护本国不受侵略之外，没有别的权力——那个年代早已过去；今天认为政府机构干涉我们生活中'从生到死'全过程的各个方面的看法是很平常的。……看来政府的职责是无限的，而我们每天都给政府增添新任务"。实际上，这些新任务就是人民日益增长的对美好生活需要对政府职能提出的时代要求，它使得政府职能在表面上呈现出不断扩展的趋势，但在现实的情形下，这并不意味着政府职能是无限扩展的，由于政府的能力和权力都是有限的，因而政府在承担"有所为"职能的同时也必须遵循"有所不为"的职责。

（三）规模有限：政府建设的基本逻辑

有限政府既是限制政府权力运行、控制政府规模的基本逻辑，还是有效规范和监督政府行为的必然诉求。政府职能结构属性是影响政府规模的重要因素，政府职能的有限性决定了政府机构设置的精简化。目前，"上下对口"依然是各级地方政府机构设置的重要依据，这也被认为是从中央政府到地方政府职能一致性和连贯性的重要表征。虽然，中国政府机构改革出现"精简—膨胀—再精简—再膨胀"的"怪圈"，但从整体上而言，政府职能在不断缩减，由"无限型"向"有限型"转变，政府行政权力在不断下放，政府规模也在不断缩小，正朝着高效、精简、有限的方向发展。据官方数据显示，在政府机构改革方面，国务院所属部门由1982年的100个裁减、合并为2018年的26个；在简政放权方面，近年来国务院取消、下放行政审批事项至少700项、取消的职业资格高达272项、被宣布失效的国务院文件达489件。无论是政府机构改革推行的大部制改革，还是政府推行简政放权，都是有助于政府职能向着更加精干高效的方向转变，是政府职能、权力和规模适度与政府能力和政策有效的结合，即有限政府。

在描述有限政府的时候，西方自由主义经济学家们甚至提出"最小的政府"就是"最好的政府"的论断。然而，政府职能、权力、规模并不是越小越好，只要是"小"到能够促进政府更多地为社会提供更优质的公共产品和公共服务的时候，这个时候的有限政府才是"最佳政府"。简言之，有限政府并不是"小政府"的简单替代，更不是"弱政府"或"低效政府"的"代名词"，它是一种精干、负责、高效、清廉的责任政府和廉洁政府。

三、以政府职能运作逻辑为导向的廉洁政府建设

廉洁政府是"善治"的重要内容，它是一种最理想的政府状态。廉洁政府建设是维护社会公平与公正的必经之路，也是政府职能运作逻辑的基本要求。这种运作逻辑始终是以政府"公共性"为目标，以公正、清廉和法治为基本原则，表现为政府"不谋私"。

（一）以公正为导向的廉洁政府建设

公正是政府"公共性"的应有之义，一个不偏私而追求公共利益最大化的政府，即"公正政府"，很大程度上取决于政府职能运作的公开透明，其最重要的价值是建立透明政府、廉洁政府，保障公民对政府职能运作的知情权，预防政府职能运作产生"异化"，进而导致政府腐败。一个不公正的政府，必然影响人们对政府的信任，影响政府职能的有效运作，势必增加政府职能运作成本，降低政府对公共资源的调控、公共服务的提供等效率，不利于公共经济的发展和政府自身的建设，甚至还可能造成整

个社会的导向发生偏移,严重影响社会风气和公民道德,扭曲社会主流核心价值观,导致腐败在整个社会蔓延,那么廉洁政府建设必然遭受阻滞。现实中,腐败产生的直接原因正是政府职能运行缺乏标准化、公开性和透明度。历史经验与实践证明,公开、透明、公正的政府职能运行逻辑是廉洁政府建设的必然要求,一旦政府职能运行脱离了公共的视野,就可能会产生政府职能滥用、私用、套用、挪用等违法乱纪的"黑箱"行为,甚至出现政府职能的不断向外扩张的趋势,必然导致政府效能的衰减、社会自治的阻塞、市场活力的萎靡、官场腐败的蔓延,这与廉洁政府建设的理念背道而驰。显然,廉洁政府建设的关键在于有效预防政府职能运行"偏差"而可能产生的腐败行为,职能运行透明是政府"不谋私"的逻辑起点,是廉洁政府建设的根本保证。

(二)以法治为导向的廉洁政府建设

在全面依法治国的实践中,政府职能运行不断信息化、公开化、共享化,从政府"不谋私"这一治理技术工具出发,规范政府职能运行的"轨迹",诸如建立权力清单、责任清单等制度,将政府职能运行"可视化",提高政府的清廉度。"一切有权力的人都容易滥用权力,这是万古不易的经验。有权力的人们使用权力直到遇有界限的地方才会休止。"权力清单的建立就是致力于"晒"出政府的职能范围和权力边界,用清单的方式明确政府职能运行的范围,规定哪些审批需要政府办理、哪些审批不需要通过政府办理,政府"该做什么""不该做什么",防止政府不作为、乱作为,它是构建权责清晰、运行公开、程序严谨、审批透明的廉洁政府的重要手段。在责任清单中,规定了政府必须承担哪些职责、必须做哪些事情,明确了政府各部门职能运行的边界,改变以往政府部门之间职责不清的顽疾,切实做到法无授权不可为、法定职责必须为。权力清单、责任清单制定的过程,也是责任政府建设的过程,责任政府作为廉洁政府建设的基本要求,必然是职能运行透明、权力行使规范、责任划分清晰的清廉政府,一个负责任、清廉的政府才可能是廉洁政府。

(三)以清廉为导向的廉洁政府建设

廉洁政府建设必然以责任政府和有限政府建设为基本保障。或者说,描绘廉洁政府的品格:责任政府、有限政府、透明政府等等,其中还应包括法治政府,法治政府也是廉洁政府建设的必不可少的重要品格。哈耶克(Friedrich August von Hayek)认为:"政府运用强制性权力对我们生活的干涉,如果是不可预见的和不可避免的,就会导致最大的妨碍和侵害。"因此,在政府依法行使职能的机制下,必须依法限制政府的权力,预防政府权力超越法治的边界,明确政府职能运作的法治化逻辑,以最大程度地保障全体公民的权益。法治作为政府职能运作的根本逻辑,与廉洁政府建设具有内在的关联。"法律必须被信仰,否则它将形同虚设。"很明显,一个国家的宪法或法律必须要得到这个国家所有公民的认同和信仰,政府依法行政,公民依法守法,这样的国家或者说政府才是廉洁奉公的。政府依法行政不仅可以遏制集权下的政府专制行为，还可以加强政府自身的法治化建设，因为法治意味着如果政府不能有效地履行发展公共经济、维护公共安全、提供公共服务、调控公共资源以及加强自身建设等公共职责将受到严厉的惩罚，这就要求所有政府行政官员必须遵守廉洁奉公的行政职责，构建一种负责、清廉、法治的廉洁政府。归根结底，法治是通向廉洁政府的关键，想要建设廉洁政府，首先必须实现政府职能运作的法治化，一个缺乏法治的政府必然是一个缺乏责任的政府，也就是一个腐败的政府。

作为21世纪政府建设最突出的标志，廉洁政府是评价一个政府是否合格的重要标准，也是构建绩效政府的重要基础。政府的公正性、透明性、法治性是政府职能运作的根本原则。作为一种政府建设的逻辑，廉洁政府建设意味着保证政府职能运行的公正、透明、清廉、法治等控制工具的有效结合，提高政府的廉洁性，这既是政府正当性和合法性的基础来源，又是"善政"的集中体现。

四、结语

面对高度复杂和高度不确定性的现代社会，政府职能必须与现代社会发展的要求相融合，与人民日益增长的对美好生活的需要相匹配，与地区不平衡不充分发展的现实相适应。在中国式现代化的语境下，作为"公共性"的政府，既要"有所为"，也要"有所不为"，始终将发展公共经济、维护公共安全、提供公共服务、调控公共资源、加强自身建设作为责任政府建设、有限政府建设、廉洁政府建设的出发点。一言以蔽之，责任政府建设要以政府职能的内涵价值为基本导向，凸显出民主、平等和回应性的"公共性"价值，提高政府履职能力，规避政府"缺位"现象。有限政府建设是政府职能、权力和规模适度与政府能力和政策有效的结合，要克服"全能政府""包办政府"的弊端，避免政府职能的无限扩张，规避政府"越位"现象。政府职能的运作逻辑要以公正、清廉和法治为基本原则，以降低政府公共行政成本为目标，进一步简政放权、守正创新，推动政府职能向着民主、法治、公开、透明等价值转变，构建一个效能与清廉并存的廉洁型政府。

参考文献

[1] 习近平. 高举中国特色社会主义伟大旗帜 为全面建设社会主义现代化国家而团结奋斗[N]. 人民日报, 2022-10-26 (001).

[2] 罗敏, 张佳林, 陈辉. 政府职能转变与政府建设的三维路向[J]. 社会科学家, 2021, (05): 145-149.

[3] 赵炎峰. 城镇化背景下基层政府权责伦理的重构与职能转变[J]. 领导科学, 2018, (17): 13-15.

[4] 威尔逊. 行政学之研究［J］. 李方，译. 国外政治学，1987（06）.
[5] 曹闻民. 政府职能论［M］. 北京：人民出版社，2008：125.
[6] 王玉萍，左同宇. 善治视阈下的责任政府建设与社会主义市场经济治理进路［J］. 理论导刊，2021，（04）：49－55.
[7] 周庆智. 在政府与社会之间——基础治理诸问题研究［M］. 北京：中国社会科学出版社，2015：19.
[8] 沃尔夫. 市场或政府——权衡两种不完善的选择/兰德公司的一项研究［M］. 谢旭，译. 北京：中国发展出版社，1994：60.
[9] 陈水生. 政府职能现代化的整体性建构：一个三维分析框架［J］. 探索，2021，（02）：37－49.
[10] 世界银行. 1997 年世界发展报告：变革世界中的政府［M］. 北京：中国财政经济出版社，1997：1.
[11] 奥斯本，盖布勒. 改革政府：企业家精神如何改革着公共部门［M］. 周敦仁，译. 上海：上海译文出版社，1996：149.
[12] 门中敬. 我国政府架构下的权力配置模式及其定型化［J］. 中国法学，2021，（06）：140－161.
[13] 登哈特 R B，登哈特 J V. 新公共服务：服务，而不是掌舵［M］. 丁煌，译. 北京：中国人民大学出版社，2004：8.
[14] 卜广庆. 唯物史观论域下的责任政府［J］. 江苏大学学报（社会科学版），2019，21（06）：60－67.
[15] 穆勒. 政治经济学原理及其在社会哲学上的若干应用（下卷）［M］. 胡企林，朱泱，译. 北京：商务印书馆，1991：539－540.
[16] 佘绪新. 权利与义务权力与责任［M］. 北京：中国政法大学出版社，2014：53.
[17] 戴伊. 谁掌管美国［M］. 梅士，王殿宸，译. 北京：世界知识出版社，1980：66.
[18] 李永胜，罗蓓. 新时代党的廉政建设的经验、规律及启示［J］. 中州学刊，2022，（10）：18－25.
[19] 孟德斯鸠. 论法的精神［M］. 张雁深，译. 北京：商务印书馆，1961：154.
[20] 哈耶克. 自由秩序原理［M］. 邓正来，译. 北京：生活·读书·新知三联书店，1997：177.
[21] 伯尔曼. 法律与革命——西方法律传统的形成［M］. 贺卫方，等译. 北京：中国大百科全书出版社，1993：47.

敏捷治理赋能政府监管：
湖南营商环境建设优化路径探究

张晓雨①

摘要： 作为综合实力和竞争力的重要体现，营商环境在一定程度上反映了一个地方治理能力的高低，是建设现代化经济体系、实现高质量发展的重要基础。在市场经济体制下，政府监管的主要目的是矫正和改善市场机制的内在问题，营商环境建设与政府监管的内在逻辑具有高度的契合性。与我国营商环境总体水平和人民群众的期盼相对照，湖南当前营商环境仍有很大的优化空间。敏捷治理理念的兴起，为政府监管提供了新效能，通过数字化的工具提升政府监管机构的效率和灵活性，从而全面优化湖南营商环境建设。

关键词： 敏捷治理；政府监管；营商环境；高质量发展

习近平总书记深刻指出，"要加快转变政府职能，培育市场化法治化国际化营商环境"，党的二十大报告也强调"完善产权保护、市场准入、公平竞争、社会信用等市场经济基础制度，优化营商环境"。作为我国中部地区的重要省份，湖南省一直以来都致力于优化营商环境，持续纵深推进"放管服"改革，提升政府监管水平。近年来，湖南省在营商环境建设方面取得了一定的成绩，如简化审批程序、优化行政服务等。然而，随着社会经济的快速发展和市场竞争的加剧，相对传统的政府监管措施已经无法及时应对市场环境和企业需求的变化，政府监管与营商环境之间的帕累托最优（Pareto Optimality）需进一步探求。

作为数字社会政府监管的一种创新性理论，敏捷治理（Agile Governance）被认为是新技术环境下政府回应的理想类型。根据世界经济论坛白皮书的定义，敏捷治理是指一种以顾客为中心，适应性和包容性的政策制定过程，它承认政策的制定不仅仅包含政府主体，同时还包含广泛利益相关者，敏捷治理理论的提出试图弥合数字社会快

---

① 张晓雨，中共湖南省委党校公共管理教研部硕士研究生，研究方向为基层治理。

速变迁与政府监管相对滞后之间的矛盾。湖南营商环境建设过程中，监管措施不够灵活、"准入门槛过低"、监管部门之间协同不足等问题逐渐显现出来，亟待解决。因此，敏捷治理可作为湖南省政府探索的一种新路径，以其灵活、高效的特点为政府监管赋能，推动湖南营商环境建设的优化。

一、敏捷治理与政府监管的内在逻辑契合

（一）敏捷治理的源流及特征

"敏捷（agile）"一词最早于1991年来源于制造业，它强调的是企业通过快速自我调整以适应市场的能力，在此后演变中，"敏捷治理"一词相应衍生，并逐步拓展到了多学科领域。敏捷治理思想起源于20世纪90年代的软件工程领域，传统的软件开发方法论强调详细的计划和预测，但在实践中往往面临需求变更、项目延期等问题，为了解决这些问题，一些软件开发者开始尝试一种更加灵活迭代的方法，即敏捷开发。敏捷开发强调团队合作、快速反馈和持续改进，鼓励开发团队在短周期内交付可用的软件，并根据用户反馈和需求变化进行调整。后来这一理念被引入到政府信息化领域，用于改善和提高政府的数字服务。英国政府数字服务小组（GDS）较早采纳了敏捷治理的基本理念，成立敏捷服务社区，为公民提供敏捷的在线服务。在美国，随着Healthcare.gov项目的失败，传统开发和管理流程的弊端引起人们的重视，敏捷开发作为一种回应方式被引入政府数字化服务提供过程之中。2018年世界经济论坛以《敏捷治理：第四次工业革命时代政策制定的重构》为标题发布治理白皮书，更是将敏捷治理的概念引入政府规制领域。敏捷治理意味着一套具有柔韧性、流动性、灵活性或适应性的行动或方法，一种自适应、以人为本，以及具有包容性和可持续的决策过程。敏捷治理承认技术变化和中断比以前更快、更复杂，但是理想形式的敏捷治理不会因为速度而牺牲严谨性、有效性和代表性。

敏捷治理能够较好地解决传统治理的片面性、碎片化、滞后性等问题，将其主要特征总结为"三度"：第一，参与广泛度。敏捷治理的概念不同于有目的深思熟虑、广泛包含甚至包容性的政府决策描述。治理模式下的政策发展不再局限于政府，只有通过与创新者更密切合作，治理才能更加接近敏捷。敏捷治理通过让更多的利益相关者参与到流程中并允许快速迭代，来实现对治理目标的逼近，通过建立机制来持续监控和升级管理新兴技术的政策，维持各方制衡机制确保长期可持续性。第二，决策自由度。敏捷治理主张去中心化决策，强调团队的自组织和自主决策，因此团队成员具有较大的自由度和责任感，可以根据实际情况做出决策，而不需要等待上级的指示。同时，敏捷治理强调信息的共享和透明度，在一定程度上解决了信息不对称问题，从而增加了市场运行中的公平性和信任度。第三，时间灵敏度。传统基于计划的决策方法

和敏捷治理概念的核心差异在于时间灵敏度。敏捷治理需要为快速发展中的变化做出持续准备，主动或被动地接受变化并从变化中学习，同时为实际的或可感知的最终用户价值作出贡献，通过不断地优化和创新，团队可以提高工作效率和质量。政策制定中敏捷性的提高也旨在解决"政策衰退"问题，及时进行政策反馈。

（二）敏捷治理语境下的政府监管

习近平总书记主持中央全面深化改革委员会第二十三次会议时进一步强调"要加快转变政府职能，提高政府监管效能，推动有效市场和有为政府更好结合，依法保护企业合法权益和人民群众生命财产安全"，再一次重申"政府监管"在市场经济中的重要地位。政府监管是指政府对社会经济活动进行规范和监督的行为，以保障公共利益和社会稳定。在传统的监管模式下，政府通常采取集中、层级化的管理方式，但这种模式在面对快速变化的社会和经济环境时显得笨重和缓慢。而敏捷治理则提供了一种更加灵活、高效的监管方式，能够更好地适应变化和应对挑战。

1. 价值维度：实现高质量发展

在敏捷治理语境下，政府监管的目标是实现高质量发展。首先，政府应确保市场竞争的公平性，防止垄断和不正当竞争的行为，还应当保护消费者权益，确保市场交易的公正性，促进市场的健康发展；其次，政府应注重可持续发展，在经济增长的同时保护环境和资源，制定和执行环境保护和资源管理的政策和法规，鼓励支持企业和社会各界采取可持续发展的行动，推动经济、社会和环境的协调发展；再次，政府应注重创新和创造力，为创新提供支持和保护，鼓励企业和个人进行创新活动，促进知识产权的保护，确保创新成果得到合理的回报，激发创新的动力；最后，在制定政策和执行监管时考虑社会的整体利益，保障公共利益的最大化，加强对企业社会责任的监督和引导，鼓励企业履行社会责任，推动经济和社会的可持续发展。

2. 主体维度：多元主体协同发力

敏捷治理的核心理念是"快速迭代、持续改进"，它强调政府与社会各方之间的合作和协同，形成共同治理的合力。在敏捷治理下，政府与企业、公民、专家等各方形成一个紧密的合作网络，共同参与监管决策和执行过程。政府不再是单方面的决策者和执行者，而是与各方共同制定监管目标、制定政策、监测执行效果，并及时调整和改进，这种多元主体的协同发力将促进政府监管的科学性、有效性和可持续性，推动高质量发展的实现。此外，政府监管积极参与国际合作和交流，借鉴国际经验和最佳实践，也能有效提升监管水平和能力，从而共同应对跨国问题和挑战，推动全球治理的改革和创新。

3. 制度维度：政策及法规优化

政府监管机构需要制定适应快速变化、市场需求多样化的监管政策和法规。传统的政策制定往往较为缓慢，无法及时应对新兴问题和挑战，而在敏捷治理中，政府监管则采用更加灵活的政策制定机制，例如，快速反应机制、试点政策等，以便更快地制定和调整政策，以适应变化的环境和需求。政策和法规的简化和优化，减少冗余和重复的规定，能提高其适应性和可操作性，以便更好地引导和规范各方行为。同时，政策和法规的优化与监管手段往往伴随着政策工具的创新和应用，相较于传统的、滞后的监管手段和工具，敏捷治理强调政府监管积极探索和应用新的监管手段和工具，例如，数据分析、人工智能、区块链等技术，以提高监管的效能和效果。

4. 实践维度：灵活性与适应性

敏捷治理的一个重要特点是强调信息的共享和透明度，政府需要主动向社会公开监管信息，包括监管目标、政策依据、执行进展等，以便各方能够及时了解和参与监管过程。政府积极收集和利用社会各方的反馈意见和建议，以便及时调整和改进监管措施，有助于增加监管的公正性和可信度，提高监管的效果和效率。以信息共享为基础，敏捷治理还强调监管的灵活性和创新性，政府可以采用试点和示范项目的方式，快速验证和推广新的监管模式和技术手段，还可以鼓励创新和创业，推动社会各方共同参与监管。监管的效果评估和持续改进也是敏捷治理实践过程中最重要的一环，政府需要建立科学的监管评估体系与反馈机制，及时收集和分析监管数据和信息，评估监管效果，发现问题并及时调整监管策略和措施。

综上所述，敏捷治理为政府监管提供了一种灵活、高效的管理方式，它强调高质量发展，制度和法规的优化，政府与社会各方的合作和协同，注重信息的共享和透明度，强调监管的灵活性和创新性，注重监管的效果评估和持续改进等，有助于提高政府监管的效果和效率，更好地适应变化和应对挑战，为社会经济的可持续发展提供有力支持。

二、湖南营商环境建设与政府监管的两难问题

（一）营商环境建设与政府监管密不可分

营商环境的优化不仅仅是改善政府与企业之间的关系，更是为了实现高质量的经济发展，各级政府部门通过提升服务水平，创新监管方式，为企业创造更好的发展环境。那么，营商环境建设与政府监管之间存在着逻辑契合。

第一，营商环境是一种特殊的公共产品。按照经济学界定，政府的职能是提供公共产品，萨缪尔森认为公共产品是具有消费的非排他性和非竞争性等特征的产品。公共产品是以政府为代表的国家机构——公共部门供给的，用来满足社会公共需要的商品和服务的统称。在现实生活中，公共产品表现为由政府直接或间接地提供，免费或者以极低的价格存在，具备消费的非竞争性和非排他性特征。营商环境涉及政治、经

济、法治、社会、生态等一般环境与政企关系、劳动力市场、金融机构等具体环境，因而也是一种公共产品，是一种兼具物质形态（如基础设施）和制度形态（如法规政策）的特殊公共产品。基于此，政府应被视作营商环境的最主要生产者，是营商环境建设的责任主体。营商环境是政府和社会、市场合作生产的一种公共产品，具有"公共性"的价值特性，本质上也是为了满足社会的公共需要。

第二，营商环境是一个制度的集合体。营商环境是由一系列制度构成的，是制度的有机组合，直接约束着特定区域内各种市场主体的行为活动，其中正式的制度是其主要构成。制度既包括权威机构如政府制定的正式的制度，如政策、法律规定等，也包括历史的社会的各种非正式制度，如风俗习惯等。制度的建立是为了减少人们交易中的不确定性，再加上技术的采用，两者共同决定交易成本（和生产成本）。作为经济运行和经济发展中的内生变量，制度能够降低交易费用从而优化资源配置和提高经济效益。另外，在世界银行营商环境报告中强调最多的是政府规制，也就是常说的政府管制（政府监管）。规制作为政府的一种政策工具和介入市场领域的管理方式，是政府运用公共权力和具体规则，通过约束微观经济主体的市场进入、退出、价格、质量、信息等以及对安全生产、环境保护、国民健康等行为现象的调整和限制，可以说营商环境从本质上讲就是政府的管制环境。

第三，营商环境建设是政府监管的要义之一。政府监管是在中国特色社会主义市场经济体制下，具有监管职能的政府机构基于社会公共利益目标，依照法律制度并综合运用法律、行政、经济、技术等多种手段，对微观市场主体所采取的各种制约与激励行为。从本质上来看，营商环境建设属于政府治理行为，对政府治理能力现代化、吸引投资、方便群众办事等方面具有重大意义，也有利于政府自身建设、公共管理和服务进行优化和改进。随着我国经济的迅猛发展，市场监管部门在营商环境建设中承担的任务越来越重，要求越来越高。政府通过加大执法力度，创新监管方式，可以有效打击不合法的行政措施，维护企业合法权益，这也是优化营商环境的重要途径。

（二）湖南营商环境建设现状及监管问题

以营商环境为代表的发展环境是一个地方软实力的重要体现，也是一个地方"发展引力"的重要组成部分，而任何一种环境的形成和优化都绝非朝夕之功。湖南一直以来致力于打造更优的营商环境，对各类经营主体"一碗水端平"，持续简政放权，强化法治保障，加强干部作风建设，努力让每一位企业家都感受到"身在湖南，办事不难"。近年来，围绕打造一流的市场化、法治化、国际化营商环境，湖南也采取了多项努力措施。为推进政策措施见效，让经营主体"安心投资"，出台了《湖南省优化营商环境攻坚行动方案》，建立全省"一码一网一平台"优化营商环境工作系统；为推进政务服务提优，让经营主体"办事不难"，湖南持续深化"一次事一次办"改革，大力优化营商环境,对项目立项、用地规划许可、工程建设许可、施工许可、竣工验收等事项实行全流程一网通办;为推进市场环境提质,让经营主体"活力迸发",湖南在2022年开展"万名干部联万企"行动基础上,2023年大力实施"三送三解三优"行动,送政策、送温暖、送信心,解基层之难、解企业之难、解群众之难,优作风、优服务、优环境。与此同时,扎实推进民营经济"六个一"举措,持续开展金融"暖春行动",大力实施经营主体倍增工程等。全国工商联发布的2022年度"万家民营企业评营商环境"显示:2022年,湖南综合得分排全国第7位,长沙市在各城市(不含直辖市)中排名第6位,位次均居中西部第一。

然而,与一流的市场化、法治化、国际化营商环境相比,湖南在营商环境建设方面还存在较大的提升空间。一是行政审批繁琐。尽管湖南省政府已经采取了一系列措施简化行政审批流程,但仍然存在审批时间长、程序复杂等问题,给企业的发展带来了一定的困扰。二是监管协同效应不突出。由于不同部门之间缺乏有效的协调机制,信息不畅通、协同性差以及随之而来的重复审批和监管程序,造成监管的分散化,这不仅增加了企业的行政成本和时间成本,也给监管工作带来了效率上的问题,难以形成整体的监管效果。三是信息不能有效共享。政府监管涉及多部门、多行业、多团体,由于缺乏顶层设计,信息共享程度低导致了信息不对称的长期存在,难以构建联合惩戒机制。在提供服务和监管企业之间找到平衡是一个具有挑战性的任务,政府需要进一步加强政策制定和执行力度,提高政府服务的质量和效率,同时加强监管力度,打击不正当竞争和违法行为,为企业提供公平竞争的市场环境。

三、敏捷治理背景下湖南营商环境优化路径

优化营商环境,是一项永远在路上的"持久工程",必须久久为功,绵绵用力。相较于传统治理模式只能在不同价值之间进行零和抉择,敏捷治理代表的追求"多赢"思维更适合湖南营商环境建设的实际需求。从加强政府监管,优化营商环境的角度看,走向敏捷治理具有四条优化路径:协同治理、流程优化、科技赋能和信息共享。

(一)协同治理:实现多目标间平衡

走向敏捷治理要发挥各个组织团体的优势,实现多目标的平衡。治理目标不是简单的效益最大化,而是多元与共赢,不能一味强调风险控制,也不片面追求效率,既要追求及时性,也要保障全面性。政府监管涉及多个部门和领域,需要各部门之间的协同配合,可以建立跨部门、跨领域的监管协同机制,加强信息共享和协作,避免监管的重复和漏洞。同时,可以建立监管部门之间的联席会议制度,定期研究解决监管中的问题和难题。

(二)流程优化:持续改进服务质量

敏捷治理强调高效率和简化流程,以提高政府监管的效果和营商环境的便利性。

对于营商环境中的重点领域和项目,进行审批流程的精简和优化,可以减少审批环节和时间成本,提高审批效率。以长沙经开区为例,为解决行政审批效率低、环节多、时间长的问题,该区深化"放管服"改革,设立全功能综合审批处室,项目审批全流程都由"一个处室审批到底",同时前台也由"一个窗口服务到底",报建全流程效率在原来基础上提升30%。长沙经开区经验若在整个湖南进行推广,将有助于湖南营商环境持续改善。

(三)科技赋能:聚焦信息化建设

信息化建设是提升政府监管效能的重要手段,敏捷治理要求政府监管机构充分利用信息技术和数据分析手段,提高监管效能和决策科学性。建设信息化监管平台是未来政府监管的重要趋势,利用大数据、云计算和人工智能等技术手段,建立统一的信息化监管平台,实现对企业和市场行为的全面监测和分析。同时,信息化监管平台离不开政府服务人员的数据分析能力,需要培养专业的数据分析人才,建立数据分析团队,利用数据挖掘和数据可视化等技术手段,深入分析和研究各类监管数据,为政府决策提供科学依据。全面推广"互联网+政务服务"模式,可将政务服务与互联网技术相结合,提供更加便捷、高效的服务。

(四)信息共享:增强监管的透明度

敏捷治理和营商环境建设强调信息的共享和透明度。一方面,需要提高监管机构的专业素质和能力,通过培训和资质认证,提升监管人员的专业知识和技能,使其能够更好地应对复杂的市场环境和新兴行业的监管需求;另一方面,要强化监管机构的信息公开和透明度:建立信息发布平台,及时向企业和市场公布监管政策、法规和行业标准等重要信息,提高企业和市场对监管工作的了解和参与度。此外,还可以通过建立监管评估机制,对监管部门的工作进行评估和公开,推动监管的规范化和专业化。

四、结语

国之兴衰系于制,民之安乐皆由治。敏捷治理以其灵活、高效的特点,能够更好地适应市场变化和企业需求,提升政府监管的效能。在湖南省的营商环境建设中,敏捷治理为政府监管赋能,推动了政府与企业之间的合作与协调。然而,敏捷治理在湖南省的应用仍面临一些挑战和困难。首先,政府部门需要加强对敏捷治理理念和方法的理解和学习,提升相关人员的能力和素质。其次,政府与企业之间需要建立更加紧密的合作机制,加强信息共享和沟通,实现真正的合作共赢。最后,政府监管的法律法规体系也需要相应的调整和完善,以适应敏捷治理的需求。

尽管面临一些挑战,但敏捷治理在湖南省的营商环境建设中仍具有广阔的应用前景,在未来的工作中,湖南省政府应进一步加强对敏捷治理的研究和实践,不断总结经验，完善相关制度和机制。同时，政府还应加强与企业和市场的沟通和合作，构建良好的发展生态，为湖南省的经济社会发展提供有力支撑。通过持续的努力和创新，相信湖南省在敏捷治理下的营商环境建设将取得更加显著的成果，为全省经济发展注入新的活力。

参考文献

[1] 李晓方. 理念、激励与共享经济的敏捷治理：基于地方政府网约车监管实践的实证分析[J]. 中国行政管理，2019，(06)：42-48.

[2] 张晓，鲍静. 数字政府即平台：英国政府数字化转型战略研究及其启示[J]. 中国行政管理，2018（3）.

[3] MERGEL I. Agile innovation management in government：A research agenda [J]. Government information quarterly，2016（3）.

[4] 薛澜，赵静. 走向敏捷治理：新兴产业发展与监管模式探究[J]. 中国行政管理，2019（08）：28-34.

[5] SAMUELSON P A. The pure theory of public expenditure [J]. Review of economics and statistic，1954，36（4）：387-389.

[6] 宋林霖，何成祥. 优化营商环境视域下放管服改革的逻辑与推进路径——基于世界银行营商环境指标体系的分析[J]. 中国行政管理，2018，(04)：67-72.

[7] 王俊豪. 中国特色政府监管理论体系与应用研究[M]. 北京：中国社会科学出版社，2022.

嵌入与融合：社会组织参与社区康复服务的运行机制
——以 C 市 X 会所为例

李俊茹[①]

摘要：社会组织是社会治理的重要参与主体，在社区康复服务中引入社会组织能够为其提供专业的技术指导和组织力量支持。然而，现实中许多社会组织被引入之后"悬浮"于社区康复服务之外，未能发挥组织效能。因此，需要破解社会组织"悬浮"于社区康复服务之外的问题，使其有效嵌入并深度融合社区康复服务。本文以 C 市 X 会所作为个案研究对象，采用文献研究和实地调查相结合的方法收集所需资料，并以嵌入理论为视角，构建"嵌入-融合"分析框架，分析社会组织参与社区康复服务的实现路径。研究结果表明，社会组织参与社区康复服务的方式以服务供给、项目孵化为主，通过服务嵌入和政策嵌入来实现嵌入效果。但是，在嵌入实践中受限于制度和资源的因素，存在嵌入失灵的困境。对此，从外部因素来看，政府部门要为社会组织增权赋能；从内部因素来看，社会组织要加强自身能力建设，从而实现与社区康复服务的深度融合以及社会组织的可持续发展。

关键词：社会组织；社区公共服务；嵌入式视角；

一、问题的提出

党的二十大报告明确提出"完善残疾人社会保障制度和关爱服务体系"等要求。2022 年 12 月，民政部会同财政部、国家卫生健康委、中国残联印发《关于开展"精康融合行动"的通知》，拟利用三年时间，提高精神障碍社区康复服务质量和水平，为精神障碍患者提供更加公平可及、系统连续的基本康复服务，增强精神障碍患者及其家庭获得感、幸福感，努力为全面建设社会主义现代化国家营造安全、平稳、健康、有序的社会环境。为缓解社区康复服务的供给压力，政府部门通过购买服务、项目孵化

[①] 李俊茹，浙江宁波人，中南大学公共管理学院硕士研究生，主要研究方向：行政改革与基层治理创新。

等形式将社会组织引入社区康复服务。社会组织参与社区康复服务能够丰富参与主体的多元性，回应国家对社区康复服务的现实需求，是破解社区康复服务供给困境的良方。社会组织参与社区康复服务也成为学界关注的研究热点。

结合笔者在C市X会所的调研经历发现，X会所在参与社区康复服务的具体实践对其他社会组织具有重要借鉴意义。但是，在深入访谈和观察后发现，X会所在具体实践中也存在问题。基于此，提出本文的研究问题：社会组织为何无法实际参与社区公共服务社会组织管理？对此，有必要从政府部门外部支持和社会组织内部管理角度切入，探寻社会组织参与社区公共服务的嵌入逻辑和深度融合的实现路径。

二、文献回顾与分析框架

（一）文献回顾

当前，学界关于社会组织参与社区公共服务的研究路径主要有三条。一是"动员式参与"，即通过行政手段动员居民成立社会组织来回应社区公共服务需求。徐越倩、吴丹阳则从多元主体参与视角具体分析了社会组织参与社会治理，参与的关键在于标准化，而标准化不仅局限于社会组织自身，还贯穿于社会组织与政府、社会组织与社会成员之间。二是"自主式参与"，即社区居民基于对公共服务的共同需求，自发成立社会组织来共同供给公共服务。杨雨林认为国家治理体系现代化伴随着国家职能的变化，推进治理体系和治理能力现代化的过程中，国家和政府的角色不再是全能型的形象，开始转向服务、指导、监督，逐渐把"手"收起来。三是"嵌入式参与"，即对社会组织参与社区公共服务的具体实践机制机进行考察。刘帅顺等基于B市C区社会组织嵌入社区的案例分析，提出了一个包含嵌入机制、嵌入关系、嵌入效果多维度的社会组织嵌入式治理解释框架，以便理解新时代社会组织发展的自主性。

近年来，国内学者开始将嵌入理论引入到社会组织研究中，以期进一步拓展社会组织的理论框架。刘鹏基于地方政府社会组织管理创新的实证研究指出，中国政府对社会组织的管理模式正逐渐由"分类控制"转变为"嵌入型监管"，地方政府通过"政治嵌入"等策略为其营造稳定的外部环境，而社会组织也乐于"受嵌"以获得组织发展空间，从而促使国家与社会达至某种形式上的合作关系。

经过学者们的不断补充，嵌入理论得以更具系统性和包容性，其关注社会情境包括宏观制度背景、中观网络结构和微观关系网络互动对主体行为选择的影响，强调主体行为在受到制度结构约束的同时又具有一定的自主性，并且将多元主体间的互动嵌入到更为笼统的结构层面，动态化地实现了宏观、中观与微观三者的有机结合，从而克服了过于宏观或过于微观所带来的局限。

（二）"嵌入—融合"分析框架

"嵌入"一词中文释义为紧紧地埋入，其作为正式的学术用语，最早出现在经济社会学领域，用来形容社会关系对经济行为的影响程度。"融合"指不同个体或不同群体在一定的碰撞或接触之后，认知、情感或态度倾向融为一体。

嵌入理论已成为国内学者研究社会组织的重要理论视角，在国外研究的基础上，构建出多样化的社会组织嵌入模式，这是将国外理论本土化并进行理论创新的有益尝试。通过梳理借鉴嵌入理论在多视域中的解释与运用，本文试图构建了一个更具地方解释效力的分析框架——"嵌入-融合"分析框架，试图厘清社会组织参与从表层嵌入到深度融合参与社区康复服务的路径。

通过调研发现，社会组织参与社区康复服务的方式主要以嵌入为主，多重包含嵌入机制、嵌入要素与嵌入效果三个维度。但是，实践中常常因为内部外部因素造成嵌入失灵，影响社会组织的项目运转。对此，要通过政府部门的外部支持和社会组织内部项目管理、人力资源管理、绩效管理等方面的内部提升，来实现社会组织与社区康复服务的深度融合，最终实现嵌入到融合的蜕变。

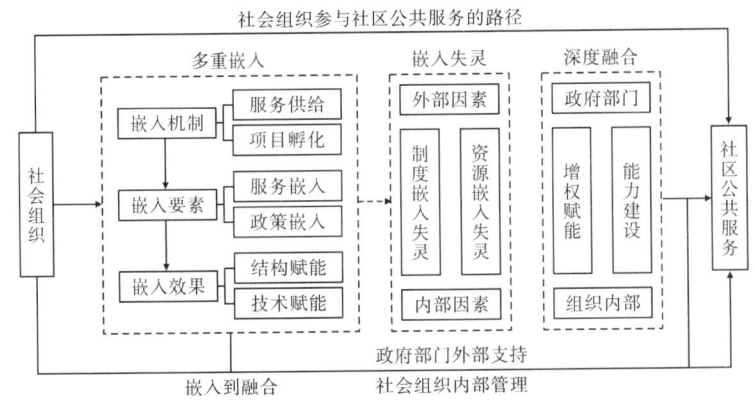

图1 本文分析框架

三、多重嵌入：社会组织参与社区康复服务的嵌入逻辑

C市X会所成立于2007年，是中国大陆第一家社会公益性精神康复会所，也为其他社会组织运行会所模式嵌入社区精神康复服务提供了范本。2012年，X会所以自身会所模式作为实务经验，开始为C市各区精神康复机构提供培训课程。2018年，X会所挂牌"H省精神障碍社区康复服务孵化基地"并正式承担省内各地精神障碍社区康复服务机构孵化项目。

（一）嵌入机制

1. 服务供给：X会所的日常运行逻辑

X会所的日常运行紧紧围绕社会组织发展的战略管理、项目管理展开，遵循组织使命和宗旨，从宏观到微观提供社区康复服务。

X会所根据组织使命，制定了心理支持、就业服务、社交活动、辅助教育等方面的项目。心理支持项目中，会所会在日常工作中对会员进行行为引导和心理疏导。由专业的心理专家对个案会员进行专业引导。就业服务项目中，会员通过参与机构的工作来锻炼技能，根据自身能力为机构贡献出一份力量的同时，也能感受到自己被需要。会所还与企业单位进行合作，为会员提供过渡就业和辅助就业，通过成立就业小组帮助会员与用人单位对接，最终实现会员融入社会、独立就业。社交活动项目中，会所定期组织联谊活动、康复论坛、集体生日会等项目，让会员们在活动开展中扩大社交范围，重塑社交技能。辅助教育项目中，会所向会员提供健康倡导、职业培训和辅助学业等项目，在培训中提升会员个人能力，帮助其重返社会。

2. 项目孵化：X会所的辐射推广逻辑

X会所以自身为示范，通过项目孵化的形式为H省内各地州市精神障碍社区康复服务提供系统的孵化服务。考虑到精神障碍社区康复服务模式、机构分散等综合因素，X会所采取"壳外孵化模式"为机构助力，除在机构"入壳"之后，为机构提供集中培训外，其他时间，机构无须到基地驻点办公，而是在各自机构实地开展精神障碍社区康复服务，基地为其提供线上、线下的咨询与技术支持。主要从需求调研、机构培育孵化、专业人才培训、现场辅导和平台远程技术支持等方面开展工作。

（1）需求社区提出申请

H省内各市县的社区根据自身对于精神障碍康复服务的需求向X会所提出孵化申请。X会所收到申请后会由孵化研发部牵头成立由职员和会员共同组成的调研小组，前往需求社区开展摸底调查和需求调研。需求社区的申请条件符合孵化要求后，X会所与其达成合作，签约孵化。申请阶段一般为期1-3个月。

（2）X会所提供培育

对于签约孵化的需求社区，X会所为孵化机构制定了清晰的培育路径。在随后的6个月时间内，对孵化机构开展现场辅导工作，协助孵化机构注册建立和日常有序运作。培育阶段一般为期6-8个月。

（3）孵化机构出壳服务

出壳服务包括出壳评估和后期追踪。后期追踪持续至机构孵化成熟可以正常独立运转，出壳服务阶段一般为期2-3个月。在机构正式孵化出壳前，X会所组织成立评估工作组开展出壳评估。孵化出壳完成之后还要对各地孵化机构进行追踪。

（二）嵌入要素

1. 服务嵌入

服务嵌入指社会组织根据组织使命进行项目管理的过程中，将具体服务内容嵌入到社区项目服务供给当中。在服务的具体实施中，社会组织也逐渐嵌入到社区服务和社区治理格局当中。

X会所旨在以给精神疾病患者带来希望和机会，全面挖掘他们潜能的社区机构。在组织项目管理中，X会所通过会所模式向社区有精神障碍康复服务需求的病人和家庭提供心理辅导、行为矫正、职业训练、辅助教育、社交就业支持等服务。针对需求社区，X会所提供了项目孵化的技术支持服务。"我们是互助性质会所模式，会员和职员都是平等的，会所的日常工作在每天早会时都会布置安排给每一个人。会员也可以亲身参与到会所介绍、调研等项目中来。"（访谈笔记202305 X会所职员HC）这些服务嵌入到社区康复当中，帮助患者更好回到社会、获得岗位。此外，C市民政局还为X会所会员提供了就业岗位，会所已经与C市内包括医院、驾校、商业公司在内的多家机构达成了合作，过渡性就业岗位包括保洁员、仓管员、园艺工、服务员等较为初级的工作。

2. 政策嵌入

政策嵌入指社会组织通过政策文件、法律法规等，在税收减免、政策帮扶、项目协同等方面的优惠与支持。政策嵌入让社会组织获得了来自政府部门的资金保障和合法性认可。

C市先后出台了《C市社会精神病人药物救助实施办法》《C市肇事肇祸精神病人管理办法（试行）》《关于进一步提高全市城乡居民医疗保险对象重大疾病医疗救治保障水平的通知》。从资金保障方面来看，民政部的中国福利彩票公益金和残联的托养补贴是X会所日常运作和服务供给的资金主要来源。从组织合法性方面来看，民政部门和C市精神病医院（现名C市第九医院）在X会所建立之初提供了身份合法性的认可，并从医院人员中选拔会所负责人。"我当时还是医院的护士长。在一次医院中层干部会议上，院长让大家一起观看会所模式的宣传片，希望从中挑选一人来做会所主管。我当时想着自己很久没面试了，那次刚好是一种锻炼。"（访谈笔记202305 X会所负责人LYH）H省民政厅还直接管辖H省精神障碍社区康复服务孵化基地，指导X会所进行项目孵化。C市第三社会福利院作为运作单位进行业务指导。

（三）嵌入效果

1. 结构赋能：管理规范化构造多元主体参与社区康复的格局

社区治理主体多元化能够实现治理效能，提升治理水平。社会组织向社区提供服务时也需要多元主体参与，从而更好实现社会组织使命和项目开展。

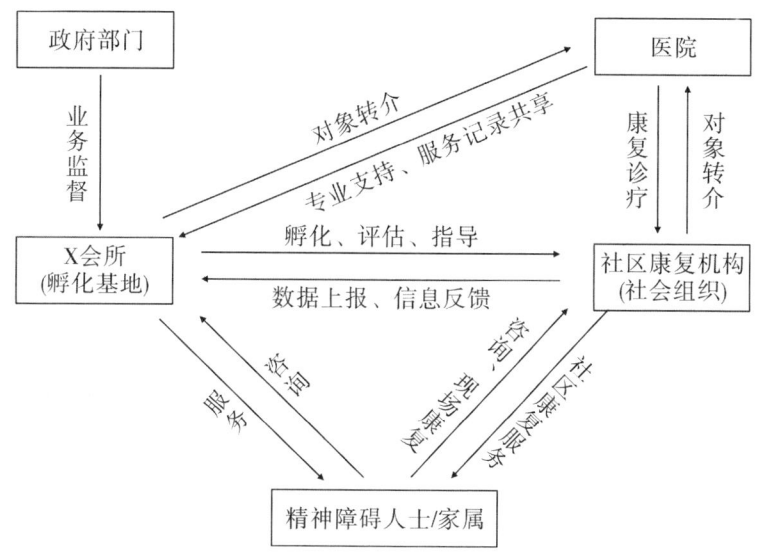

图 2　X 会所嵌入社区康复服务的多元主体关系图

* 资料来源：笔者根据调研资料整理制作

X 会所在嵌入社区康复服务的过程中引入多元主体，构建了"医院－会所－社区－家庭"四位一体网络，全方位提供康复服务内容。医院向其他主体提供医疗专业技术支持，同时医院与 X 会所对接，提供会员来源。"成立之初，我们找到医院的住院患者登记册，在几百人的名单中，同 18－60 周岁年龄段的患者一一联系进行会员招募。现在我们和医院对接的体系已经完善了。"（访谈笔记 202305 X 会所职员 CJ）X 会所向会员提供相关康复服务，并架起了会员与社区之间的桥梁。社区实行属地管理，对会员进行社区干预。同时，各地孵化成熟的社区康复机构对会员提供近距离的社区康复服务，会员可以就近到社区康复机构进行咨询和康复治疗等。"每一个人都生活在社区里，我们鼓励会员在社区寻求资源。包括接受街道社区卫生服务中心精防医生的随访、参加社区活动、找到工作岗位等。"（访谈笔记 202305 X 会所负责人 LYH）家庭以家庭互助会的形式，在互助会进行相关培训，为会员提供良好的家庭康复支持。

2. 技术赋能：推广全面化助力提升社区康复服务的专业能力

X 会所最初在 C 市内开展推广和辐射，按照市本级 1 家，城区至少 1 家的工作思路，先后建成"1＋6"的 C 市精神康复联盟，定期开展信息技术交流，进行资源共享。各会所既能实行标准化的工作模式，又能结合实际，以会员需求为导向，设计特色服务项目。截至目前，C 市 X 会所先后帮助近 600 人次实现独立就业或过渡就业。

从"1＋6"联盟到"1＋N"联盟，X 会所的覆盖面不断扩大，依托孵化基地的项目孵化为省内其他城市提供模式培训、咨询、现场辅导支持，技术赋能帮助各地建立社区精神康复机构，实现推广全面化。根据 H 省精神障碍社区康复服务平台数据，全省社区康复机构覆盖率达 54%，2022 年 H 省民政厅邀请第三方机构组织专家依据《精神障碍社区康复机构服务规范》制定评估细则，对63家机构从硬件设施、内部管理、康复服务、社会影响等方面开展线上线下评估，13家机构通过自评、专家现场评估和综合评定达到优秀。

表1 社区康复服务机构孵化项目分布情况（节选）

分布区域	代表机构	孵化机构数量
C市	C市X精神康复会所	12
Z市	H街道社区养老康复中心	11
X市	J医院悦意会所	6

资料来源：笔者根据调研资料整理制作

四、嵌入失灵：社会组织参与社区康复服务的实现困境

（一）制度嵌入失灵

1. 监管配套制度不完善

在正式制度方面，资金支持制度和评估监管制度不完善。社会组织的有效运行需要资金支持制度来保障。民政资金对文化、环保、道德建设等软实力方面的投入较少，政府部门出于行政成本和治理效率的"成本－效益"角度考虑，较难给予社会组织充足的资金支持。"托养经费要求只有当残障者在机构每天待满6小时，才能拨付相应款项。"（访谈笔记202305 X会所职员CJ）民政部门对社会组织的评估监督流于形式，党建引领力量发挥不足。X会所的业务主管部门为C市民政局，但是其日常行政压力大、人员不足，导致民政部门对X会所的评估监管难以深入细致，甚至部分考核内容交给会所自行根据评估细则打分考核。其中，年检制度要求建立党组织，但在实际运行中党支部党员人数仅有三人，未能有效发挥党建影响力。

2. 社会知晓程度不够高

在非正式制度方面，精神障碍社区康复服务的社会偏见严重。虽然C市始终高度重视精神障碍人士的社区康复，但是C市涉及社区精神障碍康复服务供给的社会组织极少。这也体现社会人士对这类社会组织的捐助较少，进一步影响社会资源的嵌入。由于近些年精神障碍人士伤人事件频发，公众普遍认为精神障碍人士具有伤害性，害怕与其接触，导致在社区康复服务供给时也会产生"邻避效应"。"来自社会的偏见，雇主常常不问缘由便弃用精障人士。回到家里，周边邻居如果知道你得病了，就会避开你。"（访谈笔记202305 X会所会员XH）社会组织在嵌入社区提供康复服务时，也很难获得社区居民的志愿参与，许多社区康复机构在提供康复服务时也出现"悬浮"社区的现象。

(二) 资源嵌入失灵

1. 社会组织自治能力不足

社会组织内部的组织管理和有效运作是社会组织有效融合社区康复服务的组织基础,这就需要社会组织在人力资源管理、绩效管理中发挥理事会的作用。然而,X会所在嵌入社区康复服务的过程中,出现人力资源嵌入失灵的困境。

一方面,理事会未能激活内部治理结构。社会组织理事会不仅要进行日常的行政事务管理,还要为组织发展募集资金、制定决策等。另一方面,人力资源管理不足,人才流失严重。职员大部分也是通过社会招聘等形式进行招募,很难保证既有社会工作专业背景又有精神康复方面知识的综合型人才。在人才管理方面,职员工资水平处于社会平均水平,较难留住专业人才。"职员薪酬差不多每月两三千,员工福利和医院一样。资深员工年薪不到十万元。"(访谈笔记202305 X会所职员HC)

2. 社会组织造血功能欠缺

当前社会组织普遍面临资金不足、资源短缺的问题,其背后的本质问题是社会组织自身造血功能不足,对外部资金捐助和补贴的依赖大。X会所的造血困境一方面来自对外部资源的过度依赖,另一方面受限于社会对精神残障人士的偏见。

一方面,会所运转的资金来源主要依靠政府部门拨款和项目资金,自身缺少拉取赞助和获取的外部资源支持的能力。而政府部门的补贴需要按照层级划分拨款,并不能根据实际开支直接对接社会组织。X会所虽然每年预算拨款很高,但在项目实际报账过程中需要对接医院,面临报销困境,并且资金使用限制大。另一方面,X会所的服务对象主要是精神残障人士,外界对此的认同度较低,较难获取企业和爱心人士的捐赠。不仅是X会所,其他项目孵化的社区康复机构也面临着资金问题,存在孵化后休眠的现象。

五、深度融合:社会组织参与社区康复服务的实现路径

(一) 政府部门:为社会组织增权赋能

社会组织在参与社区康复服务过程中,能否实现从悬浮到嵌入再到融合的蜕变,关键在于政府部门的认同和支持。在社会组织发展每个阶段都离不开组织内部和组织之间的关系和行动,都需要适度的政策支持。

1. 建立合理的管控制度

政府应保持对社会组织的底线控制。底线控制指的是社会组织在不超越政治或者法律的红线的情况下,政府就不过多干涉。通过因地制宜制定一些符合地方实际的配套制度,例如,备案制度、考评制度等,为社会组织参与社区康复服务营造良好的制度环境。

2. 提供完善的供给制度

政府要成为社会组织的资源供给者，可以通过设立奖励扶持资金、承接政府服务项目等方式促进社会组织的可持续发展。主管部门既不为社区康复服务社会组织的参与设置人为障碍，同时也要依法对社会组织的行为以及活动进行监管，督促社会组织完善内部治理制度。

3. 强化服务导向的思想

政府部门应当转变"政府本位"的固化思维，树立起"社会本位"的行政理念。加强宣传，减少社会对精神障碍人士的认知偏见。为社会组织参与社区康复服务提供必要的引导与服务，给予人力、物力、财力等方面的支持，激发组织发展的积极性。

（二）社会组织：加强组织自身能力建设

社会组织要想实现长远的可持续发展，就必须从内部的组织管理出发，加强社会组织自身能力建设，提升主体性。明确管理机制，在社会组织融合到社区康复服务中是关键一步。

1. 明确使命愿景，强化组织管理。

首先，要将组织的使命愿景用清晰的章程呈现，与项目活动宗旨结合，赋予组织使命感，增强组织凝聚力和认同感。从而减少理事会内部矛盾分歧，减少人员因理念不合离职等现象的发生。其次，社会组织要发挥理事会的治理作用，完善组织内部治理结构。要确定组织发展方向，制定组织战略，监督组织运行。理事会忠诚、照顾和服从的职能实现，需要建立健全组织制度体系，包括财务管理制度、监督评估制度、绩效管理制度和人员激励机制等。

2. 撬动外部资源，落实组织战略

社会组织实现战略目标，需要链接外部资源，将内外环境匹配，以目标导向来定位全局，从而更好应对变化。社会组织要处理好与政府之间的关系，既不可以过度依赖，又不可以完全疏离。对此，可以通过为政府部门提供服务供给的协作形式来获取政府的资源支持，为社区康复服务争取更多就业机会，增强社会合法性。此外，社会组织还可以加强组织宣传，联动其他社会力量，与企业、爱心人士进行合作，拓宽资金来源渠道。用高效的内部治理结构撬动外部资源，内外联合共同实现组织战略目标，找到"如何去"的路径。

3. 释放党建活力，夯实组织基础

党建引领是推动多方主体协同共治和提升基层治理体系整体治理能力的重要制度安排。对此，要将党组织的政治建设纳入到社会组织发展和能力建设当中，把每月主题党日活动和社区康复服务活动紧密联系。在组织生活会中对组织工作进行批评与自我批评，发挥党组织自我监督的作用。社会组织是社会治理多元主体的重要参与力量，要在党建引领下坚定政治立场，建设良好的作风，从而减少组织内部腐败、渎职等问题。

六、结论

社会组织的发展既推动现有社会管理转型，又是推进政府改革和社会建设的动力，能真正切实有效地承接政府职能转移，是推进社会治理创新落实的有效依托。作为能够直接服务于社区的社会性组织，社会组织在社区康复服务供给中发挥的作用也日益明显。本文的研究结论如下：

第一，社会组织参与社区康复服务可以通过会所模式进行多重嵌入。从嵌入机制来看，社会组织主要以服务供给和项目孵化等形式嵌入社区康复服务。从嵌入要素来看，社会组织以服务嵌入和政策嵌入来获得参与社区康复服务的合法性认同和社会认知认同。从嵌入效果来看，社会组织嵌入社区康复服务实现了多元力量共同赋能社区康复服务，提升了社区康复服务的专业水平。

第二，社会组织在参与社区康复服务的过程也因资金短缺、制度不够完善、专业性不强、服务能力差、依赖性强等因素，面临制度嵌入失灵和资源嵌入失灵的困境。分析困境产生的机制，政府部门存在过度管控，但在资金支持和年检评估等方面制度嵌入不足。社会组织本身资源再生的能力有限，对政府资源过度依赖，从而导致自主性不足。并且社会组织对人才队伍的绩效考核、培训提升、激励机制不完善，导致组织人才流失严重，资源嵌入失灵。

第三，为了实现社会组织深度融合到社区康复服务，更好践行组织使命愿景，社会组织不仅要嵌入社区康复服务，还要从认知、情感、态度上深度融合到社区康复服务。对此，政府部门和社会组织需要协作治理，将政府政策支持与组织内部治理相结合，在良好的政策环境和高效的组织治理环境中，最终使得社会组织参与社区康复服务从表层嵌入走向深度融合。

参考文献

[1] GRANOVETTER M. Economic action and social structure：The problem of embeddedness [J]. American Journal of Sociology，1985，91（3）：481-510.

[2] ZUKIN S，DIMAGGIO P. Structures of capital：the social organization of the economy [M]. Cambridge University Press，1990.

[3] NEE V，INGRAM P. "Embeddedness and beyond：institutions，Exchange and social structure" [M] // BRINTON M C，NEE V. The New Institutionalism in Sociology. New York：Russell Sage Foundation，1998.

[4] BIELEFELD W，KUHNLE S，SELLE P. Government and voluntary organizations：A relational perspective [J]. Contemporary Sociology，1992，23（4）：585.

[5] 吉登斯. 社会的构成 [M]. 李康,李猛,译. 北京:三联书店,1998.

[6] 刘鹏. 从分类控制走向嵌入型监管:地方政府社会组织管理政策创新 [J]. 中国人民大学学报,2011,25(05):91-99.

[7] 冷向明,张津. 半嵌入性合作:社会组织发展策略的一种新诠释——以 W 市 C 社会组织为例 [J]. 华中师范大学学报(人文社会科学版),2019,58(03):20-28.

[8] 刘帅顺,张汝立. 嵌入式治理:社会组织参与社区治理的一个解释框架 [J]. 理论月刊,2020(05):122-131.

[9] 姜秀敏,李月. "非正式权威"塑造:社会组织嵌入社区治理的三重路径——对山东省 Q 市 F 组织开展社区服务的个案分析 [J]. 北京行政学院学报,2022(2):8.

[10] 林雪霏. 社会治理下的政治空间与嵌入性互动——基于 B 市 T 区三个组织的案例研究 [J]. 甘肃行政学院学报,2014(01):38-48+125.

[11] 孙厚权,李霄立. 内生性社区社会组织培育机制研究 [J]. 湖北工业大学学报,2018,33(06):34-37.

[12] 杨小勇. 论党建引领社会组织高质量发展需要关注的几个问题——以江苏省苏州市社会组织党建工作为例 [J]. 中国社会组织,2021.

[13] 罗光华. 从嵌入到嵌合:基层党建引领社区治理共同体建设研究 [J]. 改革与开放,2023(1):10.

[14] 郭梓焱,李青. 制度、能力与服务绩效:社会组织社区服务的三维分析框架 [J]. 湖南科技大学学报:社会科学版,2022,25(5):11.

[15] 纪莺莺. 从"双向嵌入"到"双向赋权":以 N 市社区社会组织为例——兼论当代中国国家与社会关系的重构 [J]. 浙江学刊,2017(1):8.

[16] 祁峰. 社会组织参与居家养老的角色、优势及对策 [J]. 中国行政管理,2011(10):4.

[17] 刘春湘,邱松伟,陈业勤. 社会组织参与社区公共服务的现实困境与策略选择 [J]. 中州学刊,2011(2):5.

[18] 王杨. "元网络"策略:社区社会组织培育效果的理论解释——基于多案例的分析 [J]. 中国行政管理,2022(1):10.

[19] 刘春湘. 基于约束条件的非政府组织监管协同研究 [J]. 湖湘论坛,2019,032(004):41-52.

[20] 王名,张雪. 双向嵌入:社会组织参与社区治理自主性的一个分析框架 [J]. 南通大学学报:社会科学版,2019,35(2):9.

[21] 沈永东,虞志红. 社会组织党建动力机制问题:制度契合与资源拓展 [J]. 北京行政学院学报,2019(6):9.

[22] 龙欢. 从"孵化"到"培育":社会组织支持模式的本土重构 [J]. 求索,2020,000(006):177-185.

[23] 赵小平. 社会治理视阈下社会组织四类行为的特征、转化和政策建议 [J]. 中国行政管理,2021.

[24] 陈岳堂,熊亮. 社会组织参与社区公共品供给激励机制研究 [J]. 中国行政管理,2015(8):4.

社会治理现代化视域下湖南省社区心理服务供给优化路径研究

王 洁①

摘要：社会治理现代化视域下湖南省优化社区心理服务供给体现出必要性，有助于引导社会治理共同体认同形成，有助于提升社会治理政策的针对性，有助于以"软治理"从根源上消除各类社会心理问题产生的原因。当前，湖南省社区心理服务供给存在不足，如服务主体结构单一，服务供给专业性欠缺；服务对象范围有限，心理服务认知度不高；服务内容供需失衡，供给精准性亟待提升；服务方式较为固定，服务获取便捷度不佳；服务保障支撑受限，高质量供给动力缺失。为此，要坚持需求导向、精准施策和突出主导、兼顾多元的基本原则，着力推动供给改革，协同多元主体共建共治；扩大服务范围，织密扎牢心理服务网络；瞄准居民需求，促进服务内容精准供给；优化服务方式，保障服务供给畅通可及；强化服务保障，加大心理服务支撑力度。

关键词：社会治理现代化；湖南省；社区心理服务供给

党的二十大强调，"完善社会治理体系。健全共建共治共享的社会治理制度，提升社会治理效能"。社区心理服务是指为满足社区居民的心理健康需要，在政府的主导之下，多元主体通过运用心理学知识与方法，向居民提供心理健康、情感价值方面的咨询、疏导、引导等心理健康服务。社区是人们居住生活的聚集地，也是社会治理的基础单元和"神经末梢"。社会心理服务体系是社会治理体系的支撑之一，社区心理服务是心理服务向基层延伸的支点。近年来，湖南省积极探索将社区心理服务作为心理服务体系建设的重要一级，社区心理服务供给为推进平安湖南建设和全省社会治理创新做出了重要贡献，但也依然存在不足。社区心理服务作为一项重要的公共服务内容，应当坚持以人民为中心的发展理念，提升供给效能，解决好心理服务供给的"最后一公里"问题。

---

① 王洁，中共湘潭市委党校公共管理教研部讲师，研究方向为基层治理。

一、社会治理现代化视域下湖南省优化社区心理服务供给体现出必要性

(一) 主体层面

社会治理高度重视"人",对人的心理需求和心理健康的关注是社会治理的题中之义。社会治理主张共建共治共享,希冀构建政府、市场和社会多元主体协同共治的主体格局。如何激活政府以外多元主体的参与活力,提升其参与意识,需要关注社会心理变化和公众的心理需求。换言之,也就是要在政府和社会之间,建立情感上、心理上的纽带,增强多元主体间的信任,心理服务在其中承担了重要的职责。

近年来,湖南省各地将社区心理服务供给作为社会心理服务体系的重要一级,社区心理服务工作稳步开展,多元共治的格局正在形塑之中。以湘潭市为例,除了党政部门外,公益性专业医疗机构如市中心医院、市五医院(精神卫生中心)等,在潭高校如湘潭大学、湖南科技大学、湖南工程学院等的心理健康咨询中心,社会组织如湘潭市社会心理学会、九州心理湘潭中心,长期积极深入社区,为构建共建共治共享的社会治理格局夯实了心理基础。

(二) 客体层面

当前,社会治理正面临挑战,矛盾纠纷等不安全不稳定因素依然有之,贫富分化、就业问题、社会安全事件等问题客观存在。在社区层面,社区治理也面临着不少难题,诸如,物业管理、邻里纠纷、高空坠物等成了社区治理的风险点。对这些问题的解决,不仅仅要从外在的角度审视其背景成因、主要特征和解决措施,更要从内在的角度分析其背后的心理需求,有针对性地进行治理,使社会问题得到更好的解决。抑郁、焦虑、压力大、情绪障碍等问题也呈现高发态势。尤其是过去三年,新冠疫情加剧了心理健康问题。社会心理问题必须作为社会治理、社区治理的一项重点问题,通过引导、疏导、干预、监测等手段进行治理,防范和消除可能妨碍社会和谐稳定的心理因素,推动社会良治善治。

以疫情防控中的社区心理服务为例,在株洲天元区,疫情刚暴发之时,由区民政局、区卫健局、区疾病预防控制中心、中社社会工作发展基金会心关爱基金联合发起"用心关爱·共同抗疫"社区抗疫心理支持公益行动,区心关爱社区心理服务中心、区未成年人保护与服务中心、市同心社会工作服务中心等社会组织成立了"心关爱"社区疫情防控心理援助团队,以心理热线、社群心理疏导、一对一心理辅导等形式为社区民众提供专业的心理支持、心理疏导、危机干预等服务,仅2020年2月4日成立之日到当年2月16日,就在50个社群进行了宣传科普,服务人数达27921人次,同时开展9场疫情心理主题课程分享,惠及1058人次。社区心理服务成了提高社区居民的情绪疏导能力,缓解群众紧张情绪和心理压力的重要途径。

(三)方式层面

社会治理的方式既包括以制度、政策、法规、体制、机制等构成的"硬"治理方式，也包括以文化建设、价值认同、社会公德等构成的"软"治理方式。前者的特征表现为"自上而下"，需要依托于政府权威；后者则更强调在潜移默化中对公众的行为施加影响。社区心理服务能更好地了解民众的需求从而为其提供丰富有效的心理服务，能预防不良心态采取引导感化的柔性方式。社会治理在方式上要实现刚柔并济。基于对社区群众心理服务诉求的把握，应用心理学专业知识，向社区居民提供社会心理服务，从根源上预防和消除可能诱发不良社会事件、社会心理问题的风险因素，使治理成果从根源上靶向针对治理客体，符合社会治理综合治理、源头治理的理念，代表着治理方式的创新。

近年来，湖南多地捧得平安建设最高荣誉长安杯，如长沙市、张家界市、常德市武陵区、湘潭市韶山市，获得中央对湖南社会治安综合治理的高度肯定；2021年，湖南省公众安全感和满意度测评得分99.05分，比2012年提高20.95分。刑事案件发案量比2012年下降29.7%。各类矛盾纠纷调解成功率达98.6%，"民转刑"案件持续减少，平安湖南建设取得了显著成绩，社会治理创新为保障大局安全稳定发挥了重要作用，社会治理的方式创新也为"三高四新"战略实施和富饶美丽幸福新湖南建设保驾护航。尤其是在基层，心理服务作为柔性的社会治理方式日益受到重视。例如，《关于印发长沙市全国社会心理服务体系建设试点实施方案的通知》就曾明确将社会心理服务体系建设工作作为推进健康长沙、平安长沙建设的重要抓手，同时强调依托村（社区）综治中心等场所，普遍设立心理咨询室或社会工作室，通过为社区居民提供心理健康服务来保障基层平安建设。

二、社会治理现代化视域下当前湖南省社区心理服务供给存在的不足

笔者通过对湖南省社区心理服务相关的大量文献资料进行整理研究，与民政、政法等部门和心理服务组织、心理咨询中心等机构的工作人员进行交流访谈，并对湘潭市内包括和平社区、红旗社区、湘大社区、吉利社区、华金社区、青山村、栗梅村在内的7个社区（村）的实地调研及资料分析，以管窥豹，整体梳理当前湖南省社区心理服务供给的不足。

(一)服务主体结构单一，服务供给专业性欠缺

谁来提供服务是第一位的问题。社区心理服务属于公共服务，政府责无旁贷，应当成为主要供给方。同时，心理服务具有极强专业性，需要运用到专业的理论、技巧和方法。心理服务同时还具有隐私性，这些都决定了在政府之外，社会力量、市场主体的参与也很重要。包括街道社区配备的专职心理工作人员、精神卫生科医护人员、

私营心理咨询机构、公益性心理服务社会组织和个人，都是社区心理服务的重要供给主体。

社区心理服务建设应当基于共建共治共享的原则，构建政府引导下多元主体积极参与的网络化供给结构。通过调研发现，湖南省各地社区心理服务供给的主体主要包括县（市、区）和乡镇街道层面的卫健、政法、民政等部门，这些部门基于自身职责，推动社区心理服务工作开展，但部门之间的合作意识不强，出现了碎片化、重复供给的问题；社区干部，他们对社区居民的具体情况与心理诉求了解的信息较多，在参与社区心理服务供给中呈现出很大优势，承担了较多职责，可以有效满足社区居民的部分必备型需求，但其学历知识结构以管理类、法律类和文史类为主，专业性匮乏，所调研的7个社区（村）的专职工作人员均无心理学知识背景，且接触的相关培训十分有限，有时难以应对居民的服务诉求；市场化主体，如营利性的心理咨询机构、精神卫生中心、心理咨询师等；社会化力量，如公益性心理服务组织、心理服务志愿者等。市场化、社会化主体的参与程度相比前两类，处于较低的水平。所调研的青山村和栗梅村均表示没有心理学专业的大学生志愿者或相关社会组织针对村民开展过心理健康的宣传教育活动。当前，湖南省对社区心理服务供给的探索，仍然处于起步阶段，引导市场和社会力量参与需要时间，同时政策层面的引导和保障呈现不足。

（二）服务对象范围有限，心理服务认知度不高

社区心理服务主要目标是为了在全社会培育自尊自信、理性平和、积极向上的社会心态。解决人民群众普遍存在的社会心理诉求和心理问题，决定了社区心理服务的服务对象具有广泛性。社区心理服务应以全体居民作为服务对象，实现普遍受益。

社区心理服务应当向社区全体居民开放。然而，实践中还是呈现出一定的人群倾向性。比如，倾向于社会矫正人员，针对这一群体，有负责维稳的同志对接，定期进行沟通；倾向于当前已经出现心理危机、疾病需要进行干预的人群，针对这一群体，目前的心理服务供给已经相对成熟，可以提供预警、追踪、回访、干预等服务内容；倾向于残疾人、青少年儿童、老年人等特殊群体，针对这些主体的服务，主要是从民政、社会保障方面提供的一项内容。作为本应普遍受益的公共服务，社区心理服务供给的广泛性打了折扣。其中的原因主要是一方面将精神卫生健康等同于心理服务，另一方面，在整体资源有限的情况下，对上述人群的重点关注是发挥资源效益的必然选择。从服务对象本身而言，目前群众对于心理服务认知失之偏颇，很多居民并不真正了解社区心理服务，或认为接受心理咨询是难为情的、出现心理问题是让人羞耻的，在面临心理问题、需要干预调适时，不会主动地寻求帮助，对社区心理服务的内容、意义、对象以及方式方法都了解不多。

（三）服务内容供需失衡，供给精准性亟待提升

社区心理服务有异于精神卫生领域所提的心理健康，社区心理服务的需求内容更

加多元。它不仅要关注个体层面的心理健康,也要关注宏观层面的社会心态;不仅要着眼于当下问题的解决,更要力求推动社会的和谐发展。诸如,心理疾病干预与治疗,酗酒、网络成瘾、失眠、减肥痴迷等身心健康问题,重大危机事件后心理干预与调适,婚姻亲子关系问题,抑郁、压力大、低迷等情绪问题,以及人际关系、价值观培育、择业就业都属于社区心理服务应当囊括的内容。

为了解社区心理服务在供给内容方面的实施现状,笔者在设计针对7个社区(村)的访谈提纲时,设置了"请您介绍一下您所在社区开展了哪些种类的社区心理服务活动"的问题,从回答来看,当前7个社区(村)心理服务的供给内容相对集中,城市社区的服务内容较农村社区(村)更为丰富。一是传统心理健康服务,对心理疾病患者、心理危机人群进行干预治疗,对社区群众开展普遍性的心理健康知识普及教育和心理问题咨询。二是介入社区婚姻家庭、邻里关系调解和财产问题、法律纠纷等处置,积极推动心理问题的舒缓和矛盾化解。三是在公共危机事件中,对社区居民进行心理调适,消除危机给社区居民造成的心理恐慌。从供给结果上看,目前存在问题主要有两点。一方面,总量不足,同需求不相适应。由于心理服务见效慢,偏重于社会效益,因而供给容易流于形式,形式上重视、实际上轻视。另一方面,供给结构单一,出现医疗化特征。对社区心理服务认识的偏差导致工作中侧重于心理问题干预治疗,对于社会关系的调适、危机事件和重大事项情感价值引导关注不足。

(四)服务方式较为固定,服务获取便捷度不佳

社区心理服务应当具备可及性,需要借助于一定的活动载体和服务平台,才能实现有效供给。其方式主要涵盖通过图片、文字、视频等载体开展心理健康知识普及宣传,通过讲座、沙龙等方式进行心理教育、心理咨询等等。

受人、财、物等保障因素的限制,湖南省社区心理服务供给的方式较为单一。多数社区是配合民政、政法等部门推进心理服务进社区,或是针对重点人群,提供线下心理咨询、心理健康教育。线上方式尽管自新冠疫情爆发后,其应用率有所提升,尤其是微信平台成为向社区居民宣传心理知识、提供心理咨询的重要渠道,但总体作用还有很大的提升空间。社区居民的心理诉求和心理问题属于个人隐私,通过线上的方式符合了很多居民的需求。进入"互联网+"时代,信息技术平台可以突破时空限制,给生产生活带来了极大的创新空间。利用线上渠道,尤其是微信等社交平台积极传播心理健康知识、进行心理疏导干预显得极为必要,但当前线上心理服务的便捷性还不够。在线下渠道方面,传统方式如讲座、热线等,其辐射的群体较为固定,不能完全适应社区心理服务的普及性、广泛性要求,同时对于一些小众或者专业性极强的需求也难以满足。

(五)服务保障支撑受限,高质量供给动力缺失

社区心理服务需要一定的保障来推动工作的具体开展和目标的达成。比如,政策方面，社区心理服务需要相应政策来提供合法性保障以及方向的约束引导；阵地层面，社区心理服务需要硬件投入、软件支持；资金层面，社区心理服务可持续化供给需要投入充足的、长期的资金支持。

实地调研发现，在服务保障上，部分社区设有心理服务室，有较为简单的办公设备和心理疏导设施，同时摆放有心理健康教育宣传手册，可以观看心理辅导视频。主要存在的问题一是设施的普及率并不高，二是利用率较差。走访的不少社区的心理服务室、放松室、沙盘室形同虚设，没有可以固定长期进行操作的专业人员，室内摆放的书籍也较为陈旧且无人翻阅，没有发挥应有的作用。特别是农村地区，这一情形更是严重。同时，财政投入比较有限，社会化资金投入不足，多数社区集体经济并不发达，导致社区并没有用于心理服务建设的专项经费，社区心理服务资金保障捉襟见肘。在政策方面，规范性文件尚未出台，关于社区心理服务体系多出现于社会治理、社会心理健康的文件之中，较少对具体细节、要求责任、方法程序进行明确规定，难以结合本地具体实际开展工作。

三、社会治理现代化视域下湖南省优化社区心理服务供给的路径

（一）推动供给改革，协同多元主体共建共治

湖南省社区心理服务供给应当基于共建共治，产出更多优质公共产品。政府在规范社区心理服务、提供政策制度支持、提供必备型社区心理服务上责无旁贷，同时要引导市场和社会主体积极参与，努力构建政府主导、多元参与的供给格局。政府充分发挥引导作用，坚持社区心理服务的公共产品属性；大力推进制度建设，出台相关政策，为社区心理服务规范健康长效发展提供良好的制度环境；加强职能部门的衔接合作，通过召开联席会议等形式定期进行沟通，避免活动重复，提升社区心理服务供给的计划性；鼓励社会力量积极参与，以政府购买公共服务的形式，鼓励高校、科研机构、社会组织、志愿团队提供专业性的心理咨询疏导，鼓励高校、科研机构开展科学研究、推动成果转化，建立数据库以利于后期精准配置资源；支持精神卫生科医生、私营心理服务机构、心理咨询师发挥所长，同社区构建定点服务；加强宣传教育，提高社区居民对心理服务的认识，鼓励社区居民积极融入社区心理服务供给全过程。社区心理服务是人与人直接的交流互动，服务提供者的知识素养、专业水平、实务经验等都是至关重要的，人力资源体系的完整性和服务提供者专业性是保障社区心理服务体系可持续发展的关键。要加强能力培养培训，针对居民需求和供给主体优势，分类分层进行培训，持续优化课程体系。支持心理服务人才落户，提供人才补贴、购房补贴等优惠政策。

（二）扩大服务范围，织密扎牢心理服务网络

当前，湖南省多地已经启动国家级或省级社会心理服务体系建设试点，"横向到

边、纵向到底"要求社区心理服务要不断扩大服务的受益面。要以社区居民的需求为导向，落实共享发展的理念，提升服务的有效性、针对性，以社区群众对心理服务的满意度作为评价标准。坚持普惠原则，关注社区居民普遍面临的心理问题和心理诉求，引导社区居民树立理性平和、自尊自信、积极向上的社会心态。继续关注重点群体的心理健康，实现适度倾斜。一是社区矫正人员、刑满释放人员、精神疾病和心理疾病患者，对其出现的负面心理情绪进行及时干预，帮助他们在心理上积极自我调整、缓解心理问题，预防和消除可能引发社会安全事件的风险。二是老年人、残障人士、失独人群、低收入家庭、留守儿童等。在关注这一部分人群的物质生活保障的同时，更要对其心理健康问题予以高度的重视，建立常态化的沟通疏导机制，帮助消除负面心理，树立对生活的信心和安全感。强教育，使社区居民摆脱认知误区，形成对心理服务的科学观念，增进其对社区心理服务的价值、内涵、方式、渠道的全方位了解。社区居民通过认知的改变，在面临心理问题，需要倾诉、咨询时，不以寻求外在帮助为耻。宣传方式也要讲求针对性，为不同人群提供有不同吸引力的宣传载体和内容。

（三）瞄准居民需求，促进服务内容精准供给

针对湖南省社区心理服务供给内容结构单一的不足，前提是要通过大量的、翔实的调查研究了解社区居民对社区心理服务的需求。运用问卷调查、访谈、观察等方法，精准识别当前社区群众需要提供哪些心理服务、最急需的心理服务类型或最迫切需要解决的心理问题是什么、各类不同人群的差异化需求，在此基础上实现靶向供给。同时，还要丰富社区心理服务的内容，以多样供给满足市民在传统的心理疾病治疗之外的普遍性、广泛性、多样性、差异化的需求，如情感支撑、价值观培育、情绪疏解等。当然，在资源有限的情况下，目前首先还是要保障心理疾病患者的需求，并逐步将社区心理服务内容范围扩大至包含法律纠纷、财产问题、婚姻家庭关系问题、择业就业、人际关系、公共危机心理疏导等，使社区心理服务能够和社会治理融合衔接，把握社会治理的"心"动力。

（四）优化服务方式，保障服务供给畅通可及

创新传统线下渠道，继续发挥科普教育的作用，利用好如海报、宣传册、宣传栏、图书、广播电视等载体，发挥好职能部门工作人员、社区干部、网格员的作用，将心理健康知识、心理服务渠道更好地传达给社区群众。发挥好心理咨询、心理讲座等教育疏导形式，建立社区居民心理档案，切实提升线下渠道的可及性、有效性。顺应"互联网+"时代趋势，同时满足心理服务的隐私性需求，挖掘线上渠道效力。在微信、微博、短视频平台等，加强心理服务信息推送，在潜移默化中影响社区居民的心理行为。通过官网和微信端，设置心理服务互动窗口，充分发挥网络沟通便捷高效的优势，划分板块方便居民迅速找到服务窗口，及时为社区居民提供咨询。例如，2023年长沙市开福区妇联与湘雅医院签约，将 AI 心理助手"小雅"引进社区心理健康服务体系，运用 AI 视觉技术、语音技术、情感计算技术、聊天对话技术等，分析开福区社区妇女、儿童所面临的心理问题，辅助社区进行干预。

（五）强化服务保障，加大心理服务支撑力度

当前，针对社会心理服务的政策多限于服务体系建设这种宏观层面上的目标设定和建设建议，而对社会心理服务的具体服务内容、服务提供路径和服务机制建设等实践指导不足。针对社区心理服务的政策支持，应基于中央和湖南省出台的关于社区心理服务的指导性文件和政策法规，充分考虑湖南省社区心理服务的实际，制定关于推进社区心理服务的政策文件，就社区心理服务如何开展作出详细规定，对责任、任务、模式、考核标准等进行规范。完善社区心理服务阵地建设，在资金可承受的范围内，引进更为先进的设施设备，同时不断提升设备的使用效率，避免资源浪费。利用好社区心理服务场地，提供更丰富的活动，提升社区居民到固定场地参与心理服务活动的积极性。适度增加社区心理服务经费，确保资金定向使用。引入社会资本参与社区心理服务供给，提供税收减免等优惠政策，降低政府购买力度，既减轻财政压力，又充实专业力量。

参考文献

[1] 习近平. 高举中国特色社会主义伟大旗帜为全面建设社会主义现代化国家而团结奋斗［N］. 人民日报，2022－10－26（001）.

[2] 刘敏岚，邓荟. 社区心理服务：一种精细化治理的路径［J］. 天津行政学院学报，2018（1）：61－66.

[3] 中国新闻网. 湖南创新社会治理营造平安和谐稳定环境［EB/OL］. 2022－09－09. https：//www. hn. chinanews. com. cn/news/szws/2022/0907/457805. html.

[4] 王宏明. 健康促进视角下的社区心理服务体系建设研究——以 X 项目为例［D］. 西北大学硕士论文，2021：56.

[5] 王丽莉，部静怡，马文生. 社会心理服务参与社会治理：价值、困境与进路［J］. 行政科学论坛，2022（8）：28－33.

以科技支撑助力基层政务服务质量提升的思考
——以资兴市为例

何双启[①]

摘要：习近平总书记指出："新一轮科技革命和产业变革不断推进，科技同经济、社会、文化、生态深入协同发展，对人类文明演进和全球治理体系发展产生深刻影响"。本文在总结资兴市科技支撑助力政务服务质量提升的实践成效，分析资兴市科技支撑助力政务服务质量提升面临的主要问题的基础上，提出了科技支撑助力政务服务质量提升的对策与建议。

关键词：科技支撑；助力；基层；政务服务

习近平总书记指出："新一轮科技革命和产业变革不断推进，科技同经济、社会、文化、生态深入协同发展，对人类文明演进和全球治理体系发展产生深刻影响"。党的十九届四中全会《关于坚持和完善中国特色社会主义制度推进国家治理体系和治理能力现代化若干重大问题的决定》指出，"社会治理是国家治理的重要方面。必须加强和创新社会治理，完善党委领导、政府负责、民主协商、社会协同、公众参与、法治保障、科技支撑的社会治理体系"。科技支撑就是坚持在社会治理中融入科技手段，提高信息化水平，实现数字化转型，坚持用科技成果支撑社会治理，最大限度解放和促进产生力，有效提升社会治理的精准度和融洽度，更好地满足人民日益增长的美好生活需要，不断增强人民群众获得感、幸福感和安全感。近年来，随着科技支撑手段的广泛应用，大数据基础设施建设深入推进，在数据资源管理与共享开放、数据中心整合、数据资源应用、大数据产业集聚等方面开展试验，着力推进大数据应用与服务民生和基层治理深度融合，通过建设政务服务网络助力民生服务和基层政务服务便捷化提升，有效提升了民生服务和基层治理的现代化水平。

[①] 何双启，中共资兴市委党校教研室主任、高级讲师。

一、资兴市科技支撑助力政务服务质量提升的实践成效

(一) 科技信息化、大数据与社会治理融合应用不断深入,助力政务管理社会管理科学化

1. 建立了智慧城市调度指挥中心平台

资兴市智慧城市调度指挥中心平台是一个多台合一、数据共享、资源共用的综合性指挥调度平台,该平台整合政务服务平台、指挥调解平台、政府应急指挥平台、12345市长服务热线、市长信箱等,并配备相应坐席指挥调度人员,负责政务办理、社会治理网格化管理、城市管理、网络平台诉求、消费维权12315、政府应急指挥等日常管理及调度工作。平台打通了各个部门间的业务系统,通过各部门业务系统的整合及事项"集中受理、统一交办、统一督办、统一管理"的模式,创新社会服务联动办理机制。

2. 推进了"全网通办"系统的使用

推进政务服务"全网通办"系统的使用,用科技手段让政务服务办事更便捷、高效。2020年资兴市按照中央、省、市工作部署,持续深化"放管服"改革,全面推进"一件事一次办",着力提升网上政务服务能力,积极推动全市政务服务事项"全网通办",实现企业和群众办事"网上办""就近办""一次办""掌上办"。"全网通办"方式一:实体大厅办理。办事企业和办事群众在市、乡镇(街道)政务服务中心及村(社区)公共服务中心办事大厅综合窗口,通过市政务服务系统实现所有赋权事项直接办理。方式二:虚拟大厅办理。办事企业和办事群众在市内市外随时随地可以选择湖南省"互联网+政务服务"一体化平台资兴市政务服务中心、"资兴市人民政府网"微信公众号、"智慧资兴"微信小程序任一政务服务办件申请平台,进行网上预约、在线申请、提交申报材料、查看办事流程和进度,实现网上自主办理;业务部门可通过网上审批、邮递办件证照结果,实现网上自行办结。同时,在市、乡镇(街道)、村(社区)三级实体大厅综合窗口能够协助实现所有依申请类政务服务事项在网上虚拟大厅自行办理,实现"就近办""一次办好"。"全网通办"通过打造"网上全域提交—后台分类审批—证照免费邮寄"的政务服务新模式,着力解决企业和办事群众"办事难、难办事""多头跑、来回跑"难题,节约了跑腿办事的时间和费用,让百姓在家门口、在网上就能办好身边事,特别是方便了偏远片区的群众,如东坪的群众来一趟市区就要大半天,办事不顺利当天就没法回去,现在在村里就能把事办好。在办事过程中遇到有任何问题可通过微信小程序、省政务服务网进行网上咨询;同时开通了"好差评"系统,群众可以在线下实体大厅或者微信小程序个人办件里的选项对政务服务办理满意度进行评价。

（二）科技信息化与民生服务融合应用不断深入，助力生产生活服务便捷化

1. 解决了异地就医医保报销问题

异地就医医保报销问题一直是一个老大难的问题。随着经济社会的发展、人员流动的频繁，异地就医人数逐年增长，但因异地就医费用无法直接结算，参保人员异地就医"报销周期长、垫资压力大、个人负担重、往返奔波累"难题亟待解决。为回应参保群众关切，国家通过建立全国统一的医疗保障信息系统，统一的异地就医结算平台，并制定了全国统一的跨省异地就医联网技术标准和业务规范，实现了以登记备案为入口，出院结算为出口的"信息流、业务流、资金流"全程线上流转，确保异地就医参保人员能够迅速完成直接结算程序。目前，外地在资长期居住人员、在资务工人员、来资旅游人员均可通过异地就医系统实现在资医院医疗费用医保联网直接结算。为进一步方便群众就医、购药和查询医保信息，湖南省医保局又推出了基于"互联网+""云服务""大数据"的面向湖南省市民的医疗保障公共服务平台"湘医保"APP，通过该平台，全省参保群众可以查询自己符合的医保政策，能享受的医保报销、医保药品、医疗的明细查询等，让百姓享受电子医保的服务。通过平台申领医保电子凭证后，用户无需携带实体医保卡，刷脸或者扫描二维码即可完成医保支付，一张电子凭证可以服务于所有医保业务场景。目前，资兴市内医保定点药店均已支持使用医保电子凭证结算，非常便捷。

2. 解决了养老认证、社保待遇申领等问题

养老认证、社保待遇申领也是民生领域的重要内容，为方便群众查询社保、求职、招聘等信息，湖南省人力资源和社会保障厅、市人力资源和社会保障局牵头，推出了基于"互联网+社保+就业"的面向全省市民和企业的人力资源和社会保障公共服务平台"智慧人社"APP，现在退休职工在家或者外地，都可以通过手机软件人脸识别进行养老金认证，为广大群众提供社保、求职、招聘、人事考试、业务咨询等全方位、一体化的公共服务。互联网技术给人社公共服务带来了翻天覆地的变化，让广大老百姓"不进人社部门的门，能办人社部门的事"，足不出户通过手机就能享受人社公共服务。

3. 解决了违章处理堵点问题

过去汽车在外省违章处理要跑到违章当地处理，时间长、路途远、处理麻烦，为了 200 元罚款还要花几百甚至上千元路费跑去异地处理。"交管12123"平台的推出让汽车违章的处理变得十分便捷，群众只需用手机登录"交管12123"APP，就可以在手机上处理汽车违章缴纳罚款，免去了去政务中心或者交警大队排长队处理违章的烦恼。APP涵盖各种各样的交管服务，如补换驾驶证、车辆年审、出行导航、常见的车驾管业务等，甚至是新车选号、驾照考试、临时号牌办理、一键挪车等便民服务也应有尽

有，可以说是一款车主出行必备神器。另外"交管12123"平台提供事故快速处理功能，当事人按照APP内流程的提示，完成拍照取证、案件陈诉等必要流程，只需将案情通过APP报给接警民警，即可由负责运营后台的值班民警认定事故责任，生成事故责任认定书，极大地提高事故处理效率，便捷了人们的出行，同时也减少了交警出警的频次。另外"智慧警务""天眼系统""国家反诈中心APP"等为代表的科技信息化的应用，不断提高公安工作智能化、现代化水平。

（三）"信息化"建设升级，逐步夯实基层数字化治理基础支撑

资兴市是湖南省数字城市地理空间框架建设试点城市，项目于2015年顺利通过专家组验收，初步建成了"一网一库一平台"基础地理空间框架，集合了公安警用地理信息系统、地质灾害管理系统、智慧数字城市管理系统、智慧网格化综合管理系统等多个应用，取得了一定成绩。统一的政务外网建设，遍及市、乡镇（街道）、村（社区）三级，公文系统文件的传输、网上政务服务事项的办理都离不开政务外网，网络的建成为基层数字化治理提供了支撑。

二、资兴市科技支撑助力政务服务质量提升面临的主要问题

我市充分运用科技信息化手段，推进大数据在基层政务服务和社会治理领域中深度融合，实现管理服务方式数字化转型，显著提升了行政管理和服务的现代化能力和水平，但目前也还存在一些困难和问题，主要有以下几个方面：

（一）法治保障机制不健全，立法保护不到位

我省推进大数据在民生服务、社会治理领域融合应用的法治保障机制还较滞后。虽然已经出台了《湖南省网络安全和信息化条例》《湖南省人民政府办公厅关于印发湖南省政务信息系统整合共享实施方案的通知》等规章制度，对信息化、大数据战略实施提供了一定制度保障，但无论是法律效力、规定内容还是适用范围方面都十分有限，工作无法可依、法律法规相互冲突的现象依然存在，需要国家及省级层面加大力度在信息化、大数据建设、规划及数据共享等方面出台更多统一的指导性法规。

（二）网上服务平台规划运用机制不健全，实际效果需提升

网上服务平台普及率不高。目前，能够在政务服务平台上直接办理的业务占比低，不少项目只在线上公开办理内容、办理须知、所需材料等。同时，因网上办事不畅、服务渠道偏窄，服务事项不全，可全程网办率不高，大量业务仍须到服务大厅窗口办理，政务服务平台普及率还有待提高。目前，基层运用信息手段推进社会治理的能力仍较薄弱，对社会治理的特征、规律及发展趋势的预测多基于感性判断，没有充分发挥大数据参与政务服务的作用。"全网通办"乡级政务服务事项及村级政务服务事项内容相对较少，而且相当一部分事项办理权限下放不合理，有些事项基本无用，一年到

头都无人来乡、村政务服务中心办理,而很多基层群众需要的事项又没纳入乡镇、村级"全网通办"事项清单,无形中使"全网通办"的便利性大打折扣。

(三)数据共享机制不健全,资源整合难度大

各个部门和单位都有各自的信息系统,各个系统数据对接比较困难,政务服务"全网通办"很多时候需要二次录入,各自为政,重复录入的现象时有发生。在白廊镇、东江栗脚村、木根桥社区等地调研时,工作人员普遍反映二次录入是常态,除了在"一件事一次办"系统录入了信息,还要在医保或者计生等部门的系统录入信息,导致重复工作,加之上级部门对"全网通办"网上办件有考核任务,明明在政务大厅现场就能办好的事,工作人员事后还要选择部分已办件录入"全网通办"系统,加重了基层工作人员的负担。各部门数据共享不畅,存在信息孤岛,资源整合难度大,导致"网上办"存在困难。

(四)网络服务意识还不够强

个别单位由于工作人员的疏忽导致在政务服务网漏填线上申请内容的信息,系统数据人员没有及时进行修复网络数据,导致个别单位已完善办事指南的相关申请材料信息,但在对外呈现的办事指南信息中却不完整、后台录入信息与前台呈现内容不一致。政务服务平台没有持续优化、定期维护、及时完善内容和功能。

(五)经费保障机制不健全,持续发展受影响

信息化、数字化、智能化建设存在投入大、周期长等特点,涉及大数据发展的系统研发、运维服务等方面均需要长期持续的经费保障。面对新冠疫情影响下的经济持续下行压力,加之近几年资金大量用于脱贫攻坚、乡村振兴,地方财政较为紧张,在信息化建设方面"心有余而力不足"。有些项目只能满足数据目录管理,无法实现数据申请审批等功能个性化拓展和数据接口开发应用。部分云智慧城市建设提出多年但项目仍停留在调研阶段。很多乡村的网络建设比较落后,没有资金进行改造,导致政务网络系统不稳定,经常掉线无法接入系统。

(六)人才保障机制不健全,队伍建设跟不上

我国在科技信息化、大数据技术推广上尚处于起步阶段,人才供应较为不足,加之该行业领域涵盖多种学科知识,且缺乏相应制度保障,人才教育培养难度较大。在基层政府部门信息化技术人才,特别是掌握电子政务技能的人才一直非常缺乏。加上同等信息化技术人才在企业的平均薪酬高于政府部门,造成政府部门的信息化技术专业人才不稳定。并且由于政府工作具有常规性、基础性的特点,又缺少相关新技能、新技术的培训,这都不利于相关人才紧跟自身学科的发展方向,掌握学科前沿信息,与企业应用互联网的水平有一定的差距。基层事情繁重,基层工作人手不足问题也十分明显，乡镇（街道）工作中心放在了扶贫、乡村振兴、党建等领域，对政务服务这块相对不那么重视，安排在基层政务服务中心的人员普遍是年级偏大、临近退休的干部职工或者外聘人员，对"全网通办"等信息系统的操作不熟悉，一些社区工作人员文化素质有限，对科技信息化技术一知半解，不具备应用大数据的视野和能力，很难有效参与和推动科技信息数据发展。而村上干部总共就那么几个人，会使用系统的就一两个人，事务多经常不在村部，加上村级政务服务实际能办理的事项也不多，很多时候形成摆设，信息化系统只是用来应对上级检查。

（七）宣传工作不到位，信息化便民措施效果不佳

群众对"互联网+政务服务"认知度低。各部门、乡镇（街道）、村（社区）对"全网通办""智慧资兴""智慧人社""湘医保"等科技化、智能化系统或软件的宣传推广不够，许多群众根本就不知道还有这便捷的办事工具，导致很多偏远地区的群众依然大老远的坐车坐船来市区办事。不仅是单位工作人员"重线下、轻线上"，群众也如此。由于群众的传统办事思维，尽管各业务受理单位都有各自的业务线上告知渠道，但仍有大部分群众选择传统方式电话咨询或直接到线下办事窗口咨询及索取办事指南，进一步加大了线下咨询窗口压力。另外，基层很多老年人依然在使用老年机，无法安装各种智能软件，导致基层群众使用科技信息化系统的意愿不高，信息化便民措施效果不佳。

三、科技支撑助力政务服务质量提升的对策与建议

（一）提升基层科技信息化基础建设水平

普及社区信息网络基础设施是提升社区信息化应用能力，顺应社会信息化发展，完善社会治理的基本条件。要按照市域社会治理现代化的目标要求，统筹城乡社区基础设施和技术装备投入，加快一体化社区信息服务站、社区信息服务自助终端等公益性信息服务设施建设和城乡社区公共服务综合信息平台建设，实现一号申请、一窗受理、一网通办，强化"一门式"服务模式的社区应用。投入部署政务服务一体"自助机"，办理住房公积金查询、个人住房信息查询、个人和单位参保缴费证明等事项。部署更多税务办理一体机，办理税务缴纳、发票申领、社保缴纳、开户登记等业务。优化提升群众办事的体验感，打造了24小时不下班的网上政务服务中心。

（二）提升信息化、数据化法治水平

公共数据共享是破解政府部门间"信息孤岛"的必由之路。湖南省人大常委会于2021年12月通过了《湖南省网络安全和信息化条例》。该文件的二次审议稿作了三个方面的修改：一是对公共数据重新作了界定，明确公共数据提供单位为"国家机关、事业单位和其他依法管理公共事务的组织以及提供教育、卫生健康、社会福利、供水、

供电、供气、环境保护、公共交通等公共服务的组织";二是增加了公共数据管理主体职责的规定,要求"省和设区的市、自治州人民政府应当明确公共数据管理部门",并明确了职责;三是规定省人民政府公共数据管理部门"制定公共数据资源目录编制规范和公共数据共享、开放的具体办法",并增加了公共数据共享开放的有关原则、义务和采集规定。相信不久的将来,各种指导性法规和条例的出台将对社会资料大数据网络安全进行整体规划,平衡处理好信息共享与信息安全的关系,构建安全可控的网络安全综合防御体系,为科技信息化注入活力和提代法律保障。

（三）整合多方数据资源,进行标准化信息建设,完善信息共享机制,打破信息孤岛

一是树立"数据公有""共享增值"的新理念。必须树立政务数据"公有"的理念,在信息时代,政务信息数据不再是部门的"专属品",需要破除政务数据"部门私有"的旧观念,大力强调其"公共品"的属性;必须树立数据"共享增值"的理念,应当清醒地认识到,政府掌握着80%以上的数据资源,如若不加以充分利用,就会造成巨大的资源浪费。而通过数据共享,充分开发应用政务大数据,会产生新的价值,可以让"沉睡"的政府数据大大增值。二是构建一体化、整合式的信息交换共享平台。一些地方已经建立起区域性大数据交换的共享平台。在国家层面,我国即将建立起全国一体化的国家大数据中心,建设覆盖全国的国家大数据中心网络和政府数据开放平台,推进公共数据开放和基础数据资源跨部门、跨区域共享。三是制定政务大数据标准规范和操作流程,破除数据共享技术上的壁垒。研究制定各类数据标准,建立信息资源共享的"标准基石",并按照目录体系标准,对原来的标准不统一的信息资源进行标准化。

（四）大力推行"互联网＋政务",提升民生服务领域科技信息化水平

围绕解决企业和群众办事难、办事慢、办事繁等问题,在"全网通办"的基础上进行业务流程再造,提升网上政务服务效能。推动各级各部门政务服务事项整合,接入资兴市政务服务网络,把办事频率高、群众获得感强的政务服务事项纳入全网通办。聚焦"减时间、减环节、减材料",推进电子证照应用和数据共享互认。推进更多政务服务事项接入"智慧资兴"APP,提升移动端可办率。推进"互联网＋""大数据＋""区块链＋"等在教育、就业、医疗、交通等领域的普及应用,大力发展智慧医疗、智慧交通等新产业新业态。构建"部门联动、责任共担、共建共治"全链条、闭环式社会治理机制,推动基层建立健全"统一受理、集中梳理、分流办理"和"街道吹哨、部门报到"工作机制,形成群众诉求线上线下联动办理、快速办理,解决多头跑、多地跑、反复跑问题。

（五）优化办事服务内容，进一步梳理公共服务事项，编制统一规范的服务事项目录

坚持"应进必进"，及时将所有进驻办理事项提交线上网络平台，制定每个办理事项的运行流程图，公开办事项目的法定依据、受理条件、申报材料、办理流程、收费情况、承诺时限等信息，一张图一次性告知群众办理事项。同时，可以设置24小时不下班的智能服务"小助手"，提供智能导航、智能查询、智能问答等服务，群众可通过智能问答快速得到回复，减少线下咨询群众，使群众在足不出户的情况下，也能了解办事事项相关内容，从而降低线下咨询窗口压力。

（六）提升科技信息专业人才支撑保障水平

强化招才引智，出台科技信息人才引进保障激励政策，充分利用高校资源，搭建校企合作桥梁，促进产学研用合作，充分利用省内高校、培训机构、平台运营方等优质资源，培养更多大数据管理运营及信息技术开发人才。加大对人员的网络技术培训和能力培养，提升网络服务水平意识。不仅要安排专人负责线上平台的内容建设和运维工作，不断优化程序、减少环节、提高效率，提升"互联网＋政务服务"系统的服务能力和水平。并且，要加强工作指导和业务培训，通过轮训班、现场教学等各种形式的培训，稳步提升广大工作人员"互联网＋政务服务"能力，尤其是加快提升一线工作人员的业务操作能力。同时，还需要优化队伍建设，有目的、有针对性地招聘、引进有信息化专业背景，熟悉"互联网＋政务服务"，具有真才实学的技术骨干。

（七）扩大宣传，形成社会自觉

加大对线上服务平台的宣传推介力度，充分利用大众传媒、政府门户网站等多种传播渠道，宣传、解释政府的"互联网＋"政策与优化服务举措，宣传"互联网＋政务服务"的意义、规定、业务流程，普及线上服务平台使用方法，使群众和市场主体切实了解"互联网＋政务服务"的便捷化、高效化，自觉选择线上服务平台来满足办事需求。要通过宣传，营造有利于线上服务平台的舆论氛围，提高社会对线上服务平台的认知度、认可度、普及度。

参考文献

[1] 苏红梅，吴卫民. 合肥城乡基层治理法治化研究[J]. 现代企业文化，2022（17）.

[2] 王虹懿. 在基层治理中运用大数据面临的问题与对策——以湖北省荆门市为例[J]. 互联网周刊，2022（23）.

[3] 王阳. 基层治理的社会基础：对地域性社会团结的再认识——基于重大公共卫生事件应急治理的分析[J]. 求实，2023（01）.

[4] 滕兴中. 重庆市城口县推行"群众说事、干部答题"机制积极探索基层治理新路径[J]. 重庆行政，2022（06）.

"元治理"视域下湖南农村养老服务体制的现状及优化路径研究

唐 欢[①]

摘要: "元治理"理论强调了政府的核心主体作用以及市场与社会的潜在力量,通过多元主体权力平衡为农村养老服务体制构建提供理论支持。本文对"元治理"理论与湖南农村养老服务体制构建的关系加以分析,围绕当前湖南农村养老服务体制构建面临的挑战提出落实明确的政府职能定位、充分释放市场管理活力、培育社会志愿者群体力量以及平衡多元主体参与利益等优化路径,起到挖掘多元主体潜能、平衡多元主体关系的作用,切实提高湖南农村养老服务供给能力。

关键词: "元治理";农村养老;养老服务体制

根据湖南省第七次人口普查中农村老年人总量数据显示,全省60岁及以上农村老年人680多万,占全省老年人口的近1/2。其中,特困老年人36.6万,计划生育失独家庭老年人4.7万。人口老龄化是社会发展的重要趋势,也是今后较长一段时期需要面对的基本国情。进入新时代以来,湖南农村地区生活水平大有提升,老年人养老需求结构正在从生存型向发展型转变,对于养老服务供给水平以及模式提出了更高要求。为顺应时代发展趋势,可将"元治理"理论引入其中,通过"多中心治理"引领湖南农村养老服务治理领域发展方向。随着多元主体的介入,农村养老服务供给模式及体系构建势必会发生改变,因此有必要对"元治理"理论内涵及应用价值展开深入研究,不断提高多元主体治理能力,实现湖南农村养老服务供给模式重塑,满足农村老年人群体日益增长的养老需求。

[①] 唐欢,中共湘潭市委党校统战理论教研部主任,讲师,主要研究方向基层社会治理研究等。

一、"元治理"理论与农村养老服务体制构建的关系分析

(一)"元治理"理论对农村养老服务的要求

随着我国经济发展水平的提升,供给侧结构性改革深入推进,这也体现在社会治理模式的变革上,而"元治理"理论的提出为农村养老服务体制构建提供了科学的理论基础。1997年,英国学者鲍勃·杰索普提出"元治理(meta-governance)"概念,即对市场、国家、公民社会等治理形式、力量或机制进行一种宏观安排,重新组合治理机制,保证其最小相干性的运行。基于这一理念,可通过"元治理"对市场、国家、社会等不同的治理形式实现宏观安排,实现治理机制重构,并由国家担任起"元治理"角色。相较于传统治理模式的"去中心化"要求,"元治理"更加强调了集权在治理关系中的平衡作用,既体现出治理网络中各主体权力分配的平衡,又体现出社会与国家以及正式组织与非正式组织之间的平衡。对于我国的农村养老服务来说,采取社会、市场与政府的多元主体合作共同供给模式与其发展趋势相适应,同时就当前的农村养老服务体制构建情况来看,养老服务社会化发展仍不到位,存在以家庭养老为主、社会及国家养老缺位的问题,因此,可以引入"元治理"这一理论对其进行引导,积极推进农村养老服务领域的供给侧结构性改革,明确划分社会、市场与政府三个治理主体的功能定位与权力关系,并针对养老服务供给过程中存在的矛盾冲突提供解决途径,实现政府主体作用与社会、市场潜在作用的充分挖掘。

(二)"元治理"理论与养老服务主体结构的契合性

对于农村养老服务领域来说,其多元治理结构由政府部门、市场、社会等主体构成,同时相较于其他参与主体,政府存在显著的特殊性。结合当前的治理背景来看,一定程度上表现为"弱社会强政府"的问题,为转变这一局面,可逐步引入"元治理"理论,为农村养老服务供给治理提供理论指导。具体来看,"元治理"理论在农村养老服务主体结构调整中具有突出的创新与实践价值,其与养老服务的契合性主要体现在以下两方面。

1. 制度环境方面

"十四五"时期,我国开启全面建设社会主义现代化国家新征程。党中央把积极应对人口老龄化上升为国家战略,在《中华人民共和国国民经济和社会发展第十四个五年规划和2035年远景目标纲要》中作了专门部署。人口老龄化是人类社会发展的客观趋势,我国具备坚实的物质基础、充足的人力资本、历史悠久的孝道文化,完全有条件、有能力、有信心解决好这一重大课题。"十四五"规划中进一步强调了农村老年人的养老问题,指出建立农村基本养老服务体系是新时期养老服务工作的重点,涉及养老服务政策制定、落实、改革等多方面,这也对国家治理体系和治理能力提出更高要

求。为保障农村老年人群体的切身利益,可以将"元治理"理论引入其中,即突出政府在其中的领导作用,为我国农村养老服务体系的构建提供稳定的制度支持。

2. 治理主体方面

我国农村老年人口规模大,老龄化速度快,老年人需求结构正在从生存型向发展型转变,农村老龄事业和养老服务还存在发展不平衡不充分等问题,主要体现在农村养老服务水平不高、居家社区养老和优质普惠服务供给不足、供给环境条件不佳、专业人才特别是护理人员短缺、科技创新和产品支撑有待加强、事业产业协同发展尚需提升等方面,建设与农村人口老龄化进程相适应的老龄事业和养老服务体系的重要性和紧迫性日益凸显,任务更加艰巨繁重。对此,在"元治理"理论的指导下,重新组合政府、市场、社会的治理机制,可有效实现科层治理、网络治理、市场治理的有机结合,通过多元主体协作满足服务对象的利益诉求,逐步构架起完善的农村养老服务供给模式,实现多元化的治理目标与作用。

二、湖南农村养老服务体制构建面临的挑战

站在多元治理主体的角度上来说,湖南农村养老服务体制构建过程中存在的问题主要集中在各主体关系协调上,具体体现在以下几方面。

(一)政府治理功能缺位

作为基层社会治理中的重要组成部分,湖南农村养老服务供给很大程度上要依靠政府,政府部门扮演了执行者、供给者、维护者的角色。然而,结合实际情况来看,部分市县政府在其中并不能充分发挥出其功能价值,原因主要包括两方面。

1. 政府对农村养老服务的支持力度不够

一方面,科层治理在农村养老服务治理中起主导作用。在此过程中,政府部门凭借其强大的行政权力对养老服务供给过程进行干预,随着政府权力的逐渐扩大,其关注重点往往会转移到经济发展上,一定程度上忽视了社会保障的重要作用,导致农村养老服务质量不高、供给不足。另一方面,政府部门在业绩上存在竞争关系。部分地区政府为刺激经济建设会与其他地区政府部门进行竞争,加大房地产、制造业等领域的经济投入,限制了养老服务领域的发展。

2. 农村养老服务监管机制不健全

湖南省近几年来根据农村养老实际需要转变服务供给模式,从原来政府直接提供服务向政府重点购买服务进行转变。对此,各级政府积极引导和引入第三方专业社会组织,如养老服务提供机构或企业,通过政府购买服务等方式,鼓励和引导社会力量参与养老服务,提供更加专业的、多层次的养老服务。在市场化转变过程中,各类社会力量通过与政府部门合作建立或单独运营养老服务机构,其服务产品收益均为社会

资本所有。为获取更高的经济效益,养老服务机构等社会力量暴露出服务价格昂贵、虚报床位数量、部分养老企业存在套取国家政策红利的行为等问题,难以保证政府兜底保障对象,获得适量的基础性、保障性养老服务的供给需要。

(二) 市场主体对其他治理主体产生影响

现阶段,市场上的农村养老服务机构大多以私营企业为主体,而企业在经营管理过程中以利润最大化为目的,因此也会存在比较激烈的市场竞争。结合农村养老服务供给领域发展现状来看,市场主体运作期间会对其他主体空间造成不利影响。

1. 市场主体缺少相应的社会责任意识

主动投入农村养老服务供给领域的意愿欠缺。投资养老市场需要充分考虑各种因素,确保投资的可行性和营利性。在目前的情况下,虽然农村养老市场需求大,但市场的诸多不确定性以及缺乏成熟的盈利模式和有效的政策支持等因素,使得投资者对养老市场持谨慎态度。据国家统计局2022年调查数据显示,考虑到投资周期、回报率等因素,企业更多愿意从事金融业、工业等领域,养老服务企业仅占市场企业总数的0.83%。

2. 市场主体之间存在恶性竞争

养老服务供给发展过程中势必会造成主体利益冲突,然而当前企业与政府合作进行养老服务治理的相关法律法规存在空白,难以及时针对供给不当等问题进行问责,限制了农村养老服务供给的顺利推进;同时在政府权力影响下,直接购买养老服务产品的行为会挤占其他主体利润空间,导致其参与市场竞争的积极性下降。

(三) 社会志愿组织责任失灵

社会志愿组织具有志愿性、灵活性等特点,参与到农村养老服务供给中既可以有效深入基层,更好地满足农村老年群体养老需求,又可以发挥服务供给与利益协调的作用,成为多元养老服务供给有力补充。然而,当前社会志愿组织运行很大程度上会受到顶层设计、制度环境等因素的影响,导致不能有效满足养老服务供给需求。我国参与农村养老服务发展的社会志愿组织可以划分为农村内生性志愿组织与外生性志愿组织。

1. 内生性志愿组织建设主体不足

随着城市化进程的深入推进,农村内生性志愿组织发展面临较大阻碍,更多农村劳动力前往城市寻找机会,导致内生性志愿组织建设主体不足;同时农村地区老龄化问题日益显著,受到传统文化意识影响,农村老年群体对他人状态的关心不足,加上硬件设施建设不到位,限制了互助养老模式的发展。

2. 外生性志愿组织建设动力不强

对于外生性志愿组织来说,由于资金、政策等方面保障存在欠缺,导致志愿组织发展困难且积极性不强。外生性志愿组织尚处于起步阶段，数量与规模并不能满足日益增长的农村养老服务需求，其内部运行也处在较低水平。与此同时，政府部门给予社会志愿组织的支持不足，外生性志愿组织发展过程中面临准入门槛较高、审批手续复杂等困境，加上受到经济、政策、文化环境影响，难以形成完整的农村养老公共服务供给链，限制了外生性志愿组织养老服务的参与效果。

（四）多主体协同效应不佳

以往农村养老服务供给主要由家庭内部实现，在政策、经济等因素的影响下，农村家庭规模与结构逐渐发生改变，导致自我养老供给能力逐渐降低。在这样的环境下，农村家庭内部在面临养老服务需求时，更多寄希望于以政府为主体的社会养老，并对养老服务供给提出更高要求。

1. "大政府小社会"模式突出

站在政府的角度上来说，作为社会养老供给主体，若不明确自身职能定位很容易包揽过多的养老服务供给职责，导致服务供给过程中存在失灵问题。一方面，农村互助养老的动力不足，"等、靠、要"的思想浓厚，基层社会养老治理的主动性、积极性难以提高。另一方面，财政负担过重。农村养老服务投入本身需要大量的资金支持，单纯依靠财政投入，将会加重财政负担，从而影响经济社会的良性运转。

2. 市场经济理性顾虑明显

市场作为政府失灵的有效补充，在运行期间具有显著的理性特点，若缺少政策、效益支持，其参与农村养老服务供给的积极性将大大降低，难以发挥出应有的补充作用。在目前的情况下，虽然农村养老市场是一片有待开发的蓝海，但市场的诸多不确定性以及缺乏成熟的盈利模式和政策的不稳定性等因素，使得投资者对农村养老市场望而却步。

3. 社会组织发育不足

社会志愿团体对于农村养老服务的发展具有一定的补充功能。随着农村家庭结构及思想意识的转变，互助养老为主的内生性志愿服务难以在农村地区有效实施，而外生性志愿组织又会受到资金、政策等多方面因素的限制，不能起到应有的养老供给作用。在这样的情况下，多元主体难以发挥出有效的协同作用，农村养老服务领域中没有形成多元协同供给格局。

三、"元治理"视角下湖南农村养老服务体制的优化路径

当前，湖南农村养老服务体制构建面临的挑战十分严峻，为此，需要在"元治理"理论的指导下，创建多元治理主体"协同运作"的治理体系，平衡多元主体参与利益，切实提高湖南农村养老服务供给能力。

(一) 落实明确的政府职能定位

"元治理"理念下,应充分肯定政府部门在农村养老服务供给中的核心主体地位,进而应对其具体职能进行合理定位,有效起到制度设计、运行规范、服务供给以及奖惩实施等作用。

1. 制度设计

"元治理"理念的应用将多元主体治理模式引入农村养老服务供给领域中,而要想实现多元供给,就需要落实全面完善的制度体系。在此过程中,政府部门应发挥其主体作用,针对相关规章制度及法律法规,落实多元主体供给框架,对多元主体在农村养老服务供给中的目标、原则及规范等加以明确,为多元主体的稳定运行提供保障。

2. 运行规范

政府作为"元治理"理论下的核心主体,应对多元主体的运行过程进行规范监督,构建公开、透明的监管机制,从事前、事中、事后角度出发规范操作流程,一旦出现偏差可第一时间进行纠正,确保服务供给质量与效率的提升。

3. 服务供给

2018年,中央经济工作会议中进一步强调了政府部门的简政放权与职能转换,因此对于农村养老服务供给来说,政府应更多起到引导作用,将主要服务供给功能交给其他参与主体。

4. 奖惩实施

政府作为农村养老服务供给核心还起到一定的激励作用,通过构建科学的激励机制来提高各主体参与积极性,为农村养老服务供给的可持续发展奠定基础。

(二) 充分释放市场管理活力

市场在多元主体参与环境中发挥出十分关键的作用。随着"元治理"理论的提出,构建良好的市场参与环境成为推动农村养老服务供给的重要举措。在此过程中,应不断释放市场活力,为市场发展起到一定的激励性作用。就市场参与现状来看,作为农村养老服务供给主体之一,市场虽扮演重要角色,但在回报周期长、效益低、政策支持不到位等问题的影响下,市场参与意愿不强,进而难以满足农村养老服务需求。因此,有必要对"元治理"理论应用价值进行充分挖掘,引导市场参与到农村养老服务供给过程中。

1. 落实稳定的政策支持

政府部门应对市场准入门槛及参与流程进行简化,去除不必要的冗余程序,为市场主体进入农村养老服务市场提供便利。与此同时,政府应更多围绕慈善组织、社会组织、养老企业等社会力量参与农村养老服务出台多角度、多层次的优惠政策,具体包括税收优惠、财政补贴、贷款优惠、土地供应等,并对实施准则加以制度化、规范化、法治化,确保政策的稳定性。

2. 优化农村养老服务市场环境

首先,盈利性是影响市场主体参与意愿的主要因素。为吸引社会力量积极投身于农村养老产业,政府应针对环境培育及资本参与等问题提出解决措施,加大政府财政补贴力度并构建公平公开的竞争环境,引导市场可以逐渐发挥出应有的主体作用,为农村养老服务供给提供支持。其次,优质的市场环境是吸引社会力量的重要因素。为此,政府可以加强对市场环境的监管和优化,提高市场运行的透明度和效率,为各类市场主体提供稳定、有序的市场环境。

(三) 培育社会志愿者群体力量

志愿组织是社会力量参与农村养老服务供给的主要形式,受制于经济、文化等因素,社会志愿组织在参与过程中往往会面临资金不足、制度不完善、监管不到位、管理水平低等一系列问题,进而在很大程度上限制了社会志愿组织的参与成效。为转变这一被动现状,应从实际出发,对政策、资金、文化、制度等条件加以改善。

1. 构建完善的制度体系

一方面,制定有关社会组织参与农村养老服务的政策法规,为其提供法律依据和清晰的界定。另一方面,政府部门可以围绕社会志愿组织参与情况对规章制度及法律法规加以完善,逐渐推动农村养老服务供给向标准化、规范化、系统化发展,加大金融、税收等方面的优惠力度,提高社会志愿组织的参与积极性。

2. 营造良好的社会养老氛围

一方面,大力弘扬中华民族传统美德。深入基层培养农村地区的尊老、敬老、爱老、养老意识,为养老服务供给构建良好的文化氛围,刺激内生性养老志愿组织的发展。另一方面,发挥基层党建引领农村养老服务的"领头雁"作用,鼓励基层党员志愿者们擦亮党员服务群众的名片,形成志愿服务示范引领的效应,带动更多人投入助老、爱老、敬老的工作中。

3. 充分发挥政府的支持与引导作用

一方面,提供资金支持。政府可以通过设立专项基金,对社会组织提供的农村养老服务给予财政支持,例如,提供资金补贴、奖励和税收优惠等,以减轻社会组织的经济负担,同时也可以吸引更多的社会组织参与农村养老服务。另一方面,引导和培育社会组织。通过政府引导、培训和孵化等方式,培育和扶持一批有潜力、有意愿、有能力的品牌性社区社会组织和养老服务项目,使其更好地参与到农村养老服务中来。

(四) 平衡多元主体参与利益

"元治理"理论下,为实现多元主体的有效参与,应确保其利益关系的平衡,最大限度提升治理机构的稳定性。多元主体在参与农村养老服务供给过程中,势必会造成较为复杂的主体利益博弈，因此可以充分发挥出"元治理"理论的指导作用，由政府对多元主体利益关系进行平衡协调。值得注意的是，政府在协调主体关系的过程中应摆正自身位置，一方面不能作为社会利益群体代表将矛盾冲突转移至自身，另一方面也不能完全处于中立地位造成定位缺失。针对这一要求，政府应充分发挥"服务型"功能，在明确自身角色定位的基础上，构建完善的社会治理机制，更好地为多元主体利益提供保障。与此同时，还应采取一定策略确定多元主体在农村养老服务供给中的利益平衡点，为农村养老服务体制构建提供基础性支持。

综上所述，在"元治理"视域下，为有效推动湖南农村养老服务供给的创新发展，应通过多元主体治理模式来解决当前农村养老服务领域面临的困境。"元治理"的落实关键在于强调政府部门的核心作用，同时发挥出市场、社会团体的潜在效用，共同构建起多元主体参与治理的运行机制，一方面为各个参与主体的利益获得提供保障，另一方面逐渐追求各主体在治理体系中的利益平衡点，形成以政府作为"元治理者"的社会治理机制。

参考文献

[1] 孙枭坤. 乡村振兴视域下农村养老服务精准供给的实践逻辑——基于扎根理论的质性研究[J]. 上海行政学院学报，2023，24（02）：98-111.

[2] 陈思奇. 农村养老服务供给的"碎片化"问题与整体性治理研究[J]. 山西农经，2022（11）：43-45.

[3] 顾严. 基于城乡差异视角的农村养老服务支持政策研究[J]. 行政管理改革，2023（02）：22-38.

[4] 朱美萱. 多元治理背景下农村智慧养老的模式探索[J]. 商讯，2023（06）：180-183.

[5] 沙勇，汪琪. 基于"元治理"理论的南京居家养老服务供给研究[J]. 人口与社会，2022，38（05）：13-24.

赋能型治理：社会组织孵化培育的运行逻辑
——以湖南省 C 社会组织孵化基地为例

赵殊艺[①]

摘要：社会组织发展培育何以实现？已有研究很难窥见社会组织孵化模式背后蕴含的运行逻辑。基于湖南省 C 社会组织孵化基地的案例考察，构建"赋能型治理"的理论分析框架，探究社会组织孵化培育的运行逻辑。研究发现，在社会组织孵化培育过程当中，政府和社会组织孵化园深入挖掘运用其治理资源，激活制度、技术、资源和专业四类治理要素，以激活被孵化的社会组织，从而实现其发展壮大。这一赋能过程并不是单向的，当被孵化的社会组织成长起来之后，成为新的社会组织孵化园，为更多的初创社会组织提供帮助，最终实现社会组织的再生产。赋能型治理将各类治理要素转化成为治理效能，从而有效实现治理目标。为解释社会组织孵化培育的运行逻辑提供了理论基础。

关键词：社会组织；孵化培育；赋能型治理

一、问题提出

社会组织发展培育是国家治理的重要一环。党中央、国务院高度重视社会组织管理工作，尤其是党的十八大以来，中央对社会组织的改革和发展提出一系列的新观点、新论述和新要求。2021 年，民政部印发《"十四五"社会组织发展规划》（以下简称《规划》），《规划》明确提出，要推动社会组织发展从"多不多""快不快"向"稳不稳""好不好"转变，从注重数量增长、规模扩张向能力提升、作用发挥转型。2022 年政府工作报告也再次强调了社会组织的健康发展。在顶层设计的指引之下，各地积极探索社会组织的发展路径，上海恩派（NPI）早在 2016 年就引入西方孵化器的概念，支持和孵化公益组织。如今，社会组织孵化基地已经日益发展成熟，各地政府和民政部门积极探索社会组织培育孵化新模式，以此撬动社会资源、激发社会组织活力。在

[①] 赵殊艺，中南大学公共管理学院 2022 级公共管理专业硕士研究生。

对湖南省C社会组织的实践调查中,我们发现通过构建社会组织孵化基地可以实现社会组织孵化园对被孵化组织的发展培育,并由此产生社会组织发展成熟的良性循环。然而,既有研究较少从理论上去探究社会组织孵化培育这一路径的运行逻辑。基于此,本文的研究问题是:社会组织孵化模式何以实现对初创组织孵化和培育?即社会组织孵化培育路径的运行逻辑是什么?

本文重点关注在社会组织孵化培育过程当中,政府和社会组织所拥有的治理资源,以及这些治理资源如何在各个主体之间传递和流动,最终实现治理目标和提升治理效能的。在此基础上,构建一个理解社会组织孵化培育的分析框架,并在文献阅读和实践调查的基础上提出"赋能型治理",分析赋能型治理下社会组织孵化培育的运行逻辑。

二、文献回顾

社会组织孵化培育模式自从西方引入我国之后,就引发了学者们的广泛研究。主要集中在以下几个方面:

一是对社会组织孵化缘由的讨论。社会组织孵化的理论基础来源于支持性社会组织理论,这一理论的依据是在英美兴起的"支持型组织"及其理论。这一理论认为支持型的组织提供培训和员工发展服务、研究和信息资源、网络和联盟的建立支持、资金资源、政策分析和倡导支持等。通过以上这些服务和资源来提升社会组织的能力。此外,社会组织孵化这一模式也受到企业孵化器的启发和影响,它借助了企业孵化器的培育思路,并将其运用到社会组织的培育发展上。这类型的社会组织通常也被形象地称为桥梁型组织、枢纽型组织或引领型组织。

二是关于社会组织孵化模式的研究。根据培育孵化的主体,学者们进行了不同的分类。邓国胜认为有四种慈善组织培育模式,分别是民政部门主导、基层政府主导、业务主管主导或者是专门机构主导,这四种培育模式均有其利弊;吴津、毛力熊提出在社会组织孵化模式形成之初,运行的模式主要有民间主导模式和政府主导模式;潘洋进一步概括,将主办和运营主体明确,分为了"政府主办—政府运营""民间主办—民间运营""政府主办—民间运营"这三种模式。

三是关于社会组织孵化的成效与问题。社会组织孵化基地在社区治理当中展现出了积极作用,例如在厦门,公益孵化器整合多方资源,搭建集体平台,扩宽了"新厦门人"参与互动的渠道,形成了社会组织融合功能的规模化效应;它源于社会需求,更细化和回应社会需求,整体调动了新老市民的参与自主性,促进了社区融合资本的形成,实现了城市社区的互动共治与和谐共融,是推动流动人口城市社区融合的创新载体。但是在社会组织孵化模式的发展过程中,也出现了诸多问题,王世强对社会组织孵化器的问题做了一些总结,例如,资金来源不稳定、孵化器自身能力不足、缺乏符合条件的孵化对象、孵化对象存在动机及意识上的问题、孵化过程的组织难度大以及缺乏有效性等。栾晓峰指出，行政主导的社会组织孵化器先天不足，重视"硬件"与数量升级、忽视"软件"与质量建设，社会组织自我"造血"能力低，发展缺乏自主性。

四是关于社会组织孵化培育的具体流程。从现有的社会组织培育或孵化（器）基地的运作理念和实际过程来看，这些孵化模式大多没有什么实质性差异。从运作流程来看，通常都是入壳评估、入壳孵化与出壳服务等。在具体的孵化过程中，提供的主要服务包括硬件供给、能力建设、初创资金、平台抱团、资源链接、注册引导、管理咨询和财务托管等。

学界对于社会组织孵化培育模式的研究主要从其主体、模式、成效与问题以及其流程等方面进行研究，但是仅仅基于这些研究，很难窥见社会组织孵化模式是如何实现对初创社会组织的孵化和培育的。因此，既有研究较少关注这一模式背后所蕴含的逻辑。这一模式虽然是从西方引进过来的，但是在中国的本土实践当中，也发挥出了其重要的作用，因此基于本土实践去理解社会组织孵化模式尤为重要。本文试图从现实案例出发，深入分析社会组织孵化模式的运行逻辑，以更好地理解这一模式存在的意义与价值。

三、赋能型治理与社会组织孵化培育

赋能型治理是如何有效实现对被孵化社会组织的孵化和培育的，针对这一问题，本文将从以下三个方面进行展开：

（一）赋能型治理的源起和含义

赋能理论应用的领域较为广泛。这一理论最初是应用于企业当中，所要探讨的内容是如何最大程度地激发员工的积极性，从而增强员工的工作能力和提升员工的工作绩效。随着发展，它逐渐也开始研究员工心理层面的内容。这一理论也被分为两个视角：一是组织视角，组织赋能强调改善组织结构，营造良好的组织氛围，从而激发员工的工作潜能。二是心理视角，心理赋能则是从微观层面，提升员工的自我效能感，产生内在激励，使得员工认为自己可以胜任工作。之后，赋能理论也向其他的学科和领域延伸，在社区当中，赋能代表的是权力下放、授予权力和赋予能力。在社会学当中，"赋能"是通过各种手段与方式赋予弱势群体参与活动、处理事务、获取资源、控制生活和融入社会的能力、权力与权利，以此激发他们内在的自我效能感，增强他们对外界与他人的影响力，从而使之达到更好的生活状态。

本文将赋能理论应用于社会组织上，以此为理论基础，分析社会组织的培育机制——社会组织孵化模式是通过何种方式实现对初创组织的发展和培育，进而壮大初创社会组织。本文所提出的"赋能型治理"是指在社会组织孵化培育过程当中，政府和社会组织孵化园深入挖掘运用其治理资源，激活治理要素，以赋能激活被孵化社会组织，从而实现其发展壮大，最终实现社会组织的再生产。

(二) 赋能型治理的赋能要素

1. 制度赋能

制度是由一系列规则构成的体系，是人类社会各种关系的反映和体现。制度分为正式制度与非正式制度。正式制度主要指的是国家机关制定的一系列政策法律法规。非正式制度是指在日常生活中形成的日常惯例、习惯习俗、意识形态、文化传统等对人们行为有约束力的规则或系统。本文所强调的制度赋能中的"制度"更加偏向于社会组织机构及其所遵循的正式的规则。制度赋能体现为国家通过制定各项政策、法规实现社会组织的制度扩散与合法性建构，通过制度赋能促进社会组织的专业化和职业化，使得社会组织所获得资源以及社会组织的行为和行动拥有制度合法性。而制度的正式安排是各种政策和法律法规。制度赋能一种重要的表现形式为国家通过制定和完善各项政策、法律和法规，使得社会组织的行为转向法治化和合法化，让社会组织的行为有法可循，同时也通过制度赋能，引导社会组织的行为更加规范。国家政策的赋能应以社会组织的需求为导向，即社会组织需要什么。国家应该依据社会组织现实所面临的难题和发展中所迫切需要解决的事情进行顶层政策的设计，通过顶层政策的设计赋能社会组织，让社会组织得以实现良性发展。

2. 技术赋能

技术既可以指某种实体性的物质创造，也可以指称为生产、生活便利所提供的知识和服务。在本文当中，技术更多指称的是信息技术。随着第三次技术革命的到来，电子计算机和互联网广泛普及，这些信息技术的广泛普及不仅给我们的生活带来了许多方便和快捷，同时也改变政府和社会组织的治理方式，使其治理方式从传统的治理方式开始走向数字化的信息治理，这种方式的转变，信息技术起到了至关重要的作用。技术赋能则是指政府利用信息技术搭建政府与社会组织的沟通平台，从而减少政府与社会组织沟通所产生的不必要成本。在现实实践当中，这种方式主要体现在政府利用所拥有和能带动的技术资源，通过"互联网+"等形式，为社会组织提供其生存发展过程中所需的服务。近年来，诸多地区政府引入大数据、云平台等方式开展智慧城市治理，这些方式通过技术赋能让治理更加快速和方便。因此，在信息技术快速发展的时代，社会组织的发展也应跟上时代的节奏，政府应该加强对社会组织的技术赋能，通过技术赋能的方式为社会组织的发展提供信息和技术支撑，引导社会组织的发展转向信息化、数字化的发展。

3. 资源赋能

根据资源依赖理论，组织生存最关注的事情就是资源，它包括自身生存发展过程当中所需要的资源以及组织与组织之间、组织与外部环境之间相互依赖所需要的资源。这一理论应用到社会组织，我们可以得出以下结论：一是资源对于社会组织来说是至关重要的；二是社会组织在获取资源的过程当中必然会与其他组织产生关系。这些关系包括政府与社会组织之间，也包括了社会组织与社会组织之间。而资源赋能正是在政府与社会组织、社会组织与社会组织之间的合作产生的，同时这样一种合作是在双方所拥有的资源需求的基础上产生并运作的。因此，资源赋能强调掌握并提供对方生存与发展所需要的重要资源。在上文中所提到的制度赋能和技术赋能，其赋能主体主要是政府，而资源赋能的赋能主体不仅可以是政府，也可以是社会组织自身，因此，赋能主体并不是单一的，其可以是多元和多样化的。本文所指的资源赋能，不仅强调政府应该给予社会组织一定的资源赋能，同时在社会组织与社会组织之间，也需要给予一定的资源帮助和赋能，帮助一些初创的社会组织克服困难，实现发展。

4. 专业赋能

社会组织的专业性非常重要，影响着它的服务能力和质量。大部分的社会组织具有针对性，针对相应的社会问题或是为对应的人群服务，因此社会组织从功能上来看需要较强的专业素质。目前，社会组织面临的一个普遍问题是社会组织缺乏专业性、缺乏相应的人才培养，但是提升专业性和吸引人才，也依赖于社会组织本身的发展水平。只有当社会组织能实现自我造血的时候，才能为人才提供好的发展平台，才会有越来越多的人愿意选择到社会组织工作。一些初创的社会组织在发展初期，其专业性和吸引的人才有限，因此需要发展较为成熟、专业性较高的其他社会组织提供一定的服务，以提升被孵化社会组织的专业性，帮助它们在发展初期培养一批专业性的人才，实现其可持续和长远发展。因此，本文强调的专业赋能，主要是指在社会孵化模式当中，社会组织孵化园依靠自身的专业技能为被孵化社会组织的专业化和个性化服务，以解决被孵化社会组织在发展初期所面临的专业性不足的问题。

（三）赋能型治理的运行逻辑

社会组织孵化模式何以形成对初创社会组织的培育和发展的？我们构建了一个制度赋能、技术赋能、资源赋能和专业赋能共同发挥作用的赋能过程，以更好地解释社会组织孵化模式实现社会组织培育和发展的全过程。赋能过程主要包括三大主体——政府、社会组织孵化园和被孵化的社会组织，以及四大要素——制度赋能、技术赋能、资源赋能和专业赋能。我们可以发现，赋能主要包含了两个方面的过程，首先政府通过制度赋能、技术赋能和资源赋能为社会组织提供政策支持、技术支撑和资源保障，将社会组织培养成社会组织孵化园——拥有一定专业能力和资源的成熟社会组织。然后成熟社会组织凭借其拥有的资源和技术为被孵化的社会组织提供其需要的帮助和服务，这一过程是资源赋能和专业赋能的过程，实现被孵化社会组织的培育和发展。当被孵化的社会组织成长起来之后也能成为新的社会组织孵化园，形成从被孵化的社会组织到社会孵化园的良性循环，使得越来越多的初创型的社会组织能够实现发展和成长。

这一赋能过程具有以下几个特征：一是赋能主体是不断变化的。过去我们强调的赋能更多的是政府给社会组织赋能，但是实际上，赋能主体如果仅仅是政府会造成对政府的过度依赖，因此赋能主体应该是不断变化的，它不仅可以是政府，同时也应该是已经成长起来的社会组织。二是赋能过程本质上是通过社会组织的再生产机制以培育和发展社会组织。我们强调成熟的社会组织孵化园应该给被孵化社会组织赋能，但是这一赋能并不是单向的，当被孵化的社会组织成长起来之后，它也能成为新的社会组织孵化园，为其他社会组织提供帮助，形成了社会组织的再生产机制，使得更多的初创的社会组织得以成长。

四、案例展示：湖南省 C 社会组织孵化基地的实践

（一）案例收集

湖南省精神障碍社区康复服务的发展经历了几个阶段：2007 年，长沙市在全国率先引入精神障碍社区康复国际会所模式，在长沙市某精神病医院创立长沙心翼会所，通过传递和表达"每个人都是不可缺少的一份子"的理念，发展会员 685 名，目前有 580 多名会员实现了过渡就业或独立就业。2018 年，根据民政部、财政部、卫生纪委、中国残联《关于加快精神障碍社区康复服务发展的意见》的文件精神，依托精神专科资源与长沙心翼会所社区康复专业力量，湖南省民政厅在长沙市第三社会福利院设立"湖南省精神障碍社区康复服务孵化基地"，承担为湖南省各地市孵化社区精神康复机构的职责。

基于对湖南省精神障碍社区康复服务孵化基地的调研，文章的经验材料来源于以下途径：一是访谈法，对心翼会所的会长及相关的工作人员进行了访谈，但是由于一些因素的限制，访谈的次数和人员并没有很多。二是文件材料和新闻报道。信息来源主要有从心翼会所内部所获取的资料和通过官网及网络媒体所获取的相关新闻报道。个案研究主要是通过对表面呈现出来的复杂现象深入其中去分析其背后所蕴含的原因和所包含的内在机理，并且把对这一类现象的解释上升为理论解释。在进行调研时候，我们发现该孵化基地实现了对一些初创社会组织的发展和培育，那么这种模式是何以实现的呢？这正是本文在深入探究时所提出来的问题。

（二）案例呈现

1. 以制度保障，推动社会组织孵化基地规范运行

孵化基地在建立之初就得到政府相关部门的大力支持。省民政厅厅长唐白玉曾在

授牌仪式上指出,"做好精神障碍社区康复工作是民政部门一项重要职责,让精神障碍患者重拾信心、重拾健康、回归社会、重构幸福是民政人践行以人民为中心理念的具体体现,湖南将以此基地为载体孵化更多的社区康复机构,培育更多的服务组织,培养更加专业的康复人才,促进全省精神障碍社区康复工作向专业化、规范化、品牌化方向发展"。此外,为了进一步建立完善我省精神障碍社区康复机构服务体系,加强精神障碍社区康复机构服务规范化管理,2020年12月29日,湖南省市场监督管理局发布《精神障碍社区康复机构服务规范》,于2021年3月29日起正式实施。这一规范的实施,对促进精神障碍社区康复服务行业沿着规范化、制度化、专业化服务的路径发展,为广大精障人士提供更高、更优、更精、更好的服务,对改善精障人士生活质量和发展条件具有重要指导意义。其编制内容包含湖南省精神障碍社区康复会所服务的基本原则、基本要求、人员要求、管理要求、服务流程、服务内容及要求、评价与持续改进等。2020年3月份《湖南省精神障碍社区康复会所服务规范》地方标准制定获省市场监管局批准立项。省标协成立专家小组和心翼会所相关人员形成标准编制组,负责项目的指导与具体实施工作。标准编制组制定了工作计划并召开了编制组工作人员会议,讨论了修订要点,确定了工作任务和具体实施方案,顺利完成《湖南省精神障碍社区康复机构服务规范》的编制任务,出台了国内首个精神障碍社区康复机构服务规范。

政府的制度赋能,使得社会组织孵化园的发展拥有坚实的制度保障和规范的管理模式,进而使社会组织孵化园得以成熟成长起来,作为社会组织中的一个示范组织,给其他社会组织形成示范辐射作用。因此,政府可以先通过较少的成本培育发展成熟社会组织,使其成为可以孵化其他社会组织的社会组织孵化园,再通过其培养和发展其他初创社会组织,以实现制度赋能的成本最小化和收益最大化。

2. 以技术运用,提升社会组织孵化基地治理效能

技术赋能主要体现在建立省精神障碍社区康复服务云平台。2020年12月30日举行湖南省精神障碍社区康复服务平台启动仪式,开展"医院、机构、社区、家庭"四位一体的精神障碍社区康复服务体系与精神障碍社区康复服务平台相结合的"互联网+精神障碍社区康复"新模式的建设,为湖南省精神障碍社区康复服务孵化基地、医疗卫生机构、各社区康复机构、政府单位以及公众用户和家属提供:远程诊疗、远程培训、人员评估、就业跟踪、康复服务登记、患者转介、活动登记、资讯以及社区康复知识发布及浏览、情感案例分享、心理健康自助评估、康复问题在线咨询、康复机构分布查询、服务数据大数据统计分析等功能,为社区康复机构提供指导与支持,为患者及家属提供全方位高效便捷的精神障碍社区康复服务。

借助互联网技术形成的云平台实现了政府对社会组织的技术赋能,透过互联网远程指导系统,运用信息技术力量,实现大数据管理及社区精神康复远程指导。在很多

社会组织发展初期,其技术能力有限,难以构建起强大的技术平台以提供数字化和智能化的服务,这个时候借助政府的技术支持建立云平台,一方面便于政府更好的管理社会组织,另一方面社会组织自身通过云平台可以借鉴同行业同类机构其他社会组织的成功经验,以实现自身的发展。

3. 以资源支撑,引领社会组织孵化基地持续发展

社会组织的发展离不开资源,在心翼会所最初成立的时候,政府对于其资源赋能主要体现在:为其发展提供专门的场所,同时由于其依靠的行政单位是长沙市第九医院,拥有丰富的精神科资源,这意味着心翼会所在最初成立的时候是拥有着强大的专业资源支撑的,而这一强大的资源支撑也使得心翼会所能够持续发展和壮大。心翼会所通过前期资源的不断累积,从而形成自身的资源,最终得以对其他被孵化的社会组织形成资源赋能。实现资源在政府、社会组织孵化园和被孵化社会组织间的流动,从而促进初创社会组织的发展。借助社会组织孵化这一模式,心翼会所可以对被孵化的社会组织进行资源输入,为被孵化的社会组织提供其前期发展所需要的资源,帮助这些社会组织克服前期发展所遇到的困难,最终实现被孵化社会组织的发展。

4. 以专业服务,促进社会组织孵化基地全面推广

社会组织孵化园心翼会所在政府的制度赋能、技术赋能和资源赋能之下,逐渐发展壮大,形成了自身发展的独特模式和专业化的服务。其会所模式的发展历程主要是2007年起,湖南率先引进国际会所模式先进理念,长沙市第三社会福利院着手精神障碍患者的康复工作,在香港嘉道理慈善基金会的资助下,在湘雅附二医院精神卫生研究所的技术指导下,按照国际精神康复会所模式,创办了我国第一家社会公益性精神康复所——长沙心翼会所。会所模式与其他模式不一样,它更加强调人与人之间,即职员与会员之间的平等相处,让会员在这里感受到自己并不是病人,而是会所的参与者和建设者。并且心翼会所也提供专业化的服务,其精神障碍社区康复服务内容包括服药训练、预防复发训练、躯体管理训练、生活技能训练、社交技能训练、职业康复训练、心理治疗和康复及家庭支持等服务。通过社会组织孵化园的专业化服务,将其传递给初创的社会组织,通过专业赋能,为初创的社会组织提供个性化专业化的服务,将会所模式和心翼会所的各种个性化服务在全省各地广泛地普及开来。

5. 结论与讨论

针对已有研究存在的局限,本文提出了"赋能型治理",并以湖南省C社会组织孵化基地为例进行实践剖析,以提供一个关于社会组织孵化培育运行逻辑的微观解释。本文得出如下结论:第一,赋能型治理主要关注如何提高赋能主体的能力,如何激发赋能主体的治理要素和如何提升治理的整体效能。社会组织孵化培育过程当中,政府和社会组织孵化园都成为主要的赋能主体,凝结了制度、技术、资源、专业赋能这些赋能要素,从而最终实现对被孵化社会组织的发展和培育。第二,赋能型治理能实现

社会组织的可持续发展,通过对被孵化组织的各类赋能之后,最终使得被孵化的社会组织成长为社会组织孵化园,以服务更多的初创社会组织,从而形成社会组织的再生产机制。第三,赋能型治理下的社会组织孵化培育与传统的治理模式不一样,传统的治理模式大多以政府资金来支持,倘若没有了财政资金支持,也就没有了治理能力,但在赋能型治理下,政府的赋能不是唯一来源,赋能主体会发生变化,从而降低了社会组织的生存风险。因为社会组织除了可以依靠政府之外,还可以依靠社会组织孵化园。

本文主要运用赋能型治理这一概念来解释社会组织孵化培育的运行逻辑,但对赋能型治理的研究仍不够深入,还存在以下的不足:第一,由于时间的因素,对于案例的挖掘还不够充分,也没有寻找多个案例以验证文中所提出来的结论,因此,结论的可推广性还有待更深一步的研究。在之后的研究当中,应该进一步挖掘和剖析更多社会组织孵化基地的核心案例,以丰富赋能型治理的经验研究。第二,目前关于赋能型治理在中国的实践当中,更多的会强调党建赋能,然而在本文当中并没有涉及,在未来的研究当中,也可以加以挖掘赋能型治理和党建引领两者之间的关系,从中总结和建构出更具解释力和本土化的关于社会组织孵化培育运行逻辑的相关理论,增强中国理论建构在世界上的影响力。

参考文献

[1] BROWN D,TANDON R. "Strengthening the Grassroots:Nature and Role of Support Organizat"[J]. Nonprofit and Voluntary Sector Quarterly,2002,31(2):239.

[2] MARTNEI R A B. Grassroots support organizations and transformative practices[J]. Journal of Community Practice,2008,16(3):341.

[3] 邓国胜. 慈善组织培育与发展的政策思考[J]. 社会科学研究,2006(05):119-123.

[4] 吴津,毛力熊. 公益组织培育新机制——公益组织孵化器研究[J]. 兰州学刊,2011,No. 214(06):46-53.

[5] 潘洋. 公益组织孵化器研究综述[J]. 社科纵横,2013,28(02):169-171+186.

[6] 朱仁显,彭丰民. 公益型社会组织孵化的厦门模式——基于对"新厦门人社会组织孵化基地"的研究[J]. 国家行政学院学报,2016,No. 103(04):41-46.

[7] 中国社会组织报告(2018)》[M]. 社会科学文献出版社 2018 年版,第 116—120 页。

[8] 栾晓峰. "社会内生型"社会组织孵化器及其建构[J]. 中国行政管理,2017,No. 381(03):44-50.

[9] 龙欢. 从"孵化"到"培育":社会组织支持模式的本土重构[J]. 求索,2020,No. 322(06):177-185.

[10] 沈费伟,叶温馨. 基层政府数字治理的运作逻辑、现实困境与优化策略——基于"农事通""社区通""龙游通"数字治理平台的考察[J]. 管理学刊,2020,33(06):26-35.

[11] 何得桂，武雪雁. 赋能型治理：基层社会治理共同体构建的有效实现方式——以陕西省石泉县社会治理创新实践为例 [J]. 农业经济问题，2022，No. 510 (06)：134-144.

[12] 纪莺莺. 从"双向嵌入"到"双向赋权"：以 N 市社区社会组织为例——兼论当代中国国家与社会关系的重构 [J]. 浙江学刊，2017，222 (01)：49-56.

[13] 潘洋. 公益组织孵化器研究综述 [J]. 社科纵横（新理论版），2013，28 (02)：169-171+186.

[14] 李翠萍. 非营利性组织成长发展的新路径分析——以上海浦东公益组织发展中心为例 [J]. 广西社会主义学院学报，2012，23 (01)：83-86.

[15] 孙燕. 社会组织孵化器——实现公益事业可持续发展的助推器 [J]. 社团管理研究，2011，45 (06)：48-51.

[16] 汪丹. 我国支持型社会组织研究综述 [J]. 郑州航空工业管理学院学报，2015，33 (01)：110-113.

第四部分
中国式现代化与公共政策

基层政府任务执行策略的选择逻辑：
情境、策略与绩效的共演
——基于湖南省 A 镇的案例分析

高光涵[①]

摘要： "情境—策略"框架常被用于解释一项任务执行过程中基层行动策略选择的内在逻辑，然而导致基层持续选择差异化行动策略的任务情境缘何变化仍然有待回应。文章引入绩效差距与反馈理论，构建了基层任务执行的"情境—策略—绩效"理论框架，以湖南省 A 镇健康码宣传推广任务执行为例，剖析了这一任务执行中任务情境、行动策略与任务绩效的动态演化过程。研究发现，基层任务执行过程中，任务情境的变化受到绩效差距产生与反馈的直接影响，绩效差距是基层执行过程中任务情境与行动策略同步变化的中间桥梁。绩效差距的产生与反馈触发了任务执行过程中"情境—策略—绩效"的共演。但绩效差距及其反馈对于基层任务执行绩效的提升具有两面性，尽管提供了可视化的执行数据参照，但也极易陷入"就结果谈结果"的执行泥沼。

关键词： 基层政府；政策执行；策略选择；绩效差距

一、问题的提出

基层政府是科层制官僚体系的根基，执行上级交付的任务是基层政府的重要职能，有时任务甚至决定了基层政府的职能。作为中国国家治理中"中央与地方关系"和"国家与社会关系"两条主线的交会点，基层政府的任务执行已然成为公共管理研究的重要对象。在一项政策任务中，基层政府的执行并非总是线性推进的，执行过程中会产生执行绩效波动、行动策略波动、执行速度波动等。既有研究从任务适用性、基层注意力分配变化、任务压力变化等任务情境或组织注意力视角解释了基层行动策略选择发生变化的原因。然而，一个困惑在于，基层行动策略变化的原因在于任务情境的变

[①] 高光涵，南开大学周恩来政府管理学院博士研究生，主要研究方向：基层治理与应急管理。

化。那么，任务执行过程中任务情境为何发生变化？因此，本文基于绩效差距与管理决策理论，构建了基层任务执行中"情境－策略－绩效"共演的分析框架，以湖南省A镇健康码宣传推广任务执行为例，通过基层任务执行中任务情境、行动策略和任务绩效的持续共演来剖析基层任务执行策略选择的内在逻辑。

二、文献回顾与理论基础

（一）文献回顾：基层行动策略选择的影响因素研究

合适的任务行动策略是保障任务执行过程有效性的基础。基层政府的任务行动策略直接影响政策目标的实现。在任务执行过程中，基层政府拥有一定的自由裁量权和自主权力运行空间，形成了基层政府任务行动策略选择的弹性化空间。"运动式执行""适应式执行""共谋式执行""搁置式执行"等差异化的行动策略都成为基层任务执行的策略选择。既有研究对于基层行动策略选择的影响因素展开了充分地讨论，形成了以下三个研究路径：

其一，"属性－策略"研究路径，从任务模糊性、冲突性与适用性等任务自身所具有的属性展开。延续马特兰德的"模糊－冲突"模型，研究发现政策任务的模糊属性与冲突属性产生高低变动是一项任务执行过程中基层行动策略动态转换的关键。尤其是任务模糊性对行动策略的影响，任务模糊性在任务执行过程中并非一成不变，执行主体会通过采取相应的行动策略降低模糊性，进而带来任务执行方式的改变。但是，任务属性如果经历多次更迭，可能诱发基层政府的"上有政策，下有对策"行为。高任务模糊性也成为基层变通执行的重要理由。任务属性的任务适用性也会影响基层政府的行动策略选择，面临低适用性的任务会导致基层选择"拼凑应对"的行动策略。

其二，"压力－策略"研究路径。基层政府在任务执行过程中会根据执行压力的不同，对上级任务采取不同的行动策略。如果任务的执行压力小，任务会缓慢推行，如果执行压力大，则任务会被快速推进。这是一种组织内部环境的变化引发的行动策略应对，也被概括为"应势而动"。科层政府对压力的不同传达、激发、把控和拿捏，都会对压力的传递产生影响，使任务执行处于波动中。在压力型体制中，组织激励、绩效评价等压力情境的变化会导致基层政府任务执行的策略选择差异，基层政府会对任务执行的制度成本进行判断与权衡，进而选择行动策略。

其三，"注意力－策略"研究路径。一方面，基层政府自身对任务的注意力分配影响其行动策略。基层政府在任务执行中进行注意力分配，区分重点任务（"硬任务"）和次要任务（"软任务"），注意力不足是基层政府任务执行失效的重要原因。另一方面，上级政府对任务的注意力分配影响基层的行动策略。上级组织的注意力分配与基层的任务执行力呈倒U形关系，当纵向注意力分配超过基层政府的现实条件和实际能力时，会导致基层政府从形式上完成政策目标。上级政府也可能通过常规机制或动员机制引导下级政府部门的注意力分配，但常规机制往往导致任务执行缓慢，动员机制引发任务执行加速。

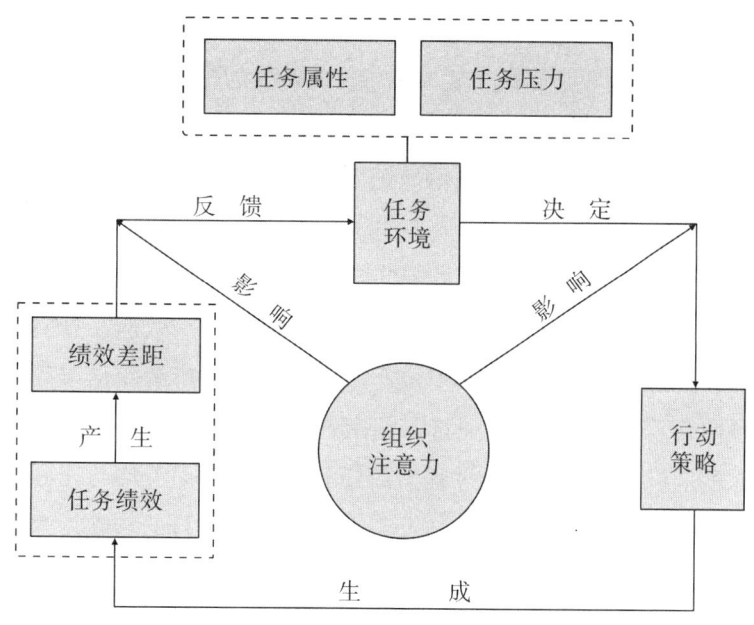

图 1　基层任务执行的"情境－策略－绩效"共演框架

既有关于基层行动策略分析的三种路径为理解科层制下基层任务执行的行为逻辑提供了丰富的知识积淀与理论对话空间。既有研究的一个共识在于，一项任务执行过程中，任务属性与任务压力等情境要素在执行过程中会不断调整，任务情境的变化导致作为基层任务执行策略选择发生变化。然而，既有研究视角限定在"情境－策略"框架，将任务情境作为触发行动策略选择变化的自然过程呈现。然而，一个有待回应的问题在于，基层任务执行过程中任务情境为何变化？因此，笔者基于对本文研究案例的现实考察，引入绩效变量，构建了基层任务执行的"情境－策略－绩效"的共演分析框架（见图1），通过任务绩效的产生与绩效差距的反馈来连接任务情境与行动策略，将任务情境、行动策略与行动绩效理解为"一条线"上相互影响、共同演变的变量。对基层任务执行策略选择的"情境－策略－绩效"分析框架打破了既有"情境－策略"框架的单一向度，构建了由任务情境、行动策略与任务绩效三者组成的循环式共演过程，为理解基层任务执行中的情境与策略的持续演变提供了一个动态化、全周期、系统性的理论模型。

绩效是科层体系上下级政府用以衡量政策任务目标实现程度的重要标准。基层任务执行的绩效是保障任务执行有效性以及任务目标实现的有效路径。任务绩效的体现既可以通过排名等可视化的途径反映，也可以通过治理的范围、自主性和持续性等指标体现。基层任务执行绩效受到了基层任务行动策略选择的影响，行动策略的积极性、有效性与一致性等特性决定了任务绩效的产出。任务预期绩效的最终实现往往经历了多次非线性的波动，受到任务执行过程中任务情境持续变化的影响，形成了基层执行任务全过程中的"情境—策略—实时绩效—情境—策略—实时绩效—情境—策略—预期绩效"的执行过程。其中，"策略—实时绩效—情境"的多次循环往复出现意味着，基层行动策略所产出的任务绩效并不满足于预期绩效，进而实时绩效与预期绩效产生的绩效差距反馈于任务情境，导致任务情境的变化，任务情境的变化也意味着行动策略的相应变化。上级政府和基层政府作为任务执行的管理方和代理方，其组织注意力调节影响着基层行动策略的选择和绩效差距反馈效应的形成。

由此，本文将聚焦执行过程中绩效差距的产生及其反馈效应，分析绩效差距反馈何以导致执行任务情境的变化，进而形成行动策略选择的持续变化与任务绩效从实时绩效到最终预期绩效的迭代。研究通过对湖南省 A 镇健康码宣传推广任务执行过程的整体复盘与深度剖析，从任务执行过程中的任务情境、行动策略与任务绩效的多重动态变化，来分析执行绩效差距的产生与反馈对基层任务执行的影响。本研究还为基层政府任务执行过程提供一个新的案例，丰富了基层政府执行任务的案例故事，更丰富的实证和案例分析也有助于面向基层政府的任务执行理论的升华和实际问题的解决。

（二）理论基础：绩效差距与管理决策理论

在公共管理学科的自主知识构建中，迈耶（Meier）和朱凌等学者基于有限理性（Bounded Rationality）和贝叶斯决策理论（Bayesian Decision Theory）提出了绩效差距与管理决策理论，其突破了传统绩效管理关注管理决策对绩效的影响，去关注绩效评估结果对管理决策的作用。这一理论认为，组织实际绩效会与预期绩效产生绩效差距，根据绩效差距的类型，会引发管理者的行为或决策调整。结合该理论，本研究认为，在基层的任务执行过程中形成了基层政府实际执行绩效、上级政府预期执行绩效和同级政府实际执行绩效三种执行绩效类型，三种绩效之间产生了两对正负绩效差距，如图 2 所示。

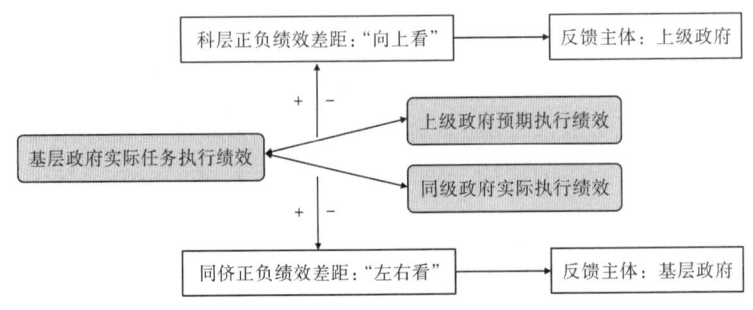

图 2　基层任务执行的绩效差距与反馈主体

一方面，科层绩效差距是指上级政府预期执行绩效与基层政府实际执行绩效之间的差距。当科层绩效差距为负时，说明基层政府实际任务执行绩效并不满足上级政府预期执行绩效，这一绩效差距往往反馈于作为政策执行委托代理模型中的管理方，即上级政府。另一方面，同侪绩效差距是指基层政府与同级政府之间对同一政策任务完成的绩效差距。当基层政府对某一任务的绩效与同级政府的绩效间产生同侪负绩效差距时，尤其与经济社会特征同质性较高的同级政府产生绩效差距时，这一绩效差距更有可能得到基层政府的注意力分配。

基层任务执行绩效差距作为任务绩效的评估影响了组织对任务属性、任务压力等执行过程中管理决策的调整。如图1所示，当任务绩效差距受到组织注意力分配的影响，形成绩效差距的反馈效应后，组织会根据绩效差距的类型对行动模糊性、目标模糊性与动员难易度等任务属性进行是否调适与如何调适的管理决策转变。任务属性的调适进一步导致了任务压力的变化，任务情境也随之变化。在任务情境变化后，基层会"应势而动"，选择新的行动策略，产生新的任务绩效。如果任务绩效差距与反馈再次形成，那么又会进入"情境－策略－绩效"的共演过程。因此，绩效差距的产生与反馈触发了基层任务执行过程中任务情境与行动策略的链条式共同演变。

基于此，本文将基于基层任务执行的"情境－策略－绩效"分析框架，通过对湖南省A镇健康码宣传推广任务执行过程中的任务情境、行动策略与任务绩效的分析，理清绩效差距的产生与反馈何以成为推送任务情境与行动策略共同演变的"触发器"，进而为理解基层任务执行的复杂动态演变提供新见解。

三、案例呈现：A镇执行健康码宣传推广任务的过程

（一）案例介绍与资料收集

2020年4月底，笔者在担任湖南省A镇疫情防控志愿者期间，参与A镇健康码宣传推广任务，发现此时的行动策略与前一段存在差异，同时在后续的执行过程中又多次发生策略变化。因此，启动了相关调研与持续性跟踪，其中半结构化访谈集中于2020年6月1日至6月5日。

资料收集主要包含两方面：一方面，笔者对湖南省以及A镇所处的C市和B县三级政府与健康码宣传推广政策的各类资料展开了广泛搜集与整理。另一方面，对A镇主要负责健康码宣传推广任务执行的两名基层干部、A镇住户等展开了半结构化访谈，编码为"FT＋日期＋化名"。

（二）A镇任务执行全景描绘

第一阶段为"搁置"执行。2020年3月28日，国务院下发《关于做好健康通行码"一码通行"宣传推广相关工作的通知》，提出要广泛宣传各省（区、市）健康通行码、

实现全国"一码通行"、让广大群众人人知晓，对推动当前人员有序流动和复工复产工作十分重要。4月1日，湖南省发布《湖南省应对新冠疫情联防联控机制关于做好健康通行码"一码通行"宣传推广相关工作的通知》，其中指出要"加强宣传推广，提升健康码知晓度"和"加快普及应用，提高健康码申领率"。4月3日，A镇转发湖南省关于健康通行码"一码通行"宣传推广工作的通知，指出市、县督导组会对该项工作进行督查。但是，A镇政府只是将该通知转发至工作群，并未作出具体的任务工作安排。

第二阶段为"常规"执行。4月22日，B县下发《关于进一步加强湖南省居民电子健康码注册工作的通知》，通知要求，"各乡镇、村（社区）干部要带头参与，同时号召广大城乡居民踊跃注册；县直机关所有在职人员要全部注册，同时积极引导本单位所分管的人员（如教育局负责学校教师、学生，工信局负责企业工作人员等）进行健康码注册，将统计表上报组织部，由组织部汇总后报指挥部"。在收到这一通知后，A镇政府对于健康码的宣传推广工作才开始行动起来。4月23日，A镇干部在镇上人流密集点张贴了健康码注册申领宣传海报，并在各村微信群中进行了宣传。此外，A镇干部还利用下村走访的机会，与村干部一起向公众们普及和宣传关于防疫"健康码"注册申领的事项，并主动邀请他们注册申领。由此，任务行动策略也由"搁置"变成"常规"执行。

第三阶段为"变通"执行。4月27日，A镇再次收到《关于进一步加强湖南省居民电子健康码注册工作的通知》，其中要求："紧急通知，请各村（社区）书记明天之内必须督促所管辖区完成村民健康码注册400人以上"。但在常规执行阶段，能宣传的都已经宣传了，愿意注册的都已经注册过了。A镇干部们想到一个办法，由于每个人可以申领10个健康码，可以请愿意帮忙的热心公众来注册没有注册的公众的健康码。于是，干部们利用在疫情防控监测点值班的机会，向一些熟人再次宣传健康码，如果他们没有申领，就劝说他们自己申领并再帮助其他公众申领9个健康码；如果他们已经申领了自己的健康码，就劝说他们帮忙再注册9个其他公众的健康码。A镇政府通过"帮领"的健康码申领方式来实现通知中规定的400人申领目标。

第四阶段为"竞赛"执行。5月9日，A镇收到一份全县各乡镇健康码申领率排名表，这是健康码宣传推广任务第一次以乡镇排名的方式呈现。排名表中显示，截至5月8日21时，A镇的健康码注册申领率为45.88%，在全县23个乡镇中排名第16位，如表1所示。5月11日，镇领导要求各村实现健康码注册率为95%的目标，必须晚上完成。5月12日，许书记强调X镇从最后一名跃进第八名，所以A镇要继续努力。从表1中看出，X镇作为与A镇经济发展差不多的乡镇，开始把这项任务作为重点任务推进，也产生了非常不错的成效。X镇对于这一任务的重视，使得镇领导产生了竞争意识，再次强调了申领率95%的目标。收到任务后，镇干部们商量后决定继续采取之前的"帮领"策略，每个人分配一定的指标，然后各自想办法落实。通过对未注册公众信息的梳理,按 95% 注册申领率来算,50 名镇干部每人需要负责 30 个健康码注册指标。①

表 1 A 镇和 X 镇健康码申领率排名概况

乡镇名	5月8日申领率	5月8日排名	5月11日申领率	5月11日排名	5月15日申领率	5月15日排名
A 镇	45.88%	16	66.90%	9	103.38%	3
X 镇	34.88%	23	67.12%	8	105.72%	2

5月15日,县里公布了全县各乡镇的申领率,A 镇以 103.38%②的超额申领率位列全县各乡镇中第 3 名。

四、案例分析:基层任务执行中情境、策略与绩效的共演

从案例呈现可以看出,A 镇健康码宣传推广任务主要经历了四个阶段,各个阶段的任务情境、行动策略与任务绩效都存在差异,如表 2 所示。

表 2 A 镇健康码宣传推广任务的执行过程与结果分析

			第一阶段	第二阶段	第三阶段	第四阶段
任务情境	任务属性	目标模糊性	高	高	低	低
		行动模糊性	高	低	高	低
		任务适用性	—	低	低	低
	任务压力		小	小	大	大
行动策略			搁置执行	常规执行	变通执行	竞赛执行
任务绩效			不显著	不显著	显著	显著
绩效差距			负向+纵向	负向+纵向	负向+横向	正向
组织注意力分配			上级政府	上级政府	基层政府	—

(一)情境演变:任务调适与压力变化

1. 任务属性的调适

延续既有研究的视角,任务属性包括任务的行动模糊性、路径模糊性与任务适用性。目标模糊性指向的是对象上的模糊,行动模糊性指向手段上的模糊,即行动主体在任务过程中对于"做什么"(The Knowing Question)和"怎么做"(The Doing Question)问题的明确程度,模糊性越高则政策如何做以及做什么越不明确。任务适用

---

① 对于该指标完成的绩效识别,要求是把注册申领成功界面的截图反馈至镇里。
② 申领率是由注册人数除以常住人口,一些乡镇不仅让常住人口申领健康码,非常住人口也动员申领,所以申领率甚至超过 100%。

性越高、可操作性强，则任务的执行压力与难度会更低。

其一，低任务适用性从模糊到清晰。搁置执行下，任务适用性并未得到明确。而在常规执行阶段，A镇对健康码进行了广泛的宣传推广，几乎有外出需求的居民都申领了健康码，但这一群体的人数仍然很少，任务的低适用性得以明晰。一方面，A镇60岁以上的人口有3465人，占常住人口的23%左右，这些老人大多没有智能手机或难以操作智能手机。其中，有1000名左右的留守老人，儿女常年不在身边也导致无法请陪同的家人使用其手机代领健康码。另一方面，A镇有40%左右的人口就业地点在B县范围内，仅约20%的外出务工人员。"我们又不出去（出县或出省），根本用不到这种东西，注册也太麻烦了"。(FT-20200603CNS)

其二，目标模糊性逐渐降低。在第一阶段与第二阶段，任务目标的模糊性一直处于高位。健康码作为一项新兴技术的产物，上级政府在初始阶段并未设置健康码申领率作为任务目标，其目的在于通过任务在基层的试验性执行而发现任务的效力与适用性等。但目标模糊性极易导致搁置执行。"我手头上其他的事情一大堆，这个事（健康码宣传推广任务）通知里又没有给我们规定明确的任务，领导也没有催我们，所以一开始我们就没有当回事。"(FT-20200603DZB) 因此，当基层的宣传推广实际绩效一直无法满足预期绩效时，上级政府只能通过设定目标的方式倒逼基层政府在申领率上有所实现，进而在第三阶段与第四阶段中都设定了健康码申领率目标。

其三，行动模糊性波动式发展。第一阶段的高模糊性与目标模糊性的意图一致，都旨在试验任务的执行经验与效力。而在第一阶段执行中，基层并未主动积极地探索执行经验。B县在与其他镇干部交谈中得知，是由于任务的"无从下手"而没有展开全面执行。因此，B县下发了《关于进一步加强湖南省居民电子健康码注册工作的通知》，对健康码宣传推广的实施方案给出了明确的行动参考，降低了任务的行动模糊性。而在第三阶段，随着低任务适用性的明确，上级政府提供的行动路径已不足以实现预期绩效，A镇苦闷于如何行动，于是选择了变通行动策略。在第四阶段，前一阶段的变通对策为A镇这一任务的执行提供了经验参考，因此行动模糊性被自主降低。

2. 任务压力的变化

压力情境随着任务属性的调适而产生变化。从表1可以看出，行动模糊性的调适并不会增加任务执行压力，目标模糊性的减弱与任务低适用性的明确是压力情境变化的因素。一方面，目标模糊性的减弱提高了基层任务执行的压力情境。基层的压力来源于第二阶段到第三阶段的目标模糊性变化。在制定了400个申领目标后，A镇的任务执行压力增加，进而开始思考任务应对策略。另一方面，低任务适用性也增加了基层任务执行的压力。在常规执行中任务的低适用性被明确，而在这之后的执行过程中，任务低适用性导致公众的配合度降低，基层政府对公众的动员难度提升，在目标的压力下，任务执行压力也变大。A镇干部抱怨道："下村都下过了，宣传、推广也做了，能领的都让公众领了,他们没能力领、不愿意领我们有什么办法?他们用不上为什么要领?现在这种情况怎么提高申领率呢?"(FT-20200603DZB)

(二)策略演变:应境而变与绩效更迭

由于任务属性与任务压力的任务情境变化,倒逼了 A 镇应"境"而变,产生了其行动策略的四次调适。受到初始任务下达时任务行动与目标双重模糊性的影响,搁置执行是健康码宣传推广任务的初始策略。而在具体的行动路径被明确后,A 镇改变了搁置行动策略,转向执行上级规定行动方案的常规执行。然后,上级进行了任务目标约束,但同时任务适用性有限,A 镇因此选择了变通的行动策略。而为何任务适用性无法经由基层向上级反馈,A 镇工作人员说道,"多一事不如少一事"(FT-20200603DZB)。因此,A 镇采取了"帮领"的方式。而后,在全县各镇的申领率大幅提升下,A 镇开启了竞赛执行的模式。

在行动策略的演变下,任务绩效也与之共演。行动策略的有效性、积极性与一致性影响了任务绩效的产生。在案例中,搁置执行、常规执行、变通执行与竞赛执行都产生了不同的绩效,每一阶段的绩效产出都以数据或增量的形式呈现。任务绩效在行动策略的持续变化过程中实现了迭代与更新,在绩效的数据呈现上完成了治理任务。

(三)链接策略与情境:绩效差距的产生与反馈

不同的行动策略产生了差异化的任务绩效,任务绩效与预期绩效之间形成绩效差距,绩效差距的类型差异也决定了其反馈的主体不同。只有负绩效差距才会引起形成反馈效应与路径,当正绩效差距产生时,任务趋向于完成与终止。在案例中,A 镇在竞赛执行后呈现了 103.38% 的申领率,排名全县第 3,这一成绩实现了上级政府与基层政府的双重预期,产生任务执行的正绩效差距。而在前三阶段,分别形成了不同的负绩效差距,并产生了反馈效应。

一方面,层级负绩效差距反馈于上级政府。在搁置执行阶段,A 镇健康码申领率没有得到显著提升,这与上级政府对健康码申领率的预期产生了落差,生成了层级负绩效差距。在常规执行阶段,由于"多一事不如少一事"态度,A 镇工作人员并没有向上级反馈任务执行的低任务适用性困境。那么,实际执行绩效与上级政府的预期绩效再次形成差异,同时也并未得以沟通,增量不显著的任务执行绩效与上级政府的预期绩效形成层级负绩效差距。

另一方面,同侪负绩效差距反馈于基层政府。在变通执行阶段,县里公布了全县23 个乡镇的健康码申领率排名,A 镇排名第 16 位,尤其 A 镇领导发现经济水平相当的 X 镇的健康码申领率处于高速提升状态,同时申领率排名开始高于 A 镇,产生了同侪负绩效差距。

值得注意的是,绩效差距的产生并不代表其一定会产生反馈效应,反馈效应的形成受到组织注意力分配的影响。在搁置执行与常规执行阶段，基层政府对于其自身任务执行的负绩效差距是明确的，但并未导致其改变任务属性、压力情境与行动策略。而与其他镇产生的负绩效差距导致 A 镇对这一任务负绩效差距的注意力分配提高，进而主动转变任务属性、压力情境与行动策略。因此，组织的注意力分配对绩效差距的反馈效应形成具有一定的影响。

五、结论与讨论

本文基于绩效差距与管理决策理论，聚焦基层政府任务执行过程中任务情境、行动策略与任务绩效的共同演变过程，探究了基层任务执行中的任务绩效何以成为"情境－策略－绩效"共演的"触发器"，呈现了基层任务执行中策略选择持续变化的动态内在逻辑。本研究的结论主要有三方面：

首先，任务情境的变化受到绩效差距产生与反馈的直接影响，绩效差距是基层执行过程中任务情境与行动策略同步变化的中间桥梁。任务绩效及其差距产生于基层的行动策略，而又反馈于任务情境的任务属性和任务压力。绩效差距的反馈效应形成受到组织注意力分配的影响，当组织注意力分配相对较高时，绩效差距的反馈路径更能得以形成。

其次，绩效差距的产生与反馈触发了任务执行过程中"情境－策略－绩效"的共演。绩效差距产生与反馈后，组织会通过调整任务属性、任务压力等任务情境的路径来实现绩效差距的弥合。任务情境进一步推动基层政府应"境"而变，对行动策略进行重新选择。行动策略的选择不同又会产生差异化的执行绩效，产生任务绩效的差距与反馈。那么，基层任务执行过程呈现出"情境－策略－绩效"的共演特征。

最后，绩效差距及其反馈对于基层任务绩效的提升具有两面性。一方面，绩效差距为基层任务执行过程中的绩效实现提供了可视化的数据参照，有利于及时发现负绩效差距，进而调整任务管理决策以弥合绩效差距，更好实现任务绩效。另一方面，只关注绩效差距极易陷入"就结果谈结果"的任务结果导向型执行，而并未足够重视执行过程中负绩效差距产生的现实原因，尤其是任务适用性低等非执行方面的原因。

本文也存在一定的局限性，囿于调研数据资料的有限性，对于市级和省级政府的一手资料获取不足，目前关于省、市一级政府的分析均是通过对基层政府的访谈简介了解，因此未来研究可以尝试通过对多层级政府的调研，挖掘更多不同主体视角的观点，更充分地探讨基层任务执行中情境、策略与绩效的动态共演。

参考文献

[1] 丁照攀. "任务决定职能"：重新发现地方政府的职能履行[J]. 甘肃行政学院学报，2021（3）：71-81.

[2] 王诗宗，杨帆. 基层任务执行中的调适性社会动员：行政控制与多元参与[J]. 中国社会科学，2018（11）：135−155.

[3] 何艳玲. 中国土地执法摇摆现象及其解释[J]. 法学研究，2013（6）：61−72.

[4] 陈家建，张琼文. 政策执行波动与基层治理问题[J]. 社会学研究，2015（3）：23−45.

[5] 王惠娜，马晓鹏. 政府注意力分配与政策执行波动——B制革区企业整合重组政策的案例分析[J]. 公共管理与政策评论，2022（3）：130−140.

[6] 黄冬娅. 压力传递与政策执行波动——以A省X产业政策执行为例[J]. 政治学研究，2020（6）：104−116.

[7] 刘佳佳，傅慧芳. 城市生活垃圾分类治理：政策过程与任务执行的多维分析——基于多案例的研究[J]. 青海社会科学，2021（5）：113−121.

[8] 李卓，郭占锋，郑永君. 政策更迭与策略应对：基层政府"反复整改"的逻辑及其治理——以A镇精准扶贫任务执行为例[J]. 中国行政管理，2022（3）：30−38.

[9] 胡涤非. 自主空间中的行动策略：基于三个低保任务执行案例的考察[J]. 中国行政管理，2020（5）：114−120.

[10] 郭忠兴，张亚玲. 模糊的客体、弹性的空间与策略性的任务执行——以N市低保政策为例[J]. 学习与实践，2022（1）：88−97.

[11] 崔晶. "运动式应对"：基层环境治理中政策执行的策略选择——基于华北地区Y小镇的案例研究[J]. 公共管理学报，2020（4）：32−42.

[12] 崔晶. 基层治理中的政策"适应性执行"——基于Y区和H镇的案例分析[J]. 公共管理学报，2022（1）：52−62.

[13] 赵聚军，张昊辰. 被动担责与集体共谋：基层官员问责应对策略的类型学考察[J]. 江苏社会科学，2022（1）：125−136.

[14] 崔晶. 基层治理中政策的搁置与模糊执行分析——一个非正式制度的视角[J]. 中国行政管理，2020（1）：83−91.

[15] 袁方成，范静惠. 政策执行模式的转换及其逻辑——一个拓展的"模糊－冲突"框架[J]. 中国行政管理，2022（3）：13−21.

[16] 王法硕，王如一. 中国地方政府如何执行模糊性政策？——基于A市"厕所革命"政策执行过程的个案研究[J]. 公共管理学报，2021（4）：10−21.

[17] 柳立清. 政策多变与应对失矩——基层易地扶贫搬迁政策执行困境的个案解读[J]. 中国农村观察，2019（6）：77−90.

[18] 吴少微，魏姝. 官员晋升激励与政策执行绩效的实证研究[J]. 江苏行政学院学报，2018（4）：101−110.

[19] 徐建牛，施高键. 相机执行：一个基于情境理性的基层政府政策执行分析框架[J]. 公共行政评论，2021（6）：104−123.

[20] 欧阳静. 压力型体制与乡镇的策略主义逻辑[J]. 经济社会体制比较，2011（3）：116−122.

[21] 张翔，陈婧. 再论地方政府的政策变通执行：意义结构、组织逻辑与行动策略[J]. 天津社会

科学，2021（4）：75-82.

[22] 李亚雄，陈晓琳. 多重网络视角下乡镇政府产业发展的行动策略——基于贵州省 Z 县四个乡镇的调查［J］. 南京农业大学学报（社会科学版），2022（4）：113-124.

[23] 练宏. 注意力分配——基于跨学科视角的理论述评［J］. 社会学研究，2015（4）：215-241.

[24] 叶良海，吴湘玲. 政策注意力争夺：一种减少地方政府政策执行失效的分析思路［J］. 青海社会科学，2017（2）：82-87.

[25] 张坤鑫. 地方政府注意力与环境政策执行力的倒 U 形关系研究［J］. 公共管理评论，2021（4）：132-161.

[26] 何文盛，何志才，唐序康，包丽美. "一事一议"财政奖补政策绩效偏差及影响因素——基于甘肃省 10 个县（区）的质化研究［J］. 公共管理学报，2018（2）：1-13.

[27] 王程伟，马亮. 绩效反馈何以推动绩效改进——北京市"接诉即办"的实证研究［J］. 中国行政管理，2020（11）：117-125.

[28] 向良云. 资源依赖、关系结构与治理策略：乡村治理共同体形态——基于鄂西南典型乡村的调查研究［J］. 公共管理学报，2023（3）：131-141.

[29] 向德平，高飞. 政策执行模式对于扶贫绩效的影响——以 1980 年代以来中国扶贫模式的变化为例［J］. 华中师范大学学报（人文社会科学版），2013（6）：12-17.

[30] 贺东航，孔繁斌. 公共任务执行的中国经验［J］. 中国社会科学，2011（5）：61-79.

[31] 朱凌. 绩效差距和管理决策：前沿理论与定量研究评论［J］. 公共管理与政策评论，2019（6）：3-13.

[32] VAKKURI J. Struggling with ambiguity：Public managers as users of NPM-oriented management instruments［J］. Public administration，2010（4）：999-1024.

[33] MEIER K J，FAVERO N，ZHU L. Performance gaps and managerial decisions：a Bayesian decision theory of managerial action［J］. Journal of public administration research and theory，2015（4）：1221-1246.

高质量发展视阈下我国人口结构老龄化分析

牛 磊[①]

内容摘要：高质量发展是全面建设社会主义现代化国家的首要任务。党的十八大以来，中国特色社会主义进入新时代，面对人民群众的美好生活需要日益增长，传统依托人口红利在供给侧和需求侧的劳动力密集型产业已然不适应时代发展的需要。我国目前已经提前进入深度老龄化国家行列，尽管人口生育政策不断放开，但是新生儿生育、养育、教育方面成本的高位运行，严重限制了人民群众的生育意愿。面对人口老龄化加剧的严峻形势，必须深刻转变传统发展理念，以人口高质量发展支撑中国式现代化。

关键词：高质量发展；老龄化；计划生育；劳动力密集型产业

习近平总书记在党的二十大报告中明确指出：高质量发展是全面建设社会主义现代化国家的首要任务。毋庸置疑，发展是党执政兴国的第一要务，没有坚实的物质技术基础，就不可能全面建成社会主义现代化强国。随着经济的发展和社会的进步，改革开放四十六年来，我国发展面临的形势与改革之初显然有了很大不同。依托丰富人口红利迅速发展起来的劳动力密集型产业以及传统的粗放式发展模式，伴随着我国人口老龄化的不断加剧而难以为继。本文将以此作为分析的逻辑起点，探讨在人口生育政策不断放开的背景下，人口老龄化趋势依然不断加剧的深层次原因，进而转变传统的人口管理理念与模式，更好促进高质量发展。

一、高质量发展的深刻内涵与精髓要义

习近平总书记在 2017 年底召开的中央经济工作会议上强调：高质量发展，就是能够很好满足人民日益增长的美好生活需要的发展，是体现新发展理念的发展，是创新

[①] 牛磊，哲学博士，硕士生导师，副教授，中共湖南省委党校公共管理教研部副主任。研究方向：公共管理与政策变迁研究。

成为第一动力、协调成为内生特点、绿色成为普遍形态、开放成为必由之路、共享成为根本目的的发展。这个界定简明扼要地阐释了高质量发展的深刻内涵与精髓要义。

首先,从发展目标来看,高质量发展不管到何种水平、何种阶段,其评价主体始终是人民群众,评价标准是美好生活需要的实现程度。毫无疑问,坚持人民群众作为高质量发展的评价主体,更加彰显了中国共产党立党为公、执政为民的政治本色,更是与坚持以人民为中心的发展思想一脉相承,毫不动摇地坚持发展为了人民、发展依靠人民、发展成果由人民共享。显而易见,任何撇开民生谈高质量发展的观念都是站不住脚的,其本质是伪高质量发展,违背了习近平新时代中国特色社会主义思想关于高质量发展的基本理念。与此同时,坚持美好生活需要的实现程度作为高质量发展的评价标准,更加紧扣人民群众的幸福感、获得感与安全感。从美好生活的组成要素来看,2012年11月15日,习近平同志在十八届一中全会当选中共中央总书记后,接见国内外记者时就指出,我们的人民热爱生活,期盼有更好的教育、更稳定的工作、更满意的收入、更可靠的社会保障、更高水平的医疗卫生服务、更舒适的居住条件、更优美的环境,期盼孩子们能成长得更好、工作得更好、生活得更好。人民对美好生活的向往,就是我们的奋斗目标。显然,从七个"更"的具体内容来看,出发点和落脚点都放在了解放和发展生产力上。只有不断解放和发展生产力,把蛋糕不断做大,才能满足人民群众日益增长的美好生活需要。

其次,从发展思路来看,面对"人民日益增长的美好生活需要",传统粗放式的发展理念是难以适应的,必须树立创新、协调、绿色、开放和共享的新发展理念。不难发现,新发展理念以创新为出发点,以共享为落脚点。其蕴含的深刻意义与逻辑在于,传统的发展理念面对我国人口多、基础差、底子薄,科技发展水平相对落后而国内中低端需求庞大的情况,为了落实党中央关于在发展中保障和改善民生的要求,从国内的实际情况出发,同时考虑到当时流行的全球经济一体化模式,充分发挥人口红利在生产端和消费端的比较优势,主动承接在日韩等发达国家已经失去优势的劳动密集型产业,并逐渐形成了严重的路径依赖。长久以来,这种发展模式重量不重质,导致高端产品供给不足,中低端产品供给过剩;随着时代的发展与变迁,尤其是人民群众收入水平与生活品质的不断提高,出现了愈发严重的需求错位与内需外流。更为严峻的是,随着新生儿数量的持续减少和人口老龄化的不断加剧,我国的人口红利不断减少,劳动力价格不断攀升,传统劳动力密集型产业的利润不断摊薄,导致发展后劲不足。这就导致面对着人民群众中高端需求的不断增加以及国内中低端供给过剩的尖锐矛盾,传统扩大内需的手段逐渐难以奏效,只有从根本上转变传统粗放式的发展理念,树立创新作为首要特征的高质量发展理念,才能让人民群众共享改革发展的成果,不断实现美好生活需要。

习近平总书记在党的二十大报告中强调:我们坚持把实现人民对美好生活的向往

作为现代化建设的出发点和落脚点。江山就是人民,人民就是江山。只有适时转变传统发展理念,树立高质量发展观,才能不断满足人民群众的美好生活需要,才能更好彰显党的执政本色,巩固党的执政之基。只有从更高的政治站位看待经济发展与结构转型问题,才能更加深刻而全面地把握习近平新时代中国特色社会主义思想的精髓要义,才能彻底转变以人口红利为显著特征的传统理念与发展模式。

二、当前我国人口结构老龄化的现状

依据国家统计局2022年国民经济和社会发展统计公报披露的数据,我国目前的人口总数和劳动力总量依然是丰富的。截至2022年底,我国人口总数14.1亿,16-59岁的劳动力人口超过8.7亿。但同时我们也必须注意到,我国的人口老龄化趋势在不断加剧。根据联合国的规定,一个国家65岁以上人口超过总人口的7%,称之为老龄化国家;65岁以上人口超过总人口的14%,即进入深度老龄化国家行列。以美国和欧洲为代表的西方发达国家往往是在工业化进程完成之后,随着生活水平的不断提升和生育率的不断下降,导致深度老龄化的到来。我国作为一个发展中国家,2022年的老龄化比重已经达到14.9%,65岁以上老人数量超过2亿人。数据显示,从2010年-2020年,我国劳动人口比重下降6%,同时65岁以上老人比重上升4%。按照党的二十大报告提出的社会主义现代化强国建设"两步走"的第一个阶段,即2020年-2035年来看,人口老龄化的趋势会不断加剧。

如下图所示,1964年-1982年,我国人口总量增加2.85亿,这也是支撑改革开放人口红利的主要力量。依据联合国的规定,以2023年为基点,出生于1964年的人在6年之后将年满65周岁。这就意味着,从2029年起,我国现有的劳动力数量将在18年的时间里减少近3亿人。但是与此同时,新生儿数量的增加问题却相当严峻。

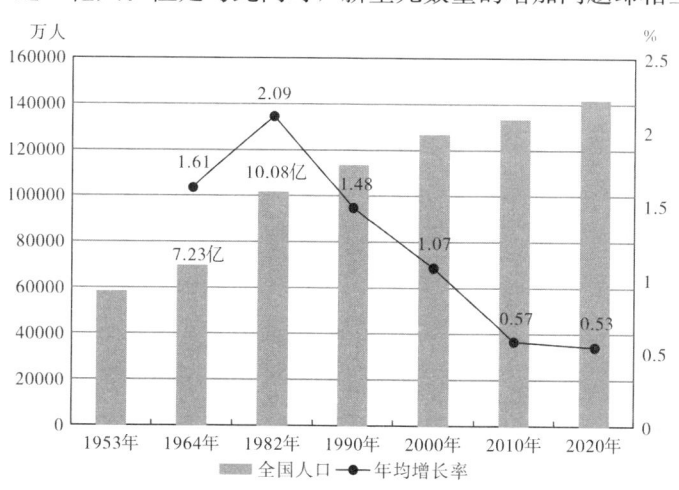

图1 新中国成立以来历次人口普查结果(1953-2020)

数据来源:国家统计局第七次全国人口普查(简称"七普",下同)结果。

如表1所示,党的十八大以来,随着我国劳动力人口数量面临的形势不断严峻,党中央对人口和计划生育政策不断调整,从2013年年底决定部分地区试行"单独二孩"政策,到2014年年底决定迅速推广到全国,再到2015年年底决定"全面二孩"政策全面推行。仅仅5年之后,人口和计划生育政策就从"全面二孩"变成"全面三孩"。中国全面进入三孩新政时代。换言之,在短短的8年时间里,我国的人口与计划生育政策就进行了大规模调整,从十八大之前的"只生一个好"变成了"全面三孩",政策的调整力度和速度都是空前的。但是新生儿数量的增长情况却没有沿着预想的情况发展。数据显示,在二孩时代的2014年-2016年,我国的新生儿数量出现了明显的波动,尤其是2015年出现了负增长。从2017年-2022年,我国的新生儿数量并没有随着二孩时代升级到三孩时代稳步增加,甚至出现了罕见的六连降。2022年新生儿数量仅有956万,与十八大以来的峰值2016年的1786万相比减少了46.5%。这意味着仅仅过了六年时间,新生儿数量减少了将近一半。

面对人口和计划生育的不断放开与新生儿数量持续减少的矛盾,学界不少人将矛头指向了新政策并没有达到预期目标。这个分析结论显然是不客观的。在下图中我们可以发现,在新生儿数量持续下滑的同时,二孩比例在稳步上升,高峰期超过了新生儿总数的50%以上,这意味着全面二孩政策的效果是明显的,在相当程度上达到了预期目标;但是同时一孩和二孩比例出现了倒挂,改变了之前一孩生育为主的局面。这个现象同样值得关注。

表1 党的十八大以来我国人口出生统计情况

单位:万人

	政策	新生儿	同比增加值	二孩比例	人口净增值
2013	/	1640	/	31.2%	804
2014	单独二孩逐步实施	1687	47	35.9%	920
2015	单独二孩全面实施	1655	−32	39.4%	680
2016	全面二孩	1786	131	40.4%	906
2017	/	1723	−63	51.2%	779
2018	/	1523	−200	50%~	530
2019	/	1465	−58	/	467
2020	三孩逐步实施	1173	−292	40%~	204
2021	全面放开三孩	1062	−111	41.4%	48
2022	/	956	−106	/	−85

数据来源:国家统计局官网、国家卫健委官网。

更为重要的是,随着新生儿数量的持续下滑和老人比例的不断提升,2022年我国的人口净增值是-85万,这意味着我国的人口自然增长率变成了负数,作为党的十八大以来甚至改革开放以来的首次,这无疑是一个异常严峻的信号,表明我国的人口老龄化在不断提速。

三、我国人口结构老龄化的深层次原因

面对我国人口结构的老龄化,现有的分析框架往往是从二孩、三孩政策本身或政策背景出发,这样的分析思路显然是失之偏颇的。如果我们尝试从更长的一段历史时期去考察这个问题,会发现我国人口老龄化的问题涉及巩固政策与经济社会发展多方面的原因。如下图所示,如果以改革开放以来40余年的新生儿数量作为分析对象,不难发现新生儿数量的下降并非始于2017年。而是改革开放之初的1987年,整整提前了三十年。这里面的深层原因在于党的十二大成为我国人口政策的重要节点。1982年9月1日,时任中共中央总书记胡耀邦在党的十二大报告的第二部分"促进社会主义经济的全面高涨"中,部署20世纪剩下的二十年,即从1981年到2000年经济社会发展目标时,用专门的篇幅阐述了计划生育政策的重要意义和价值。报告明确指出:"在我国经济和社会的发展中,人口问题始终是极为重要的问题……我国人口现在正值生育高峰,人口增长过快,不但将影响人均收入的提高,而且粮食和住宅的供应、教育和劳动就业需要的满足,都将成为严重的问题,甚至可能影响社会的安定。"因此,中央正式提出"实行计划生育,是我国的一项基本国策。到20世纪末,必须力争把我国人口控制在十二亿以内。"在同年年底召开的全国人民代表大会上,计划生育正式写入宪法。

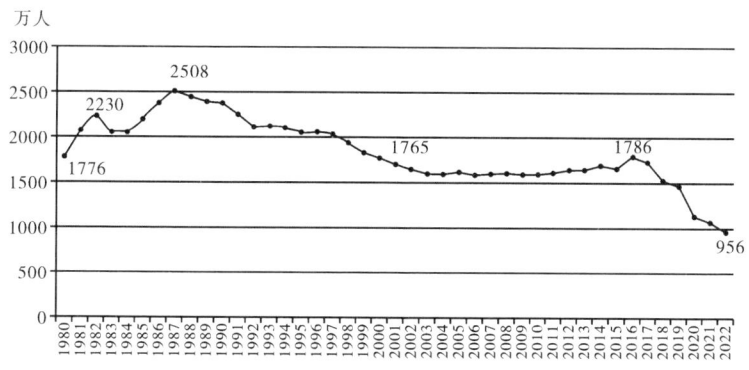

图2　1980年-2022年我国新生儿数量

数据来源:国家统计局官网;统计年鉴(历年)。

从上图中可以看出,诚如中央指出的那样,在计划生育政策全面推行之前的1980年-1982年,我国新生儿数量3年累计超过6000万,平均每年达到2028万。在试行计划生育政策之后,大约5年时间抑制住了人口的快速增长,新生儿数量达到1987年2500万规模,开始逐渐下降。接下来又通过5年左右的时间,让新生儿数量平稳回落

到1982年之前的水平。2000年，我国人口总规模12.67亿。应当说，计划生育政策通过控制人口规模的增长，避免人口过快增长加剧教育、就业、医疗、住房、社会保障等一系列民生资源的紧张，从而更好改善人民生活、提高人民收入水平，是符合国情、符合社会发展需要，是实事求是的决策，也确实在相当程度上实现了既定目标。

然而，如果将原因全部归结于计划生育政策恐怕仍然是失之偏颇的。如前所述，2013年－2022年的10年时间，我国的人口与计划生育政策不断放开，从全面二孩扩展到全面三孩。但是新生儿数量依然在持续减少。如图2所示，2018年－2022年的5年时间，新生儿数量是1980年以来的最低水平，2022年甚至不足千万，与峰值的1987年相较而言，减少了约62%。显然，除了计划生育政策之外，还有更加复杂和深刻的社会原因。

为了分析的需要，我们进一步将时间线拉长，以新中国成立以来的人口自然增长率作为分析对象。如图3所示。

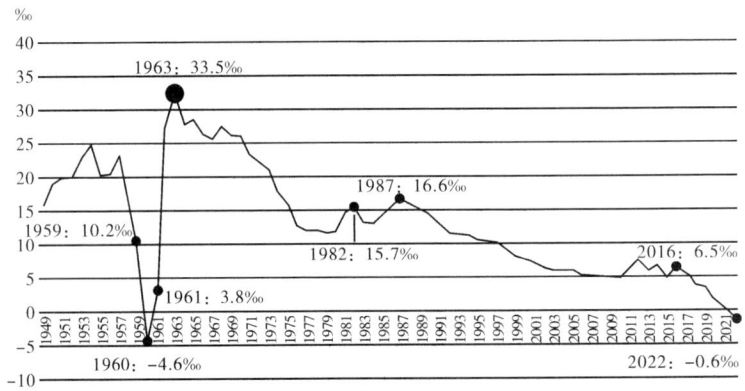

图3　1949年－2022年我国人口自然增长率

数据来源：国家统计局官网；统计年鉴（历年）。

从上图中可以看出，新中国成立70余年以来，人口规模增加最快的时期是改革开放之前的1960年－1963年，从1960年的－4.6‰猛增到33.5‰。从1963年至今，我国的人口规模增量在整体上始终处于下行区间。如果以1987年和2016年作为分界点，六十年来我国人口规模增量的下行可以划分为三个阶段：

第一个阶段（1963年－1987年）：社会主义建设时期以及改革开放初期。这一时期的人口增量下行主要是由于重工业先行的宏观政策，导致农业和轻工企业产品这些关系到基本民生的生活资料供给量远远无法满足当时广大人民群众的有效需求，我国当时处在短缺经济当中。因此，这一时期人口规模增长下行可以概括为"难养活"。

第二个阶段（1987年－2016年）：改革开放时期。这一时期，随着家庭联产承包责任制的迅速推行和城镇市场经济体制的改革，我国逐渐解决了有效供给不足的老大难问题，甚至在世纪之交从传统的供给不足转为供给过剩。不过，随着计划生育基本国策的全面推行，"只生一个好"成为基本的生育理念，我国的人口增量延续了下行的趋势。因此，这一时期人口规模增长下行可以概括为"不让生"。

值得注意的是，人民群众的生育理念从第一个阶段到第二个阶段出现了巨大变化。在第一个阶段由于"难养活"，因此尽管子女众多，父母对子女的期望值较低，活着就行，不一定要成才。然而到了第二个阶段，尽管由于生产力的不断发展物质财富的供给大幅增加，但是由于"不让生"，独生子女一代的出生，导致父母不得不倾其所有，将所有的时间、体力、精力和财力都集中在独生子女身上。于是社会上开始普遍出现"望子成龙""望女成凤"的呼声。

第三个阶段（2016年以来）：中国特色社会主义进入新时代。这一时期尽管计划生育政策不断放开，甚至包括山西运城、湖南长沙等一些地方开始以金钱或者其他货币等价物的奖励方式鼓励生育二孩、三孩。然而，随着前两个阶段的变迁，父母对孩子的生育理念从传统的低期望值转变为高期望值，从传统的"散养"转变为"圈养"，从低成本投入转变为高成本投入，加之城镇化水平的不断提升，城镇人均资源占有量逐渐紧缺，尤其是教育、医疗、住房成本的高位运行，导致很多人对于二孩、三孩望而却步。使得第三个阶段我国人口增长依然延续了下行趋势。这一时期的人口增量下行可以概括为"养不起"。

四、主要结论与展望

相关统计数据表明，截至2022年年底，我国城镇人口超过9.2亿，城镇化率超过了65%；1982年这一数字仅为20%。这意味着在改革四十年的时间里，我国城镇化水平增加了45%以上。城镇化水平的不断提升，加之教育、医疗、住房、社会保障等领域属于典型的投资大、周期长、见效慢，地方财政经历了三年疫情防控艰难恢复。因此，短期内消除人民群众在生育、养育、教育等方面的后顾之忧的政策目标难以实现。因此，综合以上的分析，我们可以得出一个有效推论：我国人口增量的下行，尤其是2022年继1960年之后第二次出现人口负增长导致人口老龄化加剧的严峻形势，在未来一段时期将持续存在，甚至有可能进一步攀升。如下图所示。从2000年我国正式进入老龄化国家行列之后，2020年便提前进入深度老龄化国家行列。我国用了仅二十年时间走完了西方发达国家需要四五十年才能走完的老龄化道路。而且在2018年之后，人口老龄化曲线的斜率还在进一步增加。

同时，《求是》杂志2022年第15期刊发的国家卫健委党组撰写的《谱写新时代人口工作新篇章》也印证了本文推论的合理性。文章指出，新时代我国人口发展面临着深刻而复杂的形势变化，人口负增长下"少子老龄化"将成为常态。一是随着长期累积的人口负增长势能进一步释放，总人口增速明显放缓，"十四五"期间将进入负增长阶段。二是生育水平持续走低，近年来总和生育率降到1.3以下，低生育率成为影响我国人口均衡发展的最主要风险。

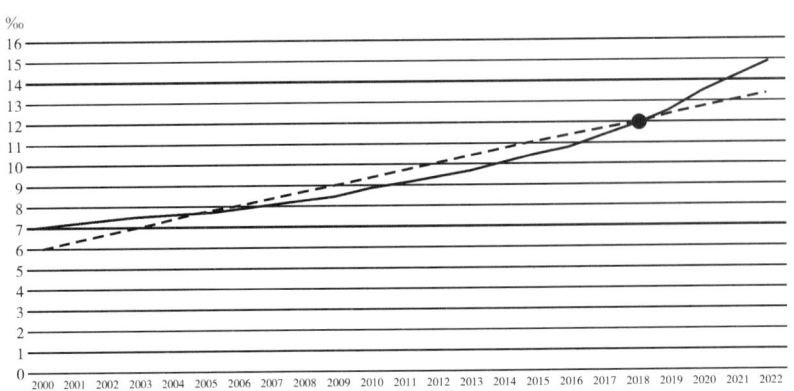

图 4　2000 年－2022 年我国人口老龄化曲线

我国人口老龄化趋势的不断加剧表明，在第二个百年奋斗新征程的道路上，传统劳动力密集型产业的优势将不复存在，发展后劲不足。再加上长久以来中低端产能的严重过剩以及人民群众对中高端产品需求不断提升等问题叠加，更加凸显了以科技创新为主导推动产业调整和升级的必然性，深刻反映了党中央在二十大报告中将高质量发展确立为全面建成社会主义现代化强国的首要任务的重大意义和时代价值。因此，作为第二个百年征程的必由之路，我们要全面转变寻求新一波人口红利的传统理念，全面树立习近平总书记在二十届中央财经委第一次会议上首次提出的"以人口的高质量发展支撑中国式现代化"的重要理念，破解人口老龄化的难题，更好推动我国经济社会的长期、健康发展。

治理吸纳行政：惠农政策执行困境及其解释
——基于 C 市农业主产县粮补问题的调查研究

李雪珍[①]

摘要：中央惠农政策执行问题突出表现为"一竿子能否插到底"的基层行政有效性问题，由于其所携带着大量财政补贴资源，其核心是通过资源的有效分配实现政策从文本到实践的转化。本文以 C 市农业主产县种粮大户补贴政策执行为例，揭示基层政府与乡村社会在资源依赖关系中如何互动并使得政策执行产生偏差，讨论国家政策执行在基层治理架构中的实践机制。研究发现，由于基层政府遵循"表现政绩"的治理逻辑将一揽子农业治理任务发包给村社组织，其自身在关键性信息掌控及规则传导方面又采取了一种避责策略。基层政府只问结果、不问过程的执行要求使得村社组织盲目制造大户并形成强依赖关系，乡村社会内生的粮食生产格局被打破，补贴资源向资本型大户和关系型大户聚集。原有的政策标准被悬置并产生各种执行偏差，其本质是治理重心的主动下移使得基层政府以农村为抓手的便利治理策略吸纳了基层政策执行本身的贯穿性和公共性。

关键词：治理吸纳行政；惠农政策；政策执行偏差；种粮补贴；资源分配

一、问题提出与研究综述

农业税费改革时期以来，中央通过一系列财政支农惠农政策进行资源反哺不断拓展着基层治理的边界，基层政府如何将广泛的惠农资源传递到农户手中，是考察其政策执行力的关键问题。应该看到，在国家资源全面下乡的治理实践中，资源分配和基层政策执行往往是一体两面的共生存在。但除以项目制形式存在的竞争型"抓包"资源分配中形成了分利秩序外，夹杂着广泛财政支农补贴的惠农政策执行中也存在着精英俘获、歧视性分配等执行偏差问题。

既有研究对资源下乡过程中的政策执行问题进行了广泛的讨论，一是自下而上的

[①] 李雪珍，中南大学公共管理学院硕士研究生，从事基层治理研究。

治理论的研究进路，聚焦基层"上有政策，下有对策"的非正式运作行为。有学者从共谋的制度化角度出发，指出当资源分配渠道越集中或政策执行链条越长时，基层政府注入执行的灵活性越大，因而其上下级共谋行为的合法性越强。面对压力型体制的任务传导和不规则乡土社会的高度异质性，执行主体追求自身利益的最大化使得政策执行极易产生主观偏差行为，策略主义成为一种普遍的基层解压方式。这种策略包括以一种利益连带的方式分配资源并治理社会，将本该赋予农民的权益与基层政府自身建构的规则勾连起来。也有学者从乡村社会的无主体特征指出，涉农政策执行的"最后一公里"困境是因基层政府未能动员作为政策对象的普通农民参与而被迫形式化落地，难以与乡村内的千万个体农户的生产生活需求相对接。若能够激发村民参与的村庄内生活力，形成资源分配型动员则能够真正实现基层治理有效。

二是自上而下的制度主义分析范式，聚焦于分析政策执行受到何种体制性、结构性的环境因素影响。有学者认为职责同构基础上的逐级发包制的府际关系使得县级以下政府在执行农业补贴政策时会考量其自身的受益情况和实施成本，因而政策执行容易产生偏差。政策资源的非均衡性、执行机构的科层性、目标群体的低组织化等政策环境因素也是导致惠农政策执行极易产生结构性冲突的制约因素。

应该说，已有研究的两种分析路径各有侧重。治理论的分析路径更强调由于政策执行中基层本身所具备的自主性和资源分配权而引发执行偏差，力图改善民众的组织化程度以形成对基层自由裁量权的抗衡。制度主义分析路径则更为关注科层结构内部的权责失衡和信息不对称所引发的政策执行偏差。前者过于强调基层政府及乡村社会对惠农政策资源的支配权，后者则忽略了惠农政策执行过程中执行主体和受益主体的互构关系。上述两种分析路径呈现出对资源使用效能和政策目标贯彻的不同关切，政策执行虽然不能完全等同于资源分配，但正如有学者所说，分配型政策面临的问题往往是其他政策执行所不能避免的。

本文将从治理吸纳行政的角度理解农村惠农政策的执行偏差，以种粮大户补贴政策为例，分析基层政府在政策执行过程中是如何通过一系列的策略治理办法达到便利行政的目的，从而使得政策执行产生偏差。探讨政策执行偏差在基层治理场域中产生的实践机制，进而反思基层政府在政策执行中的政府能力建设。

笔者于2022年7至8月、2023年3至4月、2023年7月至8月期间多次前往N县开展调研，采取无结构式访谈的方式搜集资料，主要访谈对象为县乡农业部门干部、村干部、种粮大户以及普通村民。本文所获得的资料[①]均为历时性的实地调研所得。N县距城区较远，是一个典型的农业县。为了深入了解种粮大户补贴政策的执行情况，笔者

---

① 为遵循科学研究的伦理规范，本文所涉地名、人名等内容均采用匿名处理。文中访谈记录编码规则：访谈日期（按年月日排序的8位数字）－被访者姓名字母缩写－被访者身份信息（所在单位或部门）。

选择了 N 县辖区内的 S 村作为重点案例村进行田野访谈。该村农业劳动力外流情况较少，留村从事农业耕作的群体大多为年富力强的中坚农民，将之作为分析载体，能够更加充分地展示出当前种粮补贴政策执行中的问题，因而具有更为重要的启示意义。

二、治理吸纳行政的分析进路

在建设现代化国家治理体系和治理能力的要求下，"推动治理重心下移"成为政府近年来着力倡导的政策手段。实际上中央政策从出台到落地，也的确不仅只是行政体系内部运转的结果，而是在到达县级及以下政府时，面临需要被执行的具体场域才会被细化分解和实际落实。尤其是对接广大农户的惠农政策而言，政策执行过程也可以视作是一个通过公共政策进行治理的过程，其必须经由乡镇一级政府、村社组织和配合政策落地的农民群体才能够得以实施。县乡政府作为承接政策的关键一级，既要对中央下达的政策进行转译，引导各个行政村组织将政策具体落实下去，又要对村级组织实施政策的过程负有直接监督责任。在行政任务繁多而治理资源稀缺的治理环境时，政策执行就有可能产生偏差。在湖南省 N 县 H 镇，种粮大户补贴政策的执行偏差，以"治理吸纳行政"的形式表现出来。

（一）"治理吸纳行政"的概念界定

印子曾在对低保政策的分析中使用过"治理消解行政"这一概念，用以说明"基层治理模式所形塑出的国家政策实践机制使得国家政策执行出现大量的政策目标偏移与执行异化"现象，其概念本身侧重于阐释执行效果被消解及强调非正式规则的治理。本文使用的"治理吸纳行政"与之具有相似之处，指的是多元治理目标统合下的基层治理模式使得国家单一政策执行的行政化运转本身被包裹、制约，甚至是挟持，最终导致政策执行异化，侧重于刻画惠农政策执行"被吸纳"的生成机制。二者的核心内涵都是基层治理运作中国家政策目标被牺牲的过程，基层政府在决定如何执行政策的过程中充满着治理术的运用。但治理吸纳行政侧重于强调政策执行过程中多元治理目标的包揽性和政策执行网络的利益联结性。多元治理目标的包揽性指的是现有的惠农政策执行很难放在单一语境下去讨论，而只能被统合的治理目标所包揽进去，并在其治理框架内得以执行；政策执行网络的利益联结性是指基层在运用政策进行治理过程中基层干部与大户群体的反作用力，构成了政策执行的藩篱。

（二）"治理吸纳行政"在种粮补贴政策执行中的逻辑建构

N 县是一个农业强县，2012 年至 2021 年间 N 县第一产业增加值由 84.85 亿元增长到 131.29 亿元，增幅达 54.73%，全市第一。自 2018 年粮食补贴"三补合一"改革时开始实施粮食适度规模种植补贴政策（坊间称种粮大户补贴政策），此前一直以粮食直补的方式向实际种粮农民发放农业补贴资源。

按照 N 县农业农村部对该项政策的部署精神和实施要求,其政策目的旨在提高农民种粮积极性,以 30 亩为领取规模种粮补贴的下限标准,鼓励适度规模粮食种植。但就该项政策的具体实施效果而言,存在着不同程度的资源错配现象。一是存在部分农户和村干部采用虚报、拼报等手段套取补贴资金的现象;二是镇、村两级在审核大户资格及种粮实际面积中把关不到位,存在多报、瞒报等现象;三是县级政府在监督核实补贴资金发放过程中随意认证实际种粮面积,部分符合政策标准的种粮群体未能领取补贴;四是补贴资金发放与实际耕作情况不符,农户之间存在多补、少补、未补的资源分配差异。从调查结果来看,补贴政策执行的不公正使得真正种粮的内生性农民主体趋于减少,政策执行产生偏差。

从基层政府与乡村社会的互动来看,以粮食生产任务为导向的基层治理实践和以补贴资源分配为核心的政策落地过程构成了补贴问题的两个侧面。在压力型体制的背景下,基层政府为了释放自身的任务压力,采用治理便利化的方法逃避对基础性信息的认证监督,同时软化政策执行的规则并选择性传递给部分大户,完成了自身在政策执行和监督两个环节的卸责;而承接任务的村级组织在无主体的熟人社会下,由于受到上级的强激励影响,治理行政化的倾向明显,采用制造大户的方法加速推动着规模种粮的发展,并与其制造出的大户群体形成强有力的利益联结,普通民众失语,国家种粮补贴资源遭到反噬。应该看到,实践中基层政府主动弱化自身的执行能力而使得村级治理功能异化,种粮补贴政策执行产生偏差。研究思路如图 1 所示。

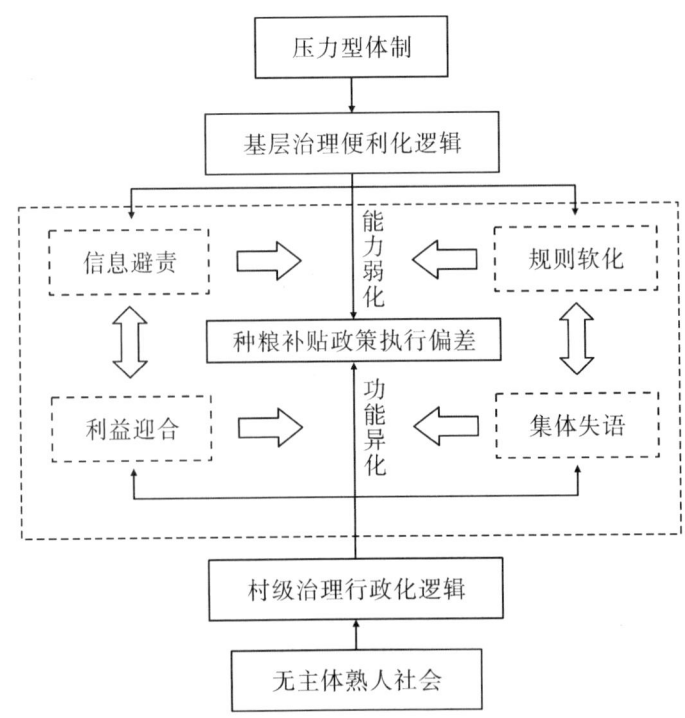

图 1　"治理吸纳行政"在种粮补贴政策中的逻辑建构

三、种粮补贴政策执行中"被吸纳"的偏差产生

在 H 镇的种粮补贴政策执行中,需要回答的核心问题是种粮补贴资源难以惠农的偏差是如何产生的?因而,需要进一步回答的问题是,农民种粮的现实情况与补贴获取的实际情况如何?基层县乡政府、村社组织的执行工作怎样直接或间接地影响补贴发放到户?以及,其是在怎样的治理背景下产生的?进而,基层治理实践背景下的运行模式对种粮补贴政策的执行产生了何种影响?

(一)分化的种粮大户与错位的补贴资源

基于多个村庄的田野调查,笔者发现在 N 县这样典型的中西部农村地区,因实际种粮群体类型的不同,其补贴发放的实际情况也存在着不同类型的偏差问题。根据农户种粮所获报酬的用途,可以将种粮群体分为以下几类:

一是家计型大户。家计型大户往往是村庄内部祖祖辈辈从事农业生产的中坚农民群体,以获取和务工工资相当的种粮利润为目的。他们一般是自己非常吃苦耐劳,以种粮利润补贴家用的农民。通常情况下来说,这一类种粮大户往往都以夫妻搭伙种粮的形式进行农业生产,只在农忙的必要时候请工,以节约成本,一般情况下懂得如何进行农机操作,但仅持有小型农机或者租用他人农机。同时,由于这一类种粮大户群体大多是土生土长的本地农民,他们既能和村邻保持良好的联系,请工干活不用发愁,又对农田水利非常爱护,经常自己清理沟渠,是中西部农村农业发展的一股中坚力量。从规模体量上来讲,他们的种植规模从十几亩到几十亩,再到百来亩不等,很少超过两百亩,因为家计式的种植模式下人的体力和精力有限,但其精细化的田间管料使得粮食产量和质量都非常不错。

"村里有 60% 以上会种田的大户,种子选得好、操作也细致,自己把沟渠清理得也很好。我们这有一对 60 出头的夫妇,两个人都是老农手了,种了 35 亩田,产量是村里最高的。每次上级要来检查产量都是带到他们那里去。"(20230726-HGH-H 镇某村农业专干)

二是中等雇佣型大户。中等雇佣型种粮大户往往是家庭农场、农业合作社的运营者,他们相当于粮食种植领域的小老板,以一定程度的资本积累拥有数量不多的大型农机,通过雇佣劳动力的方式进行粮食种植。由于这一类种粮大户意识敏锐,往往能够捕捉到及时的政策信息,同村集体和基层乡镇政府都保持着良好的关联。他们通过与村集体的沟通、协商,不断扩大自身的田地流转规模,在种粮规模报酬递减的情况下,他们以政府扶持的主要项目补贴为主要收益。从规模体量上来讲,他们的种植规模往往在两百亩以上,很少超过一千亩。

三是企业型大户。企业型大户往往是大型农业公司老板,以攫取农业生产领域的

超额利润为目的。他们一般从雇佣型大户发展而来，通过资本的不断积累和政治关系的密切往来，逐步打造其农业发展公司。这一类种粮大户已经不能视作是普通的农民，而是企业家型的存在。他们通过超大规模的种粮面积，获取粮食规模种植利润的同时也能够享受更多的政府补贴，农机数量不断增多，农机社会化服务获利的机会也不断增长。在资本积攒到一定程度时，他们通过延伸农业生产的产业链而退出粮食种植的中间环节，转而向农业生产的前端即农资化肥领域和后端粮食销售领域分一杯羹。从规模体量上来讲，他们的种植规模往往在一千亩以上至万亩不等。

"家庭农场自己家就可以办，合作社一般都是几个大户一起，原来要求 50 人以上才能成立，现在按种田的规模面积就行。农业公司的话就是合伙人的形式了，要企业化运营。讲真的话，这些都是注册的很多，实实在在干的不多。"（20230719－LYS－H 镇农办副主任）

应该说，这三种类型的种粮大户的发展目标各有侧重，但就粮食生产种植领域本身的风险而言，即使企业型种粮大户可以主导农业生产领域市场格局的重构，但粮食种植的自然风险和市场风险仍然会转嫁到以家计营生为主的家计型种粮大户和普通农户身上。因此适度种粮补贴政策的执行最重要的就是要政策标准的下限能够严格落地，赋权弱势群体，以激发实际种粮群体的积极性，同时逐步改善农民从农业增收的情况。

但从补贴发放的实际情况来看，家计型大户能够得到的支持十分有限，大多是本本分分种好自己的田。H 镇 2023 年的粮食生产补贴要求早晚稻采用移栽方式的才可以获取 150 元/亩的补贴，而直播、撒播的方式只能获得 20 元/亩的补贴。在这个要求下，很多体量偏小的种粮大户本来就是通过自身的种植技术（如选种、撒播）才能完成几十亩的粮食种植，移栽要么费人工，要么请机器，对这部分种粮大户来说，这样的执行标准无疑把他们排除在外了。从 N 县的种粮补贴政策执行情况来看，执行偏差有以下两种表现：

第一种情况是生计型大户群体的应补未补。H 镇下辖的 S 村背靠一大型二级水库，灌溉条件便利，人均耕地 8 分田左右，属于地理位置较好的粮食生产耕作区。该村辖人口 5000 余人，有 9 个土生土长的种粮大户，自 2018 年推动粮食规模种植以来，他们均在不同程度上扩大了粮食耕种面积。但 2021 年度仅 3 人拿到早稻大户补贴、2 人拿到晚稻大户补贴，其中 1 人实际种粮面积由 70 亩被县级农业部门减至 38 亩进行补贴。

第二种情况是关系型大户和资本性大户群体的套补得补。S 村一 D 姓大户因与乡镇某干部交好，其仅流转而未完全耕种的四五百亩耕地面积被默许在其他村进行申报，足额领取大户补贴。T 村距县城较近，农民务工机会多，因而该村 2600 余亩耕地大多被 3 个外村大户承包。2022 年该村早稻实际种植面积仅两三百亩，其余种有油菜等经济作物，但仅一个流转合同面积达到 2000 亩的 Y 姓大户一人就领取了 1010 亩的早稻大户补贴。本该提振农民种粮积极性的种粮补贴演变成了关系型大户和资本性大户对补贴资源的虹吸，种粮补贴政策执行产生偏差。

（二）县乡便利化策略：信息避责与规则软化

已有研究对规模农业发展动力的讨论表明，县乡政府在农业治理中为了便于项目实施、打造亮点和管理控制，采取了一系列向规模农业倾斜的策略，从而使得小农农业被排斥在外。但是，这样的逻辑可以解释农业项目运作中规模大户何以获利的原因，却无法解释本文研究中涉及广泛符合政策标准的生计型农户为何难以获得补贴的问题，毕竟在种粮补贴层层申报与审核的过程中，没有哪一层级政府可以主导政策资源的分配。

这就需要回到种粮补贴政策执行的关键环节上来，思考种粮补贴的发放为何难以真实、有效，其症结在于实际种粮人与种粮面积的认证问题。自新中国成立以来，我国的土地制度就经历了多次变迁，农民的耕作模式也从集体种田发展到家庭联产承包和现在的规模流转。长期以来的耕作模式转化使得农村田地本身就数据不清，N 县种粮补贴政策规定按实际种粮面积发放，但实际执行中使用的面积依据仍是早期 2004 年分田到户时的计税面积，即按照种粮主体所流转的农地承包权所有人的计税面积总和计算。计税面积往往只占实际种粮面积的 60%～70%，种粮面积越小的农户越容易受到这一计算规则的影响而难以获取补贴资源，这是基层政府为了逃避对大规模农田面积进行核实的主体责任而采取的信息避责策略。

同时，其通过信息规避责任的行为还体现在对种粮补贴进行核实发放的环节。N 县相关干部表示，种粮补贴属农业部门和财政部门的共管资金，其核实发放有两道程序，一是通过农业线的干部下去督查，在播种和丰收季节去走一走、看一看，了解各村粮食种植的实际情况。二是通过财政局的干部电话复查，即通过给补贴申报人所流转的田地承包权所有人打电话，咨询其是否将田地流转给他人，根据电话核实的情况按比例核减实际补贴的发放。但第一道程序往往只是肉眼观测一下，既不能认定种粮主体，也不能核准种粮面积。第二道程序不仅执行困难，而且口头告知的信息真伪也无从查证。因而双重监督的策略实质是一种同向避责，无法对实际种粮补贴的申报进行有效规制，反倒促成了补贴发放无序的乱象。这一现象背后实质是基层政府总体性掌控信息能力的缺失，实际上基层政府在给下级分解粮食生产任务时都会要求各行政村按期建立台账，理想状态下如此便可实现对实际种粮情况的动态管理，但 S 村相关干部坦言"台账只是任务分解，不是实际情况。台账里的'落实'就是'同意'的意思，只是表示我们接受这个任务安排，而不是我们真的实际落实情况。早稻生产任务 2000 亩，实际耕地 2600 亩，很难实际落实。"（20230317－LXQ－S 村农业专干）

在这种真实信息难以把握而基层政府又不愿主动作为的情况下，剪裁补贴信息并使种粮补贴的发放情况和粮食生产的登记情况在"面"上达成和谐，就成了基层政府一种可行的策略性避责手段。由此可见，基层政府对种粮数据本身就缺乏可靠的认证，信息的阻滞更是阻碍了真实情况的向上传递，为了卸责而治理使得种粮补贴难以落到实处。

信息避责策略可以解释案例中小规模的生计型大户难以领取补贴和补贴面积被克扣的现象，却无法解释面临同样随意的信息核实手段，大量关系型大户和资本型大户何以套补得补的问题。通过调研发现，基层政府为了实现自身的治理目标和任务，往往会选择性地吸纳部分大户以作为承担政策主要任务的社会力量代表。在这个单向选择的过程中，基层政府有意识地通过软化政策执行的刚性规则并对内部体制运行的非正式规则进行了向下传导。比如，H镇乡村两级干部都不止一次地提到过，"其实补贴面积他们多报一点都没有关系，睁一只眼闭一只眼就过去了。"（20230708-TT-H镇农办干部）在这个过程中，一些乡镇干部还会告诉部分大户如何应对政策执行的规范性要求，比如土地流转合同可以代签拟造、田地承包权所有人的联系方式可以用亲朋好友的代替等等潜规则。从这个意义上来讲，只有部分与乡镇干部具有较强关联的资本型大户才会具有获知这类非正式规则的机会。

（三）村治行政化倾向：利益迎合与集体失语

立足于基层政府治理便利化策略层面的讨论是建立在信息高度不对称的政策环境之中的，但以往研究中也表明，农民并非只是政策的被动接受者，而是能够使用"弱者的武器"对执行不公进行反控制行为的。因此在这个意义上，讨论种粮政策执行中村级组织的行为角色及村庄内部的反作用力就显得非常有必要。

一方面，村社组织在项目制的资源激励下愈发行政化，主动迎合基层政府的政绩诉求，使政策本身应付化、形式化地落地。在H镇，乡镇政府积极推动田地集中化流转，许诺各个村若当年村集体流转田地面积达到60%以上，则可以获得5万元的绩效补贴。与此同时，乡镇也会主动声明"推动规模化流转应以农户自愿为前提"。但到了村里，村干部受到强烈的利益激励，往往会采取强制或半强制的执行手段以达到绩效目标。比如在S村这样的内生型种粮大户居多的地区，村社组织先对其未获得补贴的情况选择漠视，任由农户哀声载道。到第二年，再把其遭遇作为宣传规模化流转田地的话语进行劝导，加之国家粮食安全的舆论施压，推动土地集中流转的同时不断拓展自身的权力边界，包括培植关系型大户等行为。从表面上来看，这是村庄田地集中流转不断加快、粮食种植规模日益扩大的欣荣局面，但实质是以牺牲农户自身本该有的自由流转权利和协商议价能力为前提的，损害了以小农、中农为代表的村庄内生农业基础。在村社组织与关系型、资本型大户的联结下，粮食生产示范片等亮点项目得以打造，项目补贴以更广泛、更大力度地下乡进村，村级发展即可以倚仗行政资源的支持。同时，在N县仅仅只与种粮大户群体有关的到户项目补贴就包括了集中育秧补贴、农机社会化服务补贴、机抛机插补贴、良种补贴等多项内容,谋取利益成为村级组织和部分大户的共同纽带,真实的种粮信息进一步被封锁,各取所需的利益连带式制衡瓦解了政策本身的规则刚性。

另一方面,作为留村主要群体的生计型种粮农民既面临着小农经营体系解体的客观集体行动困境,又面临着村级组织转译国家政策目标的主观规训压力,因而陷入一种集体失语的困境。有学者形容农村为"无主体的熟人社会",大量外出务工的青壮年劳动力构成了熟人社会的"主体缺场",舆论失灵、面子贬值和社会资本流散等特征显现。S村的种粮大户们虽然以一种"在场"的姿态出现在农村及农业生产活动中,但由于其彼此之间缺乏强有力的联结机制,难以对上形成有效的抗衡,也难以解决类似农田水利建设等艰巨的难题。在村集体集中流转土地的过程中,原有的水利灌溉体系也在加速瓦解。即使他们自发有序的流转行为确实解决了当地的粮食生产任务且实际种粮面积达标,但由于不符合政策的规范性要求也被补贴拒之门外。在这种形式理性取代实质理性的执行背后,本身也是村治力量的缺位所带来的农民失语困境。

(四)隐性治理目标与被吸纳的政策目标

应该看到,基层政府因循自身的政绩诉求对以种粮补贴政策为代表的一系列惠农政策进行了全方位的治理任务包装。基层治理便利化的逻辑背后是对自身行政能力建设的回避,转而追求政绩导向下的各项隐性治理目标。通过引导土地集中流转构成发展大规模农业的前提,培育农业政策代言人以形成多元主体的隐性治理网络联结,最终以农业资本和农业企业为主导的产业增值形成政绩,从而获得更多的中央惠农性转移支付资金。但问题是,当基层政府对上争功绩的治理逻辑形成了对向下惠农的政策目标的排斥时,中央政策经由行政体系运转的贯穿性和公共性就被吸纳了。

表1 "治理吸纳行政"在种粮补贴政策中的偏差表现

隐性治理目标	被吸纳的政策目标
发展大规模农业	适度规模种粮(30亩);联农带农
培育农业政策代言人	种粮补贴真实发放到户
实现农业产业增值	提高粮农收入;提升粮食产量

四、治理吸纳行政:理解惠农政策执行偏差的分析框架

对惠农政策执行偏差问题的研究大多侧重于基层治理的策略性或制度内生性偏差,本文的研究重点则在于综合两种分析视角。从基层农业治理的客观现实入手展开对种粮补贴政策执行的治理实践分析,以提炼惠农政策执行在基层县乡村场域互动中的实践机制。在这里,治理吸纳行政的分析路径表现为:

（一）农业治理重心主导单一惠农政策执行

在以粮食生产为核心的惠农政策群中，任何一个子政策都是多元农业治理目标的承载主体，向下对接农民、向上对接农业。因而，基层政府在执行的过程中会综合考虑多方治理能够取得的成效并进一步安排具体的政策任务。实际上，发展农业是政府能够通过治理做到的显绩，而农民增收则是需要持久、有效、精准的政策支持才能实现的潜绩。因此，多元农业治理目标下的权衡使得单一惠农政策执行总是呈现出难以真正惠及农民的执行偏差。

（二）多元主体联结影响惠农资源分配

由于农业的特质性和脆弱性，农业政策的执行也很难做到清晰地界定权力边界。引导并发展市场和社会力量的参与，是政府在惠农政策执行中的重要责任之一，但由于真实世界中各个主体之间并非总是力量相当、资源匹配，而是以一种互相依赖的关系强势嵌入各项政策的执行当中。因而这种以引导多元主体参与治理为导向的执行联结网络，由于进入主体大多是利益使然，也在很大程度上影响着惠农资源的分配。从而，出于寻求外界帮助的行政机构本身反过来又织了一张网，束缚着政策资源的规范化运行和公正分配。

（三）村治根本动力影响政策执行成效

村级组织是行政力量与自治力量交汇的节点，村治动力来源于哪里很大程度上决定了惠农政策资源在村庄内部落地的真实情况。村庄治理遵循的是公共的还是私人的逻辑，会在各项惠农政策的执行中展现出不同的效果，向内寻求自主治理的村庄可以在很大程度上以农民自身的需求为根本依归，摸清底数、协调生产并对惠农资源进行有效的分配。因此，就大多数悬浮于村庄社会、无视村庄内部需求的村级组织而言，因为缺乏面向群众的内生动力，则很难将惠农政策的资源优势落到实处。

五、结语

有学者曾用"被裹挟的国家"形容秸秆禁烧政策执行中乡村社会自主性及农民的抵制逻辑对基层政府的裹挟。本文通过对种粮补贴政策的执行分析表明，基层政因循自身的诉求而产生"表现政绩"的治理逻辑。他们为了实现一系列农业治理的宏大目标，而不惜将各项底层惠农的政策吸纳进来，从而使得政策执行本身愈发脱离行政体系内部、政策标准产生大量偏移。

在这里，治理与行政的区别可以从"术"和"道"来理解，治理指的是基层为了完成一系列目标而采取的各种策略办法，而行政指的是科层体系内部原有的严格的规章制度、权责分明的分工体系和非人格化行政的办事特征等组织原理，以及基层政府对完成政策目标的行政追求。

因此，从这个意义上来说，使基层治理实践因循公共政策本身的价值依归，回归科层制的常规运行轨道，厘清各项惠农工作中的底线性任务，让治理回归"常理"，就是当下惠农资源密集下乡过程中可以做好的一件事。

参考文献

[1] 吕方，向德平. "政策经营者"："支持型政权"与新乡土精英的崛起——基于"河村"案例的研究[J]. 社会建设，2015，2（03）：57−67+78.

[2] 陈锋. 分利秩序与基层治理内卷化资源输入背景下的乡村治理逻辑[J]. 社会，2015，35（03）：95−120.

[3] 舒丽瑰. 公共政策视野下惠农资源领域的"精英俘获"现象[J]. 农村经济，2019，（06）：107−113.

[4] 冯小. 新型农业经营主体培育与农业治理转型——基于皖南平镇农业经营制度变迁的分析[J]. 中国农村观察，2015，（02）：23−32+95.

[5] 周雪光. 基层政府间的"共谋现象"——一个政府行为的制度逻辑[J]. 社会学研究，2008，（06）：1−21+243.

[6] 周国雄. 地方政府政策执行主观偏差行为的博弈分析[J]. 社会科学，2007，（08）：73−79.

[7] 欧阳静. 压力型体制与乡镇的策略主义逻辑[J]. 经济社会体制比较，2011，（03）：116−122.

[8] 陈锋. 连带式制衡：基层组织权力的运作机制[J]. 社会，2012，32（01）：104−125.

[9] 刘建平，陈文琼. "最后一公里"困境与农民动员——对资源下乡背景下基层治理困境的分析[J]. 中国行政管理，2016，（02）：57−63.

[10] 桂华. 项目制与农村公共品供给体制分析——以农地整治为例[J]. 政治学研究，2014，（04）：50−62.

[11] 贺雪峰，桂华. 农村公共品性质与分配型动员[J]. 开放时代，2022，（04）：51−61+6.

[12] 魏姝. 府际关系视角下的政策执行——对N市农业补贴政策执行的实证研究[J]. 南京农业大学学报（社会科学版），2012，12（03）：94−101.

[13] 谢来位. 惠农政策"自上而下"执行的问题及对策研究[J]. 经济体制改革，2010，（02）：74−79.

[14] 黄建红. 乡村振兴战略下基层政府农业政策执行困境与破解之道——基于史密斯模型的分析视角[J]. 农村经济，2018，（11）：9−16.

[15] 魏姝. 政策类型与政策执行：基于多案例比较的实证研究[J]. 南京社会科学，2012，（05）：55−63.

[16] 刘凤，傅利平，孙兆辉. 重心下移如何提升治理效能？——基于城市基层治理结构调适的多案例研究[J]. 公共管理学报，2019，16（04）：24−35+169−170.

[17] 印子. 治理消解行政：对国家政策执行偏差的一种解释——基于豫南G镇低保政策的实践分析[J]. 南京农业大学学报（社会科学版），2014，14（03）：80−91.

[18] 孙新华，钟涨宝. 地方治理便利化：规模农业发展的治理逻辑——以皖南河镇为例[J]. 中国

行政管理，2017，(03)：31-37.

[19] 董海军. "作为武器的弱者身份"：农民维权抗争的底层政治 [J]. 社会，2008，(04)：34-58+223.

[20] 吴重庆. 从熟人社会到"无主体熟人社会" [J]. 读书，2011，(01)：19-25.

[21] 向良云. 资源依赖、关系结构与治理策略：乡村治理共同体形态——基于鄂西南典型乡村的调查研究 [J/OL]. 公共管理学报，2023（3）：1-20.

[22] 田雄，郑家昊. 被裹挟的国家：基层治理的行动逻辑与乡村自主——以黄江县"秸秆禁烧"事件为例 [J]. 公共管理学报，2016，13（02）：141-151+160.

双向互动、两头发力：
城乡人才政策体系的思考

梁丽芝[①]　周慧[②]

摘要：乡村振兴，关键在人，2021年初，中共中央办公厅、国务院办公厅印发了《关于加快推进乡村人才振兴的意见》，指出了乡村人才振兴的重要性与必要性。在农业农村现代化的大背景下，城乡人才有序流动对于其意义重大，具有相当的研究价值，本文通过分析改革开放以来历次党代会的相关政策文件从纵向和横向上进行了城乡人才流动政策体系的简单陈述，列举了一些具有典型意义的政策实例，试图从乡村人才振兴的角度来优化相关政策体系。我们发现农业农村现代化人才有序流动仍面临着农村人才流失，人口素质较低；乡村人才培养机制不完善；乡村人才队伍保障机制不完善等问题，为了解决这些问题，我们试图构建一个条理清晰的人才流动政策网络，优化政策体系，助力农业农村现代化的更进一步发展。

关键词：城乡人才有序流动；农业农村现代化；乡村人才振兴；人才强农

一、问题的提出与研究综述

"三农"工作是全面建设社会主义现代化国家的重中之重。为了贯彻落实《中华人民共和国国民经济和社会发展第十四个五年规划和2035年远景目标纲要》，坚持农业农村优先发展，全面推进乡村振兴，加快农业农村现代化，我党编制了"十四五"推进农业农村现代化规划。加快农业农村现代化是我们党在现代化建设新阶段，对"三农"工作作出的重大部署，具有鲜明的时代特征和重大的实践意义。在农业农村现代化征程上，乡村人才振兴乃是重中之重，城乡人才的有序流动对于"三农"工作的有效实施具有重要意义。为此，在此背景下的城乡人才有序流动的政策体系优化至关重要。

改革开放以来，我党对于城乡人才流动逐渐重视并制定了一系列政策，随着我国

---

①梁丽芝，湘潭大学公共管理学院院长、教授，研究方向为公共部门人力资源管理和基层治理。
②周慧，湘潭大学公共管理学院硕士研究生，研究方向为基层治理。

国情的不断变化不断对相关政策进行调整、终结、出台新征程并形成了一个较为稳定的城乡人才政策体系。中国共产党全国人民代表大会是我国最高权力机关，其相关政策文件与表述可以充分体现我国城乡人才流动在时间上的特点。

1982年第十二次党代会顺利召开，提出了党在新时期的总任务：团结全国各族人民，自力更生，艰苦奋斗，逐步实现工业、农业、国防和科学技术的现代化。1987年第十三次党代会，指出我国正处于社会主义初级阶段，经济发展分三步走，促进我国由农业国变为工业国，初步体现出对于农业现代化的重视。1992年第十四次党代会召开，提出建立社会主义市场经济，以经济建设为中心，大力发展生产力。江泽民同志提出要调整和优化产业结构，高度重视农业；大力发展教育，重视知识分子的作用。2002年第十六次党代会提出贯彻"三个代表"重要思想，到2007年，农村综合改革逐步深化，农业税、牧业税、特产税全部取消，支农惠农政策不断加强。第十七次党代会提出农业稳定发展和农民持续增收难度加大，要深入贯彻落实科学发展观，助力缩小城乡发展差距，努力实现全面建成小康社会的发展目标。2012年第十八次党代会召开，提出促进农村转移人口市民化，推动城乡发展一体化，助力农业现代化的稳步推进。坚持和完善农村基本经营制度，构建集约化、专业化、组织化、社会化相结合的新型农业经营体系。加快完善城乡发展一体化体制机制，促进城乡要素平等交换和公共资源均衡配置，形成以工促农、以城带乡、工农互惠、城乡一体的新型工农、城乡关系。2017年第十九次党代会提出中国特色社会主义进入了"新时代"，明确新时代我国社会主要矛盾是人民日益增长的美好生活需要和不平衡不充分的发展之间的矛盾，必须坚持以人民为中心的发展思想，不断促进人的全面发展、全体人民共同富裕。提出实施乡村振兴战略，必须始终把解决好"三农"问题作为全党工作重中之重，坚持农业农村优先发展；注重人才培养，造就一支懂农业、爱农村、爱农民的"三农"工作队伍。还提出实施区域协调发展战略，加快农业转移人口市民化。2022年第二十次党代会召开，进一步申明要全面推进乡村振兴，促进区域协调发展。坚持农业农村优先发展，坚持城乡融合发展，畅通城乡要素流动。加快建设农业强国，扎实推动乡村产业、人才、文化、生态、组织振兴。此外，还强调要深入实施人才强国战略，培养造就大批德才兼备的高素质人才。

通过查阅文献，这里总结了改革开放以来我国的城乡人才流动政策特征并列举了一些政策实例。（如表1）

表1　城乡人才流动政策特征

	主要特征	例子
"离土不离乡"：1978年改革开放后到20世纪80年代中期限制流动	城乡二元分割的体制以及严格的户籍制度，"文革"刚刚结束，采取的是限制农村劳动力流动的政策。主要的是劳动力在农村内部的自由的转移。乡镇企业成为当时吸纳农村转移劳动力的"蓄水池"	1979年，国务院批转国家计委《关于清理压缩计划外用工的办法》 1980年，中共中央、国务院《关于进一步做好城镇劳动就业工作的意见》 1984年10月国务院发布了《关于农民进入集镇落户问题的通知》 1985年的中共中央一号文件《关于进一步活跃农村经济的十项政策》
"离土又离乡"：20世纪80年代中期到90年代逐渐放宽限制并促进规范流动	90年代乡镇企业整体衰败，国家政策开始转向城市发展，大量青壮年劳动力选择进城务工，大都是省内短距离流动	1987年，中共中央政治局会议通过《把农村改革引向深入》 1994年，劳动部颁发《农村劳动力跨省流动就业管理暂行规定（劳部发〔1994〕458号）》
21世纪第一个十年：公平对待，自由流动	城市对农村人才的"虹吸"效应明显，全面放开对农村劳动力流向城市的各种限制，大力推进人才及劳动力向农村流动，支援农村建设发展。	2002年，党的十六大报告明确提出："农村富余劳动力向非农和城镇转移，是工业化和现代化的必然趋势。" 2007年，中央一号文件《关于积极发展现代农业扎实推进社会主义新农村建设的若干意见》 2010年，中央一号文件《关于加大统筹城乡发展力度进一步夯实农业农村发展基础的若干意见》
2010年至今：城乡人才双向流动，融合发展	把解决好"三农"问题作为全党工作的重中之重。中央高度重视农业农村人才工作，中央有关部门从多个角度、重点环节入手出台系列政策推进乡村人才队伍建设。	2011年3月《农村实用人才和农业科技人才队伍建设中长期规划（2010—2020年）》 2011年10月《现代农业人才支撑计划实施方案》 2012年《关于加快青年农业科技人才队伍建设的意见》 2019年人力资源和社会保障部、财政部等3部门联合印发《关于进一步推动返乡入乡创业工作的意见》 2020年《关于深入实施农村创新创业带头人培育行动的意见》 2021年2月《关于加快推进乡村人才振兴的意见》 2023年2月13日中央一号文件指明了农业农村发展新方向，提出要加强乡村人才队伍建设，组织引导教育、卫生、科技、文化、社会工作、精神文明建设等领域人才到基层一线服务，支持培养本土急需紧缺人才。

当前中国行政环境具有很明显的异质性突出的特点，就区域发展状态而言，农村相对于城市，中西部相对于东部，传统农业社会的特征更为明显；现代工业文明在东部沿海地区强势推进，一些区域的发展已经达到发达国家水平。从经济运行机制来看，社会主义市场经济体制逐步建立，但影响市场经济发展的体制机制障碍仍然存在，各地市场化程度差异很大，人民生活水平总体达到小康水平，但同期收入分配差距拉大，且趋势并未得到缓解，城乡贫困人口和低收入人口仍然占有相当大的比重。正是由于这些异质性，使得各地区的发展状况都不相同，与之相对应的城乡人才流动政策也会有所不同。

表2 城乡人才流动政策地区差异

地点	政策	具体内容
烟台市	《烟台市乡村人才振兴重要政策明白纸》	按照人才工程政策、服务期满优惠政策、教师招聘政策、生活保障政策四个方面汇总乡村人才振兴重要政策26条，便于人才和用人单位查询和使用。
泰州市	《泰州市加快推进乡村人才振兴方案》	方案明确了乡村人才振兴的重点任务，包括加快培育乡村产业人才、培育造就特色乡土人才、选优配强乡村治理人才、稳定提升乡村公共服务人才、培养壮大农业农村科技人才、健全完善乡村人才振兴体制机制等6个方面24条工作措施。争取到2025年，乡村人才初步满足实施乡村振兴战略基本需要。
宁夏回族自治区	《关于加快推进乡村人才振兴的实施意见》	按照"全面培养、分类施策，多元主体、分工配合，广招英才、高效用才，完善机制、强化保障"的原则，大力实施农业生产经营、农村二、三产业发展、乡村建设、乡村公共服务、乡村治理、农业农村科技"六大人才培育"工程，创新乡村人才工作体制机制，深化乡村人才培养、引进、管理、使用、流动、激励等制度改革，培养造就一支懂农业、爱农村、爱农民的"三农"工作队伍，为继续建设经济繁荣、民族团结、环境优美、人民富裕的美丽新宁夏提供乡村人才支撑。
四川、成都、山东等地	乡村规划师制度	乡村规划师是具有规划或相关专业背景的专业人员，既是乡村规划的决策参与者、编制组织者，也是乡村愿景意见的采集员、乡村建设项目的建议员、规划实施的指导员、村庄建设矛盾协调员和乡村规划研究员、科普员、宣传员。
黑龙江龙江县	推出"事业引进，企业使用"的方式	坚持"引才、用才、留才"相结合，给引进人才事业编制，同时如果服务企业达到一定年限，列为后备干部重点培养发展。

续表

地点	政策	具体内容
江西省	《培养乡村振兴人才政策》	会同中组部等部门开展乡村振兴人才带头人示范培训和联合培养，抓好农村基层组织带头人、家庭农场主、农民合作社带头人、社会化服务组织带头人、农业企业家、乡村能人等重点人才培育，发挥人才带头人示范带动作用，同时为各地人才培育提供模式参考，强化乡村人才支撑。组织开展"全国十佳农民"遴选，研究举办全国农民技能大赛，打造高层次人才选拔展示平台，发挥典型示范和引领作用，进一步激发广大农民的创新创业热情，推动各类人才积极参与乡村振兴战略实施。
青海省	《青海省巩固拓展脱贫攻坚成果全面推进乡村振兴人才培育行动方案》	力争到2025年，基本构建起乡村人才振兴的制度框架和政策体系，培养和造就一大批符合时代要求、具有引领和带动作用的乡村人才，不断壮大乡村振兴人才规模，稳步提升人才素质、持续优化人才结构，初步形成各类人才支持服务乡村振兴的新格局。

二、研究方法

人才流动制度是指约束人才流动的各种行为规范，包括宏观层面的人才流动制度和微观层面的人才流动制度，两者相互影响，互为补充。宏观层面的人才流动制度包括两方面内容：一是一国的政治、经济、文化等基本的社会制度；二是政府为达到社会治理的目的，根据本国的政治、经济、文化发展情况制定的限制或鼓励人才流动的制度，主要包括就业政策、用工制度、身份制度、社会保障制度、人才流动中介组织建设规范、政府人事管理制度等内容。微观层面的人才流动制度是指人才所处组织中的人事人才管理制度，主要包括人才的聘用与管理、人才的薪酬与激励、人才的保障、人才的淘汰等规定。相应的，城乡人才有序流动政策体系即宏观层面与微观层面的结合，是指事关城乡间各种积极的、正面的、促进人才有序流动的各种人才流动制度（包括中央的各种宏观政策和各地方结合自身实际推行的政策、条例等）相互关联，以及其与外部环境相互作用而形成的系统。即通过完善政策体系，畅通有序流通渠道，激发城乡流动活力，促使城乡人才有序流动。

行政外部环境是指处于行政系统界限之外的，能够直接或间接影响行政系统生存和发展的一切因素和条件的总称。行政系统具有广泛性、复杂性、差异性以及多变性的特征。行政系统和外部环境密切关联，他们相互影响、相互依赖，行政系统适应外部环境的需要而产生，又能动地选择和塑造外部环境。因此本文试图通过分析改革开放以来外部环境的改变对与相关人才流动政策的改变，分别从纵向和横向上研究我国城乡人才流动政策体系的构建及其可能的优化路径。

通过文本分析现下城乡人才流动现状可以发现，由于区域发展的不协调性，我国如今仍然主要是农村人口向城市流动，由于种种原因，农村人才缺乏极为严重，从某种程度上来说，促进城乡人才有序流动，重点是保证农村人才的有效供给，实现乡村人才振兴，使人才资源获得良性流动，因此我们重点讨论如何进行乡村人才振兴从而促进城乡人才流动政策体系的完善与优化。

三、研究结果与分析

（一）乡村人才振兴存在的问题

1. 乡村优秀人才流失，常驻人员素质较低

表 3 农民工年龄构成

单位：%

年龄组	2017 年	2018 年	2019 年	2020 年	2021 年
16—20 岁	2.6	2.4	2.0	1.6	1.6
21—30 岁	27.3	25.2	23.1	21.1	9.6
31—40 岁	22.5	24.5	25.5	26.7	27.0
41—50 岁	26.3	25.5	24.8	24.2	24.5
50 岁以上	21.3	22.4	24.6	26.4	27.3

根据国家统计局发布的《2021年农民工监测调查报告》显示，2021年全国农民工总量29251万人，比上年增加691万人，增长2.4%。农民工平均年龄41.7岁，其中，40岁及以下农民工所占比重为48.2%。也就是说，农村大多数青壮年劳动力都选择了外出务工，留守乡村的大都为老人、妇女和儿童，甚至如今妇女外出务工的比例也大大增加，农村青壮年优质劳动力大量流失。

根据全国常住人口的抽样调查数据得出，在2016年全国6岁及以上人口中，生活在城市未上过学的占2.4%，而乡村人口却达到8.8%；接受教育的水平也存在明显的差距。城市高中以上文化程度的占到50.46%，而乡村仅占13.5%。通过这些数据我们可以明显地看到，相比于城市，农村的未接受高等教育的人较多，人口素质相对较低，这也使得农村整个的大环境十分不利于发展与变革，为农业农村现代化增加了不少阻力。历史上，我国城乡之间的人才流动一般是以农村流向城市为主。传统的城乡人才流动体现在农民进城务工、适龄青年参军入伍和考取大学三种方式，前两种方式将农村人力资源输出到城市，第三种方式则将农村人才资源筛选到城市，给农村的可持续发展带来了更大的损害。

2. 乡村人才培养机制不完善

在农村广大人口中，大多数都是普通劳动力，并不掌握相关实用技术以及农业知

识,这也为乡村的产业转型升级造成了一定的困难。而随着农业农村现代化的不断推进,乡村振兴对于人们的技术水平和能力的要求也逐步提升,对于各层次领域的专业人才的需求也逐渐增加。

3. 乡村人才队伍保障机制不完善

近年来,农村政府也在积极引进人才,也有一大批包括大学生、科技人员、农民工等的人才选择返乡创业、就业,为乡村发展注入了新动力。但比"引进来"更重要的是"留下来",如何留住这些高质量劳动力和人才也成了各农村政府需要解决的一个重点问题。新产业意味着会面临不少意想不到的问题,部分人返乡后,发现农村的市场环境、社会形态与想象中不同。或因产业发展遇阻,或因生活上的不适应,不少"归来燕"没有在乡村"筑巢安家",又"飞"回了城市。

(二)乡村人才振兴需要两头发力

党政军民学,东西南北中,党是领导一切的。在农业农村现代化的大背景下,党中央的统一领导是给各个地方政策执行的一剂强心针,只有通过党中央的统一指挥,才能为"三农"问题的解决、乡村人才振兴等提供一个大方向。自改革开放以来,党中央对农业农村农民问题愈发重视,乡村发展要靠人才,乡村振兴更要靠人才,中央高度重视农业农村人才工作,但通过对改革开放以来的政策文件的分析,不难看出,乡村振兴真正引起重视并成为重点工作是在党的十八大成功召开后。2012年党的十八大提出了全面建成小康社会;2015年,《中共中央、国务院关于打赢脱贫攻坚战的决定》提出了精准扶贫、精准脱贫的计划;2017年,党的十九大作出了乡村振兴的重大战略部署;2021年中央一号文件提出要"全面推进乡村产业、人才、文化、生态、组织振兴";2021年2月发布《关于加快推进乡村人才振兴的意见》,至此,乡村人才振兴成为乡村振兴的一个极为重要的方面。

从当初的限制城乡人才流动到如今的积极促进城乡人才双向流动、融合发展,尤其近年来,中央有关部门从多个角度、重点环节入手出台系列政策推进乡村人才队伍建设,各种大大小小的政策都体现了党对乡村人才振兴的深深关切。党中央高度重视农业,加快农业农村现代化建设,有利于挖掘农村市场巨大潜力,助力加快构建以国内大循环为主体,国内国际双循环共同促进的新发展格局。

从各个地方来说,我国行政环境和经济发展都具有异质性突出的特点,各地区经济发展具有很大的不平衡性,因此各个地方必须从自身实际,不搞"一刀切",在党中央的统一领导下充分发挥自身主动性,结合各区域实际情况,指定具有可操作性的政策与相关文件。地方政府或者相关部门应该重视对于相关人才的培养,完善农村人才培养机制,重视对于农村人力资本的投资。[农村人力资本投资就是指用人力(包括教师、讲师、医生和专家等)、财力(包括固定和流动资产)、物力(包括时间、设施)

等资源,通过教育、培训、医疗等形式向人投资,达到增强农村劳动者综合素质和劳动水平的目的。]不仅仅是农业生产经营人才,还有第二三产业人才、乡村公共服务人才、乡村治理人才、农业农村科技人才等,都应该是人才培养和人力资本投资的重点。

(三)双向互动:政策体系优化的实现路径

城乡人才的有序流动是一个双向互动的过程,主要包含两个方面,一是农业转移人口的市民化,促进农民进城形成新市民。随着城市化的不断推进,城乡融合发展进一步加速,农村大量土地抛荒,原本的农业人口进入城市转化为新市民。要健全农业转移人口市民化推进机制,从而破解城乡二元结构,推动城乡融合发展。二是城市人才入乡,激励各类人才下乡助力乡村振兴。2020年中央一号文件指出"要推动人才下乡",激励各方面多层次人才下乡,用他们的知识经验、观察和思考,为乡村振兴带去独特的生机。通过这两个方面的努力,建立城乡人才自由流动机制,实现城乡人才的双向流动。

为了保证农业农村现代化的可持续发展,促进乡村振兴,城乡人才有序流动的体系构建显得格外重要。我们主要从宏观和微观两个层面阐述政策体系的优化,中央和地方两头发力,力求构建一个权责清晰、横纵交织又井然有序的政策体系网络。

1. 宏观上:主体方面坚持政府主导,统一协调

《农村实用人才和农业科技人才队伍建设中长期规划(2010—2020年)》提出,必须把农业农村人才队伍建设作为基础性公益事业,真正发挥政府的主导作用,做到人才资源优先开发、人才结构优先调整、人才投资优先保证、人才制度优先创新,加强领导、规范管理、强化服务;充分利用市场手段激励人才,利用市场机制配置人才,鼓励和引导社会力量参与人才开发。将政府主导作为农业农村人才队伍建设的基本原则。

对于中央来说,主要有以下几点措施:首先,经济是基础。为了促进城乡人才的有序流动,必然要增大乡村对城市的拉力,或者说是化曾经的推力(指那些使得大量农村剩余劳动力进入城市的影响因素)为拉力,只有从根本上发展好乡村经济,才能吸引人才并且更重要的是留住人才。地方要大力发展乡村经济,不仅仅是授人以鱼更要授之以渔,坚持扶贫开发与农村低保双管齐下,相辅相成。其次,政治是保证。政府要畅通人才流动的体制机制,畅通人才流通渠道,促进人力资源的优化配置。微观经济学认为:在完全竞争的市场环境下,资源会自动流向可发挥其最大效用的地方,即自动实现资源配置的最优化,完全竞争的市场机制能够以最有效率的方式配置经济资源。完全竞争的市场虽然是一种理想状态,但是对于我们的行政管理活动也具有借鉴意义,完全竞争的市场意味着信息的完全流通和资源的完全流动,在行政管理领域,同样,要减少人为的限制和干扰,促进信息在组织架构中的流通,打破信息壁垒,促

进人才自由有序流动。再比如户籍制度等相关制度的完善也为人才流动提供保障。最后，法律是保障。中央出台相关立法以保障相应政策的落地实施，将权力赋予相应机构以解决相应问题，做到权责统一，减少政策执行过程中的纠纷，为各地进行建设提供依据以及武器。

2. 微观上：地方因地制宜，主动作为

首先，各地方政府要因地制宜，在落实中央政策制度的过程中，确保政策制度与当地实际情况相适配，根据党政中央的大致方针制定出符合自己实际需求的政策规定。把握好政策实行的进展和过程，循序渐进，避免一蹴而就。山东省泗水县启动"乡村振兴合伙人"招募工作，通过合伙人带动，向一二三产业融合发展要效益，推动乡村产业全链条升级，带领农民增收致富。泗水出台《关于扶持乡村振兴合伙人的若干措施》，提供土地、税收、金融、培训、职称评定等一系列支撑政策。2023年春节期间，海南省白沙黎族自治县利用在外乡贤、企业家、大学生返乡契机，开展返乡人才回引"六个一"活动，编织乡情纽带，感召吸引在外人才回乡创业就业，让人才资源成为发展资源。

其次，地方还要充分发挥主动性，积极主动地落实各种人才政策以及相关政策，促进人才自由有序流动。政策落实到乡镇一级，乡镇应当积极回应并制定出相应的规章制度以使其与地方更加融合，打通政策落地"最后一公里"，促进政策有效落实。

最后，具体而言，要完善各种相关政策和基础设施，比如户籍管理制度、交通与通信设施的建设等，打通城乡间人才流通渠道，保证人才的横向流动。理论上，农村对人才的需求是很大的，应该既保质又保量，但在农村人才引进和培养的实践中，光是数量就远远不够（此处的不够是指无法满足农业农村现代化的需求），而在质量方面不是说总体质量不高，而是说其无法适应农村的实际需要，大多数干部或者引进的人才往往并没有实践经验，需要一定的锻炼与磨合期（这也是人才和乡村的一个双向适应的过程），因此人才下乡的周期应当适当延长，从而促使人才和乡村相互磨合，相互融合，从而发挥出人力资本的最大效益，助力农业农村现代化。

表3　几种城乡人才流动形式

第一种	中央选调纵向流动
第二种	农村转移劳动力市民化，从农村流向城市（不回来）
第三种	城市人才下乡（投资或者下乡，经济目的或政治目的）
第四种	农村人才城市深造后反哺家乡

四、结论与启示

推进农业农村现代化是全面建设社会主义现代化国家的重大任务，是解决发展不平衡不充分问题的重要举措，是推动农业农村高质量发展的必然选择。在农业农村现代化的新征程上，促进人才有序流动、保障农村人才队伍起着至关重要的作用，作为农业农村发展基础的人才，理应得到国家乃至人民的重视。社会流动机制日益完善，城乡协调进一步发展，但农村人才有序流动仍然存在着一些阻碍，为了有效推动乡村振兴，实现农业农村现代化，建设社会主义强国，我们需要破除阻碍人才有序流动的体制机制，确保各项政策确实落地，使农村对于人才既"引进来"又"留得住"。

2021年2月，中共中央办公厅国务院办公厅印发《关于加快推进乡村人才振兴的意见》，文件强调，要坚持和加强党对乡村人才工作的全面领导，坚持农业农村优先发展，坚持把乡村人力资本开发放在首要位置，大力培养本土人才，引导城市人才下乡，推动专业人才服务乡村，吸引各类人才在乡村振兴中建功立业，健全乡村人才工作体制机制，强化人才振兴保障措施，培养造就一支懂农业、爱农村、爱农民的"三农"工作队伍，为全面推进乡村振兴、加快农业农村现代化提供有力人才支撑。文件还强调，要加快培养多领域多层次人才，比如农业生产经营人才、二三产业发展人才、乡村公共服务人才、乡村治理人才、农业农村科技人才等。

农业农村现代化征程是一条漫漫长路，也是我们要为之奋斗的目标，各种机制体制发挥作用不是短时间内就能获得巨大成效的，不是一蹴而就的，我们要建立长效的人才有序流动机制和人才保障机制，在实践中不断完善、不断改进，用实际行动助力乡村振兴。

参考文献

[1] 国家统计局人口和就业统计司. 中国人口和就业统计年鉴［M］. 北京：中国统计出版社，2018.
[2] 孙佳，汤晓俐. 城乡统筹视野下人才流动模式历史对比研究［J］. 科技信息，2010，(25).
[3] 黄金辉，张衍，邓翔，等. 中国西部农村人力资本投资与农民增收问题研究［M］. 成都：西南财经大学出版社 2005.

突发公共卫生事件视域下我国应急管理法律制度的完善[①]

孙学凯[②]

摘要：在此次新冠疫情应对中，尽管我国取得了较好的成效，但也暴露了当前应急法律制度存在的一些不足。以《中华人民共和国突发事件应对法》以下简称《突发事件应对法》为代表的应急法律制度存在基本制度不够完善、应急管理机制设计不周全、信息发布管理不规范、公民权利保障欠缺等问题。完善我国应急管理法律制度，需要在价值取向上以人民为中心，制度建构上促进相关法律协同，机制设计上强化综合管控，应对措施上注重权利保障。

关键词：突发公共卫生事件；应急状态；应急法律制度

2020年初暴发的新冠疫情的阴影在笼罩全球三年多时间后，目前已经基本消退。在这场足以写入人类历史的重大突发公共卫生事件面前，我国作为最先应对、同时也是最成功应对的国家，总体上是值得肯定的。但是在这起突发公共卫生事件面前，我们也暴露出了一些短板，其中之一就是我国应急法律制度不够完善，这也引发了实践中的一些问题。事实上，如果我们将眼光回溯，就会发现距离上一次在我国造成重大影响的2003年SARS事件不过十多年时间，谁也无法肯定会不会有下一次突发公共卫生事件、它会何时到来，毕竟病菌的历史作用在人类史上一直不乏"令人生畏的例子"。我们的当务之急是通过总结这次疫情应对的经验教训，进一步完善我国应急法律制度，从而理顺应急管理的体制机制，规范应急管理的权力配置，加强应急状态下公民的权利保护，为包括突发公共卫生事件在内的应急状态提供法治保障。

一、我国应急管理法律制度现状

总体来看，我国当前应急管理的法律规范数量并不少，大致可以分为两个层面：

[①] 湖南省社会科学基金项目（20JD064）"突发公共卫生事件应急法律制度完善研究"。
[②] 孙学凯，中共湖南省委党校讲师，主要研究方向：政府法治。

法律层面和法规规章等层面。

一是法律层面。在公共卫生领域，全国人大常委会在1989年就制定了《中华人民共和国传染病防治法》（以下简称《传染病防治法》），成了本领域核心法律文本。但是SARS事件后，还是发现该法律有一些不足之处，无法为疫情防控提供足够法律支撑，于是全国人大常委会分别在2004年和2013年对该法律进行了修订，并沿用至今。由于突发公共卫生事件只是突发事件应急管理的一个部分，为了全面统筹相关制度，全国人大常委会在2007年制定了《突发事件应对法》。该法第3条对突发事件进行了明确界定，并予以类型化，划分为四种：自然灾害、事故灾害、公共卫生事件和社会安全事件。

除了以上专项法律，在我国其他法律中也有部分条款规定可适用于应急状态，比如《中华人民共和国宪法》第62条、第67条、第80条对紧急状态、战争状态、动员令做出了规定，还有《中华人民共和国刑法》《中华人民共和国戒严法》《中华人民共和国国防法》《中华人民共和国国防动员法》《中华人民共和国治安管理处罚法》《中华人民共和国防震减灾法》《中华人民共和国食品安全法》《中华人民共和国安全生产法》中的相关规定等。

二是法规规章等层面。在行政法规、部门规章和其他规范性文件中也有很多针对应急状态的规定。其中有些是为了配合上述法律实施而专项制定的，如2003年制定的《突发公共卫生事件与传染病疫情监测信息报告管理办法》。有些是整体性规定，如国务院2003年制定的《突发公共卫生事件应急条例》（2011年有过一次修订），2006年制定了《国家突发公共事件总体应急预案》和《国家突发公共卫生事件应急预案》，国务院办公厅2013年发布了《突发事件应急预案管理办法》，此外还有各部委制定的如《建设系统破坏性地震应急预案》《农业重大自然灾害突发事件应急预案》等规定。以上是国家层面的制度，在地方层面还有一些地方性规定。

二、我国应急管理法律制度的不足及表现

我国当前的应急管理法律制度数量上看上去似乎不少，但是从体系化的角度观察，还是存在很多不足，比如至今没有关于紧急状态的法律。同时，现存法律也还有一些问题，比如通过此次疫情应对，发现作为应急状态基本法律的《突发事件应对法》存在不足。这些立法不足表现为以下几个方面：

（一）基本制度不够完善

应急状态概念的内涵本身在学界存在一定争议，但总的来说，无论是"二分法""三分法""四分法"，应急状态是以平时状态（普通状态）为参照所设定。在应急状态内部区分上，我们可以有别于紧急状态，即《突发事件应对法》第3条所规定的情况

视为规范意义上的应急状态，而将日常意义上应急状态涵盖三种，即应急状态（规范的）、紧急状态和战争状态。但是从目前的立法情况来看，没有对于紧急状态的专门法律规定，短期来看也缺乏制定可行性。

从规范的应急状态法律看，内部也存在不融贯。尽管《突发事件应对法》与《传染病防治法》法律位阶相同，但是由于《传染病防治法》仅仅针对卫生领域，而《突发事件应对法》则是专门针对应急状态的立法，公共卫生事件只是它涵盖的四大类突发事件之一，所以从应然角度看，《突发事件应对法》理应成为应急状态的基本法。但是从这次疫情应对的实际情况上，这项基本法却没有发挥好应有的作用。此次新冠疫情应对中，实践中广泛采取的隔离、封闭、限制人群聚集活动、停工停课等措施，更多的是依据《传染病防治法》第四章的规定（第39条至第49条），而在《突发事件应对法》中，这些措施基本缺失，仅在第49条作了粗略规定，并且此条通用于自然灾害、事故灾难或者公共卫生事件。显然，《突发事件应对法》与《传染病防治法》产生了衔接不畅的问题。同时，自然灾害、事故灾难与公共卫生事件的特性并不同一，其应对措施显然也不应该完全一样，将这三类事件放入同一条款规定，技术上显得过于粗糙。同时，《突发公共卫生事件应急条例》也没有将《突发事件应对法》作为上位法依据，尽管前者的修法时间晚于后者。如果说突发公共卫生事件尚有《传染病防治法》作为补充，那么发生突发重大自然灾害或者事故灾害时，其法律支撑也许要打一个问号。

（二）应急管理机制设计不周全

应急管理的体制对于及时处置应急状态非常重要，但是在本次疫情应对中暴露了应急管理体制的不足。当前的应急管理仍然是按照突发事件类型的传统思维，由相对应的政府部门来牵头处置。比如新冠疫情属于突发公共卫生事件，那么就交由卫生部门来牵头。这样的思路在实践中很快遇到了问题，因为不同于一般突发事件，在重大突发事件面前，往往牵涉面极广，不是某个部门牵头能处理的，所以在实践中我们实际已经改为采取成立指挥部的形式，由党政领导直接牵头指挥，协调各个相关部门及时采取多种措施，才取得了较好的效果。

这样的实践变化实际体现了应急管理体制的思路转变，因为分散的部门间自行协同需要消耗大量的时间成本和沟通成本，对于应急处置分秒必争的局面极为不利。而高级别的统一指挥能够有效避免这一问题，保证令出一门，不打乱仗。事实上，我国并非没有考虑过应急管理体制的调整，在2018年的国务院机构改革中，将中国地震局、国家防汛抗旱总指挥部、国家减灾委员会等机构的部分职能整合后成立了应急管理部，其本意也是保证应急管理的指挥统一，但遗憾的是这一调整仅限于整合了自然灾害和事故灾害处置的相关职能，公共卫生事件处置没有包含在内，因而在此次疫情应对中，应急管理部门所能做的工作非常有限，颇有名不副实的意味。

而在卫生部门内部，我国卫生健康委下存在着两个与公共卫生事件相关的专业机构，一是疾病预防控制局，二是疾病预防控制中心。前者为行政机构，后者定位为疾病预防控制的技术性机构（国家卫生健康委直属事业单位）。换言之，疾病预防控制中心其职能仅限于监控、报告、危害评估等技术性工作，并无行政权力。这样的行政机构与专业机构分立，也限制了专业能力的发挥。2021年将国家卫生健康委疾病预防控制局撤销，成立副部级单位"国家疾病预防控制局"，这样的机构调整显然也是通过此次疫情应对，发现有必要对其职权扩充。但是其与疾病预防控制中心的分立仍然存在。

（三）信息发布管理不规范

随着网络信息技术的发展，突发事件的信息发布和管理在事件处置中的作用显得越来越重要。当前涉及与公共卫生事件信息有关的法律主要是两部分，一部分是《中华人民共和国政府信息公开条例》（以下简称《政府信息公开条例》），其对行政机关应当公开的信息作出了基本规定，这里的信息公开是通行规定，既包括平时状态，也包括应急状态。另一部分是《传染病防治法》和《突发公共卫生事件应急条例》中规定的信息公布、发布职能，主要与应急状态有关。

由于不同的法律文本上使用了不同的措辞，《政府信息公开条例》主要使用"信息公开"，而《传染病防治法》和《突发公共卫生事件应急条例》主要使用"信息公布"或"信息发布"，而在这两类措辞背后是不同的信息责任主体与权限等规定，比如《政府信息公开条例》中"信息公开"涉及的是所有行政机关，而《传染病防治法》和《突发公共卫生事件应急条例》中"信息公布、发布"的主体是国务院卫生行政部门和其授权的省级人民政府卫生行政部门，内容上也主要是涉及疫情的信息。在实践中对这两类概念的不同理解就导致了某种程度的混乱。如果将所有涉及疫情的信息仅仅理解为《传染病防治法》和《突发公共卫生事件应急条例》中的"信息公布"，那么信息责任主体就是国务院卫生行政部门和其授权的省级人民政府卫生行政部门，其他地方政府没有相关义务，导致的结果是信息发布完全无法满足公众对疫情了解的需求。

在预警、防控等官方信息不充足的情况下，公众只能将注意力转移到自媒体等其他非官方渠道，这也给了各类虚假失真信息传播的机会，更不要说有意散布的谣言。从武汉的疫情处置到后续其它地区的散发疫情，我们都可以看到各类非官方信息吸引了大量的公众注意力，关于疫情的非官方消息达到了惊人的阅读量。而大量的失真信息往往会给政府造成巨大的舆论压力，之后的信息辟谣、追查等加大消耗了政府人力、物力和时间。

与此同时，也存在着政府内部信息发布管理的不规范。有的地方政府意识到公众对疫情信息了解的需求，但是却在内部上缺乏对发布主体和内容的管理，造成了不同层级政府和不同部门都在发布信息,有的信息甚至是互相矛盾的,这很容易给公众造成混乱和不信任的感觉。

(四) 公民权利保障有欠缺

在此次疫情处置中,公民权利保障的问题也引起了学界的讨论。按照《突发事件应对法》的分类,应急状态、紧急状态和战争状态这三种状态的严重性是逐级递增的,与此对应的响应机制和处置措施也应是如此。但是在实践中,有的地方政府没有严格按照比例原则来实施各类防控措施,在权限范围内能够采取的措施几乎都采取了,有的地方政府为了突出事态严重性还使用了"战时状态"的用语。所谓"战时状态"是不符合法律要求的,我国法律上没有"战时状态",只有战争状态。而战争状态是最严重的一种社会应急状态,根据宪法规定只能由全国人大决定并由国家主席宣布(特殊情况下可由全国人大常委会决定),在措施上可以采用战时动员令等形式,是极为严肃、重大的决定。可见战争状态是不同于公共卫生事件等一般突发事件的,地方政府使用"战时状态"的宣传既不合法也不恰当。

在这种唯结果论的思维下,实践中各种过度执法行为屡有出现,比如出现了暴力手段防控、对违反规定人员游行示众、随意损毁私人财物、随意公布确诊患者个人信息、隔离点乱收费等行为,不同程度地侵犯了公民人身权、自由权、财产权、隐私权和人格尊严。这些侵犯公民合法权利的现象表明依法防控的要求还没有真正落实到位。地方政府尽一切力量防控疫情的初衷可以理解,但是却容易导致公权力失控,在疫情防控的名义下,公民合法权利往往被忽视。

三、完善我国应急管理法律制度的路径

上述应急管理实践中出现的问题,表明我们需要对当前应急管理法律制度进行全面的再思考,在价值取向、制度构建、机制设计、权利保障等四个维度完善我国应急管理法律制度。

(一) 价值取向上坚持以人民为中心

法律制度需要有基本的价值取向。应急管理法律制度在本质上是为了消弭突发事件,使社会从应急状态回复至平时状态,保障社会和公民的长远利益。习近平总书记在庆祝中国共产党成立 100 周年大会上强调"必须紧紧依靠人民创造历史,坚持全心全意为人民服务的根本宗旨,站稳人民立场"。我们的疫情防控事实上也正是为了维护广大人民群众的生命健康权利。

一方面,以人民为中心的应急管理,能够最大程度发挥政府的能动性,及时采取各项必要措施尽早、尽快地处置突发事件。这在公共卫生事件的紧迫性上显得尤为突出。从世界范围来看,这次新冠疫情大考也检查了各国政府在应急管理上的价值观念。

正是因为我国能够坚持以人民为中心，主动作为，采取各项积极有效的措施才取得了很好的效果。反观很多发达国家在这次疫情应对上陷入了政治辩论的怪圈，防控措施不力，防控政策犹豫、反复，最终使得疫情蔓延不可收拾，给本国人民造成了巨大的损失。

另一方面，以人民为中心的应急管理，能够扭转传统维稳思维。不可否认，应急管理追求的结果就是处置事件、消除影响，维护社会稳定。但这是结果意义上的客观效果，而不应是主观追求的出发点。如果以维护社会秩序稳定为出发点，就有可能因为观念上的偏颇，导致在立法上注重秩序行政、忽视给付行政，在行为上出现动作迟缓、应付上级、注重形式等各种表现，最终的效果将南辕北辙。只有树立以人民为中心的价值观念，才能正确引导立法与实践。

（二）制度建构上促进相关法律协同

从我国的应急管理法律制度发展历程看，基本符合事件驱动的世界规律。2003年SARS疫情后，我国针对应急管理领域的法律制度进行了补充或修订，基本形成了"一案三制"的应急管理体系，即预案、体制、机制、法制，其中的法制就是指向整体意义的应急管理法律制度。2007年《突发事件应对法》出台后基本可以视其为应急状态基本法。《突发事件应对法》对突发事件做了四种基本分类，这四类事件本应都以其作为基本法律支撑——除非事件级别属于其第69条规定的"特别重大突发事件"，需要进入紧急状态，从而需要适用戒严等紧急状态下相关法律措施。但是从此次疫情防控来看，隔离、封闭涉疫地点、停工停课等各类防控措施更多的只能依据《传染病防治法》实施，《突发事件应对法》没有发挥好应有的作用。

促进相关法律协同需要考虑多个方面。其一，需要进一步明确该领域的基本法。《突发事件应对法》本身有能力作为应急管理的基本法，但是需要进一步完善修改，作为其他应急管理法律的基本依据。当然，也有学者建议《突发事件应对法》改名为《应急管理法》更加恰当，但无论如何命名，一部完善的应急领域基本法是很需要的。其二，理顺应急管理基本法与单行法的关系。目前的《突发事件应对法》与《传染病防治法》《突发公共卫生事件应急条例》等法律法规的体系融贯性还不够，上下之间缺乏合理的对接耦合，有被架空的风险。需要在《突发事件应对法》修订中明确法律冲突的基本规则，其它法律法规与《突发事件应对法》不一致的地方应当以《突发事件应对法》规定为准。同时，需要考虑在适当时候制定《紧急状态法》作为应对紧急状态的基本法律。其三，保障应急管理法律规定详略得当。应急状态本就是区别于平时状态的特殊状态，在这种特殊状态下，需要授予政府以特别的权力和程序来实施超常规措施，所以往往在相关制度中，对于相应授权条款规定得比较粗略。但是粗略与详细是对立统一的矛盾体，过于粗略的规定往往会让实践操作失去规范。此次疫情应对中地方政府很多措施可以说超出了应急法规的规定，其中某些措施是必要的，某些措施是不必要的，这样的不确定性状态在法律制定时应当避免。其四，保障应急管理法律规定稳定性与灵活性统一。无论我国还是世界范围内，出现重大突发事件后修订法律制度是普遍现象。由全国人大及其常委会制定的法律，具有对其他法规规章的指导性，需要保持稳定性。而对于低位阶的法规规章，要在处置突发事件后的经验积累上及时修订，将实践中发现的有效的做法及时纳入相应规范。

（三）机制设计上强化综合管控

在应急状态下处置突发事件需要在法律层面进行合理的机制设计，以保证处置工作能够高效的运作。突发事件的类型不同，需要处理的工作也不同，而且往往纷繁复杂。比如疫情防控，涉及了疫情监控、医疗保障、物资调配、信息发布管理、社会秩序维护、综合调度等方方面面。而与这些具体工作对应的政府内部需要面向多重关系，上下级关系、央地关系、部门关系等等。具体工作的要求与所面临的各项问题，都需要一个科学合理的运行机制。

首先需要统一的指挥机制。统一的指挥机制能够高效的综合各方面信息，统一协调、调配各方面工作，是有效应对突发事件的机制。但是需要注意的是指挥机制的有效性。这次疫情应对初期，将公共卫生事件作为卫生领域的事项，以卫生部门为主指挥，导致了权限受到制约，协调难度大，运行效率不够高。后期以党政主要领导直接总体指挥，各部门配合运行，才大大提升指挥效率。这表明，指挥机制的设立，需要根据事态的级别，处理好权限分配、党政配合，充分发挥好我们党委统一集中领导的优势，保障统一指挥，令出一门。其次需要分工负责的责任分担机制。突发事件不同的程度往往涉及不同的层级和地域，重大事件可能需要中央介入，普通突发事件也许基层政府足以应对。在责任分工上，需要考虑两个方面，一是层级机制，二是地域机制。层级机制上需要对不同层级的政府所承担的责任合理划分，高层级政府以指挥协调为主，低层级政府以具体实施为主。地域机制上，规范其他地区与突发事件发生地区的协助配合关系。此次新冠疫情处置，我们采用其他地区配合支援疫区的措施就取得了明显的效果。再次需要专业性与综合性结合的协调机制。突发事件往往是某种特别的类型，比如新冠疫情是属于公共卫生事件，在这样的事件处置中需要发挥好卫生部门的专业作用，无论疫情监测预警、医疗救助还是大规模的核酸检测，这样的专业工作很难被其他部门替代。但是专业性也有其局限，因为处置工作往往是综合性的。在这次疫情应对中，公安部门、信息技术部门、基层党政部门等都承担了大量的工作任务，使社会秩序维护、信息发布管理、舆情监控、人员管控等工作与卫生工作结合，将专业性与综合性相结合的协调机制显得非常必要。

（四）应对措施上注重权利保障

古语有云"事缓从恒，事急从权"，西谚亦有"紧急状态无法律"的说法，应急状态有其特殊性，公民权利在应急状态下的克减似乎是不可避免的情况。这种矛盾可以视为个人权利与公共利益的伦理冲突。但是对公民权利的克减应当有度，而不可完全从权力视角出发随意实施处置措施，无视公民正当权利的存在，否则不但违背了法治的要求，也背离了处置突发事件的初衷。

在应急状态下保障公民合法权利，一方面需要在立法上明确。我国应急状态的相关法律赋予了行政机关大量的权力可以实施相应的防控措施，但是对于公民权利保护的相关规定却比较少，"总计70条的《突发事件应对法》，只有4条涉及到了公民和社会组织的权利；总计80条的《传染病防治法》，也只有4条涉及了公民和社会组织的权利"。我们需要在立法上对应急行政权力的权限范围和程序予以规范，加强对公民私权的保障与救济的规定。另一方面也需要各级党政部门树立权利保障的理念。在公法领域一贯有将比例原则视为帝王条款的说法，意即在任何行使公权力的场合都必须注重比例原则，实施公权行为时必须恰当、有度，不可为了达到行政目的而不择手段。事实上我国《突发事件应对法》第11条中"有关人民政府及其部门采取的应对突发事件的措施，应当与突发事件可能造成的社会危害的性质、程度和范围相适应；有多种措施可供选择的，应当选择有利于最大程度地保护公民、法人和其他组织权益的措施"的规定正是比例原则的体现。这次疫情防控中出现了一些侵害公民正当权利的现象，这提醒我们需要在相关法律中增加公民权利保障的规定，真正做到依法防疫、依法应急。

四、结语

习近平总书记强调："各级党委和政府要全面依法履行职责，坚持运用法治思维和法治方式开展疫情防控工作，在处置重大突发事件中推进法治政府建设，提高依法执政、依法行政水平。"以这次新冠疫情应对为观察点，我们可以发现，当前我国应急法律制度还存在着一些问题，需要我们进一步改进完善。如果认可当前所处的后现代社会是一个风险社会，那么风险爆发的不确定性是永远存在的，我们所能做的往往只能是从现实问题出发，不断总结经验，改进制度设计，在不确定性中增加确定性。具体到应急管理法律制度，我们需要从价值取向、制度建构、机制设计、权利保障等多个维度进一步完善相关法律制度，构建一个更加科学合理的应急法律体系。

参考文献

[1] 戴蒙德. 枪炮、病菌与钢铁[M]. 谢延光译. 上海：上海译文出版社，2016：193.

[2] 林鸿潮. 论应急预案的性质和效力——以国家和省级预案为考察对象[J]. 法学家，2009（2）：28.

[3]《中华人民共和国突发事件应对法》修改工作启动[EB/OL].（2020-04-26）[2020-12-20]

http://www.npc.gov.cn/npc/c30834/202004/492fa98ef02a421d8fcb14dce937587f.html.

[4] 金晓伟. 论我国紧急状态法制的实现条件与路径选择——从反思应急法律体系切入[J]. 政治与法律，2021（5）：4-5.

[5] 钟开斌. 一案三制：中国应急管理体系建设的基本框架[J]. 南京社会科学，2009（11）：77-80.

[6] 林鸿潮，赵艺绚. 应急管理领域新一轮修法的基本思路和重点[J]. 新疆师范大学学报（哲学社会科学版），2020（6）：95.

[7] 陈东利，彭柏林. 突发公共卫生危机视野下国家治理的伦理思考[J]. 湖湘论坛，2021（3）：96.

[8] 茅铭晨. 完善我国重大疫情防控法治体系研究[J]. 法治研究，2021（6）：157.

[9] 习近平. 全面提高依法防控依法治理能力健全国家公共卫生应急管理体系[J]. 求是，2020（5）.

突发公共事件舆情应对中
政府执行力的提升策略研究

贺姜蓉[①]

摘要： 社会转型时期，突发公共事件高发成为客观事实，政府在应对过程中的执行错误与效率低下的情况也难以完全避免。但值得高度警惕的是，在出现错误和低效执行的状况时，政府是否有及时的应急处置预案；在舆情危机高涨时，主管部门是否有高效的应对疏导策略。而这些恰恰都是能体现政府执行力的所在。在突发公共事件中，政府的舆情应对工作往往是政务公开、引导舆论和稳定公众情绪的关键。因而提升地方政府在突发公共事件中舆情应对的能力，及时发布科学准确的信息，减少危机造成的经济社会损失，有利于营造良好的社会舆论环境，增强政府公信力和执行力。

关键词： 突发公共事件；舆情应对；地方政府；执行力

天津港爆炸、新冠疫情、东航坠机事故、长沙自建房倒塌事故……近年来国内重大突发公共事件频繁发生。围绕"政府执行力"所展开的舆论话语权的主导问题，越来越成为突发公共事件中政府处置能力的问政焦点。在突发公共事件中，政府舆情应对能力的高低与其治理效能是密切相关的，政务信息发布和舆论方向把控是否行得通、能管用，能够反映出政府关于社会工作调度和事件处理执行力的水平。突发公共事件一旦发生，随之产生的舆情危机，将对政府的应急处置水平带来不少挑战。舆情应对是政务信息公开的关键路径，也是回应社会关切，保障人民群众知情权、监督权的重要方式。如何通过信息发布的方式，用权威代替虚假信息、满足公众需求，稳定社会情绪，既是有效处理公共事件危机的保障，亦是切实提升政府执政力的关键。

一、突发公共事件舆情应对当中提升政府执行力的价值意义

在2006年十届全国人大五次会议上，"政府执行力"概念首次被提出以来，逐渐

[①] 贺姜蓉，中共湘潭市委党校文化科技与生态教研部讲师，研究方向：社会治理、媒介传播。

成为我国深入推进公共行政体制改革的重点、焦点。政府执行力是政府主体在行政管理活动中,获取认同、支持和准确地执行政策、法律等各种组织资源有效的使用的过程。社会转型时期,突发公共事件频发,影响和改变了政府的活动方式和执行方式,关于此类事件的舆情应对及其应急管理工作是无法回避的现实课题。

(一)政府执行力增强是掌握舆论话语权的重要保证

从网络舆论的角度理解,政府执行力首先体现的是一种公信力。在全媒体时代,一张照片、一段视频、一篇文章经由网络舆论的发酵,现实空间的小事件极易发酵到网络空间中,演变为重大的舆情事件,滋生网络谣言,严重的会导致网络暴力等情况的出现,影响正能量舆论环境的建设。在此情况下,亟需以政府为主导的权力组织对信息传播进行管理,承担起传播主体的责任。由于法律制度赋予政府对信息进行管理的权力与职责,其他的大众媒体和普通百姓则是在政府主导的信息传播框架中发挥辅助作用。因此,面对突发公共事件时,政府主管部门作为代表权威性的传播主体,需担负起相应职责,才能降低信息不对称的情况,保证政府良好的公信力。

其次,政府执行力应体现为一种社会舆论的导向力。在突发公共事件的发生过程中,因为信息公开不透明或不及时,网络上通常会产生大量质疑、反对的言论,消息真真假假,难以辨清。这时一个执行力强的政府应有能力帮助公众厘清混乱局面,根据特点针对性处置不同事件,减轻、削弱舆情危机的发生与蔓延。在短时间内有效把控舆论走向,使符合主流的立场观点占据主导,辨别真伪信息,防止错误反动的言论腐蚀群众的思想。要增强公众对政府的信任感,避免造成舆论误区和心理冲击,疏导民众惊恐与焦虑的消极情绪,引导他们往理性的方向思考和行动。

(二)政府执行力增强是处置突发公共事件的现实需要

突发公共事件通常与公共利益密切相关,作为应对风险、化解危机和信息公开的主体,政府能否迅速、积极、妥善地处理事件,不仅关系到当地社会的安全与稳定,更关系着政府公共形象的塑造。而政府只有在群众心中拥有正面积极的形象,人们愿意去相信政府,也能让官方政策、措施的执行减少阻力。因此,一旦突发公共事件爆发,政府有一个积极主动,而不是遮掩堵删的态度,及时准确地发布有关事件的最新进展、动态解读等,使得公众能第一时间看到相关部门采取的措施和行动,有利于增强公众对党政机关的信赖感,提升政府公信力,塑造政府良好的地方形象。

近年来,我国各地突发公共危机事件频发,因应对不当所导致的负面舆情事件也比比皆是。若稍有处理不当之处,便可能陷入被动地位,造成地方治理效能的失灵。增强政府在突发公共事件中的执行力,能够充分利用权威优势,通过提升新闻发布与舆情应对水平,做好信息公开、政策解读和回应关切工作,将舆论引导到对危机处理有利的轨道上来,预防和减少负面舆情风险,正确有效地处置好突发事件,营造一个正面积极的社会舆论环境。

(三) 政府执行力增强是提升社会治理能力的重要手段

制度的生命力在于执行,政府执行力是国家治理能力现代化的重要驱动力。科学、有效、及时的新闻发布和信息公开制度能够有力体现政府执行力,并嵌入到现代化治理体系当中。随着我国社会的转型和移动互联网的发展,治理创新面临着一个崭新的课题,即舆论治理。近年来,重大突发公共事件往往伴随着各式各样的言论,错综复杂,有时更是因为管理不善引发了舆论的"长尾效应",给社会带来不稳定的风险因素。

在突发公共事件的应急管理过程中,开展舆论引导是凝聚社会力量、提振民众信心、赢得舆情危机的一项重要工作。这让政务的运行更加公开透明,有利于打破"信息孤岛"。因此在某种程度上说,公众更关心的是政府在突发公共卫生事件的舆情处置过程中所发挥的作用,而不是事件本身。政府对危机事件本身的处置解决能力不仅需要接受检阅,政府对舆论的应对和治理能力也需全方位审视。统一明确各部门信息共享的种类标准、范围流程,能够增强政府应对危机能力,提升现代化治理水平。

二、突发公共事件舆情应对当中提升政府执行力的现实困境

自 2020 年以来,新冠疫情席卷全球,对各国政府关于重大突发公共卫生事件的应对能力提出了严峻考验。尽管各地已逐步建立起突发公共事件处置和社会全面管控的各项预案,但关于舆情应对工作在实际启动与运行中仍面临着一些现实困境,相关工作机制和成效仍需进一步优化。

(一) 机构层级多且条块分割明显,事件处置效率低

主要体现在科层制组织结构中信息传递的滞后性。我国政府主管部门的工作模式主要采用科层制组织结构,是较为封闭的运行系统,对外部环境的变化反应稍显滞后。在这种组织架构下,信息的传递通常需要上传下达、层层上报,程序较冗杂,处理时间较长,从而导致工作效率较低。而在信息时代,新型媒介技术迅速发展,信息传播是无序化、海量化、瞬时性的,普通民众可以利用多种社交媒体平台获取信息、发表言论,各式思潮观点汇聚在网络平台上,大大增加了舆论环境的不可控性及其管理引导工作的难度。

突发公共事件中的舆情应对形势复杂难控,尤其是网络舆情的应对与引导,往往牵涉到多个职能部门。如若一些政府部门的协同合作不到位,且不适应网络传播环境的新变化与新需求,仍沿用传统"我说你听"这种自上而下的回应方式,将导致部分决策指令难以及时、迅速地执行到位。而突发公共事件因其爆发的突然性、快速性、不可控性,更是需要政府简化、快速的反应与运行机制,以便提高事件的处置效率。现实是在这种外部环境压力下,加之信息的层级传递带来的反应滞后性,给政府管理

工作和处置机制带来低效、教条、形式主义等问题。因而打破部门间条块分割的现状，消除体制机制壁垒，实现部门间的紧密合作，成为提升政府执行力的关键。

（二）信息发布与民众认同不对等，处置效果有落差

信息资源的丰富度通常决定着政府执行主体信息公开能力的强弱，是决定着地方政府执行力高低是重要因素。普通百姓自身主动去全面了解政府官方情况是存在一定难度的，如若发生突发公共事件时，有关权威信息未在第一时间公布，就会造成严重的信息不对称。而突发公共事件中信息传播的核心是要满足公众的知情权问题。当"信息不对称"和"不对称传播"等现实问题出现，便会导致社会舆论的偏向和危机处置的效果大打折扣。

当前，在重大突发事件等舆情回应关键时刻，仍有部分地方政府和领导干部表现被动。例如，徐州丰县女子事件中，面对网民希望回应真相的诉求，地方政府一开始并未开诚布公地将事情调查清楚，关于徐州和丰县的四次通报，除了第四次直击了痛点，前三次都是遮遮掩掩、模糊焦点、自说自话，导致每个通报都引发了次生负面舆情。因为回应未能针对网民关注的焦点问题，透支了公众的耐心和信任，导致愤怒的舆论情绪高涨，阴谋论由此产生，认为地方政府是故意遮掩，内部存在不可告人的秘密。这种弱执行力的背后，恐怕是一些人的"暗中"利益不能曝光在"明面"，直接影响到了政策措施的落实、干事创业的推进速度和民众的满意程度。政府工作的执行是否有力，人民群众的感受是最真切的。若在关键时刻"失语、虚语、妄语"，不仅让公众丧失信任，损耗政府的公信力，还会影响到政府系列工作的执行和开展。

（三）限制较多且预案不足，处置方式灵活性欠缺

长时间以来，政府部门在应对公共事件危机中的新闻发布与报道中仍存在一些误区。主要表现在对信息内容有太多的把关限制，特别是对危机事件造成的损失和危害视为"负面报道"而讳莫如深，担心会给党和政府形象抹黑，对事件处置带来不利。这导致媒体在一些重要话题上，本应及时发声的领域出现"集体失语"的现象，不仅没有满足公众对最新事态的信息渴求，反而由于语焉不详引发一些"阴谋论"式猜想，在一定程度上造成了负面舆情的严重化。

面对公共事件危机，应急预案处置中的新闻发布工作是至关重要的。如果政府新闻发布会第一时间准备就绪，但因为处置危机的速度缓慢，无法在新闻发布会上提供可靠的信息，那会使公众丧失期待，政府公信力急剧下降，进而引发社会负面舆情。反之，如果政府处置危机速度很快，但新闻发布会活动没有准备妥当，或者没有面向社会公众进行新闻发布的意识，不透明公开地向公众说明事件的最新情况，就会给民众带来欲盖弥彰的感觉，进一步引发公众负面情绪。政府部门和领导干部受自身媒介素养与应急管理能力的限制，衡量不好新闻发布质量和危机应对速度的关系，会导致

其对突发事件的响应速度慢、预案不足、方式灵活性欠缺，造成舆情应对的执行效果反其道而行。

（四）未充分发挥监管与考核效力，管理机制需完善

现今各级政府都逐渐开展了关于突发公共事件的应急管理培训，制定了应急管理预案以及相应的监督、问责、评估机制，但为何落到实处的效果不到位？这与政府责任监管与绩效考核机制未充分发挥出应有的作用有密切关系。一是地方政府在日常工作中更重视经济指标相关的建设，较忽视舆情应对、应急管理等与公众利益联系的工作落实，导致地方政府在面对相关事务时会出现执行不力的情况。二是关于舆情应对不力的评估目标不明确。例如，没有客观评价党政机关及其工作人员职责表现和实绩，也没有将评估结果作为奖惩、辞退、职务任用以及升降等实施的基础与依据。尤为重要的是，缺少对突发事件舆情应对中主管部门或领导干部的容错纠错机制，导致不作为的情况普遍发生。三是关于舆情应对的分级问责机制执行不力。虽然已经建立起制度化的对于意识形态重大责任问题的工作责任制，但却没有具体把政府在突发公共事件中舆情应对的执行情况纳入问责范围。即便一些地方政府为提高行政效能对执行不力的情况进行问责，却因出台的问责条例过于笼统、不具有较强的操作性，使得责任追究制度得不到彻底执行。

三、提升突发公共事件舆情应对中政府执行力的实践路径

舆论引导从来都不是单向度的自我表达，而是政府与媒体、公众交流沟通的重要方式，能够使三者之间建立一种良性互动的信息关系。政府积极主动把控舆论走向，是处置突发公共事件中舆情问题的基本路径。但仅从舆情本身的监控和处置进行简单治理显然已经不能满足社会需求，还需从"善治"视角来审视突发公共事件网络舆情的复杂性，将"政府、社会、公众"视作统一整体，来进一步提升政府社会治理的执行力水平。

（一）树立"以人为本"的执行理念

在应对突发公共事件的舆情时，要使政府官方回应起到"压舱石"的作用，首先就应秉持对话理念，从公众最关切的话题和角度出发，在第一时间做出回应，以基本事实为立足点，及时公开最新事态进展。对于一些网络争议的事件，政府发布的信息必须是客观透明的。每一步的处理方案应该是从以人为本的角度并且是经过反复论证的解决方案。只有做到"民有所呼，我有所应"，才能让民众真正吃上"定心丸"，及时化解舆情风险。

政府主动发声的质量是舆论生成的关键性影响因素，高质量的发声能够形成舆论主动，对政府形象塑造和公信力的提升起到正向作用，反之则会陷入舆论旋涡的被动

境地。而评价发声质量好坏的关键主要在于能否有效满足人们的信息需求。这就要求政府就得摒弃"官本位"思想，避免自说自话，根据公众的信息需求和期待来发声，通过辟谣不实传言，消除公众疑虑，及时公开权威信息，引导他们从危机中恢复到正常的工作生活状态。例如，新冠疫情防控期间，省级政府都要定期召开新闻发布会向民众公布本省市的最新进展动态，消除因各种不确定性传言给群众带来的信息困惑。这是一种对民众生命的尊重和保护，也是在突发危机中有条不紊维护社会秩序的责任和担当。

（二）变革与创新执行机构管理职能

党的十八届三中全会强调："必须切实转变政府职能，深化行政体制改革，创新行政管理方式，增强政府公信力和执行力。"在统筹兼顾的基础上，加快转变创新政府管理职能。

要以优化组织架构为基础不断强化政府执行能力，建立职能明确、运转协调、制约有效的政府组织框架。第一，根据相应职能，调整机构与统筹安排人员。目的是让组织结构在突发事件的舆情应对中更具灵活性，在网络信息环境中更具适应性。对部门机构进行改革和精简，简化繁琐的手续，减少中间的指挥层次，以提高应急事件处理效率；第二，利用信息化手段，实现政策信息的数字化发布。针对突发公共事件，建立分类分级、共享共用、动态更新的数据信息系统，构建以网上发布为主、其他发布渠道为辅的官方信息发布新格局；第三，发挥政务新媒体优势，做好政策传播。根据互联网传播新特点、新规律，建立政务新媒体矩阵，推动形成整体联动、同频共振的信息传播格局。依托政务新媒体做好突发公共事件信息发布和舆情回应工作，紧贴群众畅通互动交流渠道。

（三）健全舆情应对全过程的执行体系

面对突发公共事件，一是要建立舆情监控预警与快速反应机制。在议题设置和双向沟通中既坦诚相待，又主动作为，合理地加以引导，形成有利于危机高效处置、社会团结和谐及政府能力提升的舆论格局；二是通过上级政府的及时介入来解决地方利益掣肘，协调处理问题。上级政府应督促涉事政府在一定时限内公布真实可靠的事件调查结果，发布具体可见的行政问责情况，总结反馈酿成突发公共事件应对不力结果的经验教训及其后续的制度落实和创新。徐州丰县女子事件的经验教训表明：一旦下级政府治理突发公共事件失灵，上级政府需及时补位，在后期阶段做出有效的危机应对方案，才能最终给人民群众一个满意的答复；三是发挥媒介长期监督效力。健全政府接受舆论监督的行为规范，积极谋划媒介的舆论监督功能，构建政府部门的网络纳谏平台，如探索网上督查室与12345热线等政务平台相结合。尤其是可以让民众透过媒介"说"出他们的需要，让他们感受到反馈，是提升政府执行力的重要一环。对此，政府应转变思想观念，重视舆论监督作用，不视其为"洪水猛兽"，坚持问题导向，针对工作薄弱环节，在"实践考场"上检验和提高政府执行力。

（四）完善考核问责并行的规范机制

执行力是政府工作的生命力，而要推进政府各项工作的落实最关键就在于加强对权力运行过程和结果的监督、问责与绩效评估。各级政府虽然已经初步制定了关于突发公共事应急管理预案，以及相应的监督、问责、评估机制。但如何提升工作水平，还需经受实践的考验，在突发公共事件的处置过程中不断推进执行力的制度建设与创新。

首先，在相对科学合理的组织下，实施严格责任追究和考核机制，有效完成目标内的执行任务，有落实严格考核、激励执行的决心动力。其次，要运用多种方式和手段，全面监测和评估本区域内的行政机关和工作人员的执行方式、执行结果和综合效能，及时找出执行过程中存在的偏差问题并加以纠正。最后，完善落实对执行不力的问责制度，对应对突发事件负面舆情不力的主管部门与领导干部，分级分类追究相应责任。但同时也要建立容错纠错机制，明确容错标准、建立容错清单，规范流程程序，通过机制建设，激发担当意识，创造主动的回应氛围，增强舆情应对的执行力。

总的来说，突发公共事件舆情应对中政府执行力的提升还需在实践过程中不断推进，制度的活力在于执行，只有通过各部门的协调配合，形成良好的执行环境，才能推动政府执行力水平迈向更加坚实的新征程。

参考文献

[1] 宋贺. 政府公共危机信息传播机制的构建与完善 [J]. 新闻传播，2018，(18)：57-58.

[2] 刘海军，李晴. 政府治理：优化信息发布制度与提升公信力分析 [J]. 中共福建省委党校（福建行政学院）学报，2020（05）：18-24.

[3] 王敏. 网络社会政府危机信息传播管理的困境与对策 [J]. 当代世界与社会主义，2012，(1)：127-132.

[4] 汝绪华，汪怀君. 突发公共事件治理中的政府执行力与舆论话语权——以湖南永州唐慧事件为例 [J]. 四川大学学报（哲学社会科学版），2013，(01)：132-138.

[5] 梁栋. 提高政府执行力的责任治理及路径选择 [J]. 齐鲁学刊，2011，(06)：102-105.

[6] 张桢. 突发公共事件的网络舆情治理浅析——基于"善治"的视角 [J]. 辽宁行政学院学报，2020（06）：83-87.

[7] 刘小刚. 网络舆论危机中政府执行力的应对策略探究 [J]. 经济研究导刊，2014，(34)：263-266.

[8] 汝绪华，汪怀君. 突发公共事件治理中的政府执行力与舆论话语权——以湖南永州唐慧事件为例 [J]. 四川大学学报（哲学社会科学版），2013，(01)：132-138.

[9] 白志华. 新时代提升政府回应能力研究 [J]. 行政科学论坛，2021，(01)：24-27.

共同富裕目标下的税制改革研究

谢芬芳[①]

摘要：共同富裕作为社会主义的本质要求，是中国式现代化的重要特征。税收是推动共同富裕的重要政策工具。促进共同富裕既要进一步深化增值税和消费税改革，恢复增值税中性税收特征并适当降低其税负，发挥其收入功能和消费税的调控功能，实现资源优化配置、营造公平税收环境、降低货劳税等间接税收入占比目标；更要通过改革企业所得税、完善个人所得税、推进房地产税改革和择机开征遗产赠与税等，发挥税收在调节收入分配、缩小贫富差距、规范财富积累等促进共同富裕方面的作用，提升税收制度的公平性，实现"健全直接税体系，适当提高直接税比重"的税制改革目标。

关键词：共同富裕；税收制度；货劳税；所得税；财产税

一、引言

习近平总书记在二十大报告中指出："中国共产党的中心任务是团结带领全国各族人民全面建成社会主义现代化强国、实现第二个百年奋斗目标，以中国式现代化全面推进中华民族伟大复兴。"中国式现代化是全体人民共同富裕的现代化。要实现"共同富裕"就必须完善分配制度。分配制度是促进共同富裕的基础性制度。我国必须加快构建初次分配、再分配、第三次分配协调配套的制度体系。税收制度作为分配制度体系的重要组成部分，在其中具有十分重要的地位和作用，既可以在初次分配中引导资源优化配置，把"蛋糕"做大，保障投入产出公平；也可以在再分配中调节收入分配，缩小贫富差距，把"蛋糕"分好，促进共同富裕；还可以在第三次分配中通过税收优惠政策鼓励社会互助，引导高收入人群和企业更多回报社会，矫正初次分配和再分配的公平性。因此，要进一步深化税制改革，优化税制结构，完善现代税收制度，推动健全分配制度体系，以扎实推进共同富裕。

[①] 谢芬芳，中共湖南省委党校（湖南行政学院）公共管理教研部教授，研究方向：财税理论与财税政策。

二、研究综述

对共同富裕理论的研究,一直是政治经济学研究的核心内容。早有古典政治经济学家亚当·斯密在《国民财富的性质和原因的研究》中提出的"普遍富裕"论。后有马克思在《政治经济学批判(1857—1858年手稿)》中提出的"所有人的富裕"观。今天中国式的"共同富裕"实际上是对马克思主义财富观的继承与发扬,是马克思主义中国化的理论创新成果。

对共同富裕目标下的税制改革研究,我国也取得了一些代表性的研究成果。例如,杨志勇提出,促进共同富裕的税收主要是直接税,其中,个人所得税可以调节收入分配,房地产税具备调节收入和财富分配的功能,遗产税可以在一定程度上促进社会公平。郝晓婧认为,发挥税收促进共同富裕的作用需要依赖一定的条件:一是税制结构需要以直接税为主;二是税收调节功能应建立在收入功能之上;三是社会中等收入群体占比应达到一定比重。余丽生等提出,初次分配应增加低收入群体收入,提高中等收入群体比例;再分配应发挥个人所得税、房地产税的调节作用;第三次分配需要政府通过税收发挥引导和激励作用。曾广军提出,共同富裕应以公平规则构建为前提,以充分保障个体生存、健康、教育等基本权利为重点,按照比例原则为财政支出筹资。吕冰洋等认为,公平和效率的税收原则是共同富裕的内在要求。税收对经济效率的影响在各征税环节的作用机理是不同的,在再分配环节和积累环节征税有助于调节居民可支配收入、要素收入和财富分配,促进社会公平。邢丽认为,初次分配环节,税收应发挥好工具理性,通过优化资源配置促进效率提升;再分配环节,税收应发挥好价值理性,通过所得税和财产税等缩小初次分配的收入差距;三次分配环节,税收应发挥好引导激励作用,通过完善公益性捐赠税收优惠政策矫正收入分配差距。马金华等认为,实现共同富裕的前提是经济社会发展,税收既可以引导资源优化配置为高质量发展提供政策支持,也可以为推进共同富裕筹集财政资金,等等。

三、研究的基本理论

(一)共同富裕理论的历史演进

1. 亚当·斯密的"普遍富裕"论

英国古典政治经济学家亚当·斯密在其代表作《国民财富的性质和原因的研究》一书中提出了"普遍富裕"观点。他认为"普遍富裕"应该是在一定的市场区域内,整体较高的收入水平和较低的贫富差距。亚当·斯密给"普遍富裕"设定了三个条件:一是要"政治修明",即要具备相对稳定开明的社会环境和政治环境;二是要有适当的社会分工来提高生产力;三是要形成一定区域的市场,人们可通过"交换"来获取自己所需的物品。可以说,这三个条件是亚当·斯密设想的实现"普遍富裕"的主要途径。亚当·斯密的"普遍富裕论"为西方国家调整财富分配制度、提升国民福利待遇、缓和社会矛盾发挥了重要作用。

2. 马克思的"所有人的富裕"观

马克思在《政治经济学批判（1857-1858年手稿）》中指出："社会生产力发展将如此迅速，以致尽管生产将以所有人的富裕为目的，所有的人的可以自由支配的时间还是会增加。"可见，马克思是把"所有人的富裕"，即全体成员共同富裕作为社会生产的目的，注重促进人的自由、全面发展，同时认为发达的社会生产力是实现"所有人的富裕"的前提。

3. 中国特色社会主义共同富裕理论

中国特色社会主义"共同富裕"理论是以马克思"所有人的富裕"观点为基础的，是马克思主义中国化的理论创新成果。最具代表性的有邓小平的"先富－后富－共富"理论和习近平总书记的"共同富裕"理论。邓小平指出："社会主义的本质是解放生产力，发展生产力，消灭剥削，消除两极分化，最终达到共同富裕。""社会主义的目的就是要全国人民共同富裕，不是两极分化。"并创造性地提出了一条适合中国共同富裕的道路，即"先富－后富－共富"之路。进入新时代，随着我国社会主要矛盾的转变，习近平总书记准确把握中国发展阶段的新变化，把逐步实现全体人民共同富裕摆在了更重要的位置，把促进全体人民共同富裕作为为人民谋幸福的着力点，坚持以人民为中心的发展思想，在高质量发展中促进共同富裕。并提出："分阶段促进共同富裕：到'十四五'末，全体人民共同富裕迈出坚实步伐，居民收入和实际消费水平差距逐步缩小。到二〇三五年，全体人民共同富裕取得更为明显的实质性进展，基本公共服务实现均等化。到本世纪中叶，全体人民共同富裕基本实现，居民收入和实际消费水平差距缩小到合理区间。"

（二）税制优化理论——最适课税理论

最适课税理论是以资源配置的效率性和收入分配的公平性为准则，对构建经济合理的税制体系进行研究的学说。为一国税制优化提供了基本的理论遵循。

最适课税理论是鉴于最优税收在现实经济中无法实现而提出的概念和理论，又称"次优原则"，是研究如何以最经济合理的方法征收某些大宗税款（如商品税、所得税）的理论，是在信息不对称、最优税收假设条件无法满足的情况下，围绕税收的公平与效率原则，对商品税和所得税应如何组合搭配，应该对哪些商品征税，所得税应该累进到何种程度等重要税收问题进行研究，建设与现实条件最适合的税收制度理论学说。

最适课税理论的主要内容有三个方面：一是所得税与商品税的合理搭配；二是寻找一组特定效率和公平基础上的最适商品税，即最适商品课税理论；三是假定收入体系以所得税为基础，确定最适所得税的累进程度，以便实现公平又兼顾效率，即最适所得课税理论。最适课税理论为优化一国税制及其构成情况提供了重要理论支撑。

(三) 税收职能论

税收作为国家筹集财政收入、调控经济和调节收入分配的重要杠杆，是促进共同富裕的重要政策工具。税收具有三大职能，即收入职能、调控职能和监管职能。促进共同富裕既要发挥税收收入职能，更要发挥税收调控职能。

1. 发挥税收收入职能，为政府推进共同富裕提供资金支持

"巧妇难为无米之炊"。任何国家战略的实施都离不开财政资金支持，政府无论是推进基本公共服务均等化，还是推进城乡之间、区域之间的协调均衡发展，抑或是提高全体人民的公共福利待遇等都需要大量的财政资金。而税收就是国家筹集财政资金的一种最基本、最主要、最规范的形式，是一国财政收入的主要来源，在实施国家战略、促进高质量发展、推动共同富裕中发挥着基础性、支柱性、保障性作用。因此，共同富裕目标下的税制改革，必须发挥好税收的收入职能，为政府推动共同富裕提供财力保障。

2. 发挥税收调控职能，为推进共同富裕提供政策支持

税收调控职能，即税收调控经济、调节收入分配的职能，是国家为实现一定社会经济目标，通过税收制度设计和税收政策优化来调节经济主体之间的物质利益，影响其经济行为的一种调控功能。税收调控是国家宏观调控的重要组成部分，是以国家为主体，按照国家社会经济意图而进行的，是借助法律形式来实现的，是通过调整收入分配，影响经济主体利益，引导各类"经济人"行为来实现国家社会经济目标的。因此，要促进共同富裕，就必须进一步深化税收制度改革，完善现代税收制度，提高税收制度的公平性，充分发挥税收在调节收入分配、缩小贫富差距、规范财富积累等促进共同富裕方面的作用。

四、现行税制在促进共同富裕方面存在不足

中国现行税制运行已近 30 年，为中国经济社会发展作出了重大贡献。习近平总书记曾说："现行财税体制是在 1994 年分税制改革的基础上逐步完善形成的，对实现政府财力增强和经济快速发展的双赢目标发挥了重要作用。"一是构建了适应社会主义市场经济体制需要的具有中国特色的税制结构框架，基本形成了以货劳税（流转税）和所得税为主体，其他税为辅助的复合型税制结构体系。二是初步建立了国家财税收入稳定增长机制，有效增强了国家宏观调控能力和支持经济社会事业的全面发展。分税制实施以来，我国财政税收收入逐年大幅增长。根据《中国税务年鉴》统计口径，我国税收收入由 1993 年的 4118.29 亿元增长到了 2021 年的 188737.61 亿元。从增长速度来看，我国税收收入增速在长达近 30 年时间里几乎年年快于 GDP 增速，使得我国财

政收入占 GDP 比重、税收收入占 GDP 比重均逐年上升。大大增强了国家宏观调控能力和有效支持了我国经济社会事业的全面发展。

同时，习近平总书记也指出："随着形势发展变化，现行财税体制已不完全适应合理划分中央和地方事权、完善国家治理的客观要求，不完全适应转变经济发展方式、促进经济社会持续健康发展的现实需要，我国经济社会发展中的一些突出矛盾和问题也与财税体制不健全有关"。那么，现行税收制度到底与我国经济社会发展中的哪些突出矛盾和问题有关、与推进共同富裕的公共政策目标又为何相悖呢？主要有以下几个方面：

（一）货劳税等间接税占比高，"逆调节"明显

货劳税是以货物和劳务的交易额（流转额）为课税对象所征收的一类税，我国目前主要有增值税、消费税、关税、车辆购置税等。一方面，货劳税会通过税负转嫁造成高收入阶层承担的税负比较轻、中低收入阶层承担的税负比较重的不公平现象，与"量能负担"的税收原则相悖。另一方面，货劳税还垫高了国内商品和服务的价格水平，会带来境内外商品和服务价格之间的"反差"甚至"倒挂"现象，导致中国消费外流。

（二）所得税收入占比需提升，内部结构需优化

我国所得税只有企业所得税和个人所得税，其收入占比于 2022 年首次突破 30%，为 32.05%（根据 2022 年度决算数计算所得），与货劳税 52.38% 的收入占比相比明显偏低，"双主体"税制结构模式还需进一步强化所得税的主体地位。从所得税内部结构看，我国企业所得税收入占比高，企业税负重，尤其是其法定名义税率偏高，既不利于中国企业"走出去"参与全球市场竞争，也不利于跨国企业、国际资本"引进来"，影响中国经济可持续发展和财税收入持续稳定增长。而真正具有调节收入分配、缩小贫富差距等功能的个人所得税在我国税收收入中的占比却很低，且基本只触及对收入流量的调节，向居民个人直接征收的资本利得和财产收益方面的税很少，个人所得税对财富存量的调节相对缺位，使得政府运用税收手段调节收入分配和贫富差距的力度有限，导致中国基尼系数居高不下，不利于推进共同富裕。

（三）财产税制度体系不健全，难以发挥其"规范财富积累机制"方面的作用

财产税是对人们拥有或支配的财产（动产和不动产）课征的税类，是历史上最古老的税收形式之一，是目前各国地方政府财政收入的主要来源。财产税是直接税的重要组成部分，也是能充分体现税收"量能负担"原则、促进社会公平、推动共同富裕的税种。我国现行税制体系中，财产税收入占比不高，未承担起地方税体系的主体税种地位，其收入功能有待进一步提升。且财产税制度体系构成不完整，甚至一些主要的关键性税种缺失，比如，房地产税收制度不健全，遗产、赠与税缺失等，影响了财产税调控功能发挥，使得贫富差距越来越大，不利于社会稳定和国家长治久安。

五、共同富裕目标下深化税制改革的基本思路

（一）基本遵循

习近平总书记多次强调："要坚持以人民为中心的发展思想，在高质量发展中促进共同富裕。"这为共同富裕目标下进一步深化税收制度改革提供了基本遵循。

1. 要坚持以人民为中心的税制改革理念。

中国共产党要始终践行全心全意为人民服务的宗旨，贯穿到税收实践中，就是要做到税收取之于民、用之于民、并造福于民。在税制改革中一定要体现人民至上的价值理念，不断满足人民日益增长的美好生活需要，通过减税降负、保障民生福利支出来不断增强人民群众的获得感。坚持用政府"过紧日子"来换取老百姓"过好日子"。

2. 要充分体现新时代高质量发展要求

"十四五"规划和2035年远景目标纲要明确提出："健全符合高质量发展要求的财税金融制度，更好发挥财税在国家治理中的基础性和重要支柱作用"。所以，一定要将"创新、协调、绿色、开放、共享"的发展理念融入税制改革的全过程，通过不断完善税收制度设计、优化税制结构，来提升税制整体运行效率，推动高质量发展。

3. 要不断提高我国税收制度的公平性

税收制度作为分配制度体系的重要组成部分，在再分配领域具有十分重要的地位和作用。二十大报告提出："加大税收、社会保障、转移支付等的调节力度。"就充分说明税收在促进共同富裕方面的重要性。税制改革的一项重要内容就是要提高制度本身的公平性，增强税收对收入流量和财富存量的调节力度，进一步缩小收入分配差距和贫富差距，规范财富积累机制，推进共同富裕，缓解社会主要矛盾，维护社会稳定，确保国家长治久安。

（二）改革路径

1. 继续深化增值税制度改革，发挥其中性税收作用

"十四五"规划和2035年远景目标纲要明确提出："聚焦支持稳定制造业、巩固产业链供应链，进一步优化增值税制度。"这为新征程上增值税制度改革指明了方向。第一，发挥增值税中性税收作用，营造公平竞争的税收环境。增值税是中国税制结构体系中最具收入功能的一个税种，也是最能体现税收中性原则的税种。从最适课税理论视角，增值税在资源配置效率和取得收入稳定性方面是所得税难以替代的，尤其对发展中国家而言，对其改革一定要遵循中性税收原理，强化增值税链条的完整性，逐步退出那些不利于增值税链条完整性的阶段性税收优惠政策，发挥市场在资源配置中的决定性作用，真正体现增值税普遍征税、多环节道道征税特征，恢复增值税中性税收属性，充分发挥其收入功能，弱化其调控功能，切实维护公平竞争的税收环境。第二，

进一步研究简并增值税税率并适当降低其税负。增值税改革要围绕"降低间接税比重"的税制结构优化目标来开展，适当降低税负是其改革一个重要内容。从世界各国增值税实践看，我国增值税无论是基本税率（13%）还是低税率（9%和6%）都有一定程度的下降空间，尤其是"低税率"并不低。降低增值税税负既要适当降低其基本税率，也要在条件成熟时通过合并两档低税率来简化税制，并适当拉大基本税率与低税率之间的差距，以实现降低增值税税负和降低间接税比重的税制改革目标。第三，提升增值税法律层级，全面落实"税收法定"原则。增值税作为我国征收面最广、征收最为普遍、税收收入规模最大的一个税种，其征收的法律依据还是"暂行条例"，法律层级明显偏低。我国增值税经过改革完善后必须尽快提升其法律层级，及时出台《中华人民共和国增值税法》，真正落实"税收法定"原则。

2. 继续推进消费税制度改革，合理引导消费，发挥其调控功能和收入功能

我国消费税是在增值税普遍征税基础上的税收再调节，其在促进共同富裕中既具有收入功能更具有调控功能。根据"调整优化消费税征收范围和税率，推进征收环节后移并稳步下划地方"的改革方向。第一，调整征税范围。在取消对部分消费品课税的基础上，应将高档消费产品和服务、高污染产品、高耗能产品等纳入其征税范围。发挥消费税对扭曲性商品课税的特征。第二，优化税率结构。一方面，可适当降低部分普通（大众）应税消费品的税率。另一方面，应参照国际惯例，适当提高高档烟酒、大排量豪华小汽车、豪华摩托车、奢侈品等的税率。发挥消费税在调节收入分配、促进节能环保等方面的作用。第三，改革纳税环节。在征管可控条件下，应研究推进其"征收环节后移"，即将目前在生产（进口）环节征收的消费税后移至批发或零售环节征收，并尽可能试行价外税。发挥消费税在引导合理消费，促进绿色、健康消费方面的作用。第四，调整收入归属。按照将其收入"稳步下划地方"要求，结合分税制收入分配体制调整，研究将消费税收入由中央税逐步调为地方税。可采取先按存量核定基数由地方上划中央，增量部分原则上归地方，最后实现将其收入稳步下划给地方的"两步走"思路进行。

3. 深化企业所得税制度改革，参照国际惯例，适时适度降低其法定名义税率

在全球主要市场国普降法人所得税税率背景下，我国企业所得税法定名义税率明显偏高。按照"拉弗曲线"原理，税率高会挫伤微观经济主体的积极性，削弱生产者、投资者、经营者等的活力，导致经济停滞或下滑，使得税基减少，不利于经济可持续发展和政府收入稳定增长。因此，近年来全球各主要市场国又掀起了新一轮降低法人所得税税率浪潮。我国企业所得税改革应参照国际税收发展新趋势和国际税收新协定，积极主动适应"双支柱"的国际税收新规则，适时适度降低其法定名义税率，引导国际资本回流，增强中国企业的国际市场竞争力，加强国际税制协调，妥善处理对大型跨国企业的征税权，凭借我国超大规模市场优势增加税收话语

权,切实维护我国合法权益。

4. 进一步完善综合与分类相结合的个人所得税制度,逐步提高其收入占比,增进税制的公平性和合理性,更好发挥其调节收入分配功能

第一,进一步扩大"综合所得"征收范围。主要考虑取消"经营所得",将其并入"综合所得"征税,从制度设计层面解决二者税负不均衡问题,杜绝纳税人通过转换所得性质的偷逃税行为,提高对"劳动所得"征税的公平性。第二,建立"基本减除费用标准"常态化调整机制。"基本减除费用标准(即个税免征额)"主要是用来维持劳动者基本生活开支所设定的额度。为了确保劳动者基本生活保障水平只升不降,可根据经济增长速度或物价变动情况及时调整其标准,建议形成"一年一调"的常态化调整机制。第三,进一步完善专项附加扣除的相关规定。专项附加扣除既要体现个性化特征,也要体现阶段性特征,要根据一定时期的公共政策目标不断调整优化专项附加扣除的相关规定,切实发挥个人所得税的正向激励作用。第四,优化税率结构,确保税制公平。按照最适课税理论:在政府政策目标是使社会福利函数最大化的前提下,社会完全可以采用降低累进程度的所得税来实现收入再分配,过高的边际税率不仅会导致效率损失,而且也不利于公平分配目标的实现。因此,我国个人所得税税率结构优化应适当降低综合所得最高边际税率或适当提高最高边际税率适用的所得范围,并统筹其累进税率与比例税率的关系,确保税制公平。第五,完善征管模式,提高个税征收率。我国个人所得税调节收入分配力度有限的一个重要原因就是征收率偏低,税源流失明显。完善征管模式,提高其征收率是确保税收公平的重要内容。结合"十四五"规划和 2035 年远景目标纲要"建设智慧税务,推动税收征管现代化。"要求,持续推进与政府相关职能部门信息系统的互联互通,不断扩大个税治理"朋友圈",借"金税四期"上线之机,优化整合税收大数据平台,逐步构建起"部门协作、社会协同、公众协助、信息协力"的个税共治新格局,提升税收征管协同化程度,实现税收征管现代化。

5. 完善财产税制度,规范财富积累机制

财产税是对人们拥有或属其支配的财产所课征的税类,是历史上最古老的税收形式之一,是目前各国地方政府财政收入的主要来源。第一,加快房地产税立法并适时推进其改革。"十四五"规划和 2035 年远景目标纲要提出"推进房地产税立法,健全地方税体系,逐步扩大地方税政管理权。"可以看出,房地产税改革是财产税改革的重点,是健全地方税体系的重要内容,是"规范财富积累机制"的重要举措,也是继"营改增"后地方税体系主体税种缺失,导致地方财政税收收入占比下降而应推进的一项税改。其作用主要是为地方政府筹集财政收入和起到调节收入分配、促进社会公平的积极效应。房地产税改革涉及面广,对经济社会影响大,对其改革必须慎之又慎,"要尽可能减少对社会和经济的冲击,特别是不能增加中低收入群体的税收负担"。我

国房地产税改革应遵循"立法先行、充分授权、分步推进"原则，按照"房地产—规范登记（全国统一平台）—政府监控（尽可能信息充分）—整合房地领域税费—形成房地产税法—征收房地产税"的实施路径来逐步推进。2021年10月23日，全国人大常委会已正式授权国务院在部分地区开展房地产税改革试点工作，并对其改革内容和改革时间表、路线图都做了具体规定。第二，择机开征遗产税和赠与税。在世界各国的税收实践中，遗产、赠与税也是政府调节财富差距的常用手段。其作用主要体现在三个方面：一是可促进代际公平。遗产、赠与税可降低同代人之间的财富起点差异，从而缩小由财富代际传承所导致的贫富差距。二是能引导勤劳致富。勤劳致富是社会主义的基本要求，习近平总书记说："幸福生活都是奋斗出来的，共同富裕要靠勤劳智慧来创造"。三是有利于推动中国慈善捐赠事业发展。因此，在我国房地产税改革落地后，应及时研究开征遗产税和赠与税，形成规范财富积累机制的财产税制度体系。

总之，要推动共同富裕就必须发挥好税收收入功能和调控功能。通过继续深化增值税、消费税、企业所得税、个人所得税改革，以及健全财产税体系等税制改革路径，实现完善现代税收制度，优化税制结构，健全直接税体系，适当提高直接税比重等税制改革目标，不断提高我国税收制度的公平性，为推动共同富裕贡献税收能量。

参考文献

[1] 习近平. 习近平著作选读（第一卷）[M]. 北京：人民出版社，2023：4.

[2] 习近平. 习近平著作选读（第二卷）[M]. 北京：人民出版社，2023：4.

[3] 杨志勇. 面向共同富裕的中国税制改革 [J]. 改革，2022（03）：1-9.

[4] 郝晓婧. 迈向共同富裕的税制改革思考 [J]. 财政科学，2022（11）：69-78

[5] 杨志勇. 实现推广费用的税收作用 [J]. 税务研究，2021（11）：5-7.

[6] 吕炜. 财政与共同富裕：实践历程、逻辑归结与改革路径 [J]. 财政研究，2022（01）：12-17.

[7] 陈旭辉. 新时代促进共同富裕的税制改革路径研究 [J]. 地方财政研究，2022（01）：15-21.

[8] 高皓，何静. 共同富裕视角下遗产税的国际比较研究 [J]. 税务研究，2022（6）：77-82.

[9] 吕冰洋，郭雨萌. 税收原则发挥与共同富裕：基于国民收入循环框架分析 [J]. 税务研究，2022（4）：12-18.

[10] 马金华，杨宏，刘宇. 税收学理下的共同富裕：历史逻辑、理论渊源与现实选择 [J]. 税务研究，2022（10）：5-11.

[11] 曾军平. 税收究竟该如何助推共同富裕 [J]. 税务研究，2022（4）：19-26.

新时代公职人员廉政风险防控研究
——基于常德市近三年来警示录案例剖析

张 琪①

摘要：反腐一直都是公众热议的高频词汇，任何一个高官的落马都可能掀起一场网络讨论。面对公众的视线焦点，党中央重拳出击，对腐败始终保持零容忍态度，查处一批重案要案，一大批腐败分子随之落马。本文主要通过剖析地方部分违纪违法案件，发现权力使用难以把控的"风险关"、理想信念逐渐淡化的"思想关"、公权私情难以分明的"界限关"是主要廉政风险防控点。因此，建议从推进不想腐，筑牢拒腐防变的思想防线；推进不能腐，扎紧权力运行的制度笼子；推进不敢腐，加大腐败严惩的震慑力度等方面着手，把权力关进笼子里，让公职人员真正意义上用好公权力。

关键词：公职人员；廉政风险

腐败一直是危害党的生命力和战斗力的最大毒瘤。党的十八大以来，以习近平同志为核心的党中央坚持全面从严治党，反腐败斗争取得了压倒性胜利。党的二十大报告指出，必须"坚决整治群众身边的不正之风和腐败问题""要以零容忍态度反腐惩恶"。但是，我们应该看到，在反腐问题上，减少腐败存量、遏制腐败增量的问题还未完全解决。因此，通过研究常德市公职人员违纪违法典型案例，剖析其成因特点，精准发现公权力使用过程中的廉政风险防控点，从如何在源头上预防腐败的发生探讨对策措施。

一、公职人员警示录案例

（一）案例库基本情况

案例主要来源于常德市纪委官网公布的 2020、2021、2022 年这三年的警示录，研究样本数为 102 例，皆为常德市公职人员，分布于党政机关、公检法、企事业单位、医疗文教、乡镇街道等等，既有公职人员，又有企事业单位负责人，级别最高的为副

---

①张琪，中共常德市委党校学员部副主任。

处级,最低的为未纳入官方职级的村会计等,见表1。据统计,案例中占比最多的有:一是单位有一把手工作经历的县市区部门主要负责人(正科级),二是村干部,多为村书记与村会计,三是单位的中坚力量副科级领导职务的公职人员。

表1 案例样本公职人员职级与主要工作单位情况

级别	人数	占比	主要工作单位
县处级	4	3.0%	党政机关
正科级	26	36.4%	党政机关、街道、公安、企业、医疗卫生
副科级	25	21.2%	党政机关、街道、公检法
副科以下工作人员	20	18.2%	党政机关、街道、国企、公检法
村干部	27	21.2%	乡村

(二)违纪违法犯罪的主要表现

根据情况通报,发现案例主要违纪违法表现有以下几类:一是违反党内法规条例,包括违规发放津补贴、虚报套取征地补偿款套取资金、非法侵占养老金和高龄补贴等社保资金等。二是违反《中国共产党纪律处分条例》中的政治纪律、组织纪律、廉洁纪律、群众纪律、工作纪律和生活纪律,其中违反中央八项规定精神和违反廉洁纪律现象比较突出。三是违反了《中华人民共和国刑法》,其中受贿罪、贪污罪占比比较高。

(三)违纪违法的主要后果

公职人员违纪违法受到的惩处包括党纪处分(警告、严重警告、撤销党内职务、留党察看、开除党籍)、政务处分(警告、记过、记大过、降级、撤职、开除)和批评教育(谈话提醒、批评教育、责令检查、诫勉谈话、组织调整、处分)等。案例中受到的处分主要是党纪处分和政务处分。据统计,开除党籍和开除公职占比较重,分别为64.47%和78.43%。

表2 党纪处分和政务处分情况分析

党纪处分	次数	占比	政务处分	次数	占比
警告	10	13.16%	警告	3	5.88%
严重警告	12	15.79%	记过	0	0
撤销党内职务	2	2.63%	记大过	2	3.92%
留党察看	3	3.95%	降级	4	7.84%
开除党籍	49	64.47%	撤职	2	3.92%
—	—	—	开除	40	78.43%

二、公职人员违纪违法主要风险透视

分析研究案例中的忏悔书和案件经过发现,很多领导干部不是一开始被腐蚀的,他们中的很多人刚走上工作岗位时,都是怀着干事创业的激情,积极主动作为,也干出了一番成绩。但是随着内外因素交织导致的消极影响,心态和行为逐渐偏离正常路径,最后走上违法犯罪的道路。

(一)权力使用难以把控的"风险关"

1. 独断专权

案例库中,"一把手"违纪违法现象比较突出,他们往往身居要职,权力比较集中,但是在用权中失去底线思维、敬畏意识,滥用手中的权力,在"三重一大"中实行"一言堂",导致权力异化,将权力变成服务个人、满足自己的私人欲望的工具,最后走上不归路。譬如澧县市场服务中心原党委书记、主任,县市场建设开发有限公司原董事长于承津,作为"一把手"在党委集体研究年底绩效发放事宜已经形成方案的前提下,又在骨干会上当场否决,无组织观念,无规矩意识。在他的忏悔书中写道:"如果让我重新来一遍的话,肯定要敬畏法律,要讲规矩,不能乱来。"

2. 公权私用

权力寻租本质是理性经济人利用手中公权力寻求不正当利益。研究案例,公权力被私用的情况不在少数,受贿罪、贪污罪占比较重,进一步说明公权私用是干部出问题的风险点。如临澧县委政法委原副书记何柏林2013年至2020年,先后多次收受下属单位负责综治工作人员赠送的礼品礼金、消费卡等财物,丧失党性原则,违背初心,忘记使命,在利益的诱惑下,无视法纪,恣意妄为,不断踩踏红线,最终倒在了用人情铺设的"请托"路上。他在忏悔书中写道:"今天走到这一步,静下心来冷静思考,责任完全在自己,一切都是咎由自取,是自己一步一步因迷恋金钱而走上了犯罪的道路"。

3. 权力浪费

统计案例数据库可以看到,基层干部包括村干部和县市区副科级以下干部违纪违法犯罪占比较重,作为基层干部,为官不为、权力浪费的现象比较突出。在面对上级的任务、百姓的诉求,本着不干事就不出事的心态,消极应对、敷衍塞责,即使出了问题也不敢担当、推诿避责。譬如常德安乡县农经站副站长汪跃坤工作流于形式,工作日午餐与他人饮酒,在无正当理由的情况下,擅自离开工作岗位,在相关人员多次要求回单位仍不按时到达,并且酒后失态,严重损害公职人员形象。基层干部作为联系服务群众的"最后一公里",如果其履行岗位职责不作为或不充分作为,就会极大损害党在人民群众的形象和地位,容易造成十分恶劣的影响。

(二)理想信念逐渐淡化的"思想关"

分析典型的案例可以发现,所有的公职人员从进入岗位到离开岗位,思想上不可避免都会大致经历几个阶段,包括迷茫心理、侥幸心理、膨胀心理和倦怠心理,而廉洁风险点与思想变化产生一定的交集，具有阶段性和周期性。

1. 警惕职业开始的迷茫心理

对于刚进入公职人员队伍的年轻人来说，学习能力高、接受新生事物快、可塑性强是他们身上的标签，但同时也缺乏社会历练、对诱惑无法明辨，容易受环境和他人影响染上恶习，此类情况往往隐蔽性强、难以察觉，且潜伏期长，直到缺口越来越大、时间越延越久，最后在违法犯罪道路越走越远。譬如有的从小赌到大赌、从观赏到沉迷打赏网络主播、从为满足私欲网上借贷到雪球越滚越大，有的在关键岗位被"围猎"，有的受身边人影响走错路，有的正确三观还未形成就走歪等等，导致起步就"跌倒"，刚走就"摔跤"。譬如津市市人力资源和社会保障局干部覃林林（化名）从一开始信用卡消费到网络贷款，最后以贷养贷，直至冒领公款。回想起第一次贷款时的情景，他表示："我当时只是想应应急，之后再想办法慢慢还。结果没想到，钱没借到，反被骗了从朋友那借来的6万元保证金。"

2. 警惕职业平稳的侥幸心理

在案例中，因为侥幸心理伸手的例子十分常见，不少领导在经历了工作努力拼搏、严以律己的阶段后，逐渐胜任本职工作，职业进入一定的平稳发展阶段，有的人就逐渐放松对个人的要求，产生了侥幸思想，认为不一定会有什么事，思想松懈、行为失范、底线失守，这种思想作为腐败的诱因，在案例中很多公职人员的忏悔书中可以看到。譬如汉寿县朱家铺镇代所长鄢靖芳，经历两年工作后，上起了自由班，违反工作纪律，长期迟到、早退、脱岗，甚至利用权力安排工作人员帮助自己欺瞒组织。他自己承认："我想着远离上级的直接监管，便上起了自由班。"譬如临澧县文化馆副馆长李某，因为思维惯性和侥幸心理，酒后驾车，最后受到党内警告处分。他说道："唉，我身为文化工作者，却被所谓的'酒文化'给迷糊了，犯了不该犯的错误，侥幸心理害人啊！"

3. 警惕职业晋升的膨胀心理

职业晋升几乎是每名公职人员工作追求，其中带来的全过程廉政风险不容忽视。有的人为了职务晋升，利用职权进行权钱交易，打通关系；有的人利用职权收受金钱，为他人谋取利益；有的人职务晋升后贪欲膨胀，以权谋私；有的人晋升遇挫，思想滑坡、行为蜕变，等等。譬如澧县社会劳动保险事业管理处党支部书记、主任，县经济建设投资公司原董事长余后新，随着职务升迁，仕途顺了，心却"飘"了，忘记初心使命，把对事业的热忱用在跑官要官、权钱交易上，把功劳当成了腐败的"挡箭牌"，虚列名目套取公用经费，私设小金库达233万多元。

4. 警惕职业瓶颈的倦怠心理

很多人都会面临职业瓶颈，可能是由于机制、年龄、机会、学历、性格、性别、能力等等因素导致，期间或学习不求进步、或工作自由散漫、或追求经济补偿、或缺乏精神支柱等等，都容易让腐败趁虚而入。案例中譬如安乡县交警大队原党委书记、大队长张献凯多次接受请托，利用职务便利为他人谋取私利，挪用公款收取他人利息，既为官又经商，权力观和价值观发生扭曲，走入歧途。他在忏悔书中写道："我当上大队长的这年，年满48岁，当时的情况是我只能干一届。届满后何去何从是个未知数。所以我有着非常强烈的船到码头车到站的感觉，甚至还怨县委起用迟了。渐渐地我为工作的事考虑得少了，为自己的后路考虑得多了。一有机会便和一些私人老板来往密切。久而久之，对于他们的想法和要求，我尽量满足甚至不惜以身试法帮他们获取个人利益。"

（三）公权私情难以分明的"界限关"

权力来自人民，本质姓"公"，但人作为社会性群居性动物，必然要与人产生关系连接，而如何在公权力和个人情感上做到公私分明，是需要重点关注的风险点。

1. 难过亲情关

家风连着党风政风民风，直接影响到国家和民族进步。但是案例中，亲而不"清"、裙带腐败、家族式腐败、群体性腐败等等现象，是党员干部违纪违法的重要原因，不论是领导干部的直系家属，还是出了五服的亲戚，利用党员干部手中的权力衍生出谋取不正当利益、受贿等等，将自己和干部双双拖下水。譬如常德市委原常委、市政府原副市长涂碧波丧失理想信念，背离党的宗旨，权力观扭曲变形，亦官亦商，长期违规经商办企业，利用职权和影响力为亲属攫取巨额经济利益，大搞家族式腐败，严重破坏党风政风和社会风气。

2. 难过友情关

公职人员有自己的朋友圈子是正常现象，一些公职人员刚进入队伍，可能只是为了扩展人脉，结识朋友，但渐渐在与朋友的交往中，掺杂了权力滥用、权钱交易、以权谋私、权色交易等，导致"朋友圈"逐渐腐化变质。有的公职人员在与朋友交往中，产生攀比心理，利用权力谋取私利，让"朋友圈"成为炫耀比较的场地。案例中不少公职人员正是因为"朋友圈"问题走上违法犯罪的不归路。譬如汉寿县龙周口镇司法所所长鄢靖芳，经常和"酒肉朋友"出入娱乐场所，不顾自己公务员身份，每次必点小姐陪侍，在一声声"鄢少"中迷失自己。陷入不良朋友圈，沉迷低趣味中，长达半个月脱岗。作为90后年轻干部本应是前途光明，结果在本该干事创业的年纪走错了路，一步错步步错。

3. 难过人情关

"人情面子"作为我们国人习以为常的思维方式，深植于中华传统文化中，逐渐演变成日常人与人交往的行为规范。观察剖析案例中公职人员的心理，很多干部之所以一开始走上违纪违法的犯罪道路，就是深受"抹不开人情面子，以为是正常人情往来"

的心理因素暗示影响,这是需要重点关注的廉洁风险点。譬如鼎城区某医院财务科科长黄雪丽(化名)收受医药代表发来的微信红包,认为这是正常人情往来、节日风俗的一部分,从一开始的100元、188元、200元到后面的800、1000元,一共收受53个"红包"共计20788.8元。她跟调查人员这样说道:"在财务科、审计科工作时,我一直保持着自己的初心,认真工作,没想到却在'小便宜'面前迷失了自己。"

三、公职人员违纪违法风险的防控对策

腐败具有复杂性、潜伏性、隐蔽性等特点,减少腐败存量、遏制腐败增量的仍然任重道远,我们党反腐败斗争形势和任务还十分艰巨繁重。在十九届中央纪委三次全会上提出的"不敢腐、不能腐、不想腐是一个有机整体,不是三个阶段的划分,也不是三个环节的割裂。"强调将"三不"作为一个整体协同推进,从遏制腐败成本、机会和动机三个角度同向发力,为如何更好预防控制腐败,从源头提出对策,不断提高反腐工作质量和水平,建立廉政风险的"防火墙"。

(一)推进不想腐,筑牢拒腐防变的思想防线

廉洁从政的价值观对于廉洁风险点的防控是密切相关的,作为一种意识形态,深刻左右人们工作中的行为和对事物的看法,决定了是否能有效发挥对廉洁风险点的防控和管理作用,任何违纪违法案件的发生基本源于思想信念失守、底线意识丧失。因此,必须坚定理想信念,从意识形态上坚定不想腐的信心和决心。

1. 明确教育的内容

针对公职人员开展共性与个性相结合的廉洁教育。共性上围绕廉洁思想教育与职业道德教育,通过本地廉政文化、廉洁人物故事、廉洁家风家教等正面典型和拍摄警示教育片、制作警示教育读本等反面案例相结合,让其知敬畏、明底线、受警醒。个性上有的放矢,针对单位与岗位的特点,确立廉政风险内容与等级,分批次分重点开展党章党纪党规、法律法规、思想道德和职业素养教育,强化法治意识,树立权力为公的理念,确保公权力在法律的轨道上行驶。

2. 主抓教育的重点

廉政教育力求入脑入心,除了党章党规党纪、法律法规等经常性教育之外,家庭家教家风教育也要成为教育培训的重要内容,积极倡导"廉洁为本"家庭理念,多形式开展家庭家教家风活动。譬如家规家训征集、家书座谈会、观看家风专题片、讲家风主题党课等等,让家庭家教家风中的优秀的道德品质、规范的行为准则、正确的思想观念与个人工作有机结合,严防"亲情关""人情关""友情关",使家风成为厚植世界观、人生观、价值观的肥沃土壤,守规矩、立言行、做表率,让家风助推党风、政风,带动社风、民风。

3. 丰富教育的载体

针对公职人员，要不断增强廉洁自律意识。通过观看法制教育短片、参与拍摄案例视频、参加模拟法庭、带头上廉政党课、参观廉政教育基地、编印警示教育读本等多种方式，在实践中将理论与现实相结合，用好本地廉洁文化资源、讲好廉洁故事，用身边事教育身边人，让公职人员真正做到带头遵守党纪党规，始终保持清正廉洁的政治本色。针对公民，要在全社会积极开展反腐倡廉教育，将廉洁纳入国民教育体系内容，教育公民从小树立廉洁意识，并在学习中不断强化对腐败的"零容忍"态度，形成廉洁的社会风气，进而影响党风政风。

（二）推进不能腐，扎紧权力运行的制度笼子

阿克顿爵士说过"权力导致腐败，绝对的权力绝对的腐败"。因此，权力必须被关在笼子里，让权力受到制约监督。

1. 建立廉政风险排查体系

明确将廉政风险排查作为全面从严治党的有效举措，纳入各单位绩效考核。明确市纪委监委牵头，定期组织各单位开展廉洁风险点排查，主要涉及"人员岗位—内设机构—单位"的廉洁风险点，特别是行政管理权、行政执法权、人财物管理权等关键关节和重点领域，一对一建立廉洁责任清单，签订廉洁责任状。准确识别廉洁风险点，制定针对性防控措施，建立廉政风险信息档案库，进一步厘清岗位职责，力求各司其职、各负其责，切实加强廉政风险防范。同时，紧盯重要岗位和关键领域，以"四不两直"方式开展排查，对违反廉洁自律规定的行为、个人或单位，及时干预、有效监督、严肃追责。

2. 建立违纪违法风险防控机制

提升公职人员的廉洁意识和道德修养伴随职业的全过程、长周期。因此，必须构建动态长效的违纪违法风险防控机制，包括前期提醒预警—中期动态监管—后期惩处教育，形成事前预警、事中提醒、事后追究的闭环管理。事前阶段，采集完善廉洁风险点，建立数据库共享，形成廉情预警机制，把工程、医疗、民生等腐败易发的重点领域和权力相对集中的关键岗位作为风险点采集重点，结合"互联网＋"、区块链、大数据等信息技术手段，建立"线上＋线下"干部廉情档案库，对公职人员苗头性、倾向性问题智能获取，实现数据全过程、长周期动态预警。定期开展预警信息研判分析和自检自查，精准锚定风险点，分情况、分步骤、分级别对相应单位、部门和个人发出预警提示。在重大节假日和重要节点，特别是工作岗位变动、重要任务布置安排、家庭重大事件变化等环节，发出廉洁倡议书，及时准确做好对单位或个人的廉政风险提示。事中阶段，强调权力运行的公开透明，包括过程、逻辑和结果公开的全过程，打造阳光行政。事后阶段，针对发现问题，运用好"四种形态"，视情节轻重进行教育提

醒、诫勉谈话、党纪处分、职务调整等措施，对落实不到位的单位或个人，造成后果的，及时追究责任，防止问题事态扩大化。

3. 建立多层次全覆盖的监督机制

在案例中，相关纪委监委人员指出，监督薄弱是普遍特征，缺乏强力且行之有效的监督手段和监督力量，而群众发现问题后，处于各方面因素考虑，问题无法及时反馈至纪检监察组织，导致腐败滋生。因此，要建立全方位监督格局，确保监督不留死角，最大限度减少权力寻租的空间。加强纪检监察反腐。纪检监察队伍作为反腐败的主力军，要坚定不移履行监督执纪问责职能，坚持正风肃纪反腐。加强多方监督力量，探索建立党内监督与人大、政协、审计、信访、司法、舆论等监督的联动机制，探索"提级监督"和"网格纪检监察联络员"制度，拓宽监督途径。加强政治巡察监督。采取"四不两直"、明察暗访、随机抽查等方式，收集整理问题线索，检查廉洁风险点，查处腐败问题，发挥巡察震慑遏制作用，做好"回头看"工作，确保有关单位整改到位、落实到位，让权力受到有效制约和监督。

（三）推进不敢腐，加大腐败严惩的震慑力度

加强廉政风险防控，遏制腐败问题，保持严惩腐败的高压态势是必要手段。通过严惩腐败，破除迷茫心理、侥幸心理、膨胀心理、倦怠心理等，让公职人员真正认识到"莫伸手，伸手必被捉"，做到权为民所用、情为民所系、利为民所谋，真正实现不敢腐。

1. 用好监督执纪"四种形态"

习近平总书记指出："要抓早抓小，有病就马上治，发现问题就及时处理，不能养痈遗患。"在第一种形态上，坚持抓早抓小、动辄得咎，打好预防针，通过咬耳扯袖、红脸出汗的常态，及时制止干部的一些苗头性、倾向性问题，把腐败问题尽早扼杀在摇篮里。在第二、三种形态上，秉着"惩前毖后、治病救人"的原则，当宽则宽，当严则严，对任何违纪违法行为，坚持实事求是，综合运用党纪处分、组织调整、职务调整等方式，让违纪违法者及时醒悟、尽早止损。在第四种形态上，严肃追责，对那些造成重大损失、有恶劣影响的严重违纪违法少数"害群之马"，必须坚持"零容忍"态度，严格落实"一案双查"，发挥强有力的震慑作用。

2. 加强腐败惩处的力度

保持反腐高压态势，防止破窗效应，强化不敢腐的政治震慑。对涉及人财物的关键岗位，以及工程建设、教育医疗、金融投资等重点领域，重点监督，加大查处力度，一旦发现腐败问题，严肃追责问责。在案件查办中，严格按照程序办事，建立纪律审查中打招呼、说人情报告备案制度，破除特权思想、人情观念，严肃办案纪律，确保办案人员公正履职。案件结果要在党内党外进行广泛通报批评，通过下发文件、官网

通报、纸媒公示、自媒体宣传等方式,在群众中造成深远影响,达到震慑警醒的作用。

3. 发挥以案治本的功能

做好案件的"后半篇文章",深化以案为鉴、以案促改、以案促治,以常德本地典型反面案件为教材,对违纪违法案例进行深入分析,开展廉洁风险点特点、原因、过程等情况分析,不仅要查清楚问题,更要深入查找案件背后暴露的廉政风险、制度漏洞,及时分析发现共性问题,为同类型腐败问题的预防打好前期基础,同时针对案发单位,以纪律监察建议书的形式,督促案发单位及时完善制度缺陷,召开民生生活会、警示教育大会等,确保整改到位、举一反三,达到查处一案、警示一片、治理一方的良好效果。

第五部分

中国式现代化与数字治理

微党建：数智时代基层党建模式创新的理论意蕴与现实逻辑[①]

赵友华[②] 罗静怡[③]

摘要：随着数字智能时代的来临与移动互联终端的普及，基层党建领域开始形塑出一种全新的工作模式——微党建。这种微型党建模式具有数字化运行、指尖化操作、联动化交互和立体化覆盖等特点，能够以小平台助力大党建、用小数据释放大效能、凭小终端开辟大空间、使小链接构筑大监网。从微党建的运行体系来看，其秉承智慧驱动的核心理念，具有平台互补的双重形式，包含了层次支撑的三大板块，并且兼容复合了管理、育人、宣传和服务四大功能，高效助力基层党建实效提升。未来，微党建应当遵循集成、求实和向善的推进逻辑，积极回应平台融通壁垒、数字形式主义和政治安全风险等现实隐忧，从而实现基层党建工作的高质量发展。

关键词：数智时代；微党建；智慧党建

一、引言

党的二十大指出，要"增强党组织政治功能和组织功能，坚持大抓基层的鲜明导向，把基层党组织建设成为有效实现党的领导的坚强战斗堡垒"。基层党组织是整个党组织的"神经末梢"，加强党的基层组织建设，高质量推进基层党建工作，不仅关乎党的各项路线方针政策有效落地落实落细，更是党始终保持与人民群众的血肉联系，进而稳固执政基础的坚实保障。近年来，大数据、人工智能、区块链等数字智能技术的迭代突破及其在经济社会发展各领域应用的极速推进，使得基层党建工作既面临新的时代命题，又迎来了新的发展机遇。早在2012年，习近平总书记就强调，"各级党委

[①] 本文是国家社科基金青年项目"数字技术在发展全过程人民民主中的作用机理及其实现策略研究"（22CZZ009）和湘潭市社科重点项目"数字时代党建引领乡村文化振兴的作用机理与实现路径研究"（2023B06）的阶段性成果。
[②] 赵友华，管理学博士，湘潭大学公共管理学院讲师、硕士生导师。
[③] 罗静怡，湘潭大学政府治理体系与治理能力现代化研究中心研究助理。

要高度重视信息化发展对党的建设的影响,做到网络发展到哪里党的工作就覆盖到哪里,充分运用信息技术改进党员教育管理、提高群众工作水平"。因而,如何紧扣数智时代的发展脉搏,突破传统党建模式的藩篱,积极构建多层级贯联、多主体互动、多领域融通和多功能复合的基层党建工作新格局,对于"坚持党对基层治理的全面领导,把党的领导贯穿基层治理全过程、各方面"具有重要意义。

伴随着数字智能技术在党建工作体系中的深刻嵌入,基层党建数字化转型和智能化升级也在不断加速,借助移动互联设备的应用普及,基层党建实践中开始形塑出一种全新的党建模式——微党建。微党建的本质是充分利用移动互联、虚拟现实、云存储等数字技术优势,依托"两微一端"等移动媒体智慧平台,在无缝承接传统党建业务的基础上,深度重构基层党建的运作模式与组织形式,实现高访问量、高回应频率和高用户黏性,有效提升基层党建工作的牵引力。当前,数智化党建的"微"创新样态已在部分地区的基层治理实践中率先显现,成为落实智慧党建理念、提升基层党建实效和引领社会治理创新的重要抓手。本文旨在通过对微党建核心意涵的把握,勾勒基层党建模式"微"创新的价值图景,归纳提炼数智时代基层微党建模式的构成要素,并在审视其实践限度的基础上,努力探索基层微党建高质量发展的现实理路。

二、基层党建模式"微"创新的价值向度

微党建是基层党建深入推进与数字技术应用深嵌融合发展的产物,得益于无线通信与智能移动设备的普及,一个高效、微端、联动、立体的基层智慧党建新模式正在加速形成,并日益展示出其独特的价值效应。

(一)"微平台"——小平台助力大党建

微党建依托数智化的掌上微平台而展开,虚拟化和实时化的在线协作模式能够打破传统基层党建彼此孤立的割裂状态,新载体的嵌入使基层党建组织力与统筹力显著增强。传统基层党建过程中的会议学习、党性教育、民主评议等活动大多采用线下方式开展,深受时空条件的束缚。对标新时代基层党建工作的内在要求,微党建更加强调发挥党建引领、协同联动的统筹作用,在各类党建微平台的助力下,着力破解基层党建中的"中梗阻"难题,理顺组织关系和业务关联,实现基层党建工作的跨越式发展。第一,跨部门。随着全国智慧党建平台的集成式建设,各类党建微信、微博和客户端不断涌现。这些党建微平台的在线信息发布和实时研讨交流等功能,促进了基层党建部门之间的资源共享和信息传播,为跨部门的基层联合党建拓宽了移动网络通道。第二,跨层级。微平台上畅通的党务信息收发、活跃的党员互动交流和即时的党建部门联动,减少了传统党建活动中的层级束缚,形成整体联动式的复合结构模式,基层党建组织趋于扁平化。第三,跨地域。移动微平台的多维交互特性,促使基层党建工

作不再受地域条件的限制。在线微平台广泛凝聚基层党员，党建触角随着在线党支部、党小组的建立而不断延伸，基层党组织网络做到了物理空间和虚拟空间的全域覆盖，跨地域的平台磋商、支部共建与协同治理得以实现。

（二）"微管理"——小数据释放大效能

微党建平台通过对一条条微小的党员个人信息数据、基层党组织及其工作信息数据进行集中归并和整合处理，系统化地重构党务流程，构建起智慧管理模式，大大提升基层党组织的管理水平。第一，党务管理效率提高。党员个人信息和党支部信息一经录入基层党务数据管理平台后，借由大数据技术的自动识别、分类归并、集成储存等功能，迅速汇集成庞大的党务信息资源数据库，而党建管理平台内部的云计算技术则以高速的数据流转，对海量信息进行综合分析与算法处理，便于基层党组织准确全面地掌握各类党务信息。同时，要求党员通过登录在线管理平台，及时报告个人事项、按时交纳党费、实时参加党建活动，极大地简化党务管理流程。第二，党员管理效果突出。由于党员个人的学习状况和活动情况都存储在云端，通过调取党员学习记录、思想汇报材料、民主评议发言等规律性党建活动的数据，利用智能平台的深度学习技术加以算法分析，能够对党员的个体情况进行精准化的用户"画像"。进而，在刻画出一个个鲜活党员形象的基础上，筛选确定最适合的教育和管理方案，这种因"人"制宜的党员管理模式将不断促进基层党务工作精细化、定制化和智能化。第三，舆情管控能力跃升。数智时代的基层党组织舆情治理能够基于舆情传播规律与智能技术逻辑，构建起提前预判、实时响应和及时调控的网络舆情"微管理"机制。比如，基层党组织可以利用智能管理系统自动抓取并快速审核敏感数据，监测具有舆情风险的网络言论动态，对其加以分析研判并积极引导基层舆情走向。

（三）"微服务"——小终端开辟大空间

微党建打破了传统党建工作中单向沟通的局限，党建服务阵地通过一个个小终端扩展至全域性网络，以"微服务"实现党群服务空间的在线拓展。"微服务"精准锚定人民群众急难愁盼的各类现实问题，借助移动终端设备与智慧党建平台构建实时沟通机制，疏通基层党群服务的"最后一公里"，助推党务、政务和服务融合创新。一方面，精准"微服务"基层党员。在基层党员与党组织的微交互中，指尖点击智慧党建平台中的学习视频或文本链接，即可获取符合党员偏好的个性化素材，满足了基层党员不同的服务需求。通过这种持续的在线服务需求传达，在推荐算法的助力下，最新的学习资讯会自动推送到个人的移动终端程序上。同时，利用党员论坛等平台版块进行在线培训和实时答疑，促进了基层党员与组织的思想交流，且进一步深化基层党员间的联系。另一方面，高效"微服务"基层群众。微党建尊重基层群众差异化的素养与能力，以社交网络和移动终端为基础，设计了简单实用的信息沟通渠道，提供便捷的群众发声路径。基层党建平台上的社情民意经智能算法分类处理后，将会快速传递到相关职能部门集成办理，抑或将其与党员的志愿服务相对接，实现精准掌握和就地回应基层群众的民生服务需求。

（四）"微监督"——小链接构筑大监网

"微监督"通过融合线下线上阵地、弥合监督死角缝隙、凝聚党内党外力量，构筑起全员参与、全流程覆盖和全场景布控的一体化监督网络，是数智时代民主监督的有益补充。在数智融媒背景下，智慧党务监督平台可以实现媒体监督、党内监督与群众监督的贯通衔接，成为因应基层反腐复杂态势的新探索和新常态。第一，"微监督"壮大舆论监督声势。移动微党建平台本身具有舆论监督的功能，通过即时的图文+视频传播形式直击基层党建难点、痛点和堵点，监督内容简明扼要，反映问题一针见血，并能迅速引起广泛的社会关注。通过"声声"压力传导层层责任，倒逼基层推进反腐倡廉、整肃党风党纪，让媒体监督在微平台空间更具有影响力。第二，"微监督"优化内部监督体系。微党建平台通过数据联通、终端联动和主体联合，构建起"不留空白、不留盲区、不留死角"的工作管理体系，不仅极大地降低监督成本，而且能够做到动态响应、闭环处理和系统痕迹记录。比如，微党建平台内设党员自我监督与相互监督版块，通过平台的"实时上报-公正审查-快速反馈"机制，能够及时遏制事态发酵。而在党员信息数据库精准留痕，借助数据异动进行自动识别与预警，则可不断缩小权力寻租边界，打造平台终端线索互通、数据关联、协同作战的数字监督模式，使党内监督在微平台趋于智慧化。第三，"微监督"强化群众监督力量。广大人民群众既可访问微党建平台直接反映相关问题，提升监督信息的精准性，使相关部门及时获取线索并快速做出回应；亦可以通过发布评论和转发博文等形式监督违规违纪行为，倒逼基层党政机关改进作风，使"他律"积极影响基层权力监督的全环节。

三、数智时代基层微党建模式的体系建构

通过对微型党建模式核心要素的全面检视，可以发现，微党建的体系化运行包括了一个理念、两种形式、三大板块和四项功能的集成架构。

（一）智慧驱动的核心理念

所谓"智慧党建"，即党建智慧化，要求在党建工作过程中厚植数字思维、深化数字应用并拓展数字场景，以智能形式响应党建日常工作及组织活动的各种需求，将分散、零碎、独立的党建信息进行系统整合，从而构建起党建发展的智慧环境。微党建即是以"智慧党建"为旨归，在基层党建工作中秉持智慧驱动的核心理念，具体表现为以下几个方面：第一，智慧感知党建需求。通过大数据、云计算等数字智能技术在基层党建工作体系中的嵌入，基层党组织可以基于数据动态变化实时感知党员的思想

状态和行为倾向，跟踪掌握党建工作的推进步骤和实施效果，及时捕捉到基层群众的民生服务诉求……与传统党建模式相比，不仅降低了人力和物力成本，减轻基层治理负担，而且更加智慧和高效。第二，智慧参与党建过程。微党建平台的用户群体包括基层党员和群众，他们既可以通过登录或访问各类掌上智慧平台直接参与党建活动、发表工作建言、办理党建业务；也可在驻足屏幕、浏览文本、转发链接等"指尖"过程中，间接实现对基层党建的智慧参与。第三，智慧处理党建业务。微党建平台可以基于海量信息汇集的数据库自动识别问题，通过平台之间的智慧交互，对其加以智慧分析和处理，并为基层党组织的党建工作提供科学精准的智慧建议。

（二）平台互补的双重形式

微党建平台的双重形式意指自建专属平台与公共通用平台两类。自建专属平台指的是党务部门基于党建工作的需要，开发建立用于专门处理党建业务的数字平台系统。自二十一世纪初，我国党建网页平台的战略布局就已初具规模，至今基本形成了以"共产党员网－全国党建网站联盟"和"中国共产党新闻网－全国党建云平台"为主要代表的网页平台，在开展党员教育、加强资源整合、信息交流共享等方面起到了巨大的推动作用。随着移动客户端（APP）的普及应用，微党建的"指尖"平台因其覆盖面广、可及性强和便捷度高而受到基层党组织的青睐。"学习强国""党员小书包""党建云"等专属平台现已成为基层党建不可或缺的新媒介工具。另一方面，基层党组织还在微博、微信、抖音、公众号等媒介上创立官方账号，根据不同平台的传播特性开展相关党建工作，这些则属于公共通用平台的范畴。例如，在微信建立线上群组进行党员管理，在公众号利用趣味视频解读政策，在抖音通过自媒体账号发布 Vlog 加强与网民的互动等，极大地提升了通用党建平台的吸引力和感召力。与通用平台相比，专属平台在党性教育、党员管理等方面更加集中和专业化，而通用平台在受众群体、传播范围和表达方式等方面则更具优势，应该说，两种形式互联互通、互为补充，共同构成了微党建的基本形式。

（三）层次支撑的三大板块

从微党建模式运行的内在逻辑来看，其需要以基础数据作为支撑，以平台运营作为中介，以用户服务作为导向，从而形成层次分明、相互支撑的三大板块。第一，基础层的数据板块。微党建平台将各项数据流转和终端算法作为正常运行的前提条件，所以数据板块是微党建平台体系建构的数据交互中心，其功能是实时录入存储基层党员个人基本信息和党务基本数据，动态更新党员到岗、学习、流动和违纪等数据资源，促进不同数据信息的集成汇总和平台共享。数据板块集成党员个体的小数据汇集成庞大的智能库房，从而为微党建平台上各项业务的高效办理提供基础数据支撑。第二，中间层的运营板块。微党建平台是数智时代基层党组织推进政治建设、思想建设、组织建设、作风建设、纪律建设和制度建设的工具载体,平台的运营管理状况直接影响基层党建的整体效能,更关涉到广大基层党员和群众能否深度参与其中。因此,微党建的运营板块要始终以提升基层党建工作成效作为目标,不断优化内部的管理流程和外部的访问界面,全面提升基层党建智慧化水平。第三,应用层的用户板块。微党建平台的服务对象是基层党员和群众。一方面,微党建要利用党员信息管理系统打造党员信息资源库,实现党员干部信息更新、党组织关系转接、党费交纳等一体化管理,促进党员之间的互动交流和信息共享,提高基层党组织的凝聚力。另一方面,微党建通过移动网络问政、在线民意征集等模块听取广大基层群众的心声与建议,有效增强基层群众参与党建事业的积极性、主动性和创造性,推动网络群众路线的深入开展,提高基层党组织的向心力。

(四)兼容复合的四项功能

微党建模式内蕴管理、育人、宣传和服务四大功能,充分契合了新时代基层党建的现实要求,确保基层党建紧紧围绕党的中心工作来开展。第一,以数据集成的方式达到高效管理。基层党组织借助大数据和云计算进行党务数据化、集成化管理,通过建立党员的个人电子档案和党组织数据库,有效实现对"流动党员"和日常党务的管理;并在网络空间打造跨组织、多部门的协同化党建工作格局,发挥不同党建部门的联动作用,以数字智能技术支撑科学高效的管理功能。第二,以新颖生动的形式实现育人目标。微党建平台内嵌提供思想学习、政策解读、理论宣传等党性教育板块,通过图文并茂或简短 Vlog 的新颖方式,契合不同基层党员的个性化学习需求,由此激发广大党员自发参与思想政治学习的热情,优化动态活跃的育人功能。第三,以主流价值的引领筑牢宣传阵地。微党建宣传系统基于基层党员和群众年龄结构、学历层次等数据,对其微博关注、微信互动、时事评论等数据及时抓取分析,智慧生成基层党员和群众的思想倾向信息,进而统筹使用各类微党建传播媒介,将传播内容全覆盖与个性化推送相融合,既提升主流价值宣扬的思想感召力,又满足主流价值传播的个性化需求。第四,以精准递送的模式提升服务效能。"数据跑路"的服务模式已成为微党建的新常态,移动互联网的便捷性不仅将党群服务延时至"实时在线",更将服务阵地延伸至各个领域,提供更丰富、更高效的民生服务;同时,着力实现党群服务精准下沉至各类对象,以数据赋能促进基层党建服务能力现代化。

四、基层微党建高质量发展的现实逻辑

诚然,微党建通过深耕基层党建的内容厚度与价值深度,为推动基层党建现代化注入了数智基因,但现实发展过程中仍面临平台融通壁垒、技术形式主义和政治安全风险等隐忧。如何顺应数智时代的发展趋势,深刻突破微党建存在的实践限度,正成为未来基层党建高质量发展不可忽视的关键议题。

（一）数智集成：破除平台融通壁垒

数智平台是微党建模式运行的载体支撑，有效地破除平台间的融通壁垒并对各类平台加以整合，是微党建功能实现的关键所在。客观而言，基层各地本身的数字基建程度不一，有些欠发达地区的基层党组织较少建立或使用微党建平台，这就导致全域性的微党建平台体系出现链条断裂，数据流通和业务联通自然难以实现。与之相反的是，有些党建部门热衷治理工具的开发而忽视平台功能分散、流程割裂等问题，基层微党建因平台整体性欠缺而未能有效联动。

故而，应当遵循数智集成的逻辑，加强微党建平台体系建设的顶层设计与统筹规划，打破基层微党建平台间各行其是、各自为政的分散局面，着重破解阻碍平台共建共享的体制机制难题，实现整体性治理。首先，要做好数字基建全盘布局。上级党委政府应将数字基建与基层发展规划进行统一部署，重视平台软硬件设施的有效衔接，建设过程中要采用统一标准，兼顾成本和效益，打造集教育管理、服务宣传等多功能于一体的数字平台，以高质量的数字基建夯实微党建发展的条件基础。其次，构建整体性的平台网络，破除"平台孤岛"。基层党组织应优化数智化党建平台的联通环境，合并一批重复平台、清理一批闲置平台、下架一批落后平台，推进微党建核心功能的整合互动与无缝衔接，使不同平台之间和平台内部板块间产生联动效应。同时，强化数字技术协作，不断盘活数据资源，持续建设基层微党建平台的大数据库，深入推进组织内外、平台上下、人员之间的党建数据流动，构建全方位、全环节的平台数据共享格局。

（二）数智求实：消解数字形式主义

当智慧平台日益成为基层党组织开展微党建的有力依托之时，数字形式主义也开始悄然滋长。数字形式主义是形式主义顽疾在数字治理领域的新变种，相较于传统的形式主义，数字形式主义隐蔽性更强，不仅脱离了实际工作的需要，而且徒增基层治理的负荷。具体到基层党建领域，一些基层党建平台在实际运行过程中重建立、轻建设，也缺乏必要的平台维护，逐渐成为敷衍回复或无人问津的"僵尸平台"。这不仅导致微党建平台上基层党员的在线活跃度不够，更降低了基层群众线上参与党建的积极性，从而减损基层党组织的组织力与向心力。

因此，微党建必须脱虚向实，紧扣实效提升的中心目标，防止数字形式主义滋生蔓延。第一，突出党建求实导向。在微平台应用于基层党建的过程中，要坚持党建为主、数字为辅的正确定位，聚焦基层党建各项功能的高效实现，从重数字数据转向重实绩实效，对于大搞数字政绩工程、形式主义的行为现象要大力遏制并严肃追责。第二，注重用户满意评价。要加强对基层党员参与线上支部活动和学习教育管理的成效评估，倾听广大基层党员干部对于微党建平台使用的评价；同时，将基层群众的满意度作为基层党建考核的关键性指标,推动基层微党建更好地满足群众服务需要。第三,推动线上线下融合。微党建并非要彻底否定传统党建模式,而是要通过助推线上党建与线下党建相融合,实现基层党建的高质量发展。所以,必须谨防"键对键"取代"面对面"的实践误区,深入开展线上微党建的同时,重视下基层、办实事、解难题,筑牢线上线下两个党建阵地,打造一体化服务机制,促进基层党群服务工作实效的整体跃升。

(三) 数智向善：规避政治安全风险

数智时代的技术变革为基层党建创新提供了新的引擎,但在深度应用的背后也潜藏着新的风险。微党建平台运行过程中,极有可能在数据信息安全和意识形态安全方面面临新的挑战,进而引发政治安全风险。一方面,由于基层党组织成员构成复杂,基层党员年龄老龄化,数据安全风险防范意识与能力不强;加之基层党务人员的数字素养参差不齐,难以及时发现智慧党建平台运行的安全隐患,更难有效应对敏感政治信息泄露或关键数据被篡改的多重风险。另一方面,微党建平台空间中庞杂多元的信息涌入让基层党员群众很难迅速辨识,主流价值思想可能会被其他社会思潮信息先入为主地挤占,同时在智能推送算法的干预下诱发"信息茧房"效应,导致部分用户群体对社会主流意识形态的疏离甚至是误解。

随着微党建的深入推进,必须正视可能引发的基层政治安全风险,积极构建以信任、安全、可控等原则为基础的智慧党建体系,推动技术、人、组织良性互动,塑造数智向善的微党建应用环境。一方面,完善微党建安全运行的网络体系,强化风险前瞻。微党建依托的移动智慧平台运行需要"内网"与"外网"的联通,其中,"内网"是指基层党务专用网络,"外网"则指连接不同地区的公共广域网。所以,既要将涉及政治安全的敏感、核心数据牢牢限制在"内网"中,同时也要实时关注"外网"动态,通过及时的信息传递和风险预警系统,快速发现并控制数据泄漏风险,将局部风险化小为无,最大限度地消除微党建实践中的政治安全隐患。另一方面,优化微党建健康发展的监管体系,筑牢安全堤坝。基层党组织应建立健全监管体系,根据智能算法嵌入微党建的运作逻辑,针对智能算法的设计、开发与应用环节,完善专业的监管责任分配机制。通过采取制度安排或政策激励等措施,促进研发企业和技术专家将主流价值原则嵌入到微党建平台算法中,从源头减弱"信息茧房"带来的负面效应。同时,不能过度依赖智能算法,忽视了人的主观能动性,要重视构建人机协防机制。比如,通过改变平台内部的程序写法,打破智能算法的完全自我学习与进阶,阶段性地人工检验并纠正因算法失误而造成的信息风险,借助专业分析来系统研判数据异常、数据投毒和数据泄密等风险,综合防范微党建可能出现的各类问题。

参考文献

[1] 习近平. 高举中国特色社会主义伟大旗帜为全面建设社会主义现代化国家而团结奋斗[N]. 人民日报, 2022-10-26 (1).

[2] 周双磊. 社会工作参与社会组织党建实践研究——基于N市S社会组织平台的考察[J], 经济社会体制比较, 2022 (1): 148-157.

[3] 习近平. 在全国组织部长会议上的讲话[J]. 党建研究, 2012 (1): 4-11.

[4] 中共中央国务院关于加强基层治理体系和治理能力现代化建设的意见[N]. 人民日报, 2021-07-12 (1).

[5] 刘锋. 全域党建助推基层党建创新的路径探赜[J]. 学校党建与思想教育, 2023 (7): 37-39.

[6] 王巍巍. 基层"微党建"的三重主张[J] 人民论坛, 2018 (21): 110-111.

[7] 詹捷慧. 人工智能赋能高校党建工作[J] 人民论坛, 2022 (13): 73-75.

[8] 黄先开. 数字技术在高校基层党建创新的应用分析[J]. 人民论坛 2021 (32): 82-84.

[9] 谢俊, 黄艳君. 大数据助推廉政监督: 新发展、现实价值及实践路径[J]. 重庆社会科学, 2022 (1): 17-26.

[10] 王莉. 让智慧党建真正发挥实效[J] 人民论坛, 2019 (3): 110-111.

[11] 陈甦, 刘小妹. 我国"互联网+党建"新模式成效斐然[J]. 人民论坛, 2017 (1): 103-105.

[12] 谢俊波. "互联网+"时代党建知识服务平台的应用创新路径探究[J]. 出版广角, 2018 (20): 51-53.

[13] 方海洋, 左娅菲娜. 大数据视域下高校"智慧党建"体系构建研究[J]. 探索, 2018 (3): 116-122.

[14] 米华全. 人工智能赋能高校党建的逻辑理路与实践策略[J]. 思想理论教育, 2021 (9): 81-87.

[15] 刘红凛. 党建信息化的发展进程与"互联网+党建"[J]. 南京政治学院学报, 2016 (1): 34-40.

[16] 刘佳. 高校数智化党建的价值图景、实践限度及优化路径[J]. 思想理论教育, 2022 (11): 80-85.

数字技术何以驱动乡村精细化治理转型
——基于赣西北H村的个案研究[①]

万栗江[②]

摘要： 乡村精细化治理是推动数字乡村高质量发展的关键抓手，也是推进乡村治理体系与治理能力现代化的题中之义。数字技术驱动乡村精细化治理能够为乡村治理赋能增效，并形塑出乡村场域的精细化治理模式。精细化治理是对粗放式管理方式在风险和不确定性条件下的反思和超越，亦是当下乡村治理走向专业化和科学化目标的现实需求与转型方向。通过对精细化治理的缘起、内涵及数字乡村场景匹配进行诠释，结合赣西北H村"数字工作台"的个案审视，发现数字技术驱动的乡村精细化治理具有成本精算化、分工专业化、流程规范化、供给精准化及主体多元化等特征。探究乡村精细化治理的生成逻辑，其呈现依托数字技术赋能塑造出多元协作、良性互动以及明晰治理等乡村治理图景，进而驱动乡村治理方式由粗放式管理向精细化治理的现代化转型。基于"技术—制度—价值"三维解释视角，从平台场景孵化、数字制度创新和数字理念培育等维度提出乡村精细化治理转型的技术路径，旨在借力数字技术赋能实现精细化的乡村治理，推动乡村治理提质增效。

关键词： 数字技术；数字乡村；精细化治理；乡村治理转型；数字治理

一、问题的提出

改革开放开启了中国现代化发展的新纪元，促进了中国经济社会的蓬勃发展。在这一进程中，乡村的发展速度相对来说仍比较滞后，乡村面临着人口外流、资本短缺和土地抛荒等诸多困境，诱发出乡村社会"原子化""空心化""离散化"等乡村衰败现象，成为新时代乡村振兴亟须解决的现实议题。随着数字技术的飞速发展，乡村治理也迎来了变革的重要契机，借助数字技术促进乡村治理转型日益成为实现乡村治理

[①]本文为国家社科基金重大招标项目（23&ZD141）。
[②]作者简介：万栗江，男，南京农业大学公共管理学院行政管理专业博士研究生。

有效的重要途径。

当前学界围绕乡村精细化治理研究主要聚焦在以下三个方面：一是从模式优化层面出发，认为通过引入组织管理的技巧，注重治理整体设计，满足村民的差异化需求能够实现治理单元精细化、部门职责精细化、治理过程精细化、参与主体精细化，推动社会治理模式从粗放式管理到精细化治理。二是从运作逻辑层面出发，在"国家—社会"关系视角下兼顾国家治理和基层治理的有效性，完善乡村社会内部的自我治理，从政策执行、村干部权责及村民日常生活的精细化管理维度促进乡村治理的精细化趋向。在具体实践中通过对农民的经济激励动员、规范化的制度设计与制度供给，重建个体与集体的联结纽带，提升乡村治理的精细化水平。三是从实现路径层面出发，从国家中心主义的视角转向以基层和村庄为主线的视角，以巧妙的机制设计把宏观层次上的中国农业农村市场化和现代化发展战略与微观层次上的乡村振兴结合起来，朝向精细化治理的方向发展。

综上文献所述，学术界对于乡村精细化治理议题的研究主要集中在模式优化、运作逻辑和实现路径等中观层面，这些研究大多倾向从管理主义的角度分析乡村精细化治理的逻辑与实现路径，对数字技术如何驱动乡村精细化治理的微观问题未给予足够重视，对于数字技术驱动乡村精细化治理的生成逻辑的相关研究成果也尚付阙如。立足实现乡村治理有效的目标导向，乡村如何实现精细化治理转型？如何更好地提升精细化治理的效果？这些问题仍有待进一步思考。鉴于此，本文以赣西北H村"数字工作台"为考察对象，并于2022年12月对H村开展为期一个月的跟踪式调研，通过参与式观察等方法对H村村干部、驻村干部、村民等进行访谈，了解H村"数字工作台"的运作实效，剖析乡村精细化治理的基本逻辑，在此基础上提出精细化治理的转型路径，以期为其他村庄提供有效模式借鉴。

二、精细化治理：概念厘定与数字乡村场景匹配

（一）何为"精细化治理"

"精细化"（Refinement）概念发端于西方社会，由20世纪初美国人泰勒所倡导的科学管理运动和日本的"精益管理"基础上演变而来，其具有精确、细致、标准等含义，旨在以最小的资源投入创造尽可能多的价值产出。在社会分工逐步细化和服务精细程度不断提高的背景下，传统的粗放式管理思维和低效的管理方式愈发不符合时代需求，由此引发对高效、优质和精简等精细化理念的强烈追求，因而精细化管理逐渐成为现代工业和企业管理的新思路。20世纪80年代之后，以"精与细"为核心的管理理念逐渐被行政部门所接受，并随着管理模式的变革开始面向绩效考核，在目标设定、部门建构及权责分配上都进行了更精细的设定，旨在建立更高效、更精细的组织结构

体系，减少组织运行成本，提高事务处理效率。

从基层治理的实践看，"精细化治理"由两方面涵义组成：一是突出从"粗放"到"精细"的转变；二是突出从"管理"到"治理"的转型。前者聚焦于行政管理的程序和技术，通过标准化、流程化和信息化等手段，将全面质量管理等科学方式应用于治理实践。后者则更加注重对利益主体要求的回应性，以加强治理主体之间的互动来提高基层治理服务供给的敏感度和细致化水平，凸显精细化治理的服务价值取向。实现精细化治理的技术路径在于由"粗放"向"精细"的转变，而精细化治理的主体维度与核心价值则由"管理"向"治理"转向进行彰显。因此，本文认为乡村精细化治理的内涵是以现代信息技术为基础，融入精细化理念，依托乡村智慧网格与数字平台，以更加规范、便捷的信息互动渠道，更专业的治理手段推进治理技术运用，实现更加人性化、差异化的治理效果，达致精细治理目标。有关精细化治理的特征，已有的学术观点提出实现精细化治理应当在过程细节化、手段专业化、效果精益化及成本精算化等方面着手，且在实施中应注重"精、细、准、严"等特征。

（二）技术嵌入：数字乡村场景下的"精细化治理"

乡村精细化治理是实现乡村治理有效的必然选择。2023年中央一号文件中明确指出"要提升乡村治理效能。完善网格化管理、精细化服务、信息化支撑的基层治理平台"，这不仅是对乡村精细化治理的积极响应，更是推进乡村治理体系与治理能力现代化的必然要求。那么在新的治理模式下如何重塑乡村社会关系与数字治理体系就成为提升乡村治理效能的重要课题，需要不断借助新的治理工具以求达致善治治理。精细化治理蕴含了通过数字技术驱动乡村治理变革的深层逻辑，并推动治理理念、治理流程以及治理机制的整体更新，形成数字技术与精细化治理的共演发展。其主要体现在精准性匹配、精明性契合和精益性塑造等方面。

三、精细化治理何以可能：赣西北H村的"数字工作台"

（一）案例概况

H村位于江西省J市西北部，距离市区20公里，面积12平方公里，全村辖17个村民小组2830人，村主要经济作物有棉花、西瓜和莲藕。H村原来在全镇11个行政村政务各项指标综合排名中较为靠后，但近两年H村在村庄治理领域取得显著成效，彻底摘掉了"落后村"的帽子，被评为当地乡村振兴建设示范村，H村的乡村治理创新经验可为本文提供可靠参考。

H村"数字工作台"主要包含钉钉电脑展示和后台管理端、手机APP两种互动界面以及五大功能模块，分别为"党务公开""村务公开""事务公开""村友圈"和"我的"。H村以物联感知网络汇集数据形成完善的数据底座，同时依托"数字工作台"将事务处理移至线上，利用各功能模块加强对管理范围内各要素的管控，打造事件处理流程闭环，打破传统信息孤岛，实现数据、事务与管理的深入融合。

（二）数字技术驱动乡村精细化治理的现实表征

数字技术驱动乡村精细化治理是数字乡村建设的题中之义，也是数字中国战略的微观缩影。利用数字技术促进乡村治理转型升级体现其治理过程从工具理性的追求向价值理性的跃升，是未来乡村社会发展的主导性策略。根据前述分析归纳出赣西北 H 村通过数字技术驱动乡村精细化治理的现实表征如下：

1. 成本精算化

成本构成了乡村治理的有效要素和基本价值，成本精算化是乡村精细化治理转型的首要任务。第一，现代社会本质上是一个风险社会，乡村社会充斥着不确定性，而对数字技术的有效运用能够增强村庄对未知事务的把控能力。近年来 H 村依托数字技术打造全流程的事件管理体系，形成事件上传、处置、流转、反馈和评价的处理机制，实现全链路的管理闭环，及时化解了乡村社会诸多潜在风险，打通数字技术服务民生的"最后一公里"，有效降低了治理成本。第二，通过数字技术嵌入可以有效消除因信息不透明而导致的村庄各利益相关方之间的裂隙，提高乡村资源供给效率，从而提升乡村治理效能。H 村构建的"数字工作台"能够以信息传导模式的变革实现对复杂事务处理效率的提升，解决乡村多样化复杂问题。第三，数字技术的革新提升了治理主体的判断力以及面对乡村复杂环境的处置能力，打破了乡村布局分散化、原子化的空间限制，建立获取途径多样化和获取环境开放化的信息流通渠道，消除了乡村信息"黑箱"。

2. 分工专业化

分工是乡村治理的要求，构成治理的权责划分和多元协作，分工专业化是乡村精细化治理转型的基本目标。第一，税费改革后国家由原来乡村资源的"获取者"转变为"提供者"，考虑提供服务的有效性需不断细化和更新乡村组织结构保证上级政策执行的流畅性，而数字技术则成为最重要的助推要素。第二，自上而下的压力型体制强化了乡政府权力对村治的渗透，H 村工作多被上级"命令—服从"的运作模式操纵失去自治权，面对密集的资源和事务输入导致其治理面临由"无为而治"式的简约治理逐渐转向"应接不暇"式的过密化治理，这种转向在事务、规则、督查考核与责任方面表现得尤为突出，进而加重了乡村治理内在负担。数字平台的扁平化特性改变了传统乡村事务互动的逻辑起点，H 村在数字平台落实政策过程中以目标责任制方式将任务落实到村干部身上，并依据对应职能为其执行设定一套行动规则与奖惩机制。第三，过去在简政放权的大背景下，上级部门在处理涉农工作时随意将权力伸向村庄，使得村干部无法集中精力处理本村事务，致使乡村关系失衡，村庄治理变得不堪重负。

3. 流程规范化

流程是乡村治理的实际运行机制以及机制背后的动态关系，流程规范化是乡村精细化治理转型的关键环节。第一，过去基于"属地管理"模式，H村在压力型体制与有效治理的结构性张力作用下导致治理资源供给不足，呈现治理流程统筹困境。第二，在科层"发包"的工作考核或政治激励下，过去H村要应对的检查考核多、完成的台账报表多、下派的临时任务多，无法统筹业务内容导致出现多事项服务供需脱节的局面。当前H村借由数字技术介入乡村治理场域，并利用制度化数字平台提升乡村治理的规范化运作水平。第三，H村"数字工作台"能够构建起一个严肃理性的公共舆论场，保障村民的知情权和监督权，改变传统乡村治理的"悬浮"状态，提升村务公开透明性，激发村民参与乡村治理的公共责任感和公共行动力。这种网络治理场域为村民参与乡村治理提供了规则制度依靠，改变了村民参与"弱势"地位，对于提升村务治理流程规范化、透明化起到了推动作用，避免了国家政策的"执行变异"和"精英俘获"，有效提升了村民治村的政治效能感和内在积极性。

4. 供给精准化

国家资源下乡通过项目运作形塑一种"分级治理"体制，这种资源供给模式在相当程度上改善了村民的生活质量，供给精准化成为乡村精细化治理转型的核心内容。第一，城市化的推进消解了乡村社会原有行为秩序，导致村民内部出现利益分化情形，分属不同利益集团的村民在对资源分配与再分配的不均衡性上产生事实上的分裂，逐渐引致乡村治理空间的碎片化。第二，精细化供给平台能够方便村民表达自身合理诉求和解决资源供给"差异化"问题，村组织也能在此过程中根据村民反馈不断优化治理组织架构及增强治理权责的精细化。第三，H村"数字工作台"的搭建加强了乡村社会与外部环境之间的联系，改变过去资源要素由乡村单向流出的窘境，增强外界整合相关资源向乡村社会输送力度，实现治理资源向"农民主体"集中，直接或间接避免了乡村治权的悬浮。

5. 主体多元化

数字技术驱动治理精细化需要动员村庄内部的其他力量参与以提升村庄整体治理效率，主体多元化是乡村精细化治理转型的重要保证。第一，受制于传统村庄治理模式和强势官僚治理逻辑影响，H村过去村级公共权力主要由宗族势力、村组织及本土精英等行为主体进行调配，在这种符合精英既得利益的具有集权性质权威式乡村治理结构下村民成为治理体系的事实局外人，在乡村社会形成合作意愿不足的对立型村庄治理结构。第二，数字技术天然的赋权特质在一定程度上能够重塑乡村社会各主体的权力地位、关系和行为模式，改变过去村"两委"频繁出现的管理越位与缺位行为，压缩乡村治理"制度外"空间削弱村民参与的积极性等问题。在新乡村治理模式构建过程中，H村为村民参与村庄事务提供了新的表达渠道，为多元主体合作共享提供功能保障。第三，H村搭建的"数字工作台"将普通村民、村干部等聚合到同一网络空间下，实现乡村治理多元主体的"脱域性在场"，在平台上村民可咨询各类村庄事务，值班人员将问题及时上报并提供解决方案。

（三）数字平台驱动：乡村精细化治理的生成逻辑

H村"数字工作台"为乡村治理提供了一种新的技术方案，其主要特征所蕴含的生成逻辑是乡村精细化治理的内核所在。值得关注的是，数字技术通过多主体间协同配合、良性互动与明晰治理将乡村精细化治理的应用与深化提升到新的高度，满足了村民的数字活动需求，真正发挥了数字技术赋能乡村精细化治理的功能与效用。

1. 从精英主导到多元协作：合作参与提升精细化治理效能

在乡村治理场域中，多元主体由于在治理过程中因利益诉求不同难免产生合作不畅等问题，而数字技术以其精准性能够有效识别信息资源，打破信息壁垒提升信息的公开透明性，为多元主体间合作共享提供"桥梁"联接功能，从而丰富治理主体的表达与协商空间，最大限度地回应村民需求，进而达成村治共识，增强多元主体间治理信任感与集体性。H村"数字工作台"的有效运行为广大村民提供了信息了解与意见建议渠道，村民通过"村务公开"模块可以清楚知晓村务信息，进而了解村规章制度的制定缘由与出发点。同时，通过设立的"村友圈"模块能够加强村干部与村民之间的交流，推进村庄党建、环境事务的常态化运行，形成以村委会为主导的包括村民、社会组织等主体在内的多元互动格局，共同推动乡村治理朝着精细化方向发展，有效激活乡村内生活力，重塑村庄治理关系。

2. 从单向管控到良性互动：技术支撑构筑精细化治理空间

大数据以其特有的数据感知与智慧挖掘特性能够开发出数据的潜在价值，发挥数据作为关键生产要素及其数据共享方面的重要作用。一方面，大数据能够在乡村公共事务及环境治理等问题上依靠科学数据提升决策的精准性。另一方面，大数据以其预测功能可分析出事态发展走势，从而针对性制定优化方案，进而推动乡村治理从被动应对转为主动处置。H村通过一站式数字工作平台将乡村治理的各项功能集成到云端，利用平台各版块掌握乡村规划、村庄生活和生产情况，摆脱原有非线性互动格局和信息流动难题，尤其是构建起"收集—归类—处置—反馈"的闭环处理机制，在线解决群众关切问题，对党建成果、村情村貌和公共服务等内容进行全方位展现，编织起非科层化乡村治理链条，重构乡村社会良性互动关系。

3. 从粗放治理到明晰治理：数据资源精准整合辅助科学决策

乡村精细化治理推进需要明晰治理层级关系，完善治理信息数据库，打造扁平化、智能化的乡村智慧治理体系。在此过程中应当不断开放数据共享，统一规范数据互动标准与数据管理制度体系，打破信息壁垒和原有的粗放治理格局，实现数据的充分流动与使用，融通线上线下使用场景，整合相关数据资源建立查询指南系统，以高效的数据服务体系支撑乡村治理向着明晰化、智能化与智慧化方向发展。H村借助数字化转型契机将村社通告、规章制度、信息统计和财务公开等服务纳入线上办理清单，建立村情档案库，推动村民触及优质医疗、教育服务。H村对乡村事务汇总的数据要素进行智能感知和准确整合，摆脱传统乡村信息分割的格局，使乡村管理人员快速精准识别问题，将海量数据集聚推动乡村事务变为可知、可读、可视的数字镜像，信息广度与深度被清晰呈现，以技术辅助做出科学决策，实现数据、业务与管理的深度融合，激活"沉睡"的数据要素，进而迈向明晰治理。

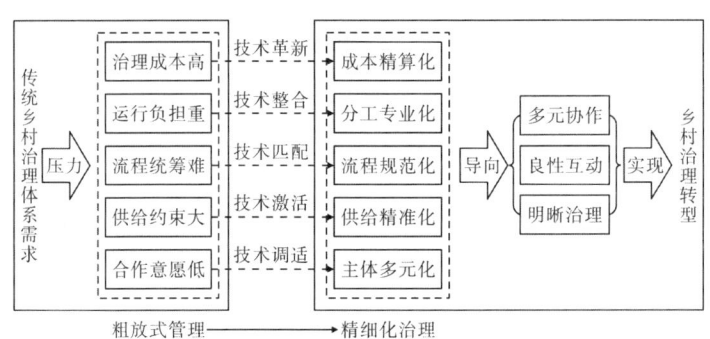

图1 H村精细化治理的数字技术驱动过程

四、精细化治理何以可为："技术—制度—价值"的统合路径

数字技术是推动乡村迈向精细化治理的关键变量，但这一过程不是自动完成的，其要发挥作用就必须与一定的社会制度、价值理念相适应。马克思将科学技术视为生产力的内在要素，认为技术变化带来社会和组织分工，推动现代权力关系的构建与形成。吴敬琏认为一个国家和地区高新技术发展的快慢不仅取决于技术研制，更取决于是否有一套有利于创新活动开展的制度安排。维贝克提出在技术人工物中可以嵌入价值规范，并提醒技术开发者预测其设计在未来可能起到的作用。由此可见，技术、制度、价值等因素都影响着治理效用的充分发挥。因此，塑造与精细化治理相匹配的数字生态体系是实现乡村精细化治理的应有之义。

（一）技术支撑：完善平台场景孵化

乡村精细化治理的前提在于有力的技术支撑，对于乡村治理转型而言，要发挥技术的赋能作用，其基础和核心在于完善平台场景孵化。首先，完善应用场景拓展村民议事渠道。在治理客体上推动乡村治理空间场域拓展，打造数据集中池及时归集村庄数据高效配置乡村资源，佐之以技术手段加强对乡村动态的感知，实现事前智能预测研判并给出合理解决方案，实现由单一"物理场域"向"虚拟场域"的交互叠加转向。其次，采取硬技术与软技术相结合的治理策略。乡村精细化治理质量的提高不仅有赖于新兴技术的硬性基础,更需要植根于善治社会的软性技术,硬性技术不可避免地与权力和权威相联系,需要通过法治的固本来确保其合理性,从而实现乡村治理的正向循环。在将技术作为一种硬性力量自然嵌入乡村治理平台的同时,也应以软性技术的融入重新赋予权力以更高的合理性,将二者有效结合共同形塑独特的治理技术,最大程度发挥治理场景的真实效用。最后,加强技术革新以适应场景需求。精细化治理意味着对治理主体和对象的了解程度加深、组织能力强化以及可利用的治理手段增多。

(二)制度保障:深化数字制度创新

数字技术作为一种治理工具,需要在既有科层组织内运行,同时为发挥其作用也需要构建一套与之相匹配的制度体系,保障系统的良性运转。首先,科学设计数字制度释放治理效用。科学的制度设计能够改变传统数字技术的使用局限,打破乡村治理时空束缚,通过治理结构的聚合效应形塑"双向赋权"的复合结构,实现资源有效配置与互动赋能的治理机制。因而要在顶层设计上激发现有制度活力,减少"权力悬浮""制度空转"的梗阻局面,提升制度创新的自主性和制度绩效。其次,将数字制度创新贯穿整体乡村规则体系。无论是在服务变革还是治理变革层面,数字技术都影响着乡村治理空间的拓展与整合,因此亟须构建丰富应用边界的具体制度机制和制度生态体系,将制度创新与技术治理相结合,增强制度创新的灵活性与包容性,以实现数字制度优化升级,推动乡村社会走向良序善治。最后,塑造正式制度与非正式制度的双重保障。乡村精细化治理这一目标的实现不仅需要国家层面的正式制度保障,还需要与乡村社会的非正式制度进行柔性耦合。在提升治理绩效上应注重正式制度的顶层设计,从整体上推进乡村秩序向善向好。

(三)价值引领:增强数字理念培育

数字技术在冲击原有乡村治理秩序和格局的同时,也迫使技术受众不断转变思维方式,通过信息技术的下沉加速变革人际交互关系。首先,实现技术逻辑与价值逻辑的双向互动。技术逻辑是价值逻辑演进与重塑的基石,能够彰显各主体对技术的控制,因而要实现"技术—价值"逻辑的有效互动,应当以公共性的价值追求来提升治理合法性。其次,增强治理主体的数字价值理念。通过高效重塑适宜乡村发展实际的价值引领机制改变传统科层制运作模式和组织机构,将分散的村民组织起来进行数字培训,提升村民数字理念和数字素养,缩小数字鸿沟,实现数字包容。最后,培育数字思维与参与意识实现公共价值。人作为价值核心是各种关系的集中体现,在将公共利益与公共制度作为精细化治理的价值取向时,应反映个人的生活需求,激发其参与活力,提高治理绩效。对村民数字思维的关注与培训能够增强其参与意识,逐步在乡村空间营造一个扁平化和多中心的权力形态,使得乡村治理实现由"官本位"向"人本位"转变。通过高质量的公共服务供给与村民建立起共同的情感与价值追求,激励村民参与村庄整体治理过程，提升村民参与自主性与主动性，为乡村社会稳定发展注入新动能和新活力。

五、结语与思考

本研究以对典型案例的分析揭示了数字技术赋能塑造出多元协作、良性互动以及明晰治理的乡村精细化治理图景，并通过技术、制度、价值的统合路径回应精细化治理需求，深化对乡村精细化治理的内涵诠释。为持续提升乡村数字精细化治理绩效，未来应妥善处理好技术赋能与治理体制在官僚科层制中的关系，保证乡村本有的自主性、自治能力和弹性空间，确保乡村组织的权责边界清晰，构筑高效运作的制度空间，从而增强基层善治能力。在乡村治理精细化进程中面对村民数字素养不足、数字鸿沟以及数字开放共享程度不足等问题时，应坚持辩证思维，在秩序稳定与治理效率间寻求平衡，通过技术运用与人文关怀的共同塑造构建彼此关切的"发展共同体"。在具体实践中要将技术、制度的科学理性与情感、价值的艺术效果有机结合，从而凝聚乡村治理内外部力量，在治理实践中形成有机的系统化整体，并在严格遵循"乡土逻辑"的基础上打造生产提升、生活舒适和生态良好的乡村精细化发展空间。

但同时需要引起思考的是，现阶段数字技术嵌入乡村精细化治理转型过程中，也要注意防范陷入技术过热和警惕"技术官僚主义""技术利维坦"等技术异化风险，其可能的结果会致使各主体间利益与责任的"连带—制衡"链条发生断裂。首先，应当防止技术在这种具备自我循环和自我扩张的内在倾向驱使下使乡村治理体系面临"被围困"风险，弱化基层治理活力，出现政策事本化处理对村庄整体性治理的切割，造成乡村治理深陷"数字悬浮"和"数字空转"。其次，充分运用数字技术应对乡村事物的模糊性和不确定性，同时防范技术侵蚀人的能动性，将数字技术的"事本逻辑"与乡村治理的"村民本位"等价值导向相结合，增强乡村治理的公共价值。就乡土社会而言，应当构建数字乡村韧性治理机制与协同组织机制，推动乡村韧性关系平台的合作共建，赋能乡村韧性治理共同体的共治共享，拓宽数字乡村韧性治理的发展空间，形成适应性治理体系。最后，在推进数字技术嵌入乡村精细化治理过程中也应挖掘情感治理要素，增强情感关怀，以更接地气的方式获得村民认同，善于将村民的内生情感与外生情感有机结合，增进与村干部的情感交流，构建一种双方相互认同的信任环境，以实现乡村治理现代化的美好愿景。

参考文献

[1] 张海洋. 中国式现代化进程中的乡村振兴：实践、短板及优化向度 [J]. 经济学家，2023（4）：23—32.

[2] 王阳，熊万胜. 从简约治理到精细治理：效率视角下的社会治理及其变迁 [J]. 暨南学报（哲学

社会科学版），2021（7）：87−99.

[3] 杨华，杨丽新. 行政赋能：村社本位的乡村治理现代化实现路径［J］. 求实，2023（1）：83−95+112.

[4] 郁建兴，任杰. 迈向精准治理：后小康时代中国农业农村的再出发［J］. 公共管理学报，2022（3）：1−11+164.

[5] 雷晓康，张田. 数字化治理：公众参与社会治理精细化的政策路径研究［J］. 理论学刊，2021（3）：31−39.

[6] 郭占锋，李轶星，张森. 迈向精细化的乡村治理——以一个陇西移民村的治理实践为例［J］. 西北农林科技大学学报（社会科学版），2021（1）：40.

[7] 温德诚. 政府精细化管理［M］. 北京：新华出版社，2007：52.

[8] 张新文，杜永康. 过密治理与去过密化：基层治理减负的一个解释框架［J］. 求实，2022（6）：47−57+109.

[9] 马克思，恩格斯. 马克思恩格斯选集：第3卷［M］. 中共中央编译局，译. 北京：人民出版社，2012.

[10] 吴敬琏. 发展中国高新技术产业：制度重于技术［M］. 北京：中国发展出版社，2002.

[11] 维贝克. 将技术道德化［M］. 闫宏秀、杨庆峰，译. 上海：上海交通大学出版社，2016：62.

[12] 刘威，徐明琨. "城乡"作为一个治理单元：城乡共治的理论争辩与中国实践［J］. 学习与探索，2022（11）：49−59.

[13] 李燕凌，陈梦雅. 数字赋能如何促进乡村自主治理？——基于"映山红"计划的案例分析［J］. 南京农业大学学报（社会科学版），2022，（3）：65−74.

[14] 胡卫卫，张迪，龚兴媛. 城乡融合发展中数字治理共同体的三重逻辑与建构路径［J］. 华中农业大学学报（社会科学版），2023（2）：112−120.

政府数字化转型的动力机制与策略选择
——基于"环境—制度—行为"的分析框架[①]

王张华[②]　　石纯[③]

摘要：政府数字化转型是数字化时代政府治理变革的现实要求。政府数字化转型受到社会环境变迁、制度环境优化、制度激励约束以及行动主体协同等多重因素影响。从内在的逻辑来看，社会环境的变迁是政府数字化转型的"触发因素"，制度环境的结构性优化是政府数字化转型的"催发因素"；具体的制度安排通过控制成本收益、数据和合法性等关键变量"驱动"政府数字化转型；多元主体参与则构成了政府数字化转型的"行动逻辑"。在此基础上，可以从文化、技术、制度和主体四个方面共同发力，加快推进政府数字化转型。

关键词：政府；数字化转型；动力机制；行动策略

一、问题的提出

近年来，人工智能、大数据等新兴数字技术的兴起，深刻影响人类社会经济生活并逐渐渗透到国家治理的方方面面。以数据驱动和数字化治理为核心特征的政府数字化转型，成为近年来全球政府治理改革的核心议题。推进政府数字化转型是现代国家实现政府治理现代化、提升经济发展水平和增强公民参与度以及社会创新力的共同战略选择。我国在《中华人民共和国国民经济和社会发展第十四个五年规划和2035年远景目标纲要》中明确提出"将数字技术广泛应用于政府管理服务，推动政府治理流程再造和模式优化，不断提高决策科学性和服务效率"，并进一步将公共数据开放、政务信息化和政府服务数字化等作为推动政府数字化转型的重要举措。

随着世界各国政府数字化转型战略的深入实施，国内学者开始对此展开广泛的研

[①]国家社会科学基金项目"数字治理视域下政府与平台型企业合作模式选择及其风险管控研究"，项目编号：22CZZ037。
[②]王张华，湘潭大学公共管理学院讲师，硕士生导师，研究方向为数字治理。
[③]石纯，湘潭大学公共管理学院硕士生，研究方向为数字治理。

究和讨论。从对现有文献的梳理来看，部分研究集中在对域外经验的梳理总结和国内实践镜鉴之上。随着国内数字中国、数字社会和数字政府等顶层战略设计的逐渐清晰，学者们的研究开始注重对国内政府数字化转型的理论阐释和现实关照，对"政府数字化转型"的理论内涵和实践意蕴有了更为清晰的认识。比较有代表性的观点是将政府数字化转型视为数字技术应用的动态性过程，即通过改善政府组织内部运作和推动治理范式变革以实现为公众和社会创造更大公共价值的整体性目标。与此同时，学者们对于政府数字化转型的实践机制和具体路径也进行了充分探索。随着国内政府数字化转型实践向纵深推进，诸多复合因素的约束性也开始显现，影响着政府数字化转型的深入。总体来看，可以从组织运行和社会环境两个方面加以梳理。

一方面，从政府组织运行的角度看，体制机制的制约仍然比较突出。正如简·芳汀指出的那样，未来政府发展真正的挑战不在于构建未来政府的技术能力，而在于克服政府内部根深蒂固的组织性分歧和政治性分歧。组织及其政治规制系统等非技术因素对数字化转型有着深刻的影响。在具体实践过程中也受到制度环境的影响，例如，受属地管理体制的影响，导致部门之间和层级之间的系统衔接不畅，严重阻碍了跨区域、跨部门和跨层级之间的协同和联动。与此同时，数据的共享应用也面临着相似的困境，数据驱动是政府数字化转型的核心特征，数据共享则是实现数据驱动的前提性条件。然而，问题在于部门间的数据共享仍然受制于现有的数据管理体制和根深蒂固的部门本位主义与部门利益。从知识和信息的视角来看，不同知识水平带来的动力效果存在显著差异，影响或决定着政府信息能力水平；而环境类信息、主体类信息和治理功能类信息对政府数字化转型也十分关键。另一方面，从社会环境的角度来看，社会发展的因素依旧影响着政府数字化转型。社会面的数字鸿沟进一步加剧，不同群体间在获取信息和数字技术运用能力方面存在巨大差距，个体隐私保护面临严峻挑战，公众数据被广泛采集，法律、制度和管理的缺失增加了隐私泄露的风险，这些都对政府数字化转型带来了极大的挑战。

梳理现有研究不难发现，政府数字化转型的成功与否既受到传统"体制惯性"的影响，又依托于社会整体发展环境的支撑，正如梅格尔（Mergel）指出，政府数字化转型需要分析内部原因和外部驱动因素。但总体来看，对于政府数字化转型的影响因素分析仍然处于简单罗列和静态描述的阶段，而对具体因素之间相互影响的机制和复杂的互动结构没有应有的理论关照。简而言之，就是缺乏一个整体性的分析框架，用以统合各因素之间的相互关系，并呈现这些因素之间的因果机制链条。由于政府数字化转型的生动实践离不开政府的创新性行动，因此，本文将研究视角聚焦至"政府"这一具体对象，尝试揭示政府数字化转型是如何发生的，哪些因素影响了政府数字化转型的进程。更为具体的看，本文的研究目的和理论价值在于构建一个整体性的理论分析框架来回答和解释上述两个问题，厘清各因素之间的互动关系，揭示动力因素之间的因果机制链条。

二、政府数字化转型的动力机制：基于"环境—制度—主体"的分析框架

本文将政府数字化转型视为是受到外部环境、制度安排与行为主体之间交互影响的系统性工程，强调政府数字化转型深嵌于外部环境之中，并尝试构建一个涵括"环境—制度—主体"三维层次的分析框架，以整体性的阐述政府数字化转型的动力因素以及要素之间的因果发生机制链，如图1所示。

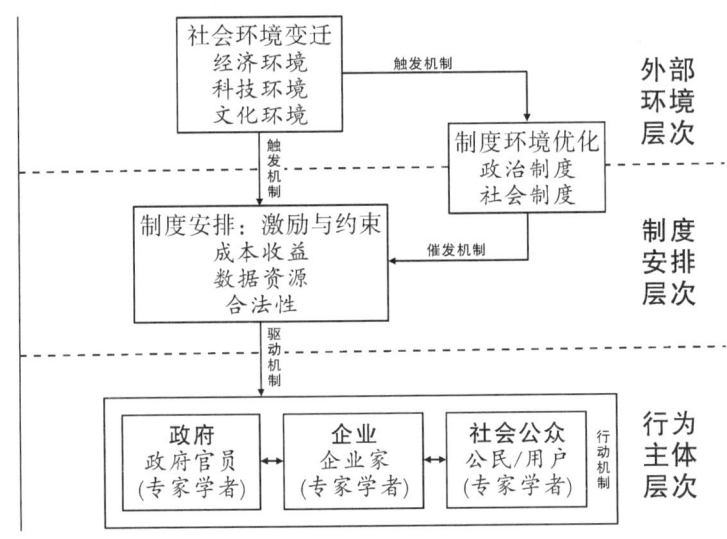

图1　政府数字化转型动力机制的"环境—制度—主体"分析框架

（一）触发机制：经济社会环境变迁

社会环境变迁激发了政府治理创新，推动了政府数字化转型的发生。社会环境是指能够对政府数字化转型产生实际或潜在影响的一切现象，主要包括经济环境、科技环境、文化环境等，其共同构成了政府数字化转型的"触发机制"。

经济发展是政府数字化转型的根本动因。随着以数字技术创新和应用为代表的数字经济形态的发展，数字经济已经开始成为当下社会最为活跃的经济形态。根据中国信息通信研究院发布的《全球数字经济白皮书》来看，我国数字经济规模位居世界第二，总体产值达到5.4万亿美元，增速已高居全球第一。数字经济的快速发展正在引发社会层面全方位、深层次的变革。一方面，数字经济快速发展催生了一系列新的社会需求，各社会主体都对公共治理有了更多期待和诉求。另一方面，数字经济的快速发展带来了更为复杂化、多样化和个性化的现实问题，对政府的治理理念、工具和方式都提出了更高要求。面对社会经济环境的变化，加快数字化转型被政府视为一种解决社会问题并满足各社会主体经济社会利益的有效途径。

技术革命是政府数字化转型的现实动因。新技术革命使得政府治理面临着更多被数字表征的问题，政府治理环境演变为一种物理空间与数字空间交叠的复合构造，政府治理变革成为必然。随着计算能力的提升与计算成本的下降，以大数据、人工智能为代表的数字技术得到了快速发展，深刻影响了经济社会各个领域。从横向上来看，数字技术的应用改善了各部门之间信息的共享和业务的联通，有效破除了部门之间的"信息藩篱"。从纵向上来看，技术的嵌入加速了政府向"扁平化"的方向发展，冲击了传统科层运转的信息机制。具言之，政府可借助技术手段来推动组织结构变革，促进政府内部数据整合共享，优化信息传递与交流方式，让政府治理更加高效智能。

文化变迁是政府数字化转型的深层诱因。政府数字化转型不仅深嵌于经济环境和科技环境之中，也受到社会文化的潜在影响。这种影响可以从宏观社会文化与微观行政文化两个层面来理解：一方面，外部社会文化通过传递新的价值观、理念、行为准则，推动行为主体的理念发生改变，从而促使行为主体积极主动的推动政府数字化转型。另一方面，微观的行政文化也对政府能否充分利用数字技术来加速自身变革有着重要的影响。具体来看，数字行政文化是推动政府数字化转型的内在诱因，能够有效地对行为主体意识中的观念部分进行革新、替换。传统行政文化与强调技术、创新、效率的数字行政文化理念在许多方面相悖，只有政府及其组织成员主动地革新观念，才会衍生出根据社会的现实要求去变革治理模式的追求。

（二）催发机制：制度环境结构性优化

制度环境是一系列规则体系的集合，是由行为主体外部的政治、社会和法律等基础规则组成，可以规范和引导行为主体的行为。制度环境可划分为政治制度环境与社会制度环境，政治制度环境包括政策性维度和法律性维度，社会制度环境则包括结构性社会资本和认知性社会资本。

就政治制度环境而言，一方面，国家层面的高位推动加速了政府数字化转型的顶层设计。十八大以来，数字化发展逐渐成为党治国理政的重要战略抓手。从党的十九届四中全会首次提出"数字政府建设"到2022年6月印发《国务院关于加强数字政府建设的指导意见》，推动政府数字化转型已经成为党和国家的战略性工程，各地方政府也相继出台了数字政府建设规划。总体来看，从中央到地方已经基本架构了政府数字化转型的战略安排。另一方面，法律体系不断完善正在夯实政府数字化转型的法治根基。法律的重要性体现在降低市场交易成本和构建鼓励开放的规则体系。以政企合作建设数字政府为例，由于"数字政府"是一个崭新的领域，与现有法规所适用和针对的情境有所差异，需要实时调整并更新现有法规以明确企业参与范围、评估方法、合同性质、争议处理的途径以及完善私营机构的招标方法。例如，河南省补充了《政府采购法实施条例》和《政府采购货物和服务招标投标管理办法》构成的政府采购规则体系，积极解决政府"数字化"采购过程中合法合规问题，确保"数字化"采购事业健康发展。

就社会制度环境而言，由于社会制度结构所包含的内容太宽泛，本文沿用学界采用社会资本代替社会制度的做法进行分析，包括结构性社会资本和认知性社会资本。结构性社会资本与一系列社会性组织、社会网络以及非正式制度安排有关，会直接或间接地影响政府数字化转型。在第四次科技革命的背景下，数字技术的深度应用正在重塑政府、市场、公民之间的关系。通过数字治理实践可以发现，科技平台企业与政府围绕城市大脑开发、智慧政务以及数字服务供给等正在展开深度的合作与互动，多元主体合作已成为政府数字化转型的典型特征。在社会主体参与水平较高的条件下，利用规则和社会网络实现有效沟通和资源互补，可以降低公共组织数字化过程的制度、信息和技术成本。认知性社会资本是指在一系列主观上共享的价值观念与情感，如信任和认同。信任和认同往往建立在多元主体对政府的合理期待以及政府积极回应这种期待的基础之上。社会主体之间的信任在政府数字化转型过程中发挥至关重要的作用，可以降低交易成本，充当合作伙伴关系以及内部运作的润滑剂，使得公众、社会组织、企业等能够更加积极坚定地参与数字政府建设。

（三）驱动机制：制度安排激励与约束

政府数字化转型的制度安排主要指政府在运用数字技术进行体制机制创新过程中所设置的一系列正式制度结构，主要围绕成本与收益、数据资源、合法性三个关键要素来发挥主体激励约束效果。

第一，成本收益影响政府数字化转型效能。首先，利益共享能够激发社会主体积极参与政府数字化转型。数字化转型需要政府积极主动地寻求与科技公司和其他社会主体合作，利益共享是驱动这种合作的关键因素。只要确保社会主体能够充分享受到政府数字化转型的红利，就能吸引企业、公众、专家等积极参与其中。其次，制度性交易成本约束社会主体参与政府数字化转型。这些成本包括企业和个体遵循政府制定的各种规章和政策而需要付出的显性和隐性成本。较高的显性成本会增加企业的管理和运营成本，阻碍企业的自我创新和发展。为此，政府往往采取减税、政策倾斜、简化审批流程等措施来降低制度性交易成本，鼓励多元主体积极参与数字政府建设，提升政府数字化转型效能。

第二，数据资源共享加速政府数字化转型进程。政府数字化转型离不开数据的交换、融合和共享，高质量的数据流通是政府数字化转型的"加速器"。通常来看，公共服务数字化供给能力是衡量政府数字化转型的重要指标，而高质量的数据共享和输入则有助于精准识别公众服务需求，实现公共服务的高质量供给，提升政府数字化转型效能。同时，区域间数据资源的存量差异也是影响数字化转型进程的重要因素，加强数据资源的共享流通则有助于打破跨部门跨层级跨区域的"数据壁垒",消解数据要素区域流通非均衡性问题。此外,推动政企数据资源共享是提高公共数据开发利用水平的关键,可以加速技术创新应用,从根本上提升政府数字化转型速度。

第三,合法性机制是政府数字化转型的支撑。合法性获取是任何政治系统都不可回避的共性问题,政府数字化转型是一项自我革新的进程,其成功与否与合法性的持续输入和强化密不可分。合法性机制是被社会公众广泛认同和接受的制度通道,只有获得社会的信任和支持,政府数字化转型才能持续推进。因此,完善数字化转型合法性的输入机制至关重要,具体包含认知性和规范性两个方面:一方面,政府与公众都需要深化对数字化转型的认知和理解。政府作为推进数字化转型的实操者,必须深刻科学认识到"数字化"的内核与本质,数字化转型绝不是"新瓶装旧酒",而是整体性和系统性的变革。同时,"数字化"还是有温度且能服务公共利益的"智慧化",社会公众的评价才是衡量转型成败的唯一标准。另一方面,数字化转型必须在合理的规范体系下进行。要注意构建具有层次性、清晰性和系统性的法律制度规范,确保数字化转型不会成为强化资本和技术权力的手段,而是成为能够推动公共利益和公平正义实现的"助推器"。

(四)行动机制:关键主体的行动策略

政府数字化转型是外部环境、制度安排与行为主体积极交互的结果,在环境与制度的作用下,行为主体的能动策略构成了政府数字化转型的具体行动机制。

第一,政府与政府官员:行动的主导者与协调者。中央政府的高位推动是数字化转型成功的根本保证。数字化转型是一场涉及政治、经济、文化、社会等多方面的系统性改革,需要在顶层设计、制度机制和法律法规等层面进行全面统筹,只有中央政府的高位推动才能确保数字化转型的有效实施。技术、人才、数据等资源是数字化转型的基础,而这些资源通常分布在政府各部门以及各类社会组织和企业之中,且各主体间潜藏着利益冲突或目标冲突,往往需要更高一级乃至中央政府等权威主体才能统筹协调各方面资源,并推动多元主体合作参与数字化转型。同时,政府内部的组织整合也是数字化转型的关键。例如,许多地方政府建立了专门的数字化转型工作领导小组,通过构建权威组织机构进行权力和职能的归集,以有效统筹资源并协调各部门、主体间的关系,为数字化转型提供有力的组织支持。

第二,企业与企业家:行动的辅助者与合作者。企业是数字化转型的先行者,较政府而言拥有更丰富的技术储备与实践经验。尽管政企双方在价值诉求和运行逻辑等方面存在着明显差异,但在分工协作、命令执行和约束激励等方面都有着一定共性,政府可以学习借鉴企业数字化转型的理念、技术、方法和手段,以弥补自身的不足。在数字化转型初期,政府主导整个数字化进程,向企业购买技术及服务是双方主要互动行为。随着数字化转型不断深入，私营部门尤其是互联网平台企业成为关键参与者，政企合作逐渐成为推动数字化转型的重要模式。互联网平台企业作为合作者深度介入数字政府建设全过程，不少省份还通过与互联网平台巨头联合成立新的实体公司（如数字广东公司）的形式来推进数字化转型。可见，企业在政府数字化转型中扮演着越来越重要的角色，构建和谐政企关系是实现数字化转型的重要突破口。此外，企业家作为企业的领导者，所具备的战略眼光、创新精神和人文情怀也将影响企业参与政府数字化转型的程度和政企关系的可持续性构建。

第三，社会公众：行动的参与者和建议者。"以人民为中心"是政府数字化转型的根本价值取向，对公民参与的高度重视、对民生诉求的有效感知以及公共服务的精准供给应当成为政府数字化转型的立基之本。数字技术创新提高了公众获取信息自由的能力，个体的声音可以广泛传播并发展成热点问题或事件，产生巨大的社会影响力，有效激发了公众参与公共治理的积极性。在公众的广泛参与下，政府能够了解当下的社会情况与公共议题，缓解双方之间信息不对称的矛盾，提高社会治理效率并降低治理成本。总的来说，社会公众的广泛参与既是夯实政府数字化转型合法性基础的内在要求，也是实现政府数字化转型核心价值的实践进路。因此，推动政府数字化转型的公众参与，才是实现数字化转型"以人为本"导向的重要基础。

第四，专家学者：技术支撑者与理念先行者。专家学者广泛存在于政府、企业与公众之间，掌握着前沿的数字化技术与基础理论知识，是推动数字化转型的智力基础。一方面，专家学者可以为政府数字化转型提供专业技术指导。数字化转型依赖技术应用的扩展来实现治理的全面数字化，而数字技术的复杂性意味着非专业人士难以掌握其内在机理和逻辑构造，因此技术专家的作用至关重要。另一方面，专家学者还可为政府数字化转型发展提供前沿理念引导。数字技术不断迭代更新，政府数字化转型最终要以理论知识的前瞻性来确保技术应用的前沿性。专家学者长期从事理论与实践研究，是数字化理念的革新者和先行者，能够为政府数字化转型注入前沿性思维。

三、文化·技术·制度·主体：政府数字化转型的多维策略选择

外部环境、制度安排与行为主体是影响政府数字化转型效果的关键因素，但同时这些因素也是破解转型难题的要点所在。为此，可从文化、技术、制度、主体四个维度探讨政府数字化转型的有效策略，为地方实践提供丰富参考。

（一）培育创新文化，增强政府数字化转型的内生动力

组织文化是影响政府治理变革的关键因素，是政府数字化转型的思想基础。从现实来看，我国政府数字化转型面临的最大阻力之一就是传统的政府组织文化与数字治理模式的不匹配，因而革新组织文化是激发政府数字化转型内生动力的必然之举。为

此，必须尽快建立与数字化转型相适应的行政组织文化。首先，以组织文化创新推动政府治理理念革新。数字化治理的实践表明，数字化理念对政府数字化转型行为选择具有深远影响。应该加快建立数字化治理理念，强化其价值和功用，以适应数字化转型的发展需求。例如，加快形成数据治理理念，以高质量的数据治理推动政府数字化转型。其次，以组织文化创新引领建设学习型政府。学习型文化的形成需要发挥政府人员自身的主观能动性，充分调动行政人员自主学习的积极性，可以通过建立人员分流与淘汰等机制来优化人才队伍，激发行政人员学习新技术、新理念的动力。最后，以组织文化创新带动制度文化创新。通过制度文化创新引导广大行政人员正确认识当前政府治理制度体系中存在的各种问题和加快数字化制度创新的必要性和迫切性，有利于激发政府及其工作人员推进数字化转型的意愿与动力。

（二）加快技术更新，夯实政府数字化转型的技术基础

数字技术赋能是推动政府数字化转型的核心动力。数字技术的不断升级为政府数字化转型提供了技术支持，加快技术更新是数字化转型的重要标志，政府应积极探索技术创新及其应用。首先，加快适配数字化转型场景的数字技术开发与应用。积极开发适配公共组织运行规律和特性的数字政务系统，如电子审批流程系统、协同办公平台系统等，提高政府内部运行数字化水平。同时，建立面向技术产品应用和数字化业务流程的安全运维体系，强化技术支持、系统维护的专业化支撑能力。其次，加强数字基础设施建设，夯实数字化转型的技术基础。政府可通过专项资金通道，加强预算和资金使用管理并建立科学的资金审批制度，探索多元且适用的资金投入方式。在此基础上，加快推进5G基站、大数据中心、云平台和物联网等数字化基础设施建设，推动数字基础设施与地方融合发展，进一步缩小数字鸿沟，拓宽公共服务数字平台范围。最后，汇聚多元主体力量，提升整体性数字技术创新能力。发挥政府在区域数字创新中的统筹协调作用，协调高等院校、科研院所与创新企业之间积极互动，在理论研究、应用创新和试验发展之间建立紧密联系的渠道。

（三）注重制度构建，完善政府数字化转型的规范体系

制度健全是政府数字化转型的重要保障。政府数字化转型必须有一套完善的制度保障，以确保各部门能够规范有序地利用数字技术来改进管理和服务。首先，加强总体设计，建立健全地方性数字法规体系。当前，政府数字化转型还处在探索阶段，法律体系的完备性和科学性仍有待提高。政府应积极探索构建地方性数字法规，可通过组建省级数字法律法规专家组以及专家组专题会议制度，对标先进区域或先行城市的立法经验来完善区域性、地方性的数字法规制度体系。其次，聚焦重点领域突破，完善公共数据开发利用制度。随着数字技术的发展，公共数据的种类与数量持续增长，亟须对海量数据进行精准分级分类，填充完善公共数据开放目录，适时调整公共数据

开放范围以逐步提升公共数据开放程度。除此之外，要不断完善公共数据授权运营机制，选择具备高数据开发利用和安全保障能力的市场主体来开发运营公共数据，有效释放公共数据要素价值。政府应在采用这一机制的同时不断完善相关规范，包括授权协议、授权运营单位行为规范、安全与监管等方面，在合法合规的基础上最大化释放数据价值。

（四）强化主体协同，释放政府数字化转型的主体动能

政府数字化转型强调多元主体协同，有效释放主体动能是推动政府数字化转型的要点。首先，加强公务员数字素养建设，提高公务员数字能力。建立首席数据官制度，选取专业技术人员任职数字化转型领导，还可与高校、企业合作开办领导干部数字化专题培训班，提高领导干部的数字技能。于基层公务人员而言，可建立专业化的培训机制，以具体的业务场景为导向，针对不同业务场景和能力诉求，分层次、分类别、分阶段地推进公务员数字素养培训。其次，深化政企合作，构建友好伙伴关系。积极探索多样化的政企合作模式，建立责任共担和收益共享机制，运用法治思维和法治方式来明确划分政企责任与义务，并根据企业的实际贡献进行利益分配，有效发挥合作与辅助功能。最后，拓宽公众参与渠道，提高公众数字参与意识和能力。政府在深化数字化转型工作的过程中应积极融入参与文化，不断提升公众主体意识与参与自觉。通过搭建数字平台、整合服务内容推动公共服务一体化集成化，将线上平台与线下服务互联以简化公众参与方式，拓宽公众参与渠道。此外，可在社区、乡镇开展数字知识宣讲、数字技能指导等线上或线下活动，逐渐强化公众的数字素养和能力。

参考文献

[1] 中华人民共和国国民经济和社会发展第十四个五年规划和2035年远景目标纲要［N］. 人民日报，2021-03-13（001）.

[2] 张成福，谢侃侃. 数字化时代的政府转型与数字政府［J］. 行政论坛，2020，27（06）：34-41.

[3] 孟天广. 政府数字化转型的要素、机制与路径——兼论"技术赋能"与"技术赋权"的双向驱动［J］. 治理研究，2021，37（01）：5-14+2.

[4] 张建光，李卫忠. 发挥政府引领作用推进智慧城市建设——专访美国麻省州立大学国家数字政府研究中心简·芳汀教授［J］. 中国信息界，2014（09）：14-17.

[5] 孙志建. 数字政府发展的国际新趋势：理论预判和评估引领的综合［J］. 甘肃行政学院学报，2011（03）：32-42+127.

[6] 许峰. 政府数字化转型机理阐释——基于政务改革"浙江经验"的分析［J］. 电子政务，2020，（10）：2-19.

[7] 于浩. 大数据时代政府数据管理的机遇、挑战与对策［J］. 中国行政管理，2015（03）：127-130.

[8] 郁建兴,高翔. 浙江省"最多跑一次"改革的基本经验与未来 [J]. 浙江社会科学,2018, (04):76-85+158.

[9] 黄璜. 数字政府的概念结构:信息能力、数据流动与知识应用——兼论 DIKW 模型与 IDK 原则 [J]. 学海,2018,(04):158-167.

[10] 戴祥玉,卜凡帅. 地方政府数字化转型的治理信息与创新路径——基于信息赋能的视角 [J]. 电子政务,2020,(05):101-111.

[11] LINKOV I, TRUMP B D, POINSATTE-JONES K, et al. Governance strategies for a sustainable digital world [J]. Sustainability, 2018, 10 (02): 440.

[12] 颜佳华,曾玉芝. 公共数据授权运营的风险研判及应对策略 [J]. 中国行政管理,2023,39 (09):155-157.

[13] MERGEL I, EDELMANN N, HAUG N. Defining digital transformation: Results from expert interviews [J]. Government information quarterly, 2019, 36 (4): 101-385.

[14] 颜佳华,肖迪. 数字政务文化的内涵、功能与构建 [J]. 湖南科技大学学报(社会科学版), 2022,25 (04):81-89.

[15] 李云新,刘然. 环境-制度-行为分析框架下中国社会创新的动力机制研究 [J]. 学习与实践, 2021,(09):112-122.

[16] 李文钊,蔡长昆. 政治制度结构、社会资本与公共治理制度选择 [J]. 管理世界,2012,(08): 43-54.

[17] 王张华,周梦婷,颜佳华. 互联网企业参与数字政府建设:角色定位与制度安排——基于角色理论的分析 [J]. 电子政务,2021,(11):45-55.

[18] 蔡长昆. 制度环境、制度绩效与公共服务市场化:一个分析框架 [J]. 管理世界,2016,(04): 52-69+80+187-188.

[19] 赵欣. 认知性社会资本、结构性社会资本构建与城市基层治理 [J]. 商业时代,2012 (27): 103-104.

[20] 王张华. 政府与平台型企业合作模式及其风险管控研究论纲——基于数字治理的视角 [J]. 湘潭大学学报(哲学社会科学版),2023,47 (04):61-69.

[21] 王张华,张轲鑫. 互联网企业参与数字政府建设的动力分析:理论框架与释放路径 [J]. 学习论坛,2022,(03):64-73.

[22] 马亮. 数据驱动与以民为本的政府绩效管理——基于北京市"接诉即办"的案例研究 [J]. 新视野,2021,(02):50-55+120.

[23] 王张华,张思睿. 面向政府数字化转型的公务员数字素养:层次结构与培育路径 [J]. 岭南学刊,2022 (06):50-59.

何以实现整体智治：乡村数字治理碎片化困境及其优化路径

王雅诺[①]

摘要：乡村数字治理的不断发展正逐步改变乡村社会的生产和生活方式，而整体智治则成为乡村治理现代化的目标追求和理性选择。以数字技术形塑新的乡村公共秩序也面临着治理"碎片化"的难题，掣肘乡村治理效能最大化发挥。本文在整体性治理视域下，以汨罗市雨坛村为研究对象，系统探究技术赋能背景下乡村治理的碎片化困境及其优化路径。在整合、协调、信任与责任的机制框架下，当前数字乡村建设面临治理结构离散、机制失灵、理念异化等一系列梗阻问题。为实现数字乡村建设的"整体智治"，应整合组织资源，统筹兼顾推进乡村振兴；协调各方利益，充分发挥数字治理效力；坚持内生外引，践行以人为本责任理念，保障乡村数字治理的可持续发展。

关键词：整体智治；数字治理；碎片化；整体性治理

一、问题提出

党的十八届三中全会提出"实现国家治理体系和治理能力现代化"的战略目标，此后政府数字化改革工作逐步展开。乡村作为最基本的治理单元，从 2018 首次提出"实施数字乡村战略"，到 2022 年 1 月《数字乡村发展行动计划（2022－2025 年）》发布，其治理现代化体现为乡村治理体系的创新，乡村治理数字化平台等新型治理工具应运而生。在原有乡村治理结构基础上，数字技术与组织治理的深度融合试图形塑崭新的乡村公共秩序，给乡村治理主体创造"共同在场"途径，打破了物理空间距离，拓宽了乡村治理边界。但在农村空心化背景下，乡村治理结构、过程及价值属性认知的碎片化等难题依然掣肘乡村治理效能的最大化发挥。因此，在现实情境下探讨乡村数字治理碎片化困境的化解路径，实现乡村数字治理整体性效应上升为当今重要的时代议题，整体智治逐渐成为数字乡村建设的目标追求和理性选择。

[①] 王雅诺，湘潭大学公共管理学院硕士研究生，研究方向为乡村治理。

创新治理体制与机制，使其永葆活力是实现乡村整体智治的重要保障。传统的治理模式已难以适应当今复杂的乡村环境，因此，乡村不断在治理体制上进行创新，建立灵活高效的治理机制，以适应不同的乡村治理需求。另外，数字技术已成为乡村社会变革的关键变量。乡村数字治理平台的创建与应用能够提供更多的信息和数据支持，帮助决策者更好地了解乡村治理现状和需求，从而制定更加科学合理的治理方案，同时也为社会参与乡村治理提供了畅通的渠道。伴随着数字技术与乡村治理深度互嵌，数字要素深植于乡村治理结构之中，能够以可视化、精准化、智慧化的方式推动乡村有效治理。近年来，为使乡村数字治理供需服务达到平衡，基层政府鼓励并支持村民、企业、社会组织等乡村治理主体参与乡村治理，以推动乡村数字治理的可持续发展。因此，乡村整体智治在治理机制体制创新、平台创设与应用以及主体参与等方面已有了充分的发展基础。那么，数字技术手段应通过何种机制融入乡村场域现有的治理架构？当下的乡村数字治理距离上下协同、内外调和以及信任与责任感兼具的制度化整体智治这一目标还有多远？本文将尝试剖析乡村数字治理碎片化困境，进一步探索乡村整体智治的实现理路，并结合汨罗市雨坛村治理实践，寻求理论与实践的进一步对话。

二、研究综述与分析框架

（一）整体性治理：乡村治理的一个理论视角

为回应现实社会的巨大变革，满足现实社会的实际需求，1990年邓西尔首次提出"整体性治理"概念，表示"不能孤立地就问题谈问题，应该运用整体性的思维方式，从整体性治理的角度看待问题和解决问题"，并进一步指出整体性治理是政府治理的必要前提。随后，佩里·希克斯重点阐述了整体性治理的核心概念并提出了其目标指向，指出为改变空心化问题和碎片化管理，回应公众需求，应将协调与整合作为整体性治理的核心思想和实践方式，主张在治理过程中通过目标与手段的匹配，运用信息技术，着眼对整体性整合策略的优化，最终实现公共目标。在此基础上，协同型政府概念应运而生，对整体性策略的概念描述和评价方法进行了进一步阐述，认为整体性治理根本上是一种政府部门在思想和行动上通过横向协调和纵向沟通方式实现公共利益最大化的治理模式。而国内整体性治理的相关研究启动相对较晚，伴随着治理理论关注度的不断提高以及不断推进的国家治理改革实践，早期学界研究主要围绕协同治理和整体政府等概念的阐释与辨析展开。随着研究不断向本土化与创新化发展，研究内容逐渐划分为理论与实践两个面向，整体性治理理论的研究领域在不断扩大，部分学者试图用其解决公共管理领域实践问题。

如今，学术界主要围绕整体性治理与数字技术融合展开研究。部分学者认为数字时代的整体性治理的核心要义之一是使最终的决策变得更加科学和规范，应充分利用信息技术，努力实现简化行政网络并提供整体性服务的目标。总的来看，整体性治理旨在解决专业分工基础上政府部门或公共组织的"碎片化"治理问题，主张充分应用信息技术，通过协调和整合的治理策略搭建理论与实践分析框架。具体来说，整体性治理是政府内部为实现组织重塑与机构再建等目标，在组织层级、部门机构等方面进行变革，同时也包括政府外部为使政策目的适配、部门与层级团结、行动过程协同合作等目标，对政府、社会组织和市场部门的资源进行重新配置，以期形成满足公众对公共服务期待的全新治理格局。有鉴于此，本文采用整体性治理理论作为研究视角和理论工具，选取实现整体性治理的关键机制——整合、协调、信任与责任机制构建本文分析框架，探究乡村数字治理的碎片化困境及其优化路径等亟待学术界做出回应的理论议题。

（二）碎片化：乡村数字治理的现实样态

"碎片化"常被用来批判在新公共管理理论冲击下，公共服务在理念、机制、主体、责任和技术等方面的裂解性困境，具体表现为治理结构离散、协调机制运作失灵、治理理念异化等等。由于乡村权力系统、空间结构、社会网络、治理资源等方面存在着明显的分割性和独特性，乡村治理的"碎片化"现象更加明显。这些"碎片化"表征贯穿于乡村数字治理体系全流程，是造成乡村治理成效不佳且效率低下的直接原因。

在官僚制度下难以实现整体性治理，因此在数字乡村建设工程被提上政策议程前，我国长期存在着乡村治理碎片化问题。要实现整体治理，就必须从总体上重新形塑政府的组织结构，而数字技术在政府组织管理中的应用，也为各部门、各层次之间的整合和协调创造了可能。反之，数字技术的迅猛发展对政府的治理模式提出了更高的要求，需要更加优化的组织层次和结构、更加科学且公开透明的政务信息和更加便捷且集成的公共服务，这些都促使乡村治理从碎片走向整体。数字乡村作为数字技术和公共管理的耦合体，主张变"条块管理"为"数字治理"，消除信息分散、应用机械、服务割裂等体制顽疾，让数据、信息和服务能够在政府、社会不同群体之间畅通共享。由此，数字技术在整体治理中的不断渗透，加强了乡村治理合作、协调与责任属性。在我国的实践场域中，数字技术与整体性治理融合转化形成一种新的治理范式，即整体智治。

（三）以整体性治理为视角分析乡村数字治理的分析框架

本文将乡村治理数字化和整体性逻辑与进路问题作为主要的研究对象，在研究内容方面，既要对基层政府部门实施技术治理的动因和条块之间的互动关系进行研究，还要把基层治理数字化放在政府、市场和社会互动的场域中来对其进行分析。整体性治理理论内核中的整合、协调、信任与责任等重要机制，在逻辑上与数字乡村建设的任务要求、运作机理、定位指向深度契合,为乡村数字化治理提供了理论视角,也为探寻乡村迈向整体智治阶段的优化路径指明了新的分析方向。

本文将整体性治理理论中的整合、协调、信任与责任机制结合作为分析框架,在治理结构、过程与价值三个维度分析现阶段乡村数字治理的碎片化问题,并将问题汇总整合为治理结构离散、治理机制失灵、治理理念异化三个主要方面,而后,在同样的分析框架下,探寻乡村整体智治的改革路径。其中,在结构维度强调博弈背景下基层受数字化改革所形成的权力、资源、责任的结构性分配与整合,在过程维度聚焦结构基础上不同条块部门之间在数字化影响下的实质性互动与协调,在价值维度则突出在数字化转型背景下乡村干部、群众产生的信任与责任感意识。

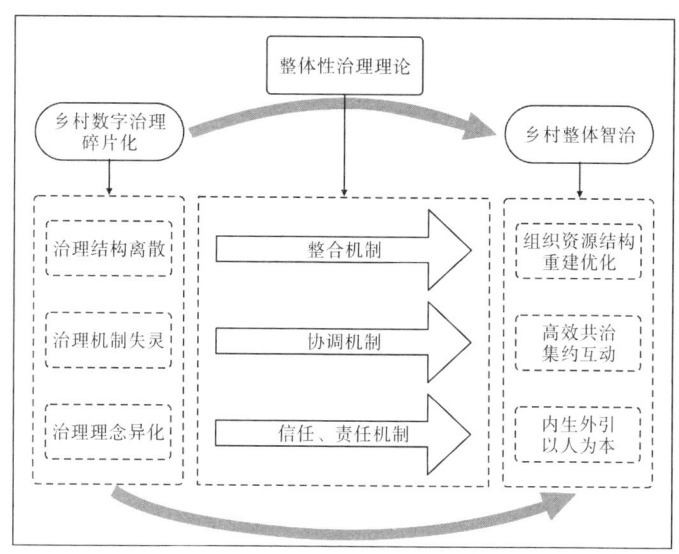

图1 整体性治理理论分析框架

三、乡村数字治理发展现状及其碎片化困境

(一)案例导入:汨罗市雨坛村乡村数字治理实践案例

1. 背景与概况

2019年5月,中共中央办公厅、国务院办公厅印发《数字乡村发展战略纲要》,智慧乡村建设不断推进。在数字技术赋能乡村治理共同体构建方面,汨罗市雨坛村的"雨坛一家人"智慧乡村平台是湖南省具有代表性的特色模式之一。雨坛村位于汨罗市古培镇东北部,村域面积9.5平方公里,下辖25个村民小组,总人口2898人。在信息时代背景下,互联网、大数据等技术不断涌现,促进了经济和社会的快速发展。然而,雨坛村起步晚,硬件设施落后,信息服务覆盖率低,产生了农村地区治理的信息化、智能化水平不高等一系列问题。为应对技术困境,古培镇雨坛村在智慧乡村建设方面进行了积极的探索,通过对辖区内的人口、民生、公共服务等方面的数字化管理,把

信息技术这一"最大变量"转变为"最大增量",推进了乡村治理的现代化。

2. 建设"雨坛一家人"数字平台

雨坛村"雨坛一家人"是专门服务该村基层治理的智慧乡村平台。该平台通过乡村治理数字化,打通镇一级平台信息,以实现村级工作减负目标。村乡贤和村干部为纾解村干部人数明显不足、镇里面报表台账等相关材料繁多、行政村的行政化倾向明显、村内老龄化严重、乡村治理信息化和智能化程度低的"五大痛点",根据实际需要、群众需求,不断丰富和完善内部系统。在实践过程中,多元治理主体与数字平台之间的黏性问题也被纳入考虑范畴。

为打通便民服务"最后一公里",雨坛村"雨坛一家人"平台上线了便民服务、生活服务、村务公开、小组账务公开、党员评分、网上购物等功能,平台还提供出行、家政、花鼓戏、订餐等咨询服务,并打通了汨罗人社部门的招聘信息通道,村民可直接通过平台求职应聘。平台建立"积分制",村民可通过用平台"随手拍"功能上传有关村级事务的照片、自主更新个人和家庭信息、订阅村级通知、网上缴纳医保等行为获得积分,1积分等于5角钱,可在村里的积分兑换点兑换商品,实际资金从村集体收入中支出。目前,雨坛村729户中已有近700户参与到积分管理体系中。随着雨坛村"雨坛一家人"平台的逐步完善,古培镇组织各村到雨坛村学习培训,全镇推进智慧乡村建设,全镇8村都已建立起了智慧乡村平台,并逐步展现成效。此外,平台还可根据各村实际进行个性化设计,提供更为高质高效的服务。

3. 探索"网格+平台"协同治理机制

为有效应对"雨坛一家人"智慧乡村平台建设与运用过程中遇到的问题,平台搭建和运行主体首先应从利益切入,在收集民情民意的基础上,对各方利益主体及其诉求进行分类、归纳,聚焦矛盾、逐条解决,进而推动平台建设落实,进一步实现利益最大化。从整体性治理视角出发,乡村治理共同体主要包括以下几种:一是以古培镇人民政府为代表的基层政府,它并非项目的发包终端,而是在项目遇阻时作为"救火者""守护者"等角色出现,以确保平台建设落实并成为最终受益主体之一,从某种程度上来说,作为项目的目标群体,其诉求主要在于贯彻落实上级要求并确保项目落实,并负责整合镇一级数据,对工作人员开展绩效考核;二是村干部和网格员,该群体是平台的日常运营和维护者,其主要任务是完成上级下派任务,实时了解集体动态;三是居民,他们是智慧乡村系统的直接使用者,该群体更为关注平台是否能够反映自身诉求以及积分变现、农产品销售平台搭建情况;四是乡贤,该返乡群体为平台搭建提供技术支持,并得到平台运行实际利益。

目前,古培镇在党建引领的基础上,进行了智慧乡村网格化基层治理的创新探索,将全镇划分为22个大网格,每个大网格又划分为若干小网格,并设置一名网格长和"智慧管家",通过"智慧乡村"系统,实现对全镇辖区人口、民生建设、公共服务等方面的数字化管理，提供精准化、精细化、精心化服务，同时团结党员、妇女、青年、乡友乡贤等多方力量，开展党员联户、民情恳谈等各类活动，通过走访、联系、帮扶构建基层治理全新框架。由此，数字技术基本实现了赋能乡村治理目标。

（二）以整体性治理检视乡村数字治理的碎片化困境

1. 治理结构离散，部分主体脱域

在开展整体性治理实践时，政策制定者要面对政府内部垂直维度和水平维度的不同参与者的利益分歧，而在政府外部更面临与基层自治组织、村民个体等不同协作主体的整合配合。现阶段，乡村数字治理的整合能力仍不强，多主体共治体系未全面形成。从参与方、利益相关者的视角来看，乡村治理结构离散，尽管政府、自治组织和村民个人等多元主体都在不同程度上参与乡村数字治理，但其未能真正承担起乡村治理责任，主体间也未建立紧密关联的协同合作关系。

从政府主体来看，基层政府在乡村治理中扮演最重要的责任主体角色，发挥引导动员、协调监督等多重功用，当前未将基层政府对乡村治理的重视程度和投入程度作为重要的考察变量。从自治组织主体视角看，以村委为代表的自治组织无心亦无力处理乡村治理问题，乡村整体智治难以实现。城乡流动加速，乡村空心化问题加剧，村委行政化倾向日益明显，随着农民收入持续稳定增长，村委主导与参与乡村数字治理动力不足，意愿日渐衰微。又由于体制、资金和技术的等因素的制约，村民委员会参与农村社会治理的行政力量严重短缺。另外，受制于文化习俗、环境教育与社会心理壁垒，大多数村民参与乡村数字治理的主动性不强，将治理责任全权委托给政府。数字技术具有一定的准入门槛，一些治理主体受到了技术排斥，导致其在乡村数字治理之外游离。留守老人自身认知和学习能力下降，加之设备落后，难以汲取数字素养；留守女性大多对乡村公共事务持冷漠态度，形式化参与日常公共活动，有一定数字意识，但更趋向于休闲娱乐；外出务工人员难以真正实现全时域"共同在场"，随着物理距离的增大，他们与乡村关系日益弱化，对乡村治理的关注程度也随之降低。

2. 治理机制失灵，服务供需失衡

当前，乡村数字治理平台的基础设施已较为完善，能够满足村民最基本的利益需求。随着技术的进步与政府的改革，可网办的事项逐渐丰富，但仍局限于食住行等简单的日常事项，现有的网办程度难以满足所有居民的全部需求。整体性治理理论强调为公众提供无缝隙服务，在乡村治理的实践场域中，即为"最多跑一次"的公共服务目标。目前，虽已建成线上办事平台，但网办水平不高，仅能发挥资料初步查询的基本功能，村民需"至少跑一次"，才能实现线下办理的最终目的。在线上与线下双重平台的共同运作下，村级服务窗口需提供解答疑难与协助处理服务，在某种程度上使本就为数不多的村级干部工作量激增，甚至翻倍。并且，乡村数字治理仅强调回应村民需求并提供公共服务，需要什么提供什么，政府与村民的双向互动有所不足。在现有的乡村数字治理平台中，缺乏对村民需求反映板块的建设，村民反映渠道不畅，村民对数字治理的意见反馈失灵。

在数字技术与乡村治理的全面融合中，诸如问题分类、过程监控、绩效评估等政务活动均能在数字化平台实施开展，部分地方政府治理态度从"不管用什么办法，只要解决就好"的"随心所欲"，到按程序、讲规范的"规行矩步"，虽较为清晰的表现出制度化、规范化和文明化增强的特征，但其背后的内在逻辑依然是仅强调技术问题的策略主义逻辑。部分试点村为应付工作留痕的硬性要求，补台账，甚至重复填报相同的材料，应付上级开展各种检查、命令、汇报工作，村级干部职业倦怠。同时，也存在未考虑自身实际需求与发展情况，生搬硬套先进数字治理模式，仅进行形式主义的复制粘贴，从而引发"技术负能"问题等负面现象。

3. 治理理念异化，责任信任缺失

在"数字下乡"时代背景下，传统意识形态遭遇现代科技的冲击，"以人为本"的治行方略常常被数字化的规范流程遮蔽，同时，村庄内具有较高行政素养的专业技术人才匮乏。在快速城市化背景下，乡村陷入了数字技术专业人才难引难留的双重困境。据湖南省统计局统计数据显示，2023年的湖南常住人口中，居住在乡村的人口为2621万人，仅占39.69%。与2022年相比，城镇人口增加28.99万，乡村人口减少46.99万人。大量青壮年临时或永久地迁移离开乡村，留守村民大都存在封闭性的心理冲突，对网络、信息、智能科技的接受能力与认知水平明显落后。此外，大部分试点村尚未充分将"有识之士"纳入到数字农村的建设队伍中。返乡创业者、新乡贤、新农人、大学生村官、科技特派员等拥有一定网络思维的群体，可以引导当地村民熟悉并接受网络方法。然而，在数字乡村建设中，基层政府还未建立健全数字人才挖掘、动员和培育的工作机制，难以调动返乡的专业人才参与数字乡村建设的积极性，很难形成榜样示范、辐射和带头效应。

基层组织在组织责任感、政治信任感等方面的自身建设有待加强。一方面，责任和信任是实现乡村数字治理结构整合与过程协调的必要社会基础。若不能在政府机构间、公共与私人部门间形成一种明确的职责分工，并形成一种良好的信任的关系，则无法进行有效的协调与整合，即使能够进行，也是一种强制性的、以行政权力为主导的合作，并隐藏着某些不稳定内在缺陷。另一方面，责任和信任是确保乡村数字化整体治理可持续发展的关键。整体性的治理，就是要让政府时刻关注人民的需求，注重社会和公民的参与，这在某种程度上要求乡村以组织责任感和政治信任感为基础，来达到政府与社会之间的良好互动，以及信息共建共享的目的。

四、整体智治：乡村数字治理碎片化困境的优化路径

（一）整合组织资源，统筹兼顾推进乡村振兴

乡村振兴是一项长期的全局性、系统性工程。在乡村治理实践中，跨越多部门以及多主体边界等复杂的公共事务问题无法单靠某一部门或主体解决，而是需要多元主体在组织、资源及责任层面整合统筹，推进乡村数字治理从碎片化局部发力转为整体推进，为村民提供全时域的无缝隙服务。在整合过程中，应不断提升包括游离人员在内的服务主体的数字意识与素养，提高共建共治共享水平，以"善智"实现善治，最终实现乡村整体智治。首先，应充分发挥数字化技术的积极作用，正确处理数字化技术和整体性治理之间的关系。为避免农村中"熟人"关系的陌生化和价值异化，应通过数字化的情感引导，消除"数字鸿沟"，以构建"数字包容"的共建共治共享新格局。其次，应立足产业发展，培养村民数字意识的同时提高村民收入。乡村应积极培养新型职业农民，基层政府要主动将各部门的资源进行整合，对购买数字设备和数字服务给予支持，并定期举办农村电商培训班，鼓励农民利用电商平台销售创收。同时，数字乡村建设应该打造数字经济的新引擎，探索与智慧城市建设一体设计、同步实施的道路。

（二）协调各方利益，充分发挥数字治理效力

整体性治理在过程或是手段上强调基于共同目标的一致性与灵活性。在治理流程的上下维度中，上指的是政府内部自上而下的责任与激励，配套完善的政策措施，在行政体制内部强化乡村数字整体性治理的总体目标；下则是从行政结果出发，强调满足公众真正需求，提供更具针对性与集成化的高质量公共服务。乡村数字化治理应由"单一"走向"协作"。政府治理，社会参与，乡村治理多元主体加强沟通协调，化解利益冲突，促进合作共治，通过权限共享、智能统筹、再造流程，构建简洁、高效的基层运作机制。另外，乡村数字化治理要建立"公民至上"的服务理念。在协商的过程中，以居民的实际需要为基础，在设计服务内容时鼓励引导居民充分地参与，以实用和务实为根本要求，根据居民差异化的需要，为他们提供更准确、更高效的服务，从而达到以村民为核心的双向互动目标。与此同时，由于乡村存在着"乡村分化"和"农民分层"等现象，乡村数字服务的提供必须根据当地实际情况，加强对乡村数字治理的本土化设计，使其适应乡村已有的风俗文化，切实加强服务的有效供给。

（三）坚持内生外引，践行以人为本责任理念

人才是第一资源，为实现整体智治目标，乡村应以产业发展为契机，推动农村精英由"离土"向"入乡"，并积极培育、选拔、考核本土专业技术人员。此外，应充分发挥村内各类志愿群体作用，调动治理资源参与治理活动，使治理主体更广更全。在

现有治理主体结构上，应建立农村数字治理的理念和责任共同体。加强条块与部门联动，实现数据联通共享，打破利益博弈。同时，应对乡村数字治理平台整合与数字治理考核进行规范，强化日常监督，整治形式主义。数字乡村建设的关键在人，应激发村民主体意识，通过多元治理主体间的良性互动过程，构建牢固的责任与信任关系，确保乡村整体智治的可持续发展。一方面，乡村要培养村民们关心公共事务和参与公共活动的公共精神，健全心理引导体系，提高其在数字化生活中的文化自觉性和责任感。另一方面，基层干部要积极开展加强法制教育活动，关注乡村领域中数字治理相关舆论，关注村民关切，以提高村民对乡村数字治理的认同感。

参考文献

[1] DUNSIRE A. Holistic Governance [J]. Public policy and administration，1990，5（1）：5.

[2] POLLITT C. Joined-up government：A survey [J]. Political Studies Review，2003（1）：34.

[3] 竺乾威. 从新公共管理到整体性治理 [J]. 中国行政管理，2008（10）：52.

[4] 李瑞昌. 公共治理转型：整体主义复兴 [J]. 江苏行政学院学报，2009（4）：102.

[5] 曾凡军，韦彬. 后公共治理理论：作为一种新趋向的整体性治理 [J]. 天津行政学院学报，2010（2）：59.

[6] 丁煌，高峻. 整体性治理的实践探索——深圳一体化大交通管理体制改革案例分析 [J]. 行政论坛，2011（6）：5.

[7] 戴长征，鲍静. 数字政府治理——基于社会形态演变进程的考察 [J]. 中国行政管理，2017（09）：21.

[8] 郁建兴. 社会治理共同体及其建设路径 [J]. 公共管理评论，2019（3）：59.

[9] 韩小凤. 从传统公共行政到整体性治理——公共行政理论和实践的新发展 [J]. 学术研究，2016（8）：77.

[10] 汨罗市人民政府. 古培镇雨坛村探索建立信息化基层治理平台的典型做法 [EB/OL]. [2022-12-05] http：//www.miluo.gov.cn/25221/25222/26778/26786/29759/content_2021396.html.

[11] 欧阳静，王骏. 形式主义地"讲政治"：基层策略主义的新表现 [J]. 广西师范大学学报（哲学社会科学版），2022（1）：88.

[12] 胡卫卫，陈建平，赵晓峰. 技术赋能何以变成技术负能？——"智能官僚主义"的生成及消解 [J]. 电子政务，2021（4）：58.

[13] 湖南省统计局. 2022年末湖南常住人口6604万人 [EB/OL]. [2023-03-07] http：//tjj.hunan.gov.cn/hntj/m/jmxx_1/202303/t20230307_29266824.html.

[14] 颜佳华，王张华. 以"善智"实现善治：人工智能助推国家治理的逻辑进路 [J]. 探索，2019（06）：83.

公共安全治理模式重构的理论逻辑与实践路径
——基于理念、制度与科技的视角[①]

孙翊锋[②]

摘要： 推动公共安全治理模式向事前预防转型，是编织全方位、立体化的公共安全网的关键路径，也是实现公共安全治理体系和治理能力现代化的重要标志。推动公共安全治理模式向事前预防转型，实质上就是要将安全关口前移，把治理重心放在前期的风险治理阶段上。理念、制度和科技是公共安全治理中的三个核心要素，在加强和改进公共安全治理中起着重要作用，理念重塑、制度变革和科技赋能的交互关系塑造了公共安全治理模式转型的基本逻辑。基于此，在实践中推动公共安全治理模式转型，要树牢科学理念，以科学理念引领公共安全治理转型；要加强制度建设，健全公共安全事前预防治理体系；要强化科技赋能，提升公共安全事前预防治理能力。

关键词： 公共安全治理模式；事前预防；理念；制度；科技

一、问题提出与文献述评

党的二十大报告就"提高公共安全治理水平"作了重要部署，并明确提出"推动公共安全治理模式向事前预防转型"，为新时代新征程公共安全治理模式的重构提供了根本遵循、指明了目标方向。公共安全一头连着千家万户，一头连着经济社会发展，维护公共安全事关人民群众生命财产安全，事关改革发展稳定大局。现阶段，我国公共安全形势总体向好，但仍面临着不少风险挑战，自然灾害、事故灾难、公共卫生和社会安全等传统领域的各类突发事件仍处于易发多发态势，非传统领域的公共安全风险挑战也日益加大，且各种风险挑战呈现出复杂多样、连锁联动、极端风险更加凸显的特点。同时，突击式、运动式的被动防范治理模式在公共安全治理中仍处于主导地

[①]本文系国家社会科学基金一般项目"新能源汽车产业监管体系与监管政策研究"（22BZZ055）。
[②]孙翊锋，管理学博士，中共湖南省委党校公共管理教研部副主任、副教授，硕士生导师，主要研究方向：政府监管与政策、公共安全与应急管理。

位,"重救轻防"的问题还没有得到根本性解决,这种治理模式越来越难以适应日益严峻复杂的公共安全形势。推动公共安全治理模式向事前预防转型,是编织全方位、立体化的公共安全网的关键路径,也是实现公共安全治理体系和治理能力现代化的重要标志。在全面建设社会主义现代化国家新征程、向第二个百年奋斗目标进军的关键时期,如何推动公共安全治理模式向事前预防转型,全面提升公共安全治理水平,是公共安全治理领域亟需突破的重点课题。

近年来,公共安全治理模式不仅是实务界努力探索的实践命题,也是学术界持续关注的重要问题。梳理既有文献发现,大部分学者立足科技层面,强调充分利用科技手段来重构公共安全治理模式。例如,赵发珍,王超,曲宗希(2020)将大数据理论与技术嵌入到城市公共安全治理框架之中,构建了大数据驱动的城市公共安全整体性和一体化治理模式;曹策俊,李从东,王玉等(2017)提出数据驱动的风险治理框架,并构建了智慧型风险治理模式;夏一雪,韦凡,郭其云(2016)基于智慧治理理念,从资源层、组织层和运行层等三个层面构建公共安全智慧治理模式。同时,也有部分学者侧重于制度层面,强调以制度建设为中心来推动公共安全治理模式转型。例如,高小平(2020)阐明了中国应急管理制度创新的方向、路径及其保障;刘一弘(2020)从结构性制度、运行性制度和赋能性制度三个层面分析了中国应急管理制度建设实践问题;张铮,李政华(2022)探讨了中国特色应急管理制度体系构建的现实基础、存在问题与发展策略。此外,还有一些学者综合多种视角,强调运用技术、制度等多种因素来推动公共安全治理模式重构。例如,郁建兴,陈韶晖(2022)以"技术赋能—互动调适—制度重塑"为分析框架,分析了数字化发展引领应急管理体制机制创新问题;胡重明,喻超(2022)从数字技术、组织管理和治理模式三个维度出发,探寻技术应用与组织管理之间的互动关系及其对整个城市治理体系变革的作用逻辑。

综上所述,现有研究从多个层面对公共安全治理模式作了较为集中的探讨,为公共安全治理模式的建构提供了有益启发。但是,这些研究要么只侧重于公共安全治理的技术层面,要么仅集中于公共安全治理的制度层面,还没有将技术与制度因素有机统一起来,共同构建公共安全治理模式。同时,即使有些学者同时关注到公共安全治理中的技术和制度因素,但也只注意到技术和制度作用于公共安全治理中的某一个方面或某一个环节。在现有研究的基础上,本文同时引入理念、制度和科技三个基本要素,从理念重塑、制度变革和科技赋能三个维度阐明了公共安全治理模式重构的理论逻辑,并在此基础上提出了公共安全治理模式重构的实践路径。

二、公共安全治理模式重构的理论逻辑

公共安全治理一般是指多元主体通过广泛参与和相互合作,实现公众免于人身伤害或财产损失的价值目标和客观结果。就治理过程而言,公共安全治理涵盖了风险治

理、应急管理（狭义）、危机治理等3个阶段、9个环节。从系统论的观点来看，公共安全治理主要涉及理念、制度与科技等要素以及这些要素之间的复合关系。由此可见，公共安全治理既是一个包括风险治理、应急管理（狭义）、危机治理在内的动态治理过程，也是一个以理念为引领、以制度为基础、以科技为保障的结构性功能系统。推动公共安全治理模式向事前预防转型，实质上就是要将安全关口前移，把治理重心放在源头治理、前端管控和前期处置上。这种对公共安全治理过程的优化，需要以理念、制度和科技等要素结构的调整和变革为支撑。换言之，只有通过理念重塑、制度变革和科技赋能，才有可能真正实现公共安全治理模式向事前预防转型。

第一，重构公共安全治理模式要以理念重塑为先导。理念是行动的先导，一定的治理实践都是由一定的治理理念来引领的。在公共安全治理活动中，治理理念主要是指治理活动所遵循的目标追求的价值取向，包括公共安全治理在国家治理中的总体定位以及在处理公共安全问题时遵循的原则。换言之，公共安全治理理念反映公共安全治理的价值取向，决定治理过程秉承的原则，体现公共安全治理的目标和方向。理念具有基础性和先导性，会影响行为者的认知、情感和行动倾向，决定着行为主体的选择和行动。尤其是在不确定性和复杂条件下，理念可以通过协调行为者的期待和行动，使他们共享对情境的认知，并实现特定均衡。公共安全治理通常面临协调多元主体间的行动、处理不同价值目标间的冲突等复杂任务，离不开科学理念的引领和指导。由此，重构公共安全治理模式，必须以重塑治理理念为先导，充分发挥科学理念引领公共安全治理结构及过程的调整和优化。

第二，重构公共安全治理模式要以制度变革为核心。制度是一个社会的博弈规则，或者更规范地说，是一些人为设计的、形塑人们互动关系的约束。它既包括各种正式的规则（如宪法、法律等），也涵盖各种非正式的规则（如伦理道德、习俗规范等）。制度在社会中的主要作用，是通过建立一个人们互动的稳定（但不一定是有效的）结构来创造秩序并减少不确定性。由此，制度可以使人们的行为更有可预见性，从而有助于解决协调和合作这两个社会基本问题。制度作为一种规则，是现代国家治理的重要基石，由此制度变革也构成了推进国家治理现代化最基本的路径。制度同样在公共安全治理实践中发挥基础性、规范性、持续性和权威性作用，是防范和化解重大风险挑战、提高公共安全治理能力的根本保障。为此，重构公共安全治理模式，必须以制度变革为核心，通过科学的制度供给为公共安全有效治理提供良好的制度基础，并将其制度优势更好转化为治理效能。

第三，重构公共安全治理模式要以科技赋能为抓手。随着现代信息技术尤其是大数据、云计算、人工智能等数字技术的快速发展和推广应用，借助科技手段提升现有治理能力成为公共安全治理变革的重要趋势，其中的核心机制就是"赋能"。所谓"赋能"，简单来讲，就是直接赋予行动主体某种能力，在更高层次上，可以理解为激发行动主体自身的能力实现既定目标,或者是为行动主体实现目标提供一种新的方法、路径和可能性。科学技术作为赋能公共安全治理的重要工具,可以更新公共安全治理理念、创新公共安全治理方式、优化公共安全治理流程、重塑公共安全治理结构等,在推动公共安全治理效果高效化、过程简约化、方式智能化等方面发挥着重要作用。我国抗击新冠疫情的重要经验之一,就是科学技术尤其是数字技术在公共安全治理中发挥了显著的赋能效用。在风险社会与数字时代的双重背景下,不断引入科学技术尤其是数字技术提升公共安全治理能力,以技术赋能推动公共安全治理模式重构,已成为公共安全治理变革与创新的不二选择。

综上所述,理念、制度和技术是公共安全治理中的三个核心要素,在推动公共安全治理变革与创新方面发挥着极为重要的作用。首先,理念是方向,发挥着引领性作用。治理理念是公共安全治理制度建设的统领,它决定了公共安全治理制度的基本特征和发展方向,公共安全治理理念的更新必然会导致公共安全治理制度的变革。其次,制度是基石,发挥着基础性作用。在公共安全治理中,治理理念转化为治理实践,主要体现在制度设计和执行之中,且特定的制度安排在很大程度上形塑了技术嵌入现有治理体系的方式与路径。最后,科技是保障,发挥着能动性作用。通过科技赋能,科技在公共安全治理中的应用成为彰显相关治理理念、规范制度运行、实现科技驱动的有力支撑,并可以助推全方位、系统性的制度重塑。总而言之,任何一种公共安全治理模式的构建,需要依赖于相应的理念、制度和科技条件的兼备与互适。这意味着,推动公共安全治理模式转型,需要通过理念重塑、制度变革与科技赋能这三者的交互关系塑造了其中的基本逻辑。

三、公共安全治理模式重构的实践路径

现阶段,我国由于巨大的社会变迁正处于一个"风险社会"甚至是"高风险社会",公共安全问题呈现集中爆发性、复杂广泛性和危害严重性的特点。在风险社会的背景下,面对日趋复杂的风险环境以及日益增长的安全需求,需要在风险产生、演化及其防控的意义上重新审视公共安全治理中的理念、制度与技术,并在理念、制度与技术以及三者间的复合关系中为风险社会提供新的治理方案。换言之,在风险社会时代,必须从建立健全长效机制入手,推进思路理念、方法手段、体制机制创新,加快健全公共安全体系,构建与之相适应的预防型公共安全治理模式。

(一)树牢科学理念,引领公共安全治理向事前预防转型

党的十八大以来,以习近平同志为核心的党中央提出了"总体国家安全观""两坚持三转变""统筹发展和安全""人民至上、生命至上"等一系列新理念、新思想,为公共安全治理提供了改进方向和前进目标。然而,当前一些地方在理解把握和贯彻落

实新理念、新思想仍有较大差距,公共安全治理在实践中出现了偏差。例如,一些地方尚未树牢"预防为主"和"安全发展"的基础理念,"重处置、轻预防""重发展、轻安全"现象仍比较突出。因此,推动公共安全治理模式向事前预防转型,必须坚持理念先行,充分发挥科学理念的引领和指导作用。

1. 树牢"大安全、大应急"理念

随着我国社会主要矛盾发生历史性变化,人民群众对安全的需要越来越多样化多层次多方面,公共安全也已经从传统意义上的生命财产安全扩展到安业、安居、安康、安心等生产生活各领域各环节各方面。所谓大安全,是一切民生领域安全的总和,是将各类公共安全视为一个整体的安全观;所谓大应急,涵盖了一切公共安全风险应对领域,是各类主体广泛参与到突发事件应对的活动中去的大应急观。"大安全、大应急"理念,是总体国家安全观在公共安全领域的具体体现,已成为新时代加强和改进公共安全治理的指导思想和重要遵循。党的二十大报告将公共安全治理与社会治理纳入国家安全的范畴与体系之中,并明确提出"建立大安全大应急框架"。为此,新时代新征程,必须以总体国家安全观为统领,牢固树立"大安全、大应急"理念,把公共安全治理与国家安全治理以及社会治理通盘谋划,统筹推进各方面、各领域、各环节安全,建立大安全大应急框架,健全公共安全体系,推动公共安全治理模式向事前预防转型。

2. 坚持"人民至上、生命至上"理念

人民生命重于泰山,人民利益高于一切。党的十八大以来,以习近平同志为核心的党中央坚守人民立场,始终将保护人民群众生命财产安全和身体健康放在首要位置,明确提出"人民至上、生命至上"的价值理念。坚持"人民至上、生命至上"的价值取向和根本原则,不仅体现在处理具体公共安全问题的实践之中,而且体现在健全公共安全体系、推动公共安全治理模式转型的全过程各领域。人民群众既是公共安全治理的保护对象,又是加强和改进公共安全治理赖以依靠的主体力量。任何一种公共安全治理模式,既必须始终为了人民,即始终服务于最大限度保障人民群众生命财产安全和身体健康的价值目标,也必须紧紧依靠人民,即充分发挥人民群众在其中的主体作用。由此,新时代新征程,必须一以贯之地坚持"人民至上、生命至上",始终相信人民、紧紧依靠人民、牢牢植根人民、不断造福人民,构建起事前预防型公共安全治理模式。

3. 坚持"安全第一、预防为主"理念

党的十八大以来,以习近平同志为核心的党中央对安全作为价值目标有了全新的理解,在统筹发展和安全的关系上,强调安全发展,将安全作为发展的前提,置于优先位置,凸显了"安全优先"的价值目标。党的二十大报告明确提出,要坚持"安全第一、预防为主"的价值理念。所谓"安全第一",就是要始终把安全放在首要位置,实行"安全优先"的原则;所谓"预防为主",就是要在事前做好安全工作,防患于未然。"安全第一"与"预防为主"是相辅相成、相互促进的,只有重视安全,才会去做预防工作;只有搞好预防措施,才能真正实现安全。当前,我国发展已经进入战略机遇和风险挑战并存、不确定难预料因素增多时期,各种"黑天鹅""灰犀牛"事件随时可能发生。因此,新时代新征程,必须始终坚持"安全第一、预防为主"的理念,统筹好安全和发展两件大事,以新安全格局构建新发展格局,并增强风险意识和忧患意识,落实以防为主、防抗救相结合的方针,推动公共安全治理由重"事后应急"向重"事前预防"转型。

(二) 加强制度建设,健全公共安全事前预防治理体系

党的十八大以来,以习近平同志为核心的党中央把制度建设摆到更加突出的位置,积极推进公共安全治理体系建设,公共安全治理能力和水平显著提升,并在实践中充分展现出自己的特色和优势。但也必须认识到,我国现有公共安全治理制度体系在防范化解重大风险、应对处置重大突发事件仍存在一些短板和不足,尤其是重"事后应急"轻"事前预防"的问题还比较突出。习近平总书记曾指出,发展环境越是严峻复杂,越要善于运用制度力量应对风险挑战的冲击。面对当前复杂多变的公共安全形势,要加强事前预防环节的制度建设,形成更加成熟、更加定型的公共安全事前预防治理体系,坚持从源头上防范化解重大安全风险,真正把问题解决在萌芽之时、成灾之前。

1. 健全"防""救"结合的公共安全治理体制

2018年应急管理部的组建,有利于重组应急机构和整合应急资源,从体制上解决长期以来重救轻防、重短轻长、各管一段、资源分散等突出问题。但由于当前公共安全治理体制还在深化改革中,一些地方改革还处于磨合期,公共安全治理实践中呈现出了"防"与"救"分离的模式。从公共安全治理的自身规律看,"防"与"救"具有天然的业务连续性,不可割裂。为此,亟需从体制建设上解决"防"与"救"问题,为推动公共安全治理模式向事前预防转型奠定体制基础。

一方面,要建立健全更高规格、更加权威的公共安全治理领导机构,可考虑在各级党委的领导下组建公共安全与应急管理委员会,统一领导各类公共安全事件的预防与处置工作。这个委员会可分设几个领导小组或专项指挥部,如应对重大疫情领导小组、应对重大灾害指挥部等,平时抓应急准备、规划制订、体系建设,战时统一指挥特别重大突发事件的应对,真正做到预防为主,防抗救相结合,常态与非常态有机统一。

另一方面,要理顺部门间的职责关系,衔接好"防"与"救"的责任链条。根据相关政策法规的规定,"防"是各部门的共同责任,涉灾部门在本行业领域负责相关灾种的预防工作;应急管理部门通过综合风险监测、编制和组织实施综合防灾减灾规划

等措施,发挥好统筹协调作用,做好综合防范工作。"救"是应急管理部门的主要职责,负责统筹协调抢险救援工作,同时,涉灾部门也要防止事态扩大,做到灭早灭小。现阶段,应急管理部门与相关职能部门的职责边界总体上是清晰的,但在实际运行中有些职责却难以分割,尤其是应急管理部门与相关职能部门在风险防范、应急处置等工作环节中的"防"与"救"职责仍需进一步细化明晰。为此,要发挥应急管理部门综合优势和各相关职能部门专业优势,明确各部门在事故预防、灾害防治等方面的工作职责,根据职责分工承担各自责任,衔接好"防"和"救"的责任链条,形成应急管理部门"综合防、协同抗、主导救、统筹助"、行业主管部门"具体防、为主抗、先期救、分工助"的工作格局。

2. 完善预防为主的公共安全治理机制

坚持预防为主,是最经济、最有效的公共安全治理策略。从事后补救惩罚向制度化、规范化、科学化、超前化的事前预防转型,是公共安全治理现代化的基本特征和内在要求。长期以来,我国公共安全治理模式强调突发事件应对,在实践中形成了一种被动反应模式。在这种治理模式中,对风险治理、应急准备等事前预防治理工作往往不太重视,而是习惯于事后亡羊补牢,缺乏事前预防的长效治理机制。为此,亟须通过制度机制建设,把公共安全治理的着力点放到事前预防治理上,形成预防为主的长效治理机制。

一是完善风险治理机制。风险治理主要从更基础的层面对风险进行超前预防与处置,可以实现公共安全治理真正意义上的"关口前移""防患于未然"。加强和改进风险治理,健全风险防范化解机制,是构建公共安全事前预防治理模式的有机组成部分。一般而言,风险治理包括风险识别、风险评估、风险处置、风险监测、风险沟通五大阶段。为此,要按照全面风险治理的要求,完善全过程、全链条式的风险治理机制,明确其组织机构和运行流程,推动风险识别、风险评估、风险处置、风险沟通、风险监测等风险治理职能科学化、规范化和常态化,真正把风险化解在萌芽之时、成灾之前。同时,针对当前风险呈现出复杂性、关联性、跨界性等特性,要坚持统筹整合各方力量资源,建立跨区域、跨部门、跨行业、跨领域风险防控协同工作机制,注重强化社会参与和社会协同机制建设,健全各方协同、多方参与的风险治理机制,形成共同防范化解风险的强大合力。

二是强化应急准备机制。应急准备是立足"防患于未然"原则,针对未来可能发生的突发事件而采取的各种措施的总称,包括思想准备、预案准备、工作准备等。应急准备是防范化解重大安全风险、应对处置各类突发事件的基础性工作,集中体现了"未雨绸缪"的前瞻性治理思想。在风险社会的背景下,各类风险挑战层出不穷,防不胜防,而且并非所有风险都能有效预防。这就要求除了加强风险治理之外,还应做好应急准备工作,"以不变应万变"。做好应急准备工作,也是事前预防治理不可或缺的环节。"图之于未萌，虑之于未有"，针对可能出现的各种重大风险，必须全力做好思想准备、预案准备、机制准备、工作准备等各项准备工作，牢牢把握防范化解重大风险的主动权。一方面，要加强对应急准备的前瞻性研究，尽快制定国家应急准备指南，使应急准备和能力建设上升为国家战略，探索推行整体性的、全国的、以能力为基础的应急准备模式。另一方面，要以风险评估、情景构建和应急资源调查为基础，运用"情景—任务—能力"的技术路线和编制方法科学编制应急预案，加强应急预案虚拟仿真演练，强化各环节责任和措施，推动各项准备工作的落实落地。

三是优化监测预警机制。监测预警是在突发事件"将发未发、一触即发"的窗口期，做好动态监测、准确研判、实时发布警示信息，提醒相关人员做好防范，从而最大限度地避免或减少危害的过程。监测预警作为应对突发事件处置的"第一道防线"，是一项处于前端关键节点的基础性举措，是实现公共安全治理关口前移的重要保障。有效预防和应对突发事件，必须优化监测预警机制，确保早发现、早报告、早预警、早干预。其一，要强化突发事件监测机制，加快完善各类突发事件监测网络，对可能发生的突发事件进行监测，并建立综合信息与共享平台，推进跨层级、跨部门、跨地域的信息共享。其二，要健全会商研判机制，构建涉灾部门、专家团队、地方政府、灾害现场管理团队等多方参与的会商平台，加强重大安全风险快速综合研判，实现"早发现、早研判、早报告、早处置、早解决"。其三，要完善预警信息发布机制，建立统一规范的预警信息发布平台，统筹和规范预警信息发布，充分运用各类传播渠道，不断提升预警信息发布覆盖率、精准度和时效性。

3. 夯实公共安全事前预防治理的法治保障

公共安全治理是一项复杂的系统工程，涉及多个主体和多元利益，这就要求从法律上对公共安全治理的各个方面、各个环节进行严格规范。近年来，我国公共安全治理法律制度体系不断完善，为有效预防和妥善处置突发事件提供了重要保障。但同时也应看到，当前我国公共安全治理法治化水平还不高，尤其是涉及事前预防治理方面还存在立法不足、执法不严等问题。例如，《中华人民共和国突发事件应对法》（下称《突发事件应对法》）对应急准备的重视程度远高于预防，对预防的规定非常薄弱，将预防缩小为风险调查与评估，且对风险调查与评估的表述非常简略。为此，要从立法、执法、司法、守法各环节发力，强化事前预防治理的法治保障，不断提高公共安全治理法治化水平。

在立法方面，要针对事前预防治理环节，从法律法规、政策文件、技术标准等不同层次构建完善制度体系，为事前预防治理活动提供坚实的制度框架。具体而言，要加紧修订《突发事件应对法》，在新法中凸显和强化事前预防治理方面的法律条款；要加强不同类型突发事件的综合立法研究，注意纠正相关法律法规相对重事中处置、轻事前预防和事后补偿救助的倾向；要健全风险治理、应急准备、监测预警等事前预防治理环节的标准规范；等等。在执法方面，要加强公共安全领域的执法力度，通过科学执法、严格执法、规范执法等方式，推动风险防控和事故预防工作的落实落细。在司法方面，要加强执法司法衔接，对危害公共安全的违法行为进行司法惩治，切实维护好公共安全。在守法方面，加强公共安全法律法规的宣传教育力度，引导群众自觉配合并参与灾害事故预防工作。

（三）强化科技赋能，提升公共安全事前预防治理能力

充分运用科技赋能公共安全治理，推进公共安全治理精准化、系统化、智能化，增强公共安全治理预见性、高效性和协同性，是推动公共安全治理模式升级的关键之举和必由之路。近年来，科技手段在自然灾害、安全生产、疫情防控等领域得到广泛应用，科技支撑防范化解重大安全风险能力、应对处置各类突发事件能力明显提升。但也必须认识到，当前公共安全治理领域的科技信息化水平总体较低，科技赋能多以事中处置为主，事前预防的科技支撑相对薄弱，风险隐患早期感知、早期识别、早期预警、早期发布能力还比较欠缺。为此，要适应科技信息化发展大势，健全事前预防型安全技术支撑体系，并推动科技创新应用与公共安全场景深度融合，强化科技赋能风险防控、监测预警、应急准备、协同联动等关键环节，不断提升公共安全事前预防治理能力和水平。

1. 依靠科技赋能提升风险治理能力

科技是改进和加强风险治理的重要支撑。在风险社会和数智时代背景下，必须善于运用科技理念、科技手段、科技成果来织密防范化解重大风险的科技防控网，更好地发挥现代科技在风险治理中的强大支撑作用。然而在实践中，科技创新与风险治理需求还不匹配，新兴信息技术在风险治理实践中的转化应用仍不成熟。为此，要着眼于风险治理的现实需求，加强公共安全领域的科技研发与创新，强化科技手段在风险治理中的应用广度和深度，通过科技赋能不断提升风险治理能力和水平。从某种意义上讲，现代公共安全风险治理能力就是对信息和数据的挖掘，并系统研究信息数据背后的风险和不确定性。这意味着，提高公共安全风险治理能力和水平，关键是要通过运用现代信息技术对风险生成和发展过程中的数据信息进行搜集、挖掘、分析，加强和改进风险识别、评估、监测、管控等环节。换言之，就是要适应科技信息化发展大势，充分利用物联网、大数据、云计算、人工智能、区块链等新兴信息技术，发挥其优越的数据收集整理、关联分析与深度挖掘等功能，加快构建风险信息基础数据库，建立健全风险监测和预警平台，大力推进风险管控数字化智能化建设，不断提高风险治理的信息化水平，进而实现对各类风险的超前感知、科学研判、综合监测、准确预报、动态预警和快速处置，从源头上防范化解各类安全风险。同时，科技赋能风险治理，不仅简单依赖科技手段，更要做好各类技术构建和顶层设计，将技术应用与公

安全场景深度融合，加强组织、人员和技术支撑，培育风险评估、风险预警、风险沟通等领域专业化力量，推动风险治理领域关键技术的研发与创新，并着力解决与技术匹配的体制性问题，进而提升技术赋能风险治理效果。

2. 依靠科技提升监测预警能力

监测预警在公共安全治理中起着关键"前哨"作用，先进的监测预警装备和能力是推动公共安全治理模式向事前预防转型的重要条件。从当前的监测预警体系上看，科技手段的应用仍是一大短板，监测预警技术装备精良度、稳定性和智能化水平不足，综合监测预警能力还有待增强。为此，必须坚持科技手段为支撑，充分发挥科技赋能作用，建立智慧化预警多点触发机制，健全多渠道监测预警机制，不断提升公共安全监测预警能力。一方面，要强化云计算、大数据、物联网、工业互联网、人工智能等新兴技术在公共安全监测预警中的创新应用，重点研发重大自然灾害监测预警与风险防控、安全生产风险监测预警与事故防控等核心关键技术装备，完善各类风险监测预警网络和平台，着力提升提高对公共安全问题超前感知、精密监测、精确预警、精准防控能力。另一方面，要适应公共安全风险复杂多样、耦合叠加的趋势特征，加强多因素耦合、多领域协同的监测预测预警技术与系统研发，加快建立多源信息融合的复合型风险监测预警系统，提升对错综复杂的风险综合体的监测预警能力。此外，要依托各层级、各地区、各部门现有监测预警系统，基于数字技术赋能强化系统集成和数据联通，构建纵横贯通的一体化智慧监测预警平台，推动跨部门、跨地区、跨层级监测预警信息的共享共用，实现公共安全监测预警的智能联动、高效协同。

3. 依靠科技提升协同共治能力

"能用众力，则无敌于天下矣；能用众智，则无畏于圣人矣。"推动公共安全治理模式向事前预防转型，需要强化协同共治，推进政府体系内部、政府与外部社会和市场之间的协同合作，形成应对各类风险挑战的整体合力。科技手段的应用，能够促进各参与主体间基于信息和数据进行互动，进而大幅提升公共安全治理的协同程度。为此，要在强化制度引导和激励措施的基础上，充分利用科技力量，协同发挥政府、社会、公众等多方主体的智慧和力量，促进各方参与的效能最大化。一方面，要依托现代信息技术，建立统一的公共安全信息化管理平台，健全跨部门、跨层级、跨地区的数据共享共用机制，促进政府内部的部门协同、层级联动与地区互动，增强公共安全治理的整体性、系统性和协同性。另一方面，要借助数字技术打造社会参与的数字化平台，拓展和畅通社会参与公共安全治理的有效渠道与途径，促进社会主体与政府部门之间的良性互动，形成政府监管、企业自律、社会协同、公众参与的公共安全社会共治新格局。

参考文献

[1] 马宝成. 坚持总体国家安全观全面推进新时代应急管理体系建设[J]. 国家行政学院学报, 2018 (06): 52−56.

[2] 薛澜. 学习四中全会《决定》精神, 推进国家应急管理体系和能力现代化[J]. 公共管理评论, 2019 (03): 33−40.

[3] 李季. 健全国家应急管理体系防范化解重大风险[J]. 行政管理改革, 2020 (03): 4−9.

[4] 赵发珍, 王超, 曲宗希. 大数据驱动的城市公共安全治理模式研究——一个整合性分析框架[J]. 情报杂志, 2020 (06): 179−186.

[5] 曹策俊, 李从东, 王玉, 李文博, 张帆顺. 大数据时代城市公共安全风险治理模式研究[J]. 城市发展研究, 2017 (11): 76−82.

[6] 李增, 夏一雪. 智慧城市预控式公共安全治理模式研究[J]. 消防科学与技术, 2016 (05): 698−700.

[7] 高小平. 中国应急管理制度创新的方向、路径及其保障[J]. 广州大学学报（社会科学版）, 2020 (02): 16−24.

[8] 刘一弘. 应急管理制度: 结构、运行和保障[J]. 中国行政管理, 2020 (03): 131−136.

[9] 张铮, 李政华. 中国特色应急管理制度体系构建: 现实基础、存在问题与发展策略[J]. 管理世界, 2022 (01): 138−144.

[10] 郁建兴, 陈韶晖. 从技术赋能到系统重塑: 数字时代的应急管理体制机制创新[J]. 浙江社会科学, 2022 (05): 66−75.

[11] 胡重明, 喻超. 技术与组织双向赋能: 应急管理的整体智治——以杭州城市防汛防台体系数字化转型为例[J]. 浙江社会科学, 2022 (07): 59−67.

[12] 严佳, 张海波. 公共安全及其治理: 理论内涵与制度实践[J]. 南京社会科学, 2022 (12): 75−85.

[13] 童星. 公共安全治理关键概念辨析[J]. 中国社会公共安全研究报告, 2018 (02): 17−30.

[14] 薛澜. 中国应急管理系统的演变[J]. 行政管理改革, 2010 (08): 22−24.

[15] 钟开斌, 薛澜. 以理念现代化引领体系和能力现代化: 对党的十八大以来中国应急管理事业发展的一个理论阐释[J]. 管理世界, 2022 (08): 11−25.

[16] 河连燮. 制度分析: 理论与争议[M]. 李秀峰, 柴宝勇, 译. 北京: 中国人民大学出版社, 2014: 104.

[17] 诺斯. 制度、制度变迁与经济绩效[M]. 杭行, 译. 上海: 格致出版社, 上海三联书店, 上海人民出版社, 2008: 3−7.

[18] 张维迎. 博弈与社会[M]. 北京: 北京大学出版社, 2013: 9.

[19] 燕继荣. 制度、政策与效能: 国家治理探源——兼论中国制度优势及效能转化[J]. 政治学研究, 2020 (02): 2−13.

[20] 宋世明. 推进国家治理体系和治理能力现代化的理论框架[J]. 中共中央党校（国家行政学院）学报, 2019 (06): 5−13.

[21] 关婷, 薛澜, 赵静. 技术赋能的治理创新: 基于中国环境领域的实践案例 [J]. 中国行政管理, 2019 (04): 58-65.

[22] 马丽. 技术赋能嵌入重大风险治理的逻辑与挑战 [J]. 宁夏社会科学, 2022 (01): 54-62.

[23] 张玉磊. 构建新时代中国特色应急管理制度体系: 基于"理念、结构、程序、保障"四维分析框架——兼评《中国应急管理制度创新: 国家治理现代化视角》[J]. 天津行政学院学报, 2022 (02): 44-54.

[24] 王超, 赵发珍, 曲宗希. 从赋能到重构: 大数据驱动政府风险治理的逻辑理路与价值趋向 [J]. 电子政务, 2020 (07): 89-98.

[25] 毛春梅, 蔡阿婷. 大数据赋能: 应急治理场域的优化 [J]. 学习论坛, 2021 (03): 72-79.

[26] 陈道银. 风险社会的公共安全治理 [J]. 学术论坛, 2007 (04): 44-47.

[27] 孙粤文. 大数据: 风险社会公共安全治理的新思维与新技术 [J]. 求实, 2016 (12): 69-77.

[28] 朱正威, 吴佳. 适应风险社会的治理文明: 观念、制度与技术 [J]. 暨南学报 (哲学社会科学版), 2020 (10): 67-77.

[29] 桂维民. 黑天鹅、灰犀牛事件应对新视角——基于VUCA情境应急管理问题的思考 [J]. 中国应急管理, 2023 (01): 60-61.

[30] 李雪峰. 提高公共安全治理水平的战略意涵与实现路径 [J]. 中国应急管理科学, 2022 (11): 13-26.

[31] 张海波, 严佳, 等. 党的十八大以来我国应急管理体系建设实践与经验 [J]. 国家治理, 2022 (23): 46-51.

[32] 徐龙顺, 佘超. 新时代应急管理体系创新: 情景变迁、发生逻辑与实践指向 [J]. 中国公共政策评论, 2021 (02): 94-112.

[33] 马宝成. 应急管理体系和能力现代化 [M]. 北京: 国家行政学院出版社, 2022: 10-11.

[34] 闪淳昌, 周玲, 秦绪坤, 等. 我国应急管理体系的现状、问题及解决路径 [J]. 公共管理评论, 2020 (02): 5-20.

[35] 苏国锋. 做好"防"和"救"应急管理体系和能力现代化的关键命题 [J]. 人民论坛, 2020 (17): 61-63.

[36] 周赛保. 加强改进应急管理工作的思考 [J]. 新湘评论, 2020 (10): 34-36.

[37] 薛澜, 周玲, 朱琴. 风险治理: 完善与提升国家公共安全管理的基石 [J]. 江苏社会科学, 2008 (06): 7-11.

[38] 钟开斌. 应急管理十二讲 [M]. 人民出版社, 2020: 91, 115.

[39] 刘铁民. 将巨灾应急准备和能力建设上升为国家战略 [J]. 中国党政干部论坛, 2020 (03): 6-10.

[40] 刘铁民. 构建新时代国家应急管理体系 [J]. 中国党政干部论坛, 2019 (07): 6-11.

[41] 张海波. 应急管理的全过程均衡: 一个新议题 [J]. 中国行政管理, 2020 (03): 123-130.

[42] 杨联, 曹惠民. 以系统整合提升公共安全风险治理绩效 [J]. 理论探索, 2021 (02): 68-73.

[43] 周慎, 朱旭峰, 薛澜. 人工智能在突发公共卫生事件管理中的赋能效用研究——以全球新冠肺

炎疫情防控为例 [J]. 中国行政管理, 2020 (10): 35-43.

[44] 刘奕, 张宇栋, 张辉, 等. 面向2035年的灾害事故智慧应急科技发展战略研究 [J]. 中国工程科学, 2021 (04): 117-125.

[45] 赖先进. 提升重大公共卫生风险治理能力 [J]. 中国党政干部论坛, 2020 (03): 77-79.

[46] 王伟进, 张亮, 杨晓东, 等. 数字技术赋能公共安全治理的路径与建议 [R]. 国务院发展研究中心, 2023-01-30.

乡村数字治理标准化建设：实践逻辑与经验启示
——基于"德清经验"的案例分析

熊春林[①] 贺容煜[②] 刘芬[③]

摘要：加快推进乡村数字治理标准化建设，是构建共建共治共享乡村数字治理格局和提升乡村数字治理效能的基本要求。基于制度分析与发展框架，以"德清经验"为案例，从乡村数字治理标准化建设的建设行动、建设环境、建设绩效三方面探究德清县乡村数字治理标准化建设的实践逻辑。研究发现，德清县政府、企业、村民、专业人员等行动者分计划、实施、推广、评估四阶段有序开展建设行动，围绕保障条件、凝聚共识、建规立制等方面优化建设环境，通过创新协商共治模式和追求乡村善治结果提升建设绩效。德清实践表明，坚持以民为本、注重多元协同、强化条件保障、做好绩效评估是高质量推进乡村数字治理标准化建设的重要因素。

关键词：乡村数字治理；标准化建设；制度分析与发展框架；实践逻辑；德清经验

一、问题的提出

基层治理是国家治理的基石。党和国家将乡村治理数字化作为推进乡村治理体系和治理能力现代化的重要抓手。2019年印发的《数字乡村发展战略纲要》强调构建乡村数字资源共建共治共享体系，实现跨层级、跨地域、跨系统、跨部门、跨业务的协同共治。其前提是建立互联互认互通的乡村数字治理标准体系。2021年印发的《国家标准化发展纲要》强调积极开展乡村治理标准化行动，建立农业农村标准化服务与推广平台。2022年印发的《数字乡村标准体系建设指南》强调加快构建统一、融合、开放的数字乡村标准体系，增加标准有效供给，强化标准应用实施。乡

[①]熊春林，湖南农业大学公共管理与法学学院教授，博士生导师，主要从事乡村数字治理研究。
[②]贺容煜，湖南农业大学公共管理与法学学院硕士研究生，主要从事乡村数字治理研究。
[③]刘芬，湖南农业大学东方科技学院副教授，主要从事数字乡村发展研究。

村数字治理标准化是数字乡村标准化建设的重要内容,如何加快乡村数字治理标准化建设,对于多元主体协同有序推进乡村数字治理,开创规范化、精细化、高效化的数字治理局面,构建共建共治共享乡村社会治理格局,提升乡村数字治理效能具有重要意义。

学者们对乡村数字治理的研究主要集中在三个方面:一是乡村数字治理相关概念研究。乡村数字治理是以数字化技术为载体,构建乡村数字化智能政务体系与技术规范体系,以推进乡村数字化经济社会建设和实现村民数字化生活的新型治理活动。二是乡村数字治理的困境研究。数字技术与乡村社会的适配度较低,存在数字形式主义、数字化"隐形工作"和社会关系疏离等数字负担。三是乡村数字治理的路径研究。搭建数字治理平台,赋能乡村治理规则的供给、执行和维护,推动数字技术与乡村治理主体、内容、过程、目标进行深度联结。而关于治理标准化建设的研究多围绕其内涵与意义展开。"治理标准化"是一种制度工具,指一种建立在标准基础上的规范约束体系。标准在程序上更具备便捷性、内容上更为具体,所调整的关系范围更广泛、形式更灵活,是增加社会治理制度供给、推动社会治理规范化建设的重要手段,应以"标准化+"的战略改革提高标准与社会治理的契合程度。

现有研究对乡村数字治理和治理标准化进行了深刻阐述,但大多研究只单独关注乡村数字治理或治理标准化领域,而鲜有研究乡村数字治理标准化建设。本文基于制度分析与发展框架(简称IAD),聚焦乡村数字治理标准化建设的"德清经验",从微观层面阐释德清县乡村数字治理标准化建设的实践逻辑与经验启示,以期为我国乡村数字治理标准化建设提供一些建议。

二、乡村数字治理标准化建设:一个分析框架

制度分析与发展框架(IAD)是埃莉诺·奥斯特罗姆所构建的一个系统研究制度安排方式的多层概念模型,其经典理论模型由行动舞台、外部变量和行动绩效三部分构成,即从制度视角分析行动情境、行动环境以及行动绩效等要素之间的关系与互动。行动舞台包括行动情境和行动者两部分;外部变量包括物质属性、共同属性和应用规则三部分;行动绩效包括行动模式、行动结果和评价准则,其中行动模式由行动者与行动情境的互动形成,在互动中得出行动结果,最终行动绩效反作用于行动舞台和外部变量。IAD框架在行政管理、公共事务治理领域被广泛运用,例如,探究大城市乡村空间的治理范式、村级公共产品供给的影响因素等;或者重点关注IAD框架中的某一要素,例如,使用应用规则分析流域生态补偿问题。由此看,IAD框架多研究管理领域的事务与制度,与本文的分析对象具有一致性。同时,乡村数字治理标准化建设是一个多角度、多层面、多主体的问题,选择IAD框架更有利于系统、深刻把握乡村数字治理标准化建设的逻辑。

因此，可以应用IAD框架分析乡村数字治理标准化建设的实践探索，构建乡村数字治理标准化建设的理论分析框架（图1）。理论分析框架包括建设行动、建设环境以及建设绩效三部分，探讨乡村数字治理标准化建设的环境影响因素，得出乡村数字治理标准化建设的行动模式和行动结果。整个过程明确了乡村数字治理标准化建设的实践逻辑，为推动乡村数字治理标准化建设提供了建设方案，同时，在一定程度上可以预测乡村数字治理标准化建设中面临的问题，提前预防，减少乡村数字治理标准化建设阻力。

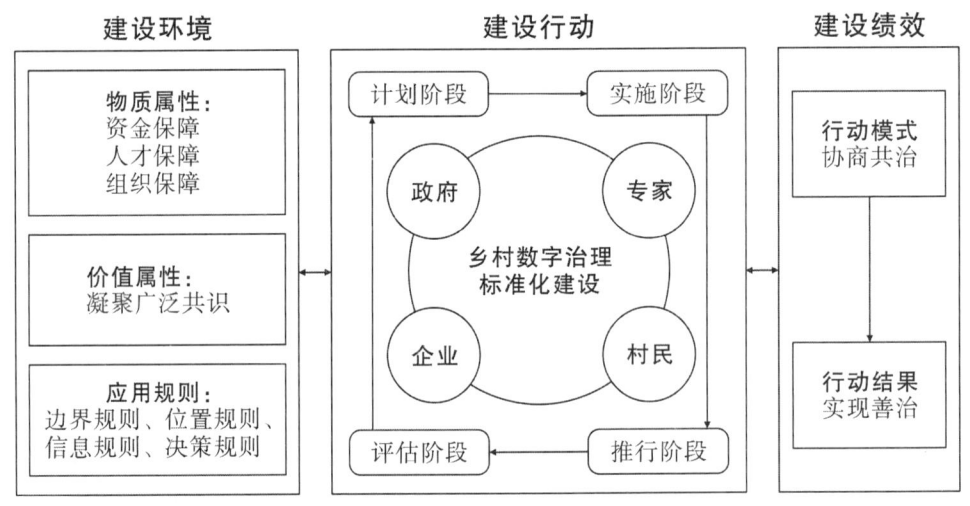

图1　乡村数字治理标准化建设的理论分析框架

三、德清县推动乡村数字治理标准化建设的实践

本文采用单案例研究方法。单案例研究方法是一种经验性研究方法，有利于深入特定情境，对某种事物、现象进行观察分析，以规范性的质性分析得出普遍性结果与经验。选取浙江省德清县作为本文案例的原因有二：一是德清县乡村数字治理成效显著。在《县域数字乡村指数研究报告》中，2018年德清县数字乡村指数排名第2，2020年排名第1。同时，在求是杂志社创办的《小康》发布的2021年中国数字治理百佳县市中位列第1。二是德清县是我国数字治理标准化建设的先行者，并取得了阶段性成果。德清县于2020年12月正式实施《乡村数字化治理指南》和《"数字乡村一张图"数字化平台建设规范》（以下简称《指南》和《规范》）两项地方标准。起草发布《数字乡村建设规范》省级地方标准，并于2023年3月29日起实施，为德清县乡村数字化治理标准规范体系的成熟定型奠定了坚实基础。因此，本文以德清县为案例，探究新时代我国乡村数字治理标准化建设的实践逻辑与共性问题。

德清县隶属于浙江省湖州市，近年来经济社会发展迅速，综合实力上升，位列全国百强县。针对乡村数字治理普遍缺乏统一标准，导致重复建设、人力物力低效消耗、多元协同共治难等问题,德清县围绕《指南》《规范》两项地方标准,积极借鉴其他地区乡村数字治理的成果,结合自身的实际情况,不断建立健全乡村数字化治理"一三五"体系及"数字乡村一张图"平台,推动乡村公共管理、公共服务、公共安全保障标准化建设(图2)。乡村数字化治理"一三五"体系中的"一"为"一个数据底座";"三"为"一图一端一中心";"五"为五大领域。"数字乡村一张图"平台则包括平台基础层、服务支持层和应用扩展层三部分,平台基础层汇聚德清县大脑数据,提供软硬件设备设施;服务支撑层发挥着数据开发管理和设计服务组建的作用,对数据进行集成、清洗和归集;应用扩展层则对接用户,面向政府部门、村级组织和村民等对象。

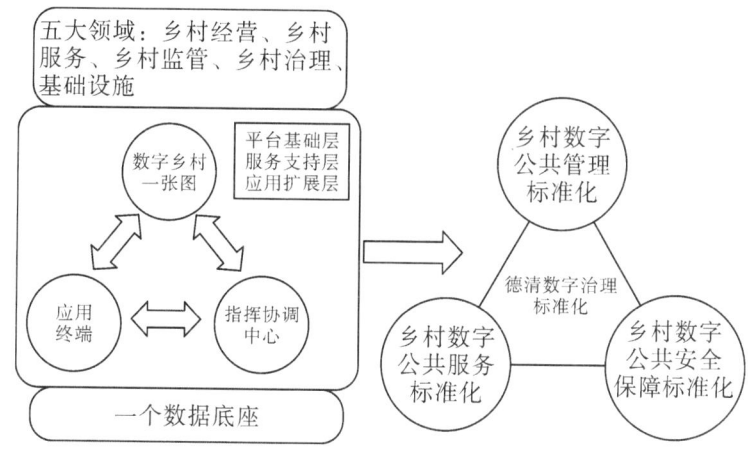

图2 德清县推动乡村数字治理标准化建设的实践

德清县在《指南》《规范》的基础上推进乡村治理标准化建设。其一,推动乡村数字公共管理标准化。《指南》规范了乡村数字治理的具体内容,对工作人员和机器设备提出基本要求,动员 58 个部门,依托"数字乡村一张图"平台,打造乡村治理数据库,推进乡村治理数据资源共建共享,以形成联动治理。并充分利用遥感、信息地理等技术实现"问题直接到人",推动村务全流程标准化处理、全过程标准化监督。引导村民通过数字平台,规范有序参与村级公共事务,使得村民人人都是网格员、管理员和监督员。其二,推动乡村数字公共服务标准化。建设标准化的信息服务平台,明确政务平台服务内容和办事流程,为村民提供更规范、更便捷的服务,让办事流程清晰明了,提高平台易用性,让群众少跑路、数据多跑路,提升村民办理政务等事项的效率。其三,推动乡村数字公共安全保障标准化。在全县布置视频监控、污水监测、交通设施等 6 大类 534 种感知设备,织成了一张触达乡村各角落的物联感知网,实现自动捕获异动、遥感监测定期比对异动,全景感知、标准处置乡村公共安全事务,有效推进乡村公共安全保障标准化。

四、德清推进乡村数字治理标准化建设何以可能？

（一）有序开展建设行动

PDCA 循环又称戴明环，由统计质量控制之父 Shewhart 首次提出，而后由美国学者 Deming 丰富、普及，自此形成了"Plan（计划）—Do（实施）—Check（检查）—Act（处理）"的科学管理体系。PDCA 循环最主要的特点是循环运行，一个 PDCA 循环运行结束后，以问题为导向进入下一个循环，从而持续不断地改进事物发展，即每一次循环都会解决上次循环中未解决或新发现的问题。根据 PDCA 循环，结合德清县乡村数字治理标准化实践，本文将乡村数字治理标准化建设行动划分为计划、实施、推广、评估四个阶段，并从行动者角度分析这四个阶段的乡村数字治理标准化建设行动（表 1）。

计划阶段，是推进乡村数字治理标准化建设的前提，调查建设状况，制定建设标准和方案。一是德清县政府加强顶层设计。结合发展现状创造性落实上级有关乡村数字治理政策，制定和发布《指南》和《规范》，为全县乡村数字治理标准化建设提供基本遵循，指导全县城乡三维地图建模、乡村治理多规合一应用等 20 多个重点项目实施。二是专家参与计划制定。德清县多次举行院士专家建言咨政座谈会，与 170 多家高校院所建立产学研用的合作关系，充分利用专家的专业智慧，从关键技术上破解乡村数字治理标准化建设的"卡脖子"难题，广泛听取专家意见，组织专家评审会对两项地方标准进行指导。三是村民和企业积极表达意见。村民和企业通过多样化的反馈渠道表达意见，既可以与政务服务窗口的办事员进行面对面交流，也能通过"我德清"等数字应用终端线上参与，充分表达自己对乡村数字治理标准化建设的民生关切和利益诉求，政府工作人员将定时定期收集、讨论、回复、采纳相关意见。

实施阶段，这一阶段主要将计划内容转化为建设成果。一是德清县政府打破合作壁垒。政府带头执行乡村数字治理标准，建设乡村治理数据库，促进各部门数据资源互联互通互认，杜绝各自为政与重复建设，推动乡村治理多维度、多领域数字化，实现"一次采集、多种生成、全域使用"，夯实乡村数字治理标准化建设的基础。二是专家全程协助。德清县采取专员、专班、专家"三专"技术服务模式，为实施乡村数字治理标准化提供专业咨询与指导。定期组织专业人员审核标准，以专业性视角对乡村数字治理标准进行监督、优化、改进。三是企业协同合作。阿里巴巴企业与政府合作，建设和挂牌德清数字乡村电商实训基地，培训各类多层次数字化人才，为德清县乡村数字治理标准化建设提供坚实的人才基础。在"数字+"领域开展广泛深入的合作，设立"数字乡村联合实验室"，打造"数字渔业生产服务平台""旅游大数据应用平台"等，为乡村数字治理标准化建设提供技术与经济支撑。四是村民有序参与。村民通过

"数字乡村一张图"和"幸福云"平台,围绕"评议有依据、奖惩有法度、治理有秩序、服务有能力"的原则,采取每月打分、每季展示、每年结算、定期开展考评认定会等形式,全程化、标准化参与村级各项事务,促进了村规民约等方面的标准化建设。

推广阶段主要是对执行标准的成果进行宣传,以此扩大乡村数字治理标准化建设范围。一是政府积极宣传。利用橱窗、广播电视等传统媒体和政务网站、微信公众号等新兴媒体,广泛宣传推广标准制度,调动村民、企业等行动者的积极性、主动性和创造性,形成"人人建设、人人受益"的良好氛围。二是专家科学宣讲。专家跟随政府团队,科普乡村数字治理标准化建设意义,依靠专家的专业影响力,鼓励各主体参与乡村数字治理标准化建设,吸引其他地区开展乡村数字治理标准化建设。三是企业扩大影响。阿里巴巴凭借自身强大的宣传实力和网络影响力,通过自媒体、直播带货等,积极宣传合作成果,为浙江乃至全国乡村数字治理标准化提供了有益经验和示范,进一步验证了乡村数字治理标准化建设的可行性和实操性。四是村民大力支持。村民支持是开展乡村数字治理标准化建设的根本动力,德清村民积极表达、有序参与,侧面证实乡村数字治理标准化建设是民主与科学的,是民心所向的,减少了乡村数字治理标准化建设推广的阻力。

评估阶段,总结以上三个阶段的经验,评估是否达到预期效果,发现并改进相关问题。一是政府明确人民至上的评价准则。以村民高不高兴、满不满意为着眼点,建立数字平台反馈机制、多元共治的评价机制、信息搜集机制、专项督察机制以及"好差评"机制等系统评估机制。二是专家参与评估。专家或第三方机构定期对乡村数字治理标准化建设成果进行评估,以专业性视角对乡村数字治理标准化建设进行监督。三是村民和企业反馈意见。重点依托办事大厅、政务服务网、"我德清"等线上线下评价渠道,提升村民的评价主体性,实现"人人都是行动者、人人都是监督者"。针对民众普遍认为"跑动次数与承诺不一样""办事指南提供样本有错"等方面的问题,德清县以惠民、便民、利民为原则,积极主动进行整改,从2019年10月18日到2023年1月19日,"好差评"评价总数1291930件,差评数量3件,按期整改率100%。

表1 乡村数字治理标准化主体的建设行动

主体/阶段	计划阶段	实施阶段	推广阶段	评估阶段
政府	顶层设计	破除壁垒	积极宣传	明确准则
专家	参与设计	全程协助	科学宣讲	参与评估
企业	表达意见	协同合作	扩大影响	意见反馈
村民	表达意见	有序参与	大力支持	意见反馈

(二)积极优化建设环境

建设环境对建设行动产生约束与制约,包括物质属性、价值属性和应用规则三部分。德清县做好资金、人才和组织等条件保障，凝聚广泛共识，建规立制，以优化乡村数字治理标准化的建设环境。

德清县拥有的资金、人才和组织保障等条件深刻影响着乡村数字治理标准化建设。首先，具有相对充足的资金。德清县2022年地区生产总值615.5亿元，人均地区生产总值突破2万美元，达到中等发达国家水平，有一定能力承担乡村数字治理标准化建设所需巨大资金，为推进乡村数字治理标准建设提供较充足的财政支撑。德清县农村居民人均可支配收入42548元，远高于全国平均水平的20133元，更有时间有精力参与乡村治理。其次，拥有较好的人才队伍。德清县坚持以体制机制改革优化人才生态环境，对标"人才生态最优县"目标，在全国县域率先推出"德清人才码"，设立人才"一件事"服务专窗，举办高层次人才创新创业大赛、高层次人才项目对接洽谈会、院士专家德清行等活动，实施"乡村振兴人才""德清工匠"等人才培育行动，吸引一大批优秀人才到德清就业创业，形成近百人的乡村数字治理标准化人才智库，进一步夯实乡村数字治理标准化建设的人才队伍。最后，建立健全的组织体系。德清县大数据发展管理局联合农业农村局组建专门领导小组，提出和起草《指南》和《规范》，由市场监管局批准发布，大数据发展管理局归口负责执行，优化领导组织体系。整合17个涉农部门单项考核指标，构建部门协作的"多考合一"新格局，科学考核乡村数字治理标准化工作。

德清县高度重视各方行动者的利益关切，凝聚乡村数字治理标准化建设的广泛共识。专家学者指导乡村数字治理标准化建设的内在动力是成功转化自己的研究成果，追求自身社会价值的实现。阿里巴巴等数字企业则着眼于扩大企业社会影响和追求经济利益，并履行社会责任。而广大村民的基本动机是高效进行村务管理，获得更方便、更快捷、更舒适的公共服务，就地过上现代文明生活。德清县在明确各主体利益诉求的基础上，通过座谈会、问卷调查、意见箱、数字平台等形式，兼顾各方利益关切，寻求利益契合点和合作"最大公约数"，使处于原子化与陌生化状态的各主体实现共进，逐渐建立社会网络、积累信任资本，构建乡村数字治理标准化建设共同体。

德清县建规立制以规范乡村数字治理标准化建设。德清县围绕各行动主体的参与依据、角色定位、信息沟通、民主决策等目标指向，建立边界规则、位置规则、信息规则和决策规则。德清县出台《指南》《数字乡村建设规范》等乡村数字治理标准化文件，建立乡村数字治理标准化建设的边界规则，规范各主体的进入机制，即以行政手段确定政府各部门的参与，以契约方式实现政企合作，以激励机制调动广大村民和专家参与的主动性。同时，通过顶层设计，明确"政府引导、企业参与、全民发力、专家助力、纵横联动"的位置规则。依托数字平台和"一三五"治理体系，以点带面全方位打造乡村数字治理信息公开标准，实现公开体系标准化、公开内容标准化、功能配备标准化、管理维护标准化，形成乡村数字治理标准化的信息规则。全面落实全过程人民民主，建立全程性、全面性、系统性的决策规则，以多种参与渠道、参与方式确保各主体科学民主参与决策。

（三）不断提高建设绩效

建设绩效包括行动模式、行动结果两部分。德清县通过有序开展建设行动、积极优化建设环境，形成协商共治的行动模式和实现乡村善治的行动结果，提高乡村数字治理标准化的建设绩效。而建设绩效反作用于建设行动与环境，督促乡村数字治理标准化建设及时调整。

创新协商共治的行动模式。德清县政府建立线下议事场景和线上协商平台，探索企业、村民、专家等主体协商共治的行动模式，集中智慧，加快推进乡村数字治理标准化实践。其一，构建线下议事场景。成立"民生议事堂""协商驿站"等协商组织，召开乡村民意恳谈会、建立民情联络站，深入乡村基层，与广大村干部、村民协商议事，准确把握实际情况，有针对性改进各项工作。其二，打造线上协商平台。依托"浙里办""我德清"等应用开展"数字政协·民生议事堂"，打破时间与空间限制，破除层级与部门壁垒，各主体能够随时随地协商共治。其三，建立协商成果落实机制。建立"收集梳理、跟踪督促、成果运用"的协商共治工作链，健全"一个部门牵头、多个部门联手"协商成果落实机制，限时落实到位、全程跟踪问效，着力将协商共治的成果转化为乡村数字治理标准化建设的效能。总之，德清县探索创新"物理零距离、网络全时空、协商无障碍、成果有落实"的协商共治行动模式，不断提升建设绩效。

追求乡村善治的行动结果。德清县以共议、共建、共管、共评、共享的理念，优化公共服务、改善公共管理和确保公共安全，实现乡村善治。其一，改善乡村公共管理。德清县坚持"整体智治"理念，打通数字应用系统，实现"人、事、地、物"精准可查、分析报告自动生成，高效辅助乡村数字治理决策、快速完成材料的提交和事项办理，极大提高乡村办事质量和效率，推动乡村治理问题周期内办结率达100%。同时，广大村民通过乡村数字治理标准化建设的应用系统，能够便捷、有序、高效地参与村务管理，实现当家作主。其二，优化乡村公共服务。德清县依托《基本公共服务数字应用规范》等公共服务标准化制度，建立涵盖服务类型、服务对象、服务载体、服务结果回流的全面系统服务体系，实现由"多头受理"向"一站服务"、由"人找服务"向"服务找人"、由"单向线性"向"量化闭环"的转变，让村民更便捷地获得高质量的公共服务。其三，保障乡村公共安全。实现对村庄环境、村民生活等进行精准分析和异动管理，实时有效处置乡村出现紧急情况与各种问题，如社会治安、交通安全、环境污染、应急救灾、邻里纠纷等，提升平安乡村建设效能。德清县不断追求乡村善治，呈现出治理有效、充满活力、和谐有序的良好局面，村民的获得感、幸福感日益增强，安全感更有保障、更具长效性。

五、结论与经验启示

加快乡村数字治理标准化建设是构建共建共治共享乡村数字治理格局和提升乡村数字治理效能的基本要求。本文运用制度分析与发展框架,以浙江省德清县为例,探究乡村数字治理标准化建设的实践逻辑。研究发现,德清县乡村数字治理标准化建设的加快推进得益于有序开展建设行动、积极优化建设环境、不断提高建设绩效,以及三者之间的相互作用。首先,分计划、实施、推广、评估四个阶段有序开展建设行动,并在每一个阶段充分发挥政府、专家、企业、村民等行动者扮演的角色作用,激发乡村数字治理标准化建设的内在驱动力。其次,围绕保障条件、凝聚共识、建规立制等方面优化建设环境,增强乡村数字治理标准化建设的外部推动力。最后,通过创新协商共治模式和追求乡村善治结果提升建设绩效,并以建设绩效倒逼建设环境与行动的持续优化。建设环境是条件、建设行动是核心、建设绩效是评判,三者相互作用、循环反复,构成乡村数字治理标准化建设的实践逻辑。

基于德清县乡村数字治理标准化的实践经验,本文提出乡村数字治理标准化建设的普遍性启示:第一,坚持以民为本。瞄准广大村民的实际需求,以显著提高乡村公共服务、公共管理、公共安全保障水平为着眼点,激发村民参与动力、提升村民参与能力和扩大村民有序参与,全员化、全程化推动乡村数字治理标准化建设。第二,注重多元协同。根据乡村数字治理标准化建设的四个阶段,充分考量不同行动者的利益关切,创造共建共治共享的协作场景,推动他们之间协商对话、形成共识、优势互补、合作共赢,最终实现乡村数字治理标准化建设的多元协同推进。第三,强化条件保障。加大财政支持,通过出台降税、补贴、信贷等政策鼓励企业和社会投资,确保乡村数字治理标准化建设拥有充足资金。建立健全引进、留住、用好人才机制,全面开展村民数字素养培训,强化乡村数字治理标准化建设的人才支撑。按照"党委领导、政府负责、部门协同、社会参与"的原则,构建"纵向到底、横向到边、上下联动、左右协作、内外互动"的乡村数字治理标准化建设组织运行体系。全面梳理相关制度,查漏洞、补短板、强弱项,从边界、位置、信息和决策等方面构建系统完备、科学规范、运行高效的规则体系。第四,做好绩效评估。确立由政府、村级组织、企业、村民、专家等组成的多元评估主体,构建兼顾全面性与典型性、科学性与可行性、静态性与动态性的评估指标体系,采用科学合理的评估方法,制定全面系统、科学严密、简便高效的评估工作流程,遵循"以绩为勉、以绩促干、以绩促效"要求,收集好评估结果,不断健全乡村数字治理标准化建设绩效评估机制。同时,我国各地乡村存在巨大差异,应因地制宜、因时实施、重点突破,低成本、高质量推进乡村数字治理标准化建设。

参考文献

[1] 刘俊祥,曾森. 中国乡村数字治理的智理属性、顶层设计与探索实践[J]. 兰州大学学报(社会科学版),2020,48(01):64−71.

[2] 朱战辉. 数字下乡"最后一公里"困境及其路径优化[J]. 社会科学研究,2023(05):136−144.

[3] 丁波. 数字赋能还是数字负担:数字乡村治理的实践逻辑及治理反思[J]. 电子政务,2022(08):32−40.

[4] 王冠群,杜永康. 技术赋能下"三治融合"乡村治理体系构建——基于苏北F县的个案研究[J]. 社会科学研究,2021(05):124−133.

[5] 王亚华,李星光. 数字技术赋能乡村治理的制度分析与理论启示[J]. 中国农村经济,2022(08):132−144.

[6] 陈荣卓,戴欢欢. 信息化条件下乡村治理联结的再建:结构与路径[J]. 社会主义研究,2022(05):105−112.

[7] 王平,侯俊军,梁正. 标准治理的基本逻辑研究[J]. 标准科学,2019(11):27−34.

[8] 张其伟,徐家良. 慈善标准化建设的多元逻辑与实现路径[J]. 上海行政学院学报,2022,23(02):78−88.

[9] 侯俊军,张莉. 标准化治理:推进社会治理能力现代化的制度供给研究[J]. 湖南大学学报(社会科学版),2020,34(06):49−57.

[10] 诸葛凯,张勇,周立军. 标准推动社会治理的理论逻辑及路径[J]. 科技管理研究,2019,39(06):262−266.

[11] OSTROM E, GARDNER R, WALKER J. Rules, games, and common−pool resources[J]. Economic Journal, University of Michigan Press:Ann Arbor, 1994:392.

[12] 李文钊. 制度分析与发展框架:传统、演进与展望[J]. 甘肃行政学院学报,2016(06):4−18+125.

[13] 谷晓坤,李小天,刘静. 基于IAD理论框架的大城市乡村空间治理研究——以上海市金山区廊下镇为例[J]. 人文地理,2023,38(03):100−107.

[14] 雷丽霞,张应良,刘魏. 村庄特征、民主治理对村级公共品供给的影响研究——基于IAD框架的理论与实证分析[J]. 湖南农业大学学报(社会科学版),2021,22(06):62−72.

[15] 王雨蓉,陈利根,陈歆,等. 制度分析与发展框架下流域生态补偿的应用规则:基于新安江的实践[J]. 中国人口·资源与环境,2020,30(01):41−48.

[16] YIN R K. Case study research:design and methods (5th ed)[M]. CA:Sage Publications Inc,2014.

[17] 陈之瑶,罗军. PDCA模型在科技项目全流程质量管理的应用——以广东省重点领域研发计划项目管理为例[J]. 科技管理研究,2022,42(22):169−176.

[18] 李祝启,陆和建. 我国公共文化服务政社合作供给和运营全流程风险控制研究——基于PDCA方法的分析[J]. 图书馆建设,2022(06):137−147.

[19] OSTROM E, An agenda for the study of institutions[J]. Public Choice,1986,48(01):3−25.

数字政府建设的三重向度

张 源[①]

摘要： 随着全球由 IT（Information Technology）时代迈向数字赋能的 DT（Data Technology）时代，实现由电子政务向数字政府转型，成为政府治理现代化题中应有之义。在价值向度上，数字政府建设是赋能经济社会高质量发展的必然要求，是推进国家治理体系和治理能力现代化的重要支撑，是赋能机构改革、完善国家行政体制的重大举措；目前我国在数字政府建设中虽取得成就，但也面临着现实向度的治理难题：器物层面治理超载、区域失衡的协同困局以及公众参与效度偏低等；未来数字政府建设改革应着力于框架优化的路径向度：夯实技术治理，推动共建共享，注重区域平衡，统筹协同建设，激发公众活力，完善参与机制，以期实现中国式现代化及其在全球治理体系中发挥引领作用。

关键词： 数据赋能；数字政府；现代化；向度

新时代新征程，建设数字政府是我国重要发展战略。党的十九届五中全会审议通过的《中共中央关于制定国民经济和社会发展第十四个五年规划和二〇三五年远景目标的建议》指出要"加强数字社会和数字政府建设，提升公共服务、社会治理等数字化智能化水平"，强调了数字政府建设是我国治理体系和治理能力现代化的必由之路。2022年6月国务院印发了《国务院关于加强数字政府建设的指导意见》，阐明"加强数字政府建设是适应新一轮科技革命和产业变革趋势、引领驱动数字经济发展和数字社会建设、营造良好数字生态、加快数字化发展的必然要求……是创新政府治理理念和方式、形成数字治理新格局、推进国家治理体系和治理能力现代化的重要举措"，肯定了数字政府建设的意义所在。党的二十大报告提出要"加快建设制造强国、质量强国、航天强国、交通强国、网络强国、数字中国"，新时代加强数字政府建设，是推进网络强国、数字中国的基础性和先导性工程，旨在把我国建设成为社会主义现代化数字强国。不断深入推进数字政府建设已成为顺应新时代发展潮流的必然选择。

[①] 张源，长沙理工大学硕士研究生。

一、当前我国数字政府建设成就

"数字政府"是指政府始终坚持全心全意为人民服务的宗旨，以新一代信息技术为支撑，重塑公共治理的管理架构、业务架构和技术架构。其遵循一种"业务数据化，数据业务化"的创新发展模式。数字政府以为人民服务作为价值取向，通过推广数字政府，对人民提供精细化的服务，解决好人民群众的迫切问题，提升人民群众对政府的满意度和信任感。数字政府以大数据为技术基础，利用大数据运营、云端平台、云计算以及 AI 人工智能等，对政府的治理结构、组织框架、服务模式等实现流程再造，优化地方政府内部的组织结构、职能分工和运行流程，从而全方位提高政府部门的履职水平。数字政府以数字与运营相互驱动为发展模式，通过"业务数字化"综合系统如 OA 系统、CRM 系统、ERP 系统等将数字信息整合，通过"数据业务化"让数据反哺业务，释放数据价值，实现数据的产品化、商业化与价值化，推动政府实现智慧治理。

党中央高度重视数字政府在经济社会发展中的重要意义，为此颁布了一系列政策规划，促进政府数字化转型升级，实现数字强国的目标。中央和地方政府蓄势待发，从本地区实际出发，制定了适合本地区的数字政府特色规划，如表1：

表 1　我国数字政府建设政策文件和规划方案

发文字号	建设方案或者规划文件
国发〔2022〕14 号	《国务院关于加强数字政府建设的指导意见》
中发〔2020〕9 号	中共中央、国务院《关于构建更加完善的要素市场化配置体制机制意见》
京经信发〔2022〕87 号	《关于推进北京市数据专区建设的指导意见》
沪府办发〔2022〕11 号	《上海市数字经济发展"十四五"规划》
桂政发〔2022〕31 号	《广西壮族自治区人民政府关于加强数字政府建设的实施意见》
桂政办发〔2021〕133 号	广西壮族自治区人民政府办公厅《关于印发〈广西面向东盟"数字丝绸之路"发展规划（2021—2025 年）〉的通知》
黔府发〔2023〕21 号	省人民政府印发《贵州省关于加强数字政府建设实施方案》的通知
粤办函〔2022〕24 号	《广东省数字政府改革建设 2022 年工作要点》
浙政发〔2022〕20 号	《浙江省人民政府关于深化数字政府建设的实施意见》
苏政办发〔2023〕18 号	《省政府办公厅关于印发〈江苏省数字政府建设 2023 年工作要点〉的通知》
湘政办发〔2023〕10 号	《湖南省"智赋万企"行动方案（2023—2025 年）》
赣府厅字〔2023〕12 号	《全省一体化政务大数据体系建设工作方案》
晋政发〔2021〕32 号	《山西省"十四五"政府治理能力现代化规划》

资料来源：根据各省人民政府官网政策文件整理

我国各级政府也紧抓落实，依托大数据技术，全面提升现代化治理水平。从电子政务到网络政府再到如今的数字政府,我国政府转型发展进入全面发展新阶段。经过各方共同努力,各级政府业务信息技术系统建设和应用成效显著。数字政府一体化建设白皮书显示,截至 2023 年 6 月,我国数字政府相关标准化组织已规划、立项 120 余项国家标准,截至 2023 年 8 月,我国已有 226 个省级和市级地方政府上线了数据开放平台,各地无条件开放的可下载数据集容量从 2019 年的 15 亿条到 2023 年超 480 亿条,5 年间增长约 32 倍。

同时,我国一体化政务服务平台建设基本完成。随着我国政府在数字化转型方面的不断努力,国家政务服务平台正式上线,目前作为总枢纽的国家政务服务平台注册用户超过 5.8 亿人,全国一体化政务服务平台实名用户已超过 9.5 亿人,逐步形成了上下整体联动服务的一张网,减少了因为办理政务事项而产生的时间成本、交通成本等,让群众和企业的办事成本更低;数字政府应用局面加速活跃,当前,我国加快实施"互联网+"行动计划,数字技术不断进步,我国数字政府构建了较为完善的公务服务体系。在医疗卫生方面,运用互联网技术实现网络预约挂号、在线查询报告、远程问诊咨询、设立电子医疗档案,让老百姓尽量少跑路。在民生保障方面,数字政府着力提供更加便捷有效的民生服务体系,如智慧社区系统、康养服务体系、线上志愿协会,让老百姓切实享受到数字政府的发展红利。在就业方面,数字政府利用大数据和云计算技术,通过微信公众号、小程序、官方微博、手机 app 等积极畅通就业信息渠道,搭建就业平台,预测行业需求,缩小了信息差,为完善我国政府管理水平开辟了新路径,成为支撑国家战略的关键着力点。可见,我国数字政府建设取得了重大的成就。

二、价值向度:数字政府建设的价值意蕴

建设数字政府,一头连着党和政府,一头连着亿万群众,事关国之大计,只有以数字化转型驱动治理方式变革,全面提升政府治理的数字化、网络化、智能化水平,才能充分发挥数字政府建设对我国经济高质量发展、治理能力和治理体系现代化、国家机构改革的引领作用,为强国建设、民族复兴提供更加坚实有力的保障。

(一)引领经济社会高质量发展的必然要求

每一次科学技术的巨大飞跃,几乎都伴随着社会形态的进步,建设数字政府带来的大数据技术革命正在推动着我国社会主义现代化建设事业的蓬勃发展。以建设数字政府为契机,推进数字经济全面发展,是因势而谋的重要战略举措。一方面,在全球经济复苏乏力的背景下,数字经济转型跨越式发展代表着我国社会主义市场经济发展的新方向。我国经济发展面临着需求侧和供给侧不平衡的压力,而数字经济正在改变我国的经济结构,推动产业活动线下线上联合对接,及时回应市场需求,通过区块链、

云计算、人工智能、物联网等技术，提升企业竞争力，成为我国应对全球经济低迷风险挑战和助力经济转型的动力。另一方面，大数据正在成为重组全球资源要素、改变全球竞争格局的关键因素，世界大国都纷纷把大数据作为经济社会发展的重点。作为新时代的一种新型生产要素，大数据被称为"信息时代的石油"。当"数字政府""数字经济"对于很多人来说还是一个崭新的概念时，习近平总书记高瞻远瞩，2000年在福建工作期间就提出建设"数字福建"，2003年在浙江工作期间又提出建设"数字浙江"，2016年习近平总书记再一次强调要做大做强数字经济、拓展社会发展新空间，重点发挥数字政府建设在优政善治、惠民便民、兴业利企等领域的赋能作用，最终实现以数字政府建设引领全面深刻的经济社会高质量发展。

（二）推进国家治理体系和治理能力现代化的重要支撑

新时代以人工智能、算法等技术为驱动力的第四次工业革命正以前所未有的态势席卷全球，根据历史经验，这场浪潮会重塑未来世界经济格局，而在这场浪潮中，中国已成为不可忽视的一股力量。党的十八大以来，推进国家治理体系和治理能力现代化始终是一个重要的课题，有人甚至将此认定为继工业现代化、农业现代化、国防现代化、科学技术现代化四个现代化之后的第五个现代化。由于历史原因，中国在前四个现代化过程中都处于追赶学习阶段，但是此次中国不仅没有落后，反而有在全球领跑的可能。新时代数字政府的建设，正在通过科技的力量重塑政府与企业、公民和社会的关系，同时也重塑政府自身的形态。人工智能技术赋能下的算法时代和数字政府，正在改变以往国家政治死板的技术形象，改变以往的"数据孤岛"和"信息烟囱"，加强数据低成本有序共享。建设数字政府是贯彻以人民为中心施政理念的体现，运用现代数据技术采集、分析、研判，及时发现群众和企业办事过程中的"堵点""痛点"和"难点"，做到简化办、网上办、马上办，人民群众办事不再"跑断腿"和"急死人"，政府推诿扯皮的作风也失去了存在的空间；同时，数字政府建设也大幅提高了社会治理精细化程度，精准化治理是国家治理现代化的重要特征，公共服务从"大水漫灌"转变为"精准滴灌"，如食品从生产到销售实现全流程智慧化监管，食品安全更有保障，企业排污进行跟踪定位监测，生态文明建设更有成效，已成为社会治理新的着力点和突破点。建设数字政府每前进一小步，我国治理体系和治理能力现代化就跨越一大步。

（三）赋能机构改革、完善国家行政体制的重大举措

在最近一次机构改革中，我国的做法十分亮眼。2023年3月中共中央、国务院发布了《党和国家机构改革方案》，成立了国家数据局，负责推进数据基础设施建设，协调数据资源整合共享和开发利用，统筹推进数字中国、数字经济、数字社会规划和建设等职能。数字政府建设是数字中国体系的有机组成部分，以数字政府建设推进职能

转变,用数字化治理提升宏观调控科学性,使数字化监管进入监管现代化阶段,由此给我国新时代建设数字政府带来了新机遇。国家数据局的成立,意味着我国政府决策将更加科学化,更利于统筹解决数据开发和数据治理中的瓶颈问题,这是政府治理体系和治理能力现代化的着眼处,是现今国家机构改革的重要抓手。

同时,政府的社会治理手段也在不断创新,近期全国各地都在推广数字网格化管理系统,以数字技术的应用,借助信息交换平台,对网格内发生的事情实现了精准、高效、全时段、全地段覆盖的精细化管理,大大提高了政府的管理能力与应急处置能力,逐步完善了我国行政体制。因此,要大力推动政府治理体系和治理方式变革,破障碍、补短板、强基础,抢抓数字时代发展机遇,创造一流的数字政府范例。

三、现实向度:数字政府建设的实践缘起

当前,我国数字政府建设已取得显著成就,但数字赋能政府数字化建设从实践缘起角度,在现实中依然存在崭新的公共治理和公共服务困境与难题。从数字政府建设的宏观角度看,器物层面的治理技术有待提升;从数字建设中观角度看,政策叠加存在协同困局;从数字建设微观角度看,公众参与的效度偏低。

(一)器物层面的治理超载

伴随着第四次工业革命的发展,万物互联、万物皆数和万物智能已成为新的时代趋势,传统的人工和经验研究正在面临被淘汰的边缘,海量的数据和跨领域的分析需要强有力的智能数字政府和技术创新作为支撑,这将会远远超过人脑的负荷,甚至超过网络政务系统的算法负荷,从而产生了器物层面的治理超载问题。

首先,技术治理不尽如人意,通用数字素养及能力有待提高。我国在新型计算机平台、分布式计算机、大数据分析和呈现与国外存在一定差距,算法治理能力相对不足;我国网民仍面临数字意识不强、普通劳动者的数字技能不高等短板,不同社会群体在获取、处理、创造数字资源等方面的能力差距较大,实现数字素养从一般能力到高级能力的培养与塑造任重道远。

其次,数字政府建设的关键环节在于数据资源,但我国数据资源缺乏统一的数据标准。因为数据资源分别来自不同的部门、系统、行政区域,同时不同单位独自展开信息化建设和数据收集,这导致公共服务数据的海量且分散。而且各类数据缺乏统一的分级分类标准,上报数据质量参差不齐、存在瞒报虚报等现象,挖掘潜力较低,政府部门收集来的海量数据难以在实践中运用,经常面临"二次加工"的难题,一时间难以建立基于政府内部数据融通的高效平台。

最后,数据安全问题成为制约数据共享的瓶颈。由于利益固化,部分政府部门偏好传统行政流程,在公务员队伍存在一定的官僚之风,使得各个部门将公共数据看作

私有资源,而不是政府整体的共有资源,造成信息垄断,数据壁垒由此形成。加之,数据共享具有一定的风险性,政府部门对数据的开放共享存在顾忌,海量数据一旦通过共享发生泄漏事件,特别是涉及国家机密部分,将会对国家和人民财产安全造成不可估量的损失。所以,风险社会的到来,对数据资源整合共享的危机管理提出了升级的要求,不仅要了解危机,更要管理风险。

(二)区域失衡的协同困局

我国幅员辽阔,地大物博,各个地区基础条件、自然资源、人文特点不尽相同,导致了区域间发展存在一定的不均衡性。就其经济发展结果来看,整体上沿海地区大于内陆地区,东部地区大于西部地区,由于受长期经济因素和地理因素的影响,不同地区的数字政府发展程度和专业人才参差不齐,导致我国数字政府建设存在发展不平衡的协同困局。

一方面,以《数字政府发展指数报告》《省级政府和重点城市一体化政务服务能力调查评估报告》等为基础分析研究,近年来数字政府建设持续保持全国领先水平的第一梯队省市有:北京、上海、广东、浙江等,主要集中于东部地区,发挥了很好的引领和示范作用;位于第二梯队的省市有:安徽、湖南、河南、山西等,主要集中于中部地区,数字政府发展具有高度驱动性;其余省市位于第三梯队,如新疆、青海、甘肃、西藏等,主要集中于西部地区。从区域间的梯队分布总体分析,不同省份或者不同区域之间数字政府发展程度有一定差距,存在"数字鸿沟"。

另一方面,我国数字政府建设处于高速发展时期,对专业人才提出更高的需求。虽然我国拥有世界上最大规模的科技人才队伍,但是专业人才大部分集中在东部沿海地区,西部由于经济落后,待遇偏低,高校较少,在激烈人才竞争中不具备优势,造成了西部内陆区域人才资源的匮乏。建设数字政府要求政府领导和工作人员具有数字思维和数字能力,即不仅要对数字政府思维上有清晰的认知,更需要具有处理数据和运用数据的能力,而西部内陆区域人才的缺乏影响了政府领导和工作人员推进数字化的思维和决心,不利于我国数字政府的可持续发展。

(三)公众参与的效度偏低

数字政府变革是治理过程重心逐步下移的过程,推进数字政府需要权威的力量,更需要公众的积极参与,政府做的不仅是简单地提供信息,而是要强调以公众为中心的双向互动。然而,数字政府在现实的建设过程中,公众内生动力不足,因此缺乏来自其最大程度的支持和理解。

第一,参与中的"公共悲剧"现象。公众对利益的追求呈现多元化、主观化、差异化特征,因此缺乏自身利益的主导,较难主动地参与到政治生活中。人们一方面希望自身无为无害,但却也在追求利益的满足,在搭公共资源便车的过程中,每一个人都倾向于过度使用,最终造成公共资源的枯竭,"公地悲剧"由此产生。第二,社会交换中的不均衡性。公共社会中的参与主体所拥有的资源具有不平衡性,一个主体所拥有的资源是另一个主体所希望获得的资源,与经济交换通过金钱与物品的交换不同,作为参与政治生活的公众,有着形象(如物物交换)或抽象概念(如情感与物品交换)的资源需求,同时,每个主体在交换过程中希望能够获得期待的回报。而现实中由于各项资源交换的不对等性,降低了公众的社会回应性,这也决定了社会交换过程中主体愿意参与的程度,因此在一定程度上制约了公众参与的积极性。第三,公民意识错位局限。所谓公民意识,主要指公民对自己的身份和政治角色,以及相应的权利、义务和社会价值取向的认同。然而,现实中公民往往不能正确认识到自己的社会地位,主要表现为公民自身缺乏公民意识的错位,对自身的权利和义务认识不清晰,对于自身在社区中的责任不愿做仔细地思考,不热衷于集体行动,从而导致集体合作机制的失灵。

四、路径向度:数字政府建设的框架优化

当前数字政府建设中遇到的瓶颈问题,阻碍了我国治理现代化进程。习近平总书记在中央全面深化改革委员会第二十五次会议中强调,要全面贯彻网络强国战略,把数字技术广泛应用于政府管理服务,推动政府数字化、智能化运行,为推进国家治理体系和治理能力现代化提供有力支撑。鉴于此,我们可从三个层面探索新时代建设数字政府的对策研究。宏观层面,夯实技术治理,推动共建共享;中观层面,勇破政策藩篱,统筹协同建设;微观层面,激发公众活力,完善参与机制,则建设数字政府并不是遥远的未来之问。

(一)夯实技术治理,推动共建共享

政府治理现代化是国家治理现代化的重要内容,更是中国式现代化的重要内容,把数字技术广泛运用于政府公共服务之中,夯实技术治理,制定数据标准,保护数据安全,推动数据共建共享,将为国家治理体系和治理能力现代化提供有力支撑。

首先,通过智能感知能力、云网支撑能力、数据应用技术能力建设,夯实数字政府技术治理。推进北斗导航、人工智能、区块链、大数据、遥感等技术在大数据智能化中的应用,增强网络专线扩容能力,扩展互联网出口带宽,加大网络技术治理支撑;同时,积极宣传数字化学习和数字化社会责任建设,提升网民数字素养及能力,让网民能够在数字生活实践中反思数字技术对人的认知与行为的影响,学会自我调适、适度节制,让自身掌握获取信息和遨游数字世界的主动权,从数字社会中汲取营养,提高自身数字思维与技能。提高新时代网民对数字技术的适应力、感悟力、创造力,而不是被碎片信息所淹没。

其次，从顶层设计出发，将数据标准作为推进数字政府建设的重点工程，为数据资源流通制定统一的标准，从源头解决数据"二次录入"问题，通过系统检验数据的真实性和时效性，形成统一的标准和规范，让数据资源成为政府提供完善的社会治理服务的抓手。从原始数据、增值数据和衍生数据角度，对数据要素进行分级分类管理，并在此分类条件下，形成数据所有权的确权管理，完善数据流通、交易、定价的数据融通机制，加快"平台型数字政府"体系建设，以统一的数据标准推动异构数据的互认增值。

最后，培养行政人员的互联网思维，提倡"找政府办事，像网购一样便利"业务流程模式，破除利益固化和官僚之风，形成政务服务回访监督机制，成立大数据中心，实现数据资源的集成共享和流程追踪，推进公共服务现代化。而且，高度重视数据安全风险问题，加强对涉及国家机密数据资源的保护，建立核心数据脱敏使用制度，提高数据资源监管能力，为数据共享筑牢安全之基。同时，深入研究算法规则，打破算法合谋的数据垄断现象，为数据共享有序运行提供清朗环境，促进数据共享健康发展。

（二）注重区域平衡，统筹协同建设

新时代新征程，数字政府的重要地位作用日益凸显。加速政府数字化转型，注重区域平衡，强化协同建设，缩小区域间数字政府发展鸿沟，成为我国政府治理变革的趋势。

一方面，我国在推进政府数字化转型的过程中，需政策先行。首先，加大对发展困难区域的政策支持力度，按照全国"一盘棋"的思路，出台数字政府协同建设和结对帮扶的总体规划，完善数字政府建设具体性指导性文件，吸引新项目在西部区域落地发展，带动东西部地区信息互联互通，打破数据壁垒，发挥数字政府建设凝聚力；其次，加快西部地区网络基础设施建设，实现偏远区域网络全覆盖，开展网络扶贫优先行动，释放数字红利，不让西部贫困区域在信息化时代掉队，从根源上解决西部区域数字贫困问题；最后，引进科技力量，加强算力支撑，我国西部地区资源充裕，尤其是可再生能源丰富，具备发展数据中心、承接东部算力需求的潜力，如东数西算工程，从全国一体化的角度布局，优化我国资源配置，协同区域间数字政府发展。

另一方面，培育数字专业人才和吸引优秀人才双管齐下。政府可以与西部区域高校加大合作，作为人才培养的摇篮，在高校内可以设置大数据分析、挖掘、存储，云计算，人工智能等技术课程，以及公共管理、数学、统计学等基础课程，为政府培养具有数字思维和数字能力的复合型人才，组成高素质数字人才队伍，并定期开展培训和考核，重点选拔有能力的领军人才，为政府科学决策提供智治支撑；同时，吸引数字政府建设人才的关键在于提高薪资待遇，政府可以通过聘用制方式，高薪吸引企业优秀技术人员和海内外专业人才，以工作留人、环境留人、情感留人，进而留住人才、用好人才，把人才队伍价值发挥到极致，促进我国数字政府建设高质量发展。

（三）激发公众活力，完善参与机制

建设数字政府，激发社会活力，提高公众参与度，筑成新时代"共建共治共享"的治理新局面，避免出现"干部干，群众看"，甚至是"干的干，看的看，看的给干的提意见"。

第一，转变政府服务理念，发挥党建引领作用。政府公共服务供给理念需从"以部门为中心"向"公众为中心"转变，持续建设线上电子服务平台，提升平台移动端水平，线上线下相结合，广泛听取公众意见，不仅让公众发表看法、提出建议，更要让公众参与到数字政府建设的决策过程，让公众参与更加公平，流程更加完善；同时在数字政府建设中，要充分发挥党员干部先锋模范榜样作用，密切关注公众需求，尤其是弱势群体的需求，可以通过上门服务、影音讲解或图文宣传帮助其及时了解政府政策，积极参与数字政府建设，用看得见、摸得着的治理成效提高公众参与政治生活的信心和决心。

第二，加大制度建设，完善公民参与政治生活的利益机制和监督机制。政府部门通过对大数据进行深度分析和挖掘，从公众需求侧出发，聚合不同群体的价值选择和利益判断，坚持好、发展好新时代的"枫桥经验"，就地化解群众利益纠纷，以"基层之治"夯实"中国之治"，提高政府决策的精准度，实现社会交换的利益均衡性；在实行民主管理、民主选举、民主监督、民主决策过程中，高度重视流程严谨、程序透明，畅通民意反馈和投诉举报渠道，让权力在阳光下运行，让广大群众从公共事务的旁观者转化为参与者，促使公众参与社会治理机制深入人心。

第三，发挥先进文化引领作用，培育时代新风新貌。通过抖音、快手等线上渠道加大宣传，引导公民牢记社会主义核心价值体系和社会主义荣辱观，用正确的利益观和价值观指导生活，协调发展个人利益和集体利益，贯彻落实"公民精神"，用"功成不必在我，功成必定有我"的决心武装头脑、指导实践，激发公民参与构建新时代数字政府的主人翁意识，大力加强社区先进文化建设，夯实建设数字政府的群众基础。

五、结语

民之所盼，政之所向。数字政府始终是学术界热议的话题，是贯彻落实以人民为中心发展理念的题中应有之义，是国家机构改革的实践方式，是共建协同发展社会格局的内在要求，是我国"放管服"改革持续发力的突出环节，是推进国家治理体系和治理能力现代化的重要途径。新时代如何更好地建设数字政府，释放数据资源要素价值，打造数字中国，这是我们必须认真思考、大胆实践的关键课题，以此来应对暗潮汹涌的国际竞争和数字时代的新要求，以期充分激活数字政府一池春水，早日打造大数据强国一条通道。

参考文献

[1] 中共中央关于制定国民经济和社会发展第十四个五年规划和二〇三五年远景目标的建议[EB/OL].（2020-11-03）[2023-07-07]. http：//cpc. people. com. cn/n1/2020/1104/c64094-31917780. html．

[2] 中央人民政府．国务院关于加强数字政府建设的指导意见[EB/OL].（2022-06-23）[2023-07-07]. https：//www. gov. cn/gongbao/content/2022/content_5699869. htm.

[3] 习近平．高举中国特色社会主义伟大旗帜 为全面建设社会主义现代化国家 而团结奋斗——在中国共产党第二十次全国代表大会上的报告[N]. 人民日报，2022-10-26（1）．

[4] 中国信息通讯研究院．数字政府建设一体化白皮书（2024 年）[R/OL]. [2024-02-20][2024-03-01]? https：//www. caict. ac. cn．

[5] 本刊讯．国家政务服务平台上线 3 年"一网通办"助力数字政府建设[J]. 商业文化，2022，(16).

[6] 郭建锦，郭建平．大数据背景下的国家治理能力建设研究[J]. 中国行政管理，2015（06）：73-76.

[7] 米加宁，章昌平，李大宇，等."数字空间"政府及其研究纲领——第四次工业革命引致的政府形态变革[J]. 公共管理学报，2020，17（01）：1-17+168.

[8] 陈万球，欧彦宏．人工智能时代的"政治"概念[J]. 湖南师范大学社会科学学报，2022，51（01）：33-40.

[9] 郭高晶．面向公共价值创造的数字政府建设：耦合性分析与实践逻辑[J]. 广西社会科学，2022（07）：35-44.

[10] 梁红秀．挑战与应对：数字社会公共服务创新的数据风险[J]. 创新，2023，17（02）：31-38.

[11] 张成福．风险社会中的政府风险管理——评《政府风险管理——风险社会中的应急管理升级与社会治理转型》[J]. 中国行政管理，2015，358（04）：157-158.

[12] 叶大凤，李悦涵．回应型参与：公众参与型环境治理的优化[J]. 创新，2022，16（04）：19-30.

[13] 习近平在中央全面深化改革委员会第二十五次会议上的讲话[N]. 人民日报，2022-04-19（1）．

中国式现代化进程中政府数字治理的边界、职责与陷阱规避[①]

冷茂林[②]

摘要：没有信息化就没有现代化，以信息化驱动现代化。随着以大数据技术为代表的新一代信息技术在政府治理领域的应用，数字治理成为推进中国式现代化进程，推动社会治理现代化转型的关键举措，也带来新的问题与挑战。本文首先从职责边界、权力边界、能力边界和效率边界四个维度解构数字治理中的政府边界；接下来从体系、技术、方法等层面解析数字治理中政府的职能履行；最后部分从边界、技术、主体等维度审思数字治理中可能存在的陷阱。本文的分析还表明，数字治理中政府不仅要关心治理边界，更要关注治理技术的应用，建立协同机制，以共建共治共享的姿态履职尽责，应对中国式现代化发展进程中不断涌现的数字治理之挑战。

关键词：中国式现代化；数字治理；政府边界；政府职责；治理陷阱

党的十八大以来，习近平总书记立足信息化发展大势和国内国际大局，明确提出"没有信息化就没有现代化""以信息化驱动现代化"等重大论断，深刻论述了信息化与中国式现代化的一系列重大理论和实践问题，深刻阐明了信息化在社会主义现代化建设全局中的重要地位和作用。在中国式现代化发展进程中，数字治理问题无疑是最为重要的政治命题之一。党的十九届四中全会首次把"数字政府"写入党中央的决定之中，党的二十大报告相继出现"数字中国""数字经济""数字产业集群""数字贸易""教育数字化""文化数字化"等概念，体现了"数字+"成为新时代发展的新元素、新动能和新途径。

当前，新一代信息技术越来越广泛应用于政府管理和公共服务，并对政府结构、服务过程和绩效产生持久而深远的影响。可见，数字治理意味着治理范式的革新及政

[①]本文系湖南省社科基金项目"湖南省基层政府治理能力现代评估及提升机制研究"（项目编号：XSP2023GLC061）；湖南省社科基金项目"'十四五'时期湖南大数据与社会治理研究"（项目编号：20WTC13）。
[②]冷茂林，中共湖南湘西土家族苗族自治州委党校副教授，研究方向为管理学、数字政府。

府自身的变革,触及政府及其部门的权与利、职与责,并将打破在科层制治理范式下形成的政府权力格局。此语境下,在数字治理中,政府不仅要关心技术在治理上的应用,更要关注数字治理中政府的职责、权力、效率和能力,关切其职能履行及数字治理中可能存在的陷阱。基于此,本文聚焦数字治理中政府的边界、职能履行与陷阱规避,解构数字治理中政府的边界,多角度解析数字治理中政府的职能履行,多维度审思数字治理中可能存在的陷阱,以期为该主题领域的学术研究和实践应用提供借鉴与参考。

一、政府数字治理的边界解构

中国式现代化进程中政府数字治理是以数字技术赋能推进基本公共服务实现均等化、促进数字经济和实体经济深度融合、提高全社会文明程度、大力推进生态文明建设、统筹发展和安全,驱动引领中国式现代化发展的治理。从这一视角看,政府数字治理的边界表征为政府在数字治理中的权责与效能,并可进一步解构为职责边界、权力边界、能力边界和效率边界四个维度。其中,职责边界以界定数字治理中政府承担的职能与责任,即在数字治理中政府应该要做什么和发挥什么作用;权力边界以界定数字治理中政府可用公共权力的类别与极限,即在数字治理中政府公权力的取得途径与使用限度;能力边界以界定数字治理中政府达成数字治理目标的可能,即政府具有履行数字治理效用与效能的范围与极限;效率边界以界定数字治理中政府治理行为有效程度,即度量数字治理中政府这一主体实施治理行为行之有效的效力与效度范围。

(一)职责边界:数字治理中政府职能与责任

政府作为一个公共组织,在不同场景中承担着特定的职责。政府的职责边界是指政府自身确立的职能和责任的范围。数字治理中政府的职责包含开展数字治理的职能和承担数字治理的责任两大部分。职能是政府开展数字治理活动的逻辑起点,是政府分配数字治理资源、分摊数字治理任务、划定部门责任、评定数字治理效能的依据。政府数字治理中职能的界定集中在三方面:其一,数字治理相关法律法规以及规章制度直接赋予的职能;其二,表征数字治理职能的"三定方案"(定机构、定职能、定编制)所确定的职能;其三,源于规范性文件、行政决定、上级文件之规定的职能。责任是政府开展数字治理活动的应有担当,是政府防范数字治理权力失范、遏制数字治理越界、规范数字治理行为、减轻数字治理损害的保障。数字治理中政府责任范畴体现在两方面:一方面,政府对数字治理对象的责任;另一方面,下级政府对上级政府的责任、上级政府对下级政府的责任以及上下级政府之间相互的责任。数字治理是多元主体共同参与的治理,职责边界框定数字治理中政府与其他主体之间的分工与协作界限,划定政府与其职能部门在数字治理中的职能与责任,是维护数字治理秩序的规范。

(二) 权力边界：数字治理中政府获权与行权

数字治理中政府的权力边界是政府在宪法和法律法规等授权下形成的用于数字治理的公共权力界限。与政府其他权力边界的形成一样，数字治理中政府权力边界遵循"法无授权即禁止"原则，是四个维度边界中最为有限的，体现的是数字治理中政府的核心职能范围。数字治理中政府权力边界具有如下特征，其一，权力法定性，数字治理中政府的权力来源于宪法和与数字治理相关的法律法规；其二，权力公共性，数字治理中政府的权力是用以管理数字治理事务的公权力；其三，权力无形性，数字治理中政府的权力并非显性的，只在实施数字治理时才会显现；其四，权力模糊性，数字治理中政府的权力边界在实践中并非十分确定，会因行权主体的裁量权而产生不确定性。可见，数字治理中政府的权力边界表征权力来源与权力行使边界两方面。在权力来源上，强调权力的设定与授予，这种权力归属于政府实施数字治理的主体，是政府承担数字治理的主体专属权力。在权力行使上，强调权力使用的条件与程序，政府实施数字治理时启用权力基于一定的前提条件，使用权力要符合规定的程序。

(三) 能力边界：数字治理中政府效用与效能

数字治理中政府的能力边界是指政府具有履行数字治理的能力范围与极限，表征政府达成数字治理目标的可能。数字治理中政府的能力边界反映了在现有职责边界、权力边界、效率边界的支撑下，政府实施数字治理活动提升社会治理效能范围的有效半径和调整治理关系的极限。政府数字治理是进一步健全共建共治共享的社会治理制度，实现治理智能化的有效途径，但在其执行能力上受限于一系列主客观因素的制约。其一，技术限制，源于数字治理技术的成熟与否以及应用，数字治理基于的数据、算法与算力与实践应用的差距，政府是否具有应用数字技术实施数字治理或是需要购买服务将直接影响数字治理中政府能力；其二，治理范式，政府科层制治理范式与官员按部就班行事模式，科层制治理范式不利于数字治理创新、改革以及应对外部环境的变化，官员按部就班行事模式限制数字治理共建共治共享所需多主体参与的组织协调；其三，资源禀赋，政府开展数字治理所掌握的人力、财政、数据、知识资源等。数字治理是治理的革新，在这一过程中，政府治理职能发生较大程度的转型，数字治理中政府可能需要在多重数字治理目标与价值冲突间进行取舍，当数字治理的结果与治理目标相悖，数字治理中政府的效率趋于零，即出现数字治理能力边界。

(四) 效率边界：数字治理中政府效力与效度

数字治理中政府的效率边界是指在数字治理中政府资源配置与取得的数字治理成效之间的比率，度量数字治理中政府行之有效行为的范围。数字治理中政府效率边界描述数字治理中政府投入与产出之间的关系，关注数字治理中政府治理行为的成本与社会收益。考虑数字治理是多主体参与的治理，根据成本与社会收益的关系，可进一步将数字治理中政府效率边界划分为相对效率边界与绝对效率边界。相对效率边界用于描述数字治理中政府及其他治理主体成本与社会收益的关系，即在一定资源配置下，其他治理主体的资源配置产出高于政府的资源配置产出效率；绝对效率边界用于描述数字治理中政府本身在一定资源配置下，用于数字治理资源配置的社会总收益不抵数字治理资源配置的边界。相对效率边界与绝对效率边界确定数字治理中政府成本与收益并非正比曲线，而是先增后减的"倒U型"曲线。在数字治理实践中，"倒U型"曲线的特征将为政府数字治理资源配置提供重要决策参考。

二、职能履行：政府开展数字治理的广度、深度与力度

（一）体系层面：厘清体系结构，框定治理广度

党的二十大提出"健全共建共治共享的社会治理制度，提升社会治理效能"。在"共建共治共享"的治理理念下，政府并非数字治理的唯一主体，因而并非所有的数字治理事务都归属政府，数字治理中政府职能范围内的事务只能是特定的数字治理事务。数字治理是数字技术引发的全方位治理变革，数字治理不仅依托数字技术的基础支撑，更有赖于各治理主体的参与和协作。数字治理是由政府、社会、企业、个人等诸多主体共同参与才能行之有效的治理范式，从治理体系层面看，政府在数字治理实施治理过程的履职范围框定为政府数字治理的广度。

一是要构建以人民的需要为中心的治理理念。我国是世界上人口总量众大的国家之一，中国式现代化是人口规模巨大的现代化。巨大的人口规模需要庞大繁复的社会系统和资源作为支撑，以满足庞大人口需求的中国式现代化要求，推进全国统一市场现代化、公共服务现代化与社会经济发展现代化。推进实现人口规模巨大的现代化，满足人民日益增长的美好生活需要是政府的重要职责，数字治理是满足人民日益增长的美好生活需要的重要举措，数字治理中政府的履职范围应以人民的需要为中心，在数字治理实践中，应充分发挥数字治理理念在数字治理中的引领作用，将以人民的需要为中心的数字治理理念贯穿于数字治理全过程，并在数据采集、数据开发、数据使用等数字治理各环节秉承数字治理理念。

二是要推动治理范式革新。数字技术在政府治理中的应用逐渐普及，技术治理成为政府治理的主要趋势。数字治理作为技术治理的最新形式，势必成为政府治理未来的重要方式和发展趋势。近年来，数字治理以其数字化、信息化、智能化的优势突破了科层制政府碎片化条块分割的治理格局，使治理水平得到质的提升。政府治理正在经历由传统科层制管理向数字治理范式变迁。在这一过程中，亟需政府变革治理体系、优化资源配置，变革职责体系、实施机构改革，推动数字治理范式继传统科层制管理

成为新的政府治理范式。

三是要在法规制度上发力。党的二十大提出到二〇三五年基本建成法治国家、法治政府、法治社会，完备的法规制度是政府开展数字治理的前提和基础。现有的法规制度难以满足政府开展数字治理的需要，如政策协调性不够、兼容性不强、缺乏连贯性、内容较为宽泛、执行力不强等，现有的法规制度难以满足数字时代未来"依法治数"新需求。数字治理范式亟需配套的法律法规、规章制度对数字治理的建设、管理、使用全过程加以保障。围绕推进"依法治数"，数字治理平台建设、服务管理、安全保障、数据共享等方面的标准体系亟须完善，与数字治理配套的评估与评价、绩效与考核、问责与激励以及各治理主体权力与责任相关的配套机制亟须改进。

（二）技术层面：加强技术应用，增加治理深度

数字治理广度框定数字治理中政府事务的范围，治理深度则界定数字治理中政府应用数字技术落实治理事务的程度。在数字技术的加持下，政府进一步强化数字技术在治理实践中的应用，构建起基于数据的决策模式，实现全要素网格化治理，以数字治理平台实现多元主体共同参与治理，以数字技术及其应用助力政府治理事务在不同应用级别、不同应用场景、不同应用业务的需要，实现由事后治理转向事前治理、由粗向治理转为精准治理的革新。

一是要加快信息化支撑的数字治理平台建设。在公共服务供给上，巨大的人口规模需要庞大的基本公共服务体系与资源作为支撑，以满足人民日益增长的美好生活需要。探索搭建全国"一盘棋"的数字治理平台，应用新技术、新方法对数字治理信息进行筛选甄别，提升平台数据采集质量，做好数字治理、数据清洗、数据分析等工作，保障平台数据资源开发利用，充分发挥数字治理平台桥梁作用，持续扩大数字化连接，推动数字治理各主体数据资源的有机整合，实现政府部门、社会组织、商业机构等多元主体数据共建共享。

二是要加强数字治理中政府能力建设。数字治理场域离不开数字技术的支撑，直面数字治理的现实要求，政府要突破现有数字治理发展瓶颈，不断升级自身数字素养和技能水平，加快数字治理人才培养，拓展领导干部数字思维、素养和技能，提升引导多元治理主体参与数字治理协同的能力，坚持合作创新，推动与科研机构、高等院校、技术企业等主体接轨，共同推动数字技术应用于数字治理手段的快速迭代。

三是要探索数字技术在数字治理事务中的应用。加快区块链、大数据、人工智能等现代信息技术在数字治理领域的研发应用。基于技术应用制定治理决策、配置治理资源，实现精准治理，加大移动政务终端、APP、公众号的普及使用，拓展应用场景，提供便捷服务。技术嵌入公共服务体系，在防范基本公共服务"供给不足"和"供给过剩"中发挥重要作用，为"推进基本公共服务均等化"提供可能。同时，强化安全保障，谨防技术作恶。建立健全数字治理安全防护体系，保障基础设施、平台系统、数据资源等平稳运行，限制多元主体治理行为，防范其应用技术权力实施作恶，谋求不当政治、经济利益。

（三）方法层面：强化资源配置，增强治理力度

资源配置是实施数字治理最为基础的支持条件。无论是网络架构、平台建设、数据采集等数字治理所需各种硬件设备，还是技术研发、人员配置、制度保障等数字治理所需各种软件条件，数字治理各环节运行都离不开资源配置。在数字治理中政府应不断健全和完善资源配置，根据数字治理事务需要确定资源配置的密度，依据法律强制与行政处罚调整资源配置的强度，提升资源配置的效度，防止出现因资源配置不足而使数字治理难以落地的困境。同时，资源配置应结合数字治理中政府的效率边界规律，防范资源配置过量产生资源浪费。

一是要合理配置财政资源。依据数字治理中政府的效率边界成本与收益"倒U型"曲线投资特征，未来在"倒U型"曲线前部分持续加大对以"新基建"为代表的数字产业投资力度，加强资金投入的预算管理，设置各类专项资金向大数据、人工智能、5G等数字产业倾斜，提高资金使用的效率和效益，合理配置资金支持新一代信息技术产业发展，引导汇聚产业集群。

二是要创新人力资源配置。人力资源要素是数字治理最核心的要素，是影响治理范式由传统科层制管理向数字治理革新的关键性因素之一。数字治理人力资源是指掌握管理、统计、新一代信息技术等学科技能的复合型人才。数字治理中人力资源配置并非简单增加人力资源配置数量，而是在政府职责边界中表征数字治理"三定方案"职能边界范围内着手改革与创新，通过引进高素质复合型人才、培训现有人员等方式提高专业人员配置密度，以"有权必有责，有责要担当，失责必追究"调整人力资源配置的强度，以激励奖励提升人力资源配置的效度。

三、陷阱规避：政府开展数字治理的多维审思

（一）边界维度：防范数字治理中政府边界的失范

政府在倡导数字治理，实施治理转型的同时，也不能忽视数字治理发展过程的陷阱，首当其冲的是数字治理中政府边界的约束。如前面的讨论，数字治理中政府边界框定政府实施数字治理的权责与效能，界定数字治理中政府应当配置的权力与资源，划定数字治理责任部门规模与职责，是治理主体纵向、横向与内外之间互动协同的界线。在权与利、职与责、资源配置等因素的诱导下，政府或其职能部门一方面会争取更多的人力资源和物资充实实体规模，另一方面会通过技术应用拓展其职责、权力、效率和能力边界以增强自身实体规模的合法性。政府这种调整边界的动机和行动，并

不能提升治理效能，反而会改变资源配置密度、弱化资源配置强度、降低资源配置效度，引发数字治理中政府边界的失范。

在数字治理实践中，一方面，政府要加快治理范式的革新，改变当前科层制治理范式在数字治理中的缺陷，进一步推进政府机构改革，整合划定部门职能职责，优化"三定方案"，纵向上明晰数字治理中各级政府的权责，横向上明晰各职能部门的权利；另一方面，政府要推进治理体系、治理逻辑和标准化构建，建立国家层面的数字治理标准体系，围绕数字治理中政府的职责、权力、效率和能力边界，瞄准治理焦点，对数字治理涉及的内容逐一加以规范，加快全要素、全流程标准化。

（二）技术维度：规避数字治理中潜在技术风险

技术至上是数字治理的主要特征。在数字治理中，技术从来就是一把双刃剑，既能通过促进治理能力和治理水平提升造福于人类，同时也可能陷入技术陷阱而产生技术恶果。推动数字治理，要防范数字技术陷阱，破除技术普适、技术万能的思想误区。

在数字治理实践中，从技术视角，要规避技术自身的陷阱。数字治理依仗数据、模型算法与算力三大核心要素，每一个核心要素都有相应的前沿核心技术支撑。数字治理过程是由庞大治理数据、缜密算法逻辑和强有力算力支撑的复杂过程。因而在技术上要防范陷入数据收集不完备、算法失灵、算力支撑不足等陷阱。从应用视角，要防范技术作恶的陷阱。受特定利益的驱使，数字治理利益主体有实施技术作恶的动机。政府或其职能部门极易运用权力介入数字治理，通过调整数据输入、构建和运行特定算法模型等方式将技术化身为逐利工具。政府凭借其权力实现对数字治理的控制，取得技术专制，主导数字治理过程的资源分配、技术应用、形成有倾向的治理决策，带来治理风险。技术风险极易影响数字治理效能的发挥和政府治理能力的提升，引发政府职责、权力、效率和能力边界失范。此语境下，数字治理技术并不是政府实现治理现代化的万应灵药，一味推崇技术至上可能引导政府跌入技术陷阱，盲目追求数字治理的普适性，忽视数字治理场域的复杂性、治理主体的多元性等问题，引发数字治理的潜在安全风险。

（三）主体维度：锚定数字治理中政府主体定位

数字治理不仅事关政府内部管理，也涵盖政府与市场、社会、群众等主体之间的多重复杂关系，是多主体共同参与的共建共治共享体系。政府与市场、社会等非政府组织之间的内外协同可以发挥不同主体的特点，实现共同治理。数字治理中的主体应当是以数字技术赋能政府治理，维护和促进数字治理为目的，以向治理对象提供信息化支撑的治理平台和精细化服务，按照相关法规和程序建立的公共组织。

政府是数字治理中不可或缺的主体，是数字治理的推动者和重要参与者，而非数字技术应用于治理的唯一主体。而现代数字治理与传统科层制治理范式的结合，多主体参与治理模糊原本属于政府在治理上的绝对地位,极易引发政府的不适,使其陷入主体之争的陷阱。一方面,在政府内部,数字治理并非某一层级、某个部门的职能,而是牵扯到多级政府、多个职能部门,政府或部门出于利益的争夺,在数字治理过程中往往依据自己的业务开发只适用于本系统甚至是本部门的应用平台,构建利于本主体的算法模型,抗拒数据共享,导致政府或部门各自为政且难以协调之局面。另一方面,在政府与其他治理主体之间的关系同样不容忽视。首先,政府在数字治理中往往追求公共价值的创造,而政府以外掌握技术、平台或拥有资金的主体则往往追求利润的实现,二者之间貌合神离的关系难以调和。其次,共建共治共享的数字治理体系,政府与其他主体深入关联乃至难分难解,极易引导政府与其他主体合谋实施技术作恶。最后,基于数字技术而实施的数字治理经由治理平台采集有关数据,极有可能让游离于平台之外的主体因此"失声"。为防范数字治理陷入主体之争的陷阱,这要求政府在数字治理中不仅要关切技术本身,更要关注数字治理中政府的边界,建立协同机制,以共建共治共享的姿态履职尽责,应对中国式现代化发展进程中不断涌现的数字治理之挑战。

参考文献

[1] 庄荣文. 以信息化推进中国式现代化 为中华民族伟大复兴贡献力量[J]. 求是,2023,834(05):31-36.

[2] 江小涓. 大数据时代的政府管理与服务:提升能力及应对挑战[J]. 中国行政管理,2018(09):6-11.

[3] 何哲. 政府边界问题及行政体制改革的基本原则研究——基于政府权力边界、职责边界、效率边界与能力边界分析[J]. 北京行政学院学报,2016(04):55-65.

[4] 罗哲. 青年人才:中国式现代化建设的重要动能[J]. 人民论坛,2022,750(23):34-37.

[5] 康雅倩. 新时代数字治理的主体性困境及其科层制破解[J]. 理论导刊,2023,460(03):18-24+43.

[6] 黄璜,谢思娴,姚清晨,等. 数字化赋能治理协同:数字政府建设的"下一步行动"[J]. 电子政务,2022,232(04):2-27.